LOTHAR SCHMIDT

APHORISMEN VON A-Z

DAS GROSSE HANDBUCH GEFLÜGELTER DEFINITIONEN

LOTHAR SCHMIDT

APHORISMEN VON A–Z

DAS GROSSE HANDBUCH GEFLÜGELTER DEFINITIONEN

DREI LILIEN VERLAG
WIESBADEN

CIP-Kurztitelaufnahme der Deutschen Bibliothek

Das große Handbuch geflügelter Definitionen:
Aphorismen von A–Z / Lothar Schmidt. – 6. Aufl. –
Wiesbaden : Drei-Lilien-Verlag, 1985.
ISBN 3-922383-43-2
NE: Schmidt, Lothar [Hrsg.]; Aphorismen von A–Z

Einmalig genehmigte Lizenzausgabe für
Drei Lilien Verlag GmbH
Wiesbaden
ISBN 3-922383-43-2
Printed in Germany · 1985

Über das Definieren

Das Verbindende der hier vorgestellten Definitionen ist das mehr oder minder stark ausgeprägte aphoristische Moment. Viele dieser Definitionen sind als Aphorismen niedergeschrieben worden; eine nicht minder große Zahl findet sich in wissenschaftlichen Abhandlungen oder in literarischen Werken.
Was unterscheidet die aphoristische Definition von der Definition im allgemeinen? Die Definition ist *ein logisch vollkommener Begriff (Kant). Die aphoristische Definition ist der Bumerang der Logik.* Während also die Definition im üblichen Sinne eine vollständige Beschreibung vom Wesen des Gegenstandes liefert, beschränkt sich die aphoristische Definition unter bewußtem Verzicht auf Vollständigkeit darauf, einen charakteristischen Aspekt ihres Gegenstandes schlaglichtartig zu beleuchten. Für die aphoristische Definition ist weder die Vollständigkeit noch die Logik erstrebenswert. Für sie ist die Logik nur die *Zwangsjacke der Phantasie (Nahr).*
Die Konzentration auf einen Aspekt, die Überzeugungskraft *ihrer* Logik und die geistige Schwerpunktbildung – verbunden mit sprachlicher Brillanz und serviert mit Pfiff und Pointe – verleihen der aphoristischen Definition Flügel. Sie wird zur geflügelten Definition.
Geflügelte Definitionen sind schlagfertig gewordene Vernunft.
Geflügelte Definitionen beruhen auf der Erkenntnis, daß eine Information nur so viel wert ist, wie sie transferierbar ist. Da die Aufmerksamkeit der charakteristische Engpaß unserer informationsüberfluteten Gesellschaft ist, läßt sich über den Gebrauchswert der geflügelten Definition sagen: Wer sich der geflügelten Definition bedient, gewinnt im Kampf der Informationen einen – aphoristischen – Wettbewerbsvorsprung.
Aus der Fülle des Gedankengutes, zu dem Autoren aus vielen Ländern und Zeiten beigetragen haben, treten bestimmte Strukturtypen der aphoristischen Definition deutlich hervor. Ohne Anspruch auf Vollständigkeit seien hier einige davon genannt, belegt jeweils durch charakteristische Vertreter ihrer Gattung.
Die philosophische Definition:
Alles Denken ist nichts anderes als ein Vorstellen durch Merkmale. (Kant)
Die wissenschaftliche Definition:
Der Präzedenzfall ist ein Urteil, das ein Prinzip konserviert. (Disraeli)

Die Arbeitsdefinition, die sich – an den Fachmann gewendet – auf die Wiedergabe eines Unterscheidungsmerkmales beschränkt und alle anderen Bestimmungsgründe wegläßt:
Verwaltung: Zwangsinterpretation der Bürgerrechte. (Faber)

Die dialektische Definition, die zur Herstellung der nächsten Gattung vom Entwicklungsprozeß des Definitionsgegenstandes ausgeht:
Wohlstand: Durchgangsstadium von der Armut zur Unzufriedenheit. (Nahr)

Die Brennspiegeldefinition, welche im Kleinen die das große Ganze bestimmenden Zusammenhänge aufdeckt:
Institutionen sind Aufbewahrungsorte für Werte. (Marney)
Politik ist der Kampf um den Gesetzgeber. (Wiggins)

Die formale Definition, die gerade durch ihre übertriebene Strenge Züge des Komischen enthält:
Bücher sind nichtperiodische Publikationen mit einem Umfang von 49 Seiten oder mehr. (Definition der UNESCO)

Die tangentiale Definition, welche die Genauigkeit der Kürze opfert und den Sachverhalt eher streift als trifft:
Beweise? Gereimte Behauptungen! (Lohberger)
Jeder Zweifel ist die Forderung nach einer Methode. (Ortega y Gasset)

Die metaphorische Definition, in welcher ein geläufiges Vorstellungsbild stellvertretend für einen schwer faßbaren Begriff steht:
Die Meinung ist eine Küche, worin alle Wahrheiten abgeschlachtet, gerupft, zerhackt, geschmort und gewürzt werden. (Börne)

Die nonkonformistische Definition, die den Gegenstand aus der Perspektive des Außenseiters sieht:
Erziehung ist, ideell gesehen, Zivilschutz gegen radioaktiven Niederschlag von Medien. (McLuhan)
Die große Koalition ist die formierte Gesellschaft des Parlaments zur Abwehr mißgünstiger Wählereinflüsse. (Nahr)

Die effektbetonte Definition, die vornehmlich durch Paradoxie wirkt:
Demokratie: Herrschaft des Volkes, das den von Minderheiten bestimmten Mehrheitsentscheidungen gehorcht. (Haller)

Die kabarettistische oder humoristische Definition:
Ein Schnupftabakhersteller ist ein Mann, der sein Geschäft in fremder Leute Nasen steckt. (Quinn)

Wer öfter in diesem Buch liest, wird gewiß noch weitere Strukturtypen der aphoristischen Definition entdecken.

Lothar Schmidt

A

ABERGLAUBE

Ein Aberglaube ist eine frühreife Erklärung, welche die Zeit überdauert hat.

Iles

Der Aberglaube ist die Poesie des Lebens; deswegen schadet's dem Dichter nicht, abergläubisch zu sein.

Goethe

Aberglauben ist die verschämte Ausflucht von Menschen, die so viel lieber glauben würden.

Anita

Aberglaube ist die Freigeisterei zweiten Ranges.

Nietzsche

Aberglaube selbst ist Lokalphilosophie.

Lichtenberg

ABHÄNGIG

Abhängig: auf die Großmut eines anderen angewiesen, da ohne Druckmittel.

Bierce

ABSCHIED

Abschied ist die innigste Weise menschlichen Zusammenseins.

Kudszus

ABSCHIEDNEHMEN

Abschiednehmen ist immer ein Stückchen Tod.

Französisches Sprichwort

ABSOLUT, ABSOLUTE MONARCHIE

Absolut: unabhängig, nicht verantwortlich. Eine absolute Monarchie ist die, in der der Souverän alles tut, was ihm gefällt – solange es den Mördern gefällt. Es sind nicht mehr viele absolute Monarchien übriggeblieben; die meisten wurden von konstitutionellen Monarchien abgelöst, in denen die Macht des Souveräns zum Bösen – und zum Guten – sehr beschränkt ist, oder von Republiken, die durch den Zufall regiert werden.

Bierce

ABSTAND

Abstand: das einzige, was die Reichen den Armen zubilligen und von ihnen erhalten.

Bierce

ABSTAND WAHREN

Abstand wahren ist der kürzeste Weg in die Nähe des anderen.

Kudszus

ABSTINENZLER

Abstinenzler: ein schwacher Mensch, welcher der Versuchung erliegt, sich selbst eines Vergnügens zu berauben.

Bierce

Abstinenzler sind Leute, die vom Verzichten nicht genug bekommen können.

Pfleghar

Ein Abstinenzler ist ein Mensch, der sich an Nüchternheit berauscht.

Waldbrunn

ABSTRAHIEREN

Abstrahieren heißt die Luft melken.

Hebbel

ABSURD

Als absurd bezeichnen wir, was nicht möglich ist und trotzdem passiert; was möglich ist, aber nicht passiert, bezeichnen wir als typisch.

Laub

Absurdität: eine Meinungsäußerung, die der eigenen Ansicht offenkundig widerspricht.

Bierce

ACHTUNG

Es scheint, daß »jemand achten« heißt »sich ihm gleichstellen«.

La Bruyère

ÄHNLICHKEIT

Ähnlichkeit ist nichts anderes als Wiederkehr.

Friedrich Georg Jünger

ÄRGER

Ärger ist die Unfähigkeit, Wut in Aktion umzusetzen.

Herbst

Ärger ist eine Säure, die ihren Behälter stärker zerfrißt als das, worüber man sie ausgießt.

Zitiert nach »Das Beste« 1968

ÄSTHET

Der Ästhet ist der rechte Realpolitiker im Reich der Schönheit.

Karl Kraus

Privileg des Ästheten: die Risse in den Wänden rein ornamental zu betrachten.

Hans Kasper

ÄRZTLICHER KUNSTFEHLER

Ärztlicher Kunstfehler: Aeskulapsus.

Niederreuther

AGITATOR

Agitator: ein Politiker, der die Obstbäume seiner Nachbarn schüttelt, um die Würmer umzuquartieren.

Bierce

Das Geheimnis des Agitators ist, sich so dumm zu machen, wie seine Zuhörer sind, damit sie glauben, sie seien so gescheit wie er.

Karl Kraus

ALBERNHEIT

Die Albernheit ist eine Erholung von der Umwelt.

Bamm

ALLEGORIE

Allegorie entsteht, wenn der Verstand sich vorlügt, er habe Phantasie.

Hebbel

Die Allegorie verwandelt die Erscheinung in einen Begriff, den Begriff in ein Bild, doch so, daß der Begriff im Bilde immer noch begrenzt und vollständig zu halten und zu haben und an demselben auszusprechen sei. Die Symbolik verwandelt die Erscheinung in Idee, die Idee in ein Bild, und so, daß die Idee im Bild immer unendlich wirksam und unerreichbar bleibt und, selbst in allen Sprachen ausgesprochen, doch unaussprechlich bliebe.

Goethe

ALLEIN

Allein: in schlechter Gesellschaft.

Bierce

Allein ist der Zustand, in dem sich jeder Nachdenkliche befindet.

Nahr

ALT

Alt werden heißt sehend werden.

Ebner-Eschenbach

Alt werden heißt sich selbst ertragen lernen.

Kudszus

Alt ist man dann, wenn man an der Vergangenheit mehr Freude hat als an der Zukunft.

John Knittel

ALTER

Alter ist meist nur eine Ausrede.

Rudolf Rolfs

Alter: der Lebensabschnitt, in dem wir die Sünden, derer wir noch frönen, dadurch wettmachen, daß wir die Sünden schmähen, die zu begehen wir nicht mehr unternehmungslustig genug sind.

Bierce

Das Alter ist ein Spital, das alle Krankheiten aufnimmt.

Sprichwort

Alter: das ist immer noch das einzige Mittel, das man entdeckt hat, um lange leben zu können.

Auber

Das Alter ist ein Tyrann, der bei Lebensstrafe alle Vergnügungen der Jugend verbietet.

La Rochefoucauld

Die Tragödie des Alters beruht nicht darin, daß man alt ist, sondern daß man jung ist.

Wilde

Respekt vor dem Alter ist die zivilisierte Form des Mitleids der Jugend, die ihren Sieg in der Tasche hat.

Hans Kasper

Das Alter ist ein Aussichtsturm.

Hans Kasper

ALTERN

Altern heißt, sich über sich selbst klar werden und sich beschränken.

de Beauvoir

Altern beginnt damit, daß wir nur noch Konsequenzen aus dem ziehen können, wozu wir geworden sind.

Kudszus

ALTRUISTEN

Es gibt flache Egoisten und tiefe Egoisten. Die letzteren nennt man Altruisten.

Friedell

AMNESTIE

Amnestie: ein Akt, durch den die Herrscher die häufigsten Ungerechtigkeiten verzeihen, die sie begangen haben.

Pierre Véron

Amnestie: die Großmut des Staates gegenüber solchen Rechtsbrechern, deren Bestrafung ihm zu teuer wäre.

Bierce

Amnestie: das schönste Wort der menschlichen Sprache.

Victor Hugo

AMÜSEMENT

Amüsement ist das Glück derer, die nicht denken können.

Pope

Sich amüsieren heißt etymologisch: die Muse loswerden. Amüsement wäre also das Vergnügen der Plattköpfe.

Seume

ANGST

Angst ist der Preis, den wir für unsere Beweglichkeit zahlen. Pflanzen und Steine kennen keine Angst.

Kudszus

ANHÄNGER

Anhänger: ein Mitläufer, der noch nicht alles erhalten hat, worauf er rechnet.

Bierce

ANKLAGEN

Anklagen: die Schuld oder Unwürdigkeit eines anderen beteuern; gewöhnlich, um uns selber dafür zu rechtfertigen, daß wir ihm Unrecht getan haben.

Bierce

ANMASSUNG

Die Forderung, geliebt zu werden, ist die größte der Anmaßungen.

Nietzsche

ANMUT

Anmut ist ein Ausströmen der inneren Harmonie.

Ebner-Eschenbach

Anmut ist eine Schönheit, die nicht von der Natur gegeben, sondern von dem Subjekte selbst hervorgebracht wird.

Schiller

Die menschliche Anmut ist eine Geschlossenheit des Wesens, deren Gesetze man nicht kennt: eine geheime Sympathie aller Züge untereinander und jedes einzelnen Zuges mit dem Ganzen.

La Rochefoucauld

ANPASSUNG

Anpassung ist die Stärke der Schwachen.

Herbst

ANSCHAUUNG

Die intellektuale Anschauung ist der kategorische Imperativ der Theorie.

Friedrich Schlegel

ANSPRUCHSLOSIGKEIT

Anspruchslosigkeit ist Seligkeit.

Ebner-Eschenbach

ANSTÄNDIGKEIT

Anständigkeit ist die Verschwörung der Unanständigkeit mit dem Schweigen.

Shaw

Anständigkeit ist der Trost, der einem nach schlechten Geschäften bleibt.

Nahr

ANTEILNAHME

Die allgemeine Anteilnahme ist die allseitige Bestätigung der Einsamkeit.

Edel

Anteilnahme: das ist die gesellschaftliche Form der Zudringlichkeit.

Lohberger

ANTWORT

Eine richtige Antwort ist wie ein lieblicher Kuß.

Goethe

Antworten finden heißt: vom Fragen ermüdet sein.

Kudszus

APHORISMUS

Ein Aphorismus ist der letzte Ring einer langen Gedankenkette.

Ebner-Eschenbach

Der Aphorismus ist das vorletzte Glied einer Gedankenkette, dessen letztes ein Paradoxon ist.

Nowaczyński

Aphorismen sind Gedanken – und als solche, wie alle Gedanken aller Wissenschaft, aller Dichtung, aller Philosophie – nicht das Leben selber. Aber Aphorismen sind Gedanken voll unmittelbarer, lebendiger Erinnerung des Lebens – dem Leben, der Wirklichkeit *nahe*.

Margolius

Aphorismen sind Spiele des Denkens mit sich selbst. Deshalb bedienten sich ihrer niemals Propheten oder Heilige.

Kudszus

Aphorismen: Gedanken als Ereignisse.

Ekelund

Der sprachliche Ausdruck ursprünglichen Denkens ist der Aphorismus; und man wird bei den großen Denkern, auch wenn sie ihre Gedanken nicht in dieser Form mitgeteilt haben, wie etwa Spinoza und Hegel, doch unschwer überall inmitten des zusammenhängenden Textes das Aphoristische ihrer eigentlichen Aussagen erkennen.

Struve

Jeder Aphorismus ist Bekenntnis persönlicher Erfahrung und philosophische Besinnung zugleich – Leben und Gedanke in einem.

Margolius

Aphorismen sind Gegengaben: der Geist gibt als Weisheit zurück, was das Leben ihm schenkte.

Kessel

Aphorismen sind transportierfähige Weisheiten, ausgesuchtester Extrakt des Denkens und Fühlens.

Alger

Aphorismus: vorverdaute Weisheit.

Bierce

»Geist in Raten« murmelte ein Schriftsteller – und schrieb Aphorismen.

Reitz

Aphorismen sind Ansätze, die keine Angst haben, steckenzubleiben.

Herbst

Aphorismen entstehen nach dem gleichen Rezept wie Statuen: Man nehme ein Stück Marmor und schlage alles ab, was man nicht unbedingt braucht.

Laub

Der Aphorismus ist ein Anstoß zu einer sich im Leser vollziehenden Kristallisation.

Kessel

Der Aphorismus ist der Kristall unter den mehr oder minder durchsichtigen Mineralien des Gedachten; er ist ein Blitz, der für die Dauer eines Augenaufschlages das Dunkel des dumpf Gefühlten erhellt; er spricht aus, was sich gemeinhin der Aussage entzieht.

Beutelrock

Aphorismen sind Glockenstäbe: Man schlägt den Triangel einer Erfahrung an, darauf erklingt eine ganze Tabulatur.

Kessel

Ein echter Aphorismus ist ein Universum im Wassertropfen.

Kessel

Aphoristische Bemerkungen sind oft wie ein farbloser Niederschlag aus lebendigen Wahrnehmungen, die erst demjenigen wieder einen farbigen Inhalt darbieten, der eine eigene Lebenserfahrung hinzubringt. So gibt es Flüssigkeiten, die wie reines Wasser aussehen, aber durch Hinzutun eines neuen Stoffes den darin aufgelösten zur Erscheinung kommen lassen.

Auerbach

Der Aphorismus ist ein geistiges Florett.

Michel

Aphorismen sind die Schwalben der Dialektik.

d'Ors

Im Aphorismus ist der Gedanke nicht zu Hause, sondern auf dem Sprung.

Arntzen

Der Aphorismus ist gleichsam die Emanzipation einer kleinen Wahrheit aus der Verlogenheit eines etablierten Zusammenhangs.

Heckmann

Der Aphorismus deckt sich nie mit der Wahrheit; er ist entweder eine halbe Wahrheit oder anderthalb.

Karl Kraus

Aphorismen sind Schnäpse: Es genügt ein Schluck, um die klarsten Visionen zu haben.

Kessel

Der Aphorismus ist die älteste, die einfachste und die allgemeinste Form philosophischer Erwägung.

Margolius

Der Aphorismus ist ein gewitztes Kerlchen, das Kunst und Philosophie in Liebe gezeugt haben: von der Philosophie hat es die Art zu fragen, von der Kunst die Art zu antworten.

Branstner

Der gute Aphorismus ist wie eine mathematische Formel. Er stellt eine Erfahrungstatsache dar, in die eine ganze Menge Einzelerscheinungen aus Welt, Leben und Gesellschaft mit mehr oder weniger Rest aufgehen.

Hagemann

Der Aphorismus hat das eine mit der Mathematik gemein, daß er bestrebt ist, ein Problem zu fixieren, um es auf eine gültige Formel zu bringen. Innerhalb dieser Formel ist auch die Unbekannte denkbar – in Form der Paradoxie, skeptisch oder lakonisch.

Kessel

Der Aphorismus, die Sentenz, sind die Formen der Ewigkeit.

Nietzsche

Jeder Aphorismus ist das Amen einer Erfahrung.

Kudszus

APHORISTISCHE DEFINITION

Die aphoristische Definition ist eine Definition, der zum Glück die Perfektion fehlt.

Schmidt

Die aphoristische Definition ist eine Definition, die sich mit Vorliebe das Nichtdefinierbare aussucht.

Renner

Aphoristische Definitionen sind kandierte Früchte vom Baum der Erkenntnis.

Nahr

Die aphoristische Definition ist ein Schnappschuß der Erkenntnis, der aber nicht in jedem Falle von einer Kleinbildkamera stammen muß.

Nahr

APHORISTISCH DENKEN

Aphoristisch denken ist der Versuch, der Unvollkommenheit gedanklicher Perfektion zu entgehen.

Hans Kasper

APPETIT

Appetit ist konkrete Sehnsucht.

Anita

Appetit auf irgend etwas ... Lust auf Lust.

Anita

Appetit ist Sinnen-Spiel mit Genüssen: Zungenspitzen-Vorgefühl ...

Anita

Appetit ist die Luxusausgabe des Hungers.

Anita

Die Befriedigung des Appetits bringt nicht die gleiche Erlösung wie die Befriedigung des Hungers. Appetit ist Genuß an sich.

Anita

Auf nichts mehr Appetit zu haben: letzte Weisheit oder Lebensüberdruß.

Anita

APRILNARR

Aprilnarr: ein Märznarr, zu dessen Torheit ein weiterer Monat hinzugekommen ist.

Bierce

ARBEIT

Arbeit: eines der Verfahren, durch das A dem B Eigentum erwirbt.

Bierce

Arbeit ist der Fluch der trinkenden Klassen.

Wilde

Die Arbeit, dieser Fluch, womit Gott das menschliche Geschlecht segnete, gibt uns wahres und dauerhaftes Vergnügen.

Möser

Arbeit ist häufig der Vater des Vergnügens.

Voltaire

Die Arbeit ist die zuverlässigste Seligkeit dieser Erde.

Wichert

Arbeit heißt Steigerung zu geistigen Formen.

Benn

Was man eine ehrliche Arbeit nennt, ist eine, die mit so viel Kraft ausgestattet ist, daß sie einer Illusion Wirklichkeit zu geben vermag.

Max Jakob

Die Arbeit ist eine Schmach, weil das Dasein keinen Wert an sich hat.

Nietzsche

Die Arbeit ... ist nicht mehr eine Verrichtung des Lebens, nicht mehr eine Anpassung des Leibes und der Seele an die Naturkräfte, sondern weitaus eine fremde Verrichtung zum Zweck des Lebens, eine Anpassung des Leibes und der Seele an den Mechanismus.

Rathenau

Heute ist der Zustand der Arbeitsteiligkeit mit dem Satz zu erfassen:
Der Soldat trägt den Karabiner, der Marschall die Verantwortung.
Das Verbindende ist der Marschallstab, den jener im Tornister, dieser in der Faust hat.

Arntzen

ARCHÄOLOGIE

Archäologie: gefrorene Geschichte.

Mason

ARCHITEKTUR

Die Architektur ist die erstarrte Musik.

Schelling

Architektur ist gefrorene Musik.

Schopenhauer

Architektur: das Blühen der Geometrie.

Emerson

Die Architektur ist die Physiognomie der Nationen.

Custine

Architektur ist eine Art Machtberedsamkeit in Formen.

Nietzsche

Moderne Architektur ist das aus der richtigen Erkenntnis einer fehlenden Notwendigkeit erschaffene Überflüssige.

Karl Kraus

ARGUMENT

Das Argument gleicht dem Schuß einer Armbrust – es ist gleichermaßen wirksam, ob ein Riese oder ein Zwerg geschossen hat.

Bacon

Argumente sind ein bürgerliches Vorurteil.

Ludwig Marcuse

Viele Argumente der Überzeugten sind Gebetsmühlenverse.

Rudolf Rolfs

ARGWOHN

Was ist Argwohn? Ein Gefühl, das uns dazu treibt, das zu suchen, was wir nicht zu wissen begehren.

des Flers

ARISTOKRATIE

Nur derjenige Staat verdient Aristokratie genannt zu werden, in welchem wenigstens die kleinere Masse, welche die größere despotisiert, eine republikanische Verfassung hat.

Friedrich Schlegel

Der Aristokrat ist ein Demokrat mit gefüllten Taschen.

Josh Billings

ARMEE

Armee: eine Streitmacht, welche die Fehler der Diplomaten berichtigt.

Daniles

Armee: Bollwerk der Gesellschaft.

Flaubert

ARMUT

Armut ist die weit aufklaffende, erbarmungslose Hölle, die unter der zivilisierten Gesellschaft gähnt.

Henry George

Die Armut und die Hoffnung sind Mutter und Tochter. Indem man sich mit der Tochter unterhält, vergißt man die andere.

Jean Paul

AROMA

Aroma: ein Wispern, das die Nase hört.

Unbekannt

ARROGANZ

Arroganz ist die Karikatur des Stolzes.

Feuchtersleben

Arroganz ist die Perücke geistiger Kahlheit.

Aus den »Fliegenden Blättern«

ATOM

Das Atom ist unser kleinstes Porträt; es enthüllt unsere Kraft als Schrekken.

Rychner

AUFKLÄRUNG

Die Maxime, jederzeit selbst zu denken, ist die Aufklärung.

Kant

Die wahre Aufklärung ist diejenige, die den Menschen lehrt, daß er sich selbst ein Gesetz ist; die wahre Kultur ist diejenige, die ihn gewöhnt, diesem Gesetz ohne Rücksicht auf Belohnung und Strafe zu folgen.

Jacobi

Aufklärung ist der Ausgang des Menschen aus seiner selbstverschuldeten Unmündigkeit. Unmündigkeit ist das Unvermögen, sich seines Verstandes ohne Leitung eines anderen zu bedienen.

Kant

Aufklärung in allen Ständen besteht eigentlich nur in richtigen Begriffen von unseren wesentlichen Bedürfnissen.

Lichtenberg

Aufklärung: Die Vernunft macht immer heller, in welchem Dunkel wir leben.

Ludwig Marcuse

AUFMERKSAMKEIT

Die Aufmerksamkeit ist der Meißel des Gedächtnisses.

de Lévis

Aufmerksamkeit ist der Stoff, aus dem das Gedächtnis besteht; und Gedächtnis ist akkumulierter Genius.

Lowell

AUFRICHTIGKEIT

Aufrichtigkeit ist Offenheit des Herzens. Man findet sie bei sehr wenig Menschen, und die, die man gewöhnlich sieht, ist nur eine feine Heuchelei, um das Vertrauen anderer anzulocken.

La Rochefoucauld

Die Liebe zur Aufrichtigkeit ist die Tugend des Zuschauers, nicht die der handelnden Personen.

Shaw

Aufrichtigkeit ist der Gipfel guter Manieren.

Shaw

Vollkommene Aufrichtigkeit ist der Weg zur Originalität.

Baudelaire

Weibliche Aufrichtigkeit ist ein Beweis für äußerstes Desinteresse.

Nahr

AUGE

Das Auge ist des Herzens Hand.

Sprichwort

Das Auge: der Helfershelfer des Räubers »Hand«.

Hilsbecher

AUGENBLICK

Der Augenblick ist nichts als der wehmütige Punkt zwischen Verlangen und Erinnern.

Musil

Augenblick: der Orgasmus der Zeit.

Hilsbecher

AUSDAUER

Ausdauer ist konzentrierte Geduld.

Carlyle

Ausdauer ist eine Tochter der Kraft, Hartnäckigkeit eine Tochter der Schwäche, nämlich – der Verstandesschwäche.

Ebner-Eschenbach

AUSNAHME

Ausnahmen sind nicht immer Bestätigung der alten Regel. Sie können auch Vorboten einer neuen Regel sein.

Ebner-Eschenbach

AUSSENWELT

Die Außenwelt ist eine lästige Begleiterscheinung eines unbehaglichen Zustands.

Karl Kraus

AUTO

Auto: Mittel der Technik, das uns instand setzt, in der Regel viel schneller und bequemer die nächste Reparaturwerkstatt zu erreichen, als wir das zu Fuß vermöchten.

Nahr

AUTOBIOGRAPHIE

Autobiographie: eine Alibiographie.

Unbekannt

B

BABY

Ein Baby ist ein Engel, dessen Flügel schrumpfen, während die Beine wachsen.

Französisches Sprichwort

BARBAREI

Barbarei ist die Abwesenheit von Normen und Berufungsinstanzen.

Ortega y Gasset

Worin besteht Barbarei anders als darin, daß man das Vortreffliche nicht anerkennt?

Goethe

Die Barbarei ist der Prunktitel, den sich die Roheit beilegt.

Suarès

Das sicherste Zeichen der Barbarei und Primitivität ist der Kult der Zahl und der Quantität.

Coudenhove-Kalergi

Die Kultur der Häßlichkeit heißt Barbarei.

Lohberger

Barbarei und Zivilisation – Vorgericht und Nachspeise der Kultur.

Hans Kasper

BEAMTER

Ein Beamter ist oft ein Mann, der sich durch den Fleiß seiner Untergebenen auszeichnet.

Aus den »Fliegenden Blättern«

Beamte sind wie die Bücher einer Bibliothek: die am wenigsten brauchbaren sind am höchsten plaziert.

Masson

BEDEUTUNG

»Bedeutung« legen wir einem Ereignis bei, wenn es dabei »um Werte geht«, »Sinn«, wenn daraus Werte hervorgehen.

Radbruch

BEDÜRFNIS

Das Bedürfnis gilt als die Ursache der Entstehung: in Wahrheit ist es oft nur die Wirkung des Entstandenen.

Nietzsche

BEGABUNG

Vielleicht ist alle Begabung nichts anderes als Begabung zur Einsamkeit, zur Stille, in der es klingen darf – und siehe, es klingt!

Wildgans

Begabungen sind produktive Gleichgewichtsstörungen.

Kudszus

BEGEHREN

Begehren ist nicht nur wünschen. Begehren ist, das zu werden, was man im wesentlichen ist.

Henry Miller

Begehren heißt: sich verloren haben.

Nietzsche

BEGEISTERUNG

Begeisterung: eine in der Jugend auftretende Unruhe, die durch geringe Dosen Reue in Verbindung mit äußerlich angewandter Erfahrung heilbar ist.

Bierce

Begeisterung ist jene Laune des Geistes, bei der die Vorstellungskraft den besseren Teil des Urteils ausmacht.

Warburton

Begeisterung ist nichts als moralische Trunkenheit.

Byron

Begeisterung ist der unverkennbare Beweis dafür, daß du in deine Arbeit verliebt bist.

Unbekannt

Die Begeisterung ist das tägliche Brot der Jugend. Die Skepsis ist der tägliche Wein des Alters.

Buck

BEGIERDE

Begierde ist des Menschen Wesen selbst.

Spinoza

Die Begierde ist die Wiederbelebungsform des Genusses. Aber auch der Genuß ist eine Begierde: nach Begierde.

Lohberger

Begierde – ein sicher auf sein Ziel springender Tierleib. Gier – ein hastig ins Ungefähr greifendes Gerippe.

Ludwig Strauß

BEGRIFF

Begriffe sind Bildzeichen für oft wiederkehrende Empfindungen.

Nietzsche

Begriffe sind Tastversuche des Geistes.

Otto Michel

Begriff ist Summe, Idee Resultat der Erfahrung; jene zu ziehen, wird Verstand, dieses zu erfassen, Vernunft erfordert.

Goethe

Die Begriffe der Menschen von den Dingen sind meistens nur ihre Urteile über die Dinge.

Hebbel

Ein Begriff entsteht, indem eine produktive Kraft Reize gestaltet.

Nietzsche

Der Begriff ist die Wahrheit der Substanz.

Hegel

Der Begriff dient dazu, zu bestimmen, welches das Element ist, das sich wiederholt und das ich daher wiederfinden werde.

Saint-Exupéry

Die Erschaffung eines Begriffs ist die Erschaffung einer Gesamtheit im Zusammenhanglosen – eines Gefüges oder eines Netzes von Beziehungen, die durch bedingte Reflexe verbunden sind.

Saint-Exupéry

Ein Begriff ist die Individualisierung eines Ganzen oder genauer gesagt: einer Struktur. Und ich bediene mich sodann dieses neuen Wesens wie einer unveränderlichen Größe.

Saint-Exupéry

Begriff: das Ganze der Bestimmungen.

Hegel

Das Leben kennt nur fließende Übergänge, aber der Begriff zieht quer durch solche Übergänge scharfe Grenzen. Wo das Leben nur ein »mehr oder minder« zeigt, verlangt der Begriff eine Entscheidung: »entweder – oder«.

Radbruch

BEHAGEN

Behagen: Gemütszustand beim Betrachten der Sorgen deines Nächsten.

Bierce

BEHAUPTUNG

Eine kühne Behauptung ist der Hecht im Karpfenteich unserer trägen Gedanken und Meinungen.

Tschopp

BEIFALL

Beifall ist die Amme jeder Kunst.

Aus den »Fliegenden Blättern«

Beifall: das Echo auf eine Platitüde.

Bierce

Der Beifall ist der Ansporn vornehmer Geister, das Ende und Ziel der kleinen.

Colton

Im Beifall ist immer eine Art Lärm: selbst in dem Beifall, den wir uns selber zollen.

Nietzsche

BEKANNTER

Bekannter: jemand, den wir gut genug kennen, um von ihm Geld zu borgen, aber nicht gut genug, um ihm etwas zu leihen. Ein Grad der Freundschaft, den man »flüchtig« nennt, wenn sein Gegenstand arm oder unbedeutend ist, und »intim«, wenn er reich oder angesehen ist.

Bierce

BELEIDIGUNG

Beleidigungen sind die Argumente derer, die unrecht haben.

Rousseau

BENEHMEN

Ein gutes Benehmen ist wie ein vollendeter Faltenwurf.

Japanisches Sprichwort

BEREDSAMKEIT

Beredsamkeit ist Logik in Flammen.

Lyman Beecher

Beredsamkeit: Gedanken, die atmen, und Worte, die brennen.

Gray

Beredsamkeit ist die Poesie der Prosa.

Bryant

Beredsam ist, wer, selbst ohne es zu wollen, mit seiner Überzeugung oder Leidenschaft Geist und Herz anderer erfüllt.

Vauvenargues

Beredsamkeit ist die Fähigkeit, unsere Ansicht auch in anderen zu erregen, unser Gefühl in ihnen zu entzünden und sie so in Sympathie mit uns zu versetzen. Dies alles aber dadurch, daß wir mittels Worten den Strom unserer Gedanken in ihren Kopf leiten, mit solcher Gewalt, daß er den ihrer eigenen von dem Gange, den sie bereits genommen, ablenkt und in seinem Lauf mit fortreißt. Dies Meisterstück wird um so größer sein, je mehr der Gang ihrer Gedanken vorher von dem unsrigen abwich.

Schopenhauer

Also besteht, wie ich glaube, die ganze Beredsamkeit im Beweisen, im Schildern und im Rühren. Alle glänzenden Gedanken und Ausdrücke, die zu dem einen oder dem andern von diesen drei Dingen nichts beitragen, sind nur Spiele des Witzes.

Fénélon

Beredsamkeit ist Gedankenmalerei in der Form, daß zuletzt noch etwas hinzugefügt wird, damit ein Bild entsteht und kein Porträt.

Pascal

Meister der Beredsamkeit ist der, der alles Nötige sagt und nur dies.

La Rochefoucauld

Beredsamkeit ist die Fähigkeit, Wahrheit in eine Sprache übersetzen zu können, die dem völlig verständlich ist, der dir zuhört.

Emerson

Beredsamkeit ist die Kunst, so von den Dingen zu sprechen, daß jedermann gern zuhört.

Pascal

Beredsamkeit ist die Kunst, die Dinge so zu sagen, daß

1. die, zu denen man redet, sie ohne Mühe und mit Vergnügen verstehen können,
2. daß sie sich angesprochen und aus Selbstachtung bewogen fühlen, selber darüber nachzudenken.

Pascal

Beredsamkeit: das Richtige sagen und aufhören.

Link

Die Beredsamkeit liegt weniger im Tone der Stimme, in Augen und Miene einer Person als in der Wahl der Worte.

La Rochefoucauld

Beredsamkeit: Plattheiten plus Persönlichkeit.

Amos R. Wells

Beredsamkeit: eine Verschwörung zwischen Rede und Tat mit der Absicht, den Verstand zu übertölpeln.

Bierce

Wer besaß bis jetzt die überzeugendste Beredsamkeit? Der Trommelwirbel: und solange die Könige diesen in der Gewalt haben, sind sie immer noch die besten Redner und Volksaufwiegler.

Nietzsche

Beredsamkeit ist wohlgekleidete Vernunft und Argumente in richtiger Ordnung.

Collier

Beredsamkeit: die Kunst, ein Geschäft des Verstandes als ein freies Spiel der Einbildungskraft zu betreiben.

Kant

Beredsamkeit ist die Kunst, Angenehmes zu sagen, so daß die Zuhörer aus Sympathie zum Sprecher »ja, ja!« sagen, ohne allzu genau nachzuforschen, was er eigentlich meint.

Tucker

Beredsamkeit: die Kunst, Dummköpfe durch Worte davon zu überzeugen, daß Weiß die Farbe ist, die es zu sein scheint. Sie schließt die Gabe ein, jede Farbe weiß erscheinen zu lassen.

Bierce

BERÜHMTHEIT

Berühmtheit: jemand, der sich freut, daß ihn viele kennen, die er nicht kennenzulernen braucht.

Mencken

Die Berühmtheit ist ein hundertfach gedruckter Name.

Laffitte

Eine Berühmtheit ist ein Mensch, der sein ganzes Leben hindurch schwer gearbeitet hat, um bekannt zu werden, und der eine dunkle Brille trägt, damit ihn niemand erkennt.

Allen

BERUF

Ein Beruf ist das Rückgrat des Lebens.

Nietzsche

Der Beruf ist eine Schutzwehr, hinter welche man sich, wenn Bedenken und Sorgen allgemeiner Art einen anfallen, erlaubterweise zurückziehen kann.

Nietzsche

Alle Berufe sind Verschwörungen gegen den Laien.

Shaw

BESCHEIDENHEIT

Bescheidenheit ist die zarte Kunst, deinen Charme zu erhöhen, indem du vorgibst, seiner nicht gewahr zu sein.

Herford

Bescheidenheit ist eine Eigenschaft, für die der Mensch bewundert wird, falls die Leute je von ihm hören sollten.

Howe

Bescheidenheit ist das Gefühl, der andere werde nach einer kleinen Weile gewiß entdecken, wie wundervoll du bist.

Unbekannt

Die Bescheidenheit? Das ist die Kunst, andere zu veranlassen, das Gute zu sagen, das man nicht wagen würde, von sich selbst zu sagen.

Unbekannt

Bescheidenheit ist der einzige sichere Köder, wenn du nach Lob angelst.

Chesterfield

Die Bescheidenheit ist eine Eigenschaft, die vom Bewußtsein der eigenen Macht herrührt.

Cézanne

Bescheidenheit ist das Gewissen des Körpers.

Balzac

Bescheidenheit ist der Anfang aller Vernunft.

Anzengruber

Bescheidenheit ist mehr eine Konsequenz des Denkens als des guten Willens.

Ludwig Marcuse

Bescheidenheit ist der Zaun der Weisheit.

Jüdische Lebensweisheit

Bescheidenheit ist weniger Unterschätzung unserer selbst, als Hochschätzung anderer. Der Bescheidene ist der Ehrfürchtige.

Margolius

Die Bescheidenheit ist für das Verdienst, was die Schatten bei den Gestalten eines Gemäldes: sie geben ihnen Kraft und Relief.

La Bruyère

Bescheidenheit bei mittelmäßigen Fähigkeiten ist bloße Ehrlichkeit; bei großen Talenten ist sie Heuchelei.

Schopenhauer

Was ist denn Bescheidenheit anderes als geheuchelte Demut, mittels welcher man in einer von niederträchtigem Neide strotzenden Welt für Vorzüge und Verdienste die Verzeihung derer erbetteln will, die keine haben.

Schopenhauer

Bescheidenheit und Ehrgeiz findet man nie beisammen. Die Bescheidenheit ist Gleichgültigkeit und Bequemlichkeit der Seele, der Ehrgeiz dagegen ist Tätigkeit und glühender Eifer.

La Rochefoucauld

Es gibt eine Bescheidenheit, die nur der Mantel des Hochmuts ist.

Carmen Sylva

Man hat aus der Bescheidenheit eine Tugend gemacht, um den Ehrgeiz großer Männer einzuschränken und um die Mittelmäßigkeit über ihr geringes Glück und ihr geringes Verdienst zu trösten.

La Rochefoucauld

Bescheidenheit kann schwerlich als Tugend bezeichnet werden. Sie ist mehr ein Gefühl als eine Neigung. Sie ist eine Art Furcht, dem üblen Ruf zu verfallen.

Aristoteles

Die Menschen haben viele absonderliche Tugenden erfunden, aber die absonderlichste von allen ist die Bescheidenheit. Das Nichts glaubt dadurch etwas zu werden, daß es bekennt: Ich bin nichts!

Hebbel

Die Bescheidenheit ist nichts anderes als Faulheit, Mattigkeit und Mangel an Mut, so daß man mit Recht sagen kann, daß die Bescheidenheit für die Seele eine Erniedrigung ist.

La Rochefoucauld

Was sie Bescheidenheit nennen, heute gar understatement, ist oft nichts anderes als das nett eingepackte Schofle.

Arntzen

Für das scharfblickende Auge ist die Bescheidenheit kaum mehr als eine sichtbarere Form der Eitelkeit.

Renard

Bescheidenheit ist vielleicht eine Art Stolz, der über eine Geheimtreppe ankommt.

Renard

Bescheidenheit ist zuweilen überspannter Stolz.

Sand

Bescheidenheit ist immer falsche Bescheidenheit.

Renard

Falsche Bescheidenheit ist die schicklichste aller Lügen.

Chamfort

Falsche Bescheidenheit ist die letzte Raffinesse der Eitelkeit.

La Bruyère

BESITZ

Der Besitz ist das Subsumiertsein einer Sache unter meinem Willen.

Hegel

Der Besitz besitzt, er macht die Menschen kaum unabhängiger.

Nietzsche

BESONNENHEIT

Besonnenheit ist die seidene Schnur, die durch die Perlenkette aller Tugenden läuft.

Thomas Fuller

Besonnenheit ist die unzertrennliche Begleiterin der Weisheit; aber mit dem Genius verbindet sie nicht einmal eine Grußbekanntschaft.

Colton

Besonnenheit ist die Vernunft der Politik.

Gambetta

BESSERUNG

Besserung ist: etwas sichtbar werden lassen von dem, was den guten Menschen gefällt. Nicht mehr!

Nietzsche

BESTÄNDIGKEIT

Die Beständigkeit ist die Trägheit des Herzens.

Unbekannt

Beständigkeit ist bestenfalls eine langweilige, schläfrige Eigenschaft.

Farquhar

Beständigkeit ist die letzte Zuflucht des Phantasielosen.

Wilde

BETT

Das Bett ist ein guter Beichtstuhl und die Audienz des Gewissens.

Jean Paul

BETRUG

Betrug ist die Huldigung, welche die Gewalt der Vernunft darbringt.

Charles P. Curtis

Der Betrug ist sozusagen die Seele des gesellschaftlichen Lebens und der Kunst, ohne die in Wahrheit keine Kunst und kein Talent, wenn man die Menschen im Auge hat, vollkommen ist.

Leopardi

BEWEIS

Beweis: eine Aussage, die einen Grad glaubwürdiger ist als die Unwahrscheinlichkeit.

Bierce

Beweisen heißt in der Philosophie soviel als aufzeigen, wie der Gegenstand durch und aus sich selbst sich zu dem macht, was er ist.

Hegel

Die Beweise sind das Gegengift gegen das Gift der Zeugenaussagen.

Bacon

Beweis: das Zeugnis zweier glaubwürdiger Zeugen, das dem eines einzigen entgegengesetzt ist.

Bierce

Beweise? Gereimte Behauptungen!

Lohberger

Beweisen heißt überhaupt nichts, als des Zusammenhangs und damit der Notwendigkeit bewußt werden.

Hegel

BEWUNDERUNG

Bewunderung: eine Verwunderung, die beim Verlust der Neuigkeit nicht aufhört.

Kant

Bewunderung: eine sehr kurzlebige Leidenschaft, die sofort verfällt, sobald man mit ihrem Gegenstand näher bekannt wird.

Addison

Bewunderung: eine jugendliche Laune, die kaum jemals bis zu reiferen Jahren anhält.

Josh Billings

Bewunderung: eine beliebte Form der Selbsterniedrigung, nicht frei von Stolz.

Bierce

Bewundern: erwartungsvoll umschmeicheln.

Bierce

Bewunderung ist nur das Maß unserer Kenntnisse und beweist weniger die Vollkommenheit der Dinge als die Unvollkommenheit unseres Geistes.

Vauvenargues

Bewunderung: die Tochter der Unkenntnis.

Benjamin Franklin

Bewunderung: die höfliche Beachtung des anderen Menschen, der Ähnlichkeit mit dir hat.

Bierce

BEWUSSTSEIN

Ein leuchtender Pfeil, aus blauem Dunkel kommend, in blaues Dunkel strebend, schwirrend von der Erregung des Flugs: unser Bewußtsein.

Hilsbecher

Ein Teil dessen, was wir das Unbewußte nennen, ist das Archiv des Bewußtseins. Ein anderer: seine Kloake.

Hilsbecher

Zum Bewußtsein kommen heißt: ein Gewissen bekommen, heißt wissen, was gut und böse ist.

Thomas Mann

BEZIEHUNG

Eine Beziehung entsteht nur dann, wenn das Denken sie herstellt.

Simone Weil

Beziehungen sind eine Waage mit ungleichem Gewicht.

Wiesner

BIBLIOTHEK

Bibliotheken sind Büffets des Geistes.

Aus den »Fliegenden Blättern«

Die Bibliothek ist das Tagebuch der menschlichen Rasse, das Beratungszimmer der Weisen.

Dawson

BIGAMIE

Bigamie: auf die Spitze getriebene Korrektheit.

FitzGibbon

Bigamie: eine Frau zuviel. Monogamie: dasselbe.

Wilde

Bigamie: Möglichkeit zur Ersparung der schmerzlichen Publizität der Scheidung und der Alimentationszahlung.

Herford

Die Bigamie ist der Versuch, ein Übel zu verkleinern, indem man es verdoppelt.

Nahr

BILANZ

Die Bilanz ist das Jahreszeugnis des Managers.

Nahr

BILD

Das Bild ist ein Modell der Wirklichkeit.

Wittgenstein

BILDUNG

Bildung ist die Fähigkeit, fast alles anhören zu können, ohne die Ruhe zu verlieren oder das Selbstvertrauen.

Frost

Bildung ist vollendete Natur.

Platen

Sich mitzuteilen ist Natur; Mitgeteiltes aufzunehmen, wie es gegeben wird, ist Bildung.

Goethe

Bildung ist das Leben großer Geister mit dem Zwecke großer Ziele.

Nietzsche

Bildung kommt von bilden, das heißt sich und andere formen, gestalten: Bild werden. Das Ungebildete ist also das Bild-Lose, Wert-Lose, Sinn-Lose.

Otto Michel

»Bildung« haben, das heißt sich ein Bild machen können, das heißt eine Brücke schlagen über die Einseitigkeit von Denken und Leben.

Lohberger

Jede Bildung ist ein Gefängnis, an dessen Eisengitter Vorübergehende Ärgernis nehmen, an dessen Mauern sie sich stoßen können; der sich Bildende, darin eingesperrt, stößt sich selbst, aber das Resultat ist eine wirklich gewonnene Freiheit.

Goethe

Bildung: wesentlich das Mittel, den Geschmack gegen die Ausnahme zu richten.

Nietzsche

Bildung nennen wir eben den in der Wirklichkeit angewandten Begriff, insofern er nicht rein in seiner Abstraktion erscheint, sondern in Einheit mit dem mannigfaltigen Inhalt alles Vorstellens.

Hegel

Bildung wird etwa heißen: sehr viele distinkte, komplexe und einander widersprechende Erlebnisse gehabt und genau beschrieben zu haben; oder: in eine Gesellschaft tretend, auf den meisten der besetzten Stühle schon einmal gesessen zu sein, so daß man fast mit dem körperlichen Auge die Globen der Befangenheiten einander berühren und sich schneiden und durchdringen sieht.

Heimito von Doderer

Eine umfassende Bildung ist eine gut dotierte Apotheke; aber es besteht keine Sicherheit, daß nicht für Schnupfen Zyankali gereicht wird.

Karl Kraus

Alle Bildung reduziert sich auf den Unterschied von Kategorien.

Hegel

Bildung ist die Fähigkeit, Wesentliches von Unwesentlichem zu unterscheiden und jenes ernst zu nehmen.

de Lagarde

Bildung ist ein unentreißbarer Besitz.

Menander

Bildung ist das, was die meisten empfangen, viele weitergeben und wenige haben.

Karl Kraus

Bildung ist das, was übrigbleibt, wenn wir vergessen, was wir gelernt haben.

Halifax

Bildung ist Unsterblichkeit der edelsten Geister.

Nietzsche

Daß Bildung der Inbegriff dessen sei, was man vergessen hat, ist eine gute Erkenntnis. Darüber hinaus ist Bildung eine Krankheit und eine Last für die Umgebung des Gebildeten.

Karl Kraus

Bildung heißt, sich mit jedem Menschen auf den Ton setzen können, dessen Zusammenklang mit dem eigenen – Wohllaut gibt.

Aus den »Fliegenden Blättern«

Bildung ist eine Krücke, mit der der Lahme den Gesunden schlägt, um zu zeigen, daß er auch bei Kräften sei.

Karl Kraus

Bildung: das, was den eigenen Mangel an Intelligenz dem Weisen offenbart und dem Toren verbirgt.

Bierce

BLUFF

Der Bluff ist eine Propaganda, durch die nur der Ochse nicht geht, weil er nur die Größe, nicht aber die Stärke sieht.

Christine Boll

BLUME

Die Blume ist das Lächeln der Pflanze.

Hille

Blumen sind Sendboten Gottes aus einer andern, vollkommenen Welt.

Zenta Maurina

Blumen sind Engel, damit der Mensch nicht ganz vergesse, was absolute Schönheit ist.

Zenta Maurina

BÖRSE

Die Börse ist ein Monte Carlo ohne Musik.

Georg von Siemens

Börse: Thermometer der öffentlichen Meinung.

Flaubert

Die Börse ist ein hysterisches, geldverliebtes Frauenzimmer.

von Radecki

BÖSE

Das Böse ist das, was man sich nicht verzeihen kann.

Jouhandeau

Man nennt einen Menschen böse nicht darum, weil er Handlungen ausübt, welche böse sind, sondern weil diese so beschaffen sind, daß sie auf böse Maximen an ihm schließen lassen.

Kant

BOSHEIT

Die Bosheit ist die Antwort auf eine enttäuschte Zutraulichkeit.

Kessel

Bosheit ist nichts als eine Gemütskrankheit.

Novalis

Boshaft sein, das heißt im voraus vergelten.

Toulet

BOTSCHAFTER

Botschafter sind die Augen und Ohren der Staaten.

Guicciardini

Manche Botschafter sind lediglich Briefträger in Frack und Zylinder.

Alsop

Ein Botschafter ist ein ehrenwerter Mann, der ins Ausland geschickt wird, um zum Besten seines Landes zu lügen.

Wotton

BRAUT

Braut: eine Frau, die eine schöne Glückserwartung hinter sich hat.

Bierce

BRIEF

Der Brief ist eine geschriebene Unterhaltung.

Gracian

Der Brief ist ein unangemeldeter Besuch, der Briefbote der Vermittler unhöflicher Überfälle.

Nietzsche

Ein Brief kann der Flügelschlag eines Vogels sein, der eine Lawine ins Rollen bringt, eine Lawine der Freude, aber auch der Zerstörung.

Zenta Maurina

Ein Brief ist eine Seele. Er ist ein so treues Abbild der geliebten Stimme, die spricht, daß empfindsame Seelen ihn zu den köstlichsten Schätzen der Liebe zählen.

Balzac

Briefe sind die Herzader der Kultur wie auch Selbstzeugnisse der Seele. Auch das Tagebuch ist Selbstzeugnis, aber der Brief ist weiter, beziehungsreicher. Im Tagebuch kommt der Mensch zu sich selbst, im Brief geht der Schreibende zum Adressaten. Das Ich und das Du sind die geistigen Realitäten des Briefes, der in gleichem Maße Ich – Besinnung und Du – Findung ist. Deutung der Briefe – Deutung der menschlichen Beziehungen.

Zenta Maurina

BUCH

Das Buch ist die einzige Unsterblichkeit.

Rufus Choate

Ein Buch ist wie ein Garten, den man in der Tasche trägt.

Afrikanisches Sprichwort

Das Buch, Gefäß des Geistes.

Thomas Mann

Ein Buch ist immer ein verhindertes Gespräch.

von Balthasar

Bücher sind nur dickere Briefe an Freunde.

Jean Paul

Bücher und Briefe, die wir schreiben, sind die Farben, mit denen wir unser Gefängnis ausmalen.

Kudszus

Ein Buch ist ein Freund, der nie verrät.

Jüdische Lebensweisheit

Ein Buch ist für mich eine Art Schaufel, mit der ich mich umgrabe.

Walser

Bücher sind Schiffe, welche die weiten Meere der Zeit durcheilen.

Bacon

Bücher sind Gedankengräber.

Longfellow

Bücher sind reine Abfälle. Das Wesentliche ist die Begegnung mit der Sprache. Der Autor ist wie ein Minenleger: Er befindet sich schon wieder in anderen Gewässern, wenn die Minen hochgehen.

Ernst Jünger

Ein Buch, wenn es so zugeklappt daliegt, ist ein gebundenes, schlafendes, harmloses Tierchen, welches keinem was zuleide tut. Wer es nicht aufweckt, den gähnt es nicht an. Wer ihm die Nase nicht gerade zwischen die Kiefern steckt, den beißt es auch nicht.

Wilhelm Busch

Ein Buch ist ein Spiegel. Wenn ein Affe hineinguckt, so kann freilich kein Apostel heraussehen. Wir haben keine Worte, mit dem Dummen von Weisheit zu sprechen. Der ist schon weise, der den Weisen versteht.

Lichtenberg

Ein Buch ist dem Verfasser, was den Schönen ihr Bild im Spiegel ist.

Jean Paul

Die besten Bücher sind die, von denen jeder Leser meint, er habe sie selbst machen können.

Pascal

Ein sicheres Zeichen von einem guten Buche ist, wenn es einem immer besser gefällt, je älter man wird.

Lichtenberg

BÜCHERSAMMLER

Der Büchersammler ist der Hermaphrodite der Literatur; weder Leser noch Schreiber.

Leslie

BÜNDNIS

Bündnis: in der internationalen Politik die Vereinigung zweier Diebe, die ihre Hände so tief in den Taschen des anderen stecken haben, daß sie nicht unabhängig voneinander einen dritten ausplündern können.

Bierce

BÜRGER

Der Bürger ist seinem Wesen nach ein Geldverdiener.

Dawson

Bürgertum: die Aristokratie der Leistung auch im Bezirke der Nicht-Arbeit.

Lohberger

BÜROKRATIE

Die Bürokratie ist ein gigantischer Mechanismus, der von Zwergen bedient wird.

Balzac

BUTLER

Der Butler ist die feierliche Prozession eines einzigen.

Wodehouse

C

CAFÉ

Das Café ist das Wartezimmer der Poesie.

Kesten

CARTESIANISCH

Cartesianisch: abgeleitet von Descartes, einem berühmten Philosophen, dem Autor des gefeierten Satzes Cogito ergo sum – mit ihm, so nahm er befriedigt an, habe er die Wirklichkeit der menschlichen Existenz bewiesen. Der Satz müßte jedoch folgendermaßen verbessert werden: Cogito cogito ergo cogito sum – »Ich denke, daß ich denke, also denke ich, daß ich bin«: die größte Annäherung an die Gewißheit, die je einem Philosophen gelungen ist.

Bierce

Eine Glosse zu Descartes: manchmal denke ich; und manchmal bin ich.

Valéry

CHAOS

Das Unbeherrschte ist das Chaos.

Hilsbecher

Das Chaos ist eine fürchterliche Parodie auf die Gleichheit aller! Im Chaos hat man kein eigenes Antlitz.

le Fort

CHARAKTER

Ein Charakter ist ein vollständig gebildeter Wille.

Novalis

Der Charakter ist die sittliche Ordnung, durch das Medium einer individuellen Natur gesehen.

Emerson

Der Charakter ist der moralische Ausdruck des Selbstbewußtseins.

Kessel

Charakter: die Summe der Tendenzen, in einer bestimmten Weise zu handeln.

Thomas Henry Huxley

Charakter nennt man die Gebundenheit der Ansichten, durch Gewöhnung zum Instinkt geworden.

Nietzsche

Charakter ist Mut zur Monotonie.

Kudszus

Der Charakter ist weiter nichts als eine langwierige Gewohnheit.

Plutarch

Charakter eines Menschen: seine gebändigte, zugehauene, zugeschliffene oder seine wild wuchernde Natur.

Ebner-Eschenbach

Der Charakter ist ein Fels, an welchem gestrandete Schiffer landen und anstürmende scheitern.

Kant

Charakter – das ist eine Zeitfrage.

Brecht

Zwischen Gelingen und Mißlingen, in Streit, Anstrengung und Sieg bildet sich der Charakter.

Ranke

Der Charakter wird mehr durch den Mangel gewisser Erlebnisse als durch das, was man erlebt, bestimmt.

Nietzsche

Charakter im Großen und Kleinen ist, daß der Mensch demjenigen eine stete Folge gibt, dessen er sich fähig fühlt.

Goethe

Der Charakter des Menschen ist sein Schicksal.

Heraklit

Die Hauptbestandteile eines guten Charakters sind Treue und Mitleid.

Hilty

Der Charakter sitzt nicht im Verstande, sondern im Herzen.

Jacobi

Charakter ist ein feineres Wort für Sentimentalität. Ein sehr schädliches Wort. Es kostümiert ein Laster als Tugend. Es ist schuld an den Katastrophen, die den Machtwechsel zu begleiten pflegen.

Kästner

Charakter ist das, was du im Dunklen bist.

Dwight L. Moody

Charakter ist die Fähigkeit, sich selbst im Wege zu stehen, obwohl man ausweichen könnte.

Zitiert nach »Hör zu« 17/1969

Charakterfestigkeit besitzen heißt, den Einfluß der anderen auf sich selbst erprobt haben. Also bedarf es der anderen.

Stendhal

CHARME

Charme ist eine besondere Qualität, die jeder Beschreibung trotzt.

Lunt

Charme: die Art, wie ein Mensch »ja« sagt, ohne daß ihm eine bestimmte Frage gestellt worden war.

Camus

Charme ist die Fähigkeit, in einem Menschen das Gefühl zu erwecken, daß er so wundervoll sei wie du.

Unbekannt

Charme ist das, was in anderen ist und das uns zufriedener macht mit uns selbst.

Amiel

Charme ist Honig für das Herz.

Zitiert nach »Hör zu« 20/1969

Charme ist nichts als Schmeichelei, die dick mit der Maurerkelle aufgetragen wird, und die dennoch aus ehrlichem Herzen kommt.

Unbekannt

CHIC

Chic ist: Mode, bevor sie modern wird.

Anita

Chic ist der i-Punkt auf dem i. Ohne Punkt würde das i niemals auffallen.

Anita

Chic ist, was sich eigentlich nicht ganz schickt.

Anita

Chic ist immer das, was der Gegensatz zu gestern und die Banalität von morgen ist. Chic ist in roten Lettern ein flammendes »Heute«!

Anita

Die Franzosen haben den Chic zur Nationaleigenschaft geadelt. Chic ist soviel wie fair. Und ein »chic type« ist ein Gentleman.

Anita

Chic haben bedeutet: anderer Leute Blicke an richtiger Stelle anzuziehen und an richtiger Stelle abzulenken.

Anita

Chic ist amüsanter Mangel an Logik. Pelz da, wo er nicht wärmt. Ein Knopf, wo er unerwartet ist, Stroh im Winter. Samt im Sommer. Wenn chic logisch wird, ist es – Eleganz.

Anita

Chic ist der Rettungsanker häßlicher Frauen und das Nonplusultra schöner Frauen.

Anita

Chic ist die Macht der großen Schneider, für eine einfache Biese jede beliebige Summe fordern zu dürfen. Riesensummen ...

Anita

Chic ist atonale Musik der Kleidung. Eine Dissonanz, die verblüfft.

Anita

CHRISTENTUM

Das Christentum ist seiner Definition und seinem Wesen nach die Religion der Inkarnation. Gott vereint Sich mit der Welt, die Er erschafft, um sie eins zu machen und um sie in gewissem Sinne Sich einzuverleiben.

Teilhard de Chardin

Das Christentum ist die Religion der tiefsten Beunruhigung.

Gerhart Hauptmann

Christ sein heißt: Leben aus Gott.

Wittig

Jemand lieben, daß man davon sterben könnte, jemand, dessen Züge man nie gesehen, dessen Stimme man nie gehört – das ist das ganze Christentum.

Green

Christentum ist eine Stufe der moralischen Entwicklung, die unabhängig ist von irgendeinem individuellen Lehrer.

Shaw

Raketenchristen: die die Erde nur als Abschußrampe für ihre Himmelfahrt betrachten. Die meisten landen dabei freilich auf dem Mond.

Edel

CHOLERIKER

Der Choleriker ist das Salz in der Suppe, die der Schöpfer sich eingebrockt hat.

Peltzer

D

DAME

Eine Dame ist eine Frau, deren Anwesenheit zur Folge hat, daß sich Männer wie Herren benehmen.

Unbekannt

DANK

Dank: das ist Liebe in der Erinnerung, die im Gedächtnis zur Tat wird.

Björling

Dank ist eine Vorauszahlung für die nächste Gunst.

Unbekannt

DANKBARKEIT

Dankbarkeit ist das Gedächtnis des Herzens.

Massieu

Die Dankbarkeit ist die Tugend der Nachwelt.

Vischer

Dankbarkeit ist eine Art Gerechtigkeit.

Samuel Johnson

Dankbarkeit ist eine Pflicht, die erfüllt werden sollte, die aber keiner das Recht hat, zu erwarten.

Rousseau

Die Dankbarkeit ist eine Last, und jede Last will abgeschüttelt sein.

Diderot

Dankbarkeit ist bei den meisten nichts als ein geheimes Verlangen, noch größere Wohltaten zu empfangen.

La Rochefoucauld

Unter Dankbarkeit versteht man gemeinhin die Bereitwilligkeit, lebenslänglich Salbe aufzuschmieren, weil man einmal Läuse gehabt hat.

Karl Kraus

Dankbarkeit ist ein wacher Sinn für künftige Gunstbezeugungen.

Walpole

Dankbarkeit ist – nächst der Undankbarkeit – das schmerzlichste Ding zu ertragen.

Henry Ward Beecher

Dankbarkeit ist eines der sprödesten Motive für Liebe.

Bamm

DASEIN

Zur Definition des Daseins: Da ist, was auf seinem zeitlosen Sprung aus dem Nichtsein ins Nichtsein aufgehalten wird und der verzögernden Zeit anheimfällt.

Hilsbecher

DEFINITION

Definition: ein logisch vollkommener Begriff.

Kant

Eine Definition ist das Einfassen der Wildnis einer Idee mit einem Wall von Worten.

Samuel Butler

Definieren heißt ausschließen und negieren.

Ortega y Gasset

Die Definition enthält alles, was zur Wesentlichkeit des Gegenstandes gehört, worin seine Natur auf eine einfache Grundbestimmung zurückgebracht ist als Spiegel für alle Bestimmtheit, die allgemeine Seele alles Besonderen.

Hegel

Definitionen sind Regeln der Übersetzung von einer Sprache in eine andere. Jede richtige Zeichensprache muß sich in jede andere nach solchen Regeln übersetzen lassen: Dies ist, was sie alle gemeinsam haben.

Wittgenstein

Die meisten Definitionen sind Konfessionen.

Ludwig Marcuse

Jede Definition ist eine Nottaufe, angewandt nicht, weil man Furcht hat, daß das Ding stirbt, sondern ganz im Gegenteil, daß es zu schnell wächst und zu sprechen beginnt, bevor wir es eingeordnet haben.

Eschmann

DEFLATION

Deflation: Die Wirtschaft mit Zinsfüßen treten.

Steguweit

DEMAGOGIE

Demagogie ist die Fähigkeit, Massen in Bewegung zu schieben, und die Unfähigkeit, sie wieder zu bremsen.

Herbst

Demagogen sind Leute, die in den Wind sprechen, den sie selbst gemacht haben.

Qualtinger

DEMENTI

Ein Dementi ist nach den Spielregeln der hohen Politik ein halbes Eingeständnis einer ganzen Dummheit.

St. John Perse

Unter einem Dementi versteht man in der Diplomatie die verneinende Bestätigung einer Nachricht, die bisher lediglich ein Gerücht gewesen ist.

Priestley

DEMOKRATIE

Demokratie ist die wiederholt auftauchende Vermutung, daß mehr als die Hälfte der Leute in mehr als der Hälfte der Fälle recht haben.

Elwyn Brooks White

Demokratie: Herrschaft des Volkes, das den von Minderheiten bestimmten Mehrheitsentscheidungen gehorcht.

Haller

Die wahre Demokratie ist in einem Staate verwirklicht, in dem die größte Zahl der Menschen daran interessiert ist, ihre Meinung über politische Fragen auszudrücken und in dem die größte Zahl von Urteilen und Willen zusammentreffen, um die öffentlichen Maßnahmen zu beeinflussen.

Mackintosh

Demokratie ist eine sehr wichtige Angelegenheit, und es ist viel weniger Schwindel dabei als bei vielen älteren Einrichtungen. Aber sie bedeutet nicht, daß das Volk regiert, sondern daß die Verantwortung und das Vetorecht jetzt weder den Königen noch den Demagogen an sich zustehe, sondern jedem, der gescheit genug ist, sie an sich zu reißen.

Shaw

Demokratie ist die Notwendigkeit, sich gelegentlich den Ansichten anderer Leute zu beugen.

Churchill

Die demokratische Methode ist diejenige Ordnung der Institutionen zur Erreichung politischer Entscheidungen, bei welcher einzelne die Entscheidungsbefugnis vermittels eines Konkurrenzkampfs um die Stimmen des Volkes erwerben.

Schumpeter

Die Idee der Demokratie verlangt die Fühlung der Staatsmänner mit dem Volke. Ohne das ist Demokratie nur als parteiliche Vorbereitung und als Manipulation der Abstimmungen da.

Jaspers

Demokratie ist eine Methode, kein Ideal.

Hohlenberg

Demokratie ist ein Nebenprodukt gewisser Technologien, etwa des Alphabets und der mechanischen Industrie, und nicht etwas, was ich sehr ernst nehmen würde. Aber Demokratie als etwas eng an das Christentum Gebundenes ist eine Angelegenheit, die ich tatsächlich sehr ernst nehme.

McLuhan

Demokratie: der Staat sagt: das Volk bin ich.

Haller

Demokratie: die Regierung des Volkes durch das Volk für das Volk. (Gouvernement of the people, by the people, for the people.)

Abraham Lincoln

Die Demokratie ist nichts als ein Niederprügeln des Volkes durch das Volk für das Volk.

Wilde

Demokratie heißt: die Menschen sollen so organisiert sein, daß jedem die besten Entwicklungsmöglichkeiten offenstehen, die seinen Fähigkeiten und seinem Streben entsprechen.

Perry

Demokratie gründet sich auf die Überzeugung, daß in gewöhnlichen Menschen außergewöhnliche Fähigkeiten liegen.

Unbekannt

Die Emanzipation des Laien, das ist die Demokratie.

Thomas Mann

Demokratie bedeutet zur Geltungkommen eines jeden nach seinem Können und Verdienst.

Jaspers

Demokratie ist die Verzweiflung darüber, daß es keine Helden gibt, die dich regieren; und Befriedigtsein darüber, daß man sich mit ihrem Fehlen abfinden muß.

Carlyle

Die Demokratie repräsentiert den Unglauben an große Menschen.

Nietzsche

Demokratie heißt Selbsterziehung und Information des Volkes. Es lernt nachdenken. Es weiß, was geschieht. Es urteilt. Die Demokratie fördert ständig den Prozeß der Aufklärung.

Jaspers

Demokratie heißt: die Spielregeln einhalten, auch wenn kein Schiedsrichter zusieht.

Hausmann

Die Demokratie, wie ich sie verstehe, muß dem Schwächsten die gleichen Chancen zusichern wie dem Stärksten. Nur Gewaltlosigkeit kann zu diesem Ziele führen.

Mahatma Gandhi

Die demokratische Methode verlangt, daß Einzelwesen wie auch Völkern gleiche Gelegenheit gegeben werden soll, ihre Möglichkeiten zu entfalten.

Julian Sorell Huxley

Demokratie ist im Grunde die Anerkennung, daß wir, sozial genommen, alle füreinander verantwortlich sind.

Heinrich Mann

Wo die Freiheit ihre Geschäfte selbst zu führen vermag, wird sie Demokratie.

Dos Passos

Demokratie, die Praxis der Selbstregierung, ist ein Vertrag, in dem sich freie Menschen verpflichten, die Rechte und Freiheiten der Mitbürger zu achten.

Franklin D. Roosevelt

Demokratie: ... schließt das höchste Maß an Freiheit ein, die volle Gleichberechtigung der Entwicklungsmöglichkeiten und ein Höchstmaß an Zusammenarbeit. Diese Freiheit darf nicht auf Kosten der Freiheit anderer gehen und ihre Gewährung darf nicht die Möglichkeiten der Zusammenarbeit hindern.

Julian Sorell Huxley

Demokratie entsteht, wenn man nach Freiheit und Gleichheit aller Bürger strebt und die Zahl der Bürger, nicht aber ihre Art berücksichtigt.

Aristoteles

Die Art einer Verfassung ist ferner dadurch bestimmt, ob alle Bürger, insofern sie Bürger sind, Anteil an der Regierung haben. Eine solche Verfassung ist die Demokratie.

Hegel

Demokratie ist die Verfallsform des Staates.

Nietzsche

Demokratie ist das auf den Bereich der Politik ausgedehnte Prinzip der Toleranz.

Unbekannt

Ziel und Mittel der Demokratie: möglichst vielen Unabhängigkeit schaffen.

Nietzsche

Demokratie: ... Sie ist die anspruchsvollste und eben damit gefährdetste aller politischen Ordnungsformen, nämlich jene, die beständig aus dem freien Kräftespiel gleichberechtigter Personen erwächst.

Guardini

Daß mittels der wählenden Demokratie der Wille eines Volkes ermittelt werden könne, ist natürlich eine Täuschung. Aber sieht man den Versuch vor sich, die Fragen divergierender Interessen nicht mit Messer und Pistole, sondern mittels einer Abstimmung zu entscheiden, so ist das natürlich doch ein humaneres und gesitteteres Verfahren.

Musil

Die Demokratie setzt die Wahl durch die beschränkte Mehrheit an Stelle der Ernennung durch die bestechliche Minderheit.

Shaw

Demokratie beruht auf drei Prinzipien: auf der Freiheit des Gewissens, auf der Freiheit der Rede und auf der Klugheit, keine der beiden in Anspruch zu nehmen.

Mark Twain

Demokratie ist organisiertes Mißtrauen.

Unbekannt

Die Demokratie ist der Neid in politischer Funktion.

Vilhelm Andersen

Hundertprozentige Demokratie: Keiner ist so unbedeutend, daß er einem andern nicht schaden könnte.

Laub

Die Demokratie erstrebt einen Zustand, in dem jeder jedem eine Frage stellen darf.

Ernst Jünger

Demokratie ist eine Regierungsform, in der jedem die laute Frage erlaubt ist, was das Land alles unter einer erstklassigen Verwaltung leisten könnte.

Unbekannt

Das eigentliche Kennzeichen der Demokratie besteht heutzutage nicht so sehr in der Volkstümlichkeit des Regierungs-, sondern des Verwaltungssystems; daher muß das wahre Ziel die Demokratisierung der Verwaltung sein.

Masaryk

Demokratie ist Diskussion.

Masaryk

Demokratie heißt Regierung durch Diskussion; aber sie ist nur wirksam, wenn man die Leute dazu bringt, daß sie aufhören zu reden.

Attlee

Demokratie ist eine Ordnung, in der wir vorwärtskommen sollen, ohne daß einer von uns zurückbleiben muß.

T. V. Smith

Demokratie heißt nicht »ich bin so gut wie du«, sondern »du bist so gut wie ich«.

Theodore Parker

Demokratie ist eine Sache der Gesinnung.

Ricarda Huch

Demokratie ist die politische Form, in welcher von dem Bauer die Weltanschauung des Stadtmenschen gefordert wird.

Spengler

Das Übel der Demokratie liegt nicht im Triumph der Quantität, sondern im Triumph schlechter Qualität.

Unbekannt

Demokratie: die Tyrannei des Volkes.

Lohberger

Es ist nicht genug, wenn die schreiende Tyrannei abgelehnt wird ... obwohl es das erste ist; es ist nur der Anfang. Daß einer zu sich steht – nicht vor der Burg des Fronvogts, sondern zum Beispiel vor den geeichten Kultur-Faktoren der Zeit: Diesen Impuls zu kräftigen ist der Weg zu einer Demokratie, die man besser eine lebensfähige Anarchie nennen sollte.

Ludwig Marcuse

Die Demokratie ist in Wirklichkeit nicht mehr als die Aristokratie der Redner, die durch die zeitweilige Monarchie eines Redners unterbrochen wird.

Hobbes

Demokratie ist das Prinzip, daß jeder Mensch, der frei, 21, im Lande geboren, und nie den falschen Tritt gefaßt hat, berechtigt ist, das geringere von zwei Übeln zu wählen.

Unbekannt

Demokratie: du sagst, was du möchtest, und tust, was man dir sagt.

Berry

Die Demokratie ist die edelste Form, in der eine Nation zugrundegehen kann; dies zeigt schon das antike Beispiel Athens, und ebenso zeigen es die heutigen, dem Gesetze nach demokratischen Staaten: Begräbnisse erster Klasse.

Heimito von Doderer

Die Demokratie ist eine Aristokratie von Schurken.

Byron

Die moderne Demokratie ist eine durch Wahlen und durch die öffentliche Meinung gebilligte Oligarchie.

Haller

Das Wort »Demokratie« ist, in der Öffentlichkeit der Massen unantastbar, als Wort zu einem Götzen unseres Zeitalters geworden.

Jaspers

Demokratie: das Volk erfreut sich nur dem Namen nach der Herrschaft. Es fürchtet und es hofft, und es wird von denen beherrscht, die es fürchten und hoffen lassen.

Lohberger

Die demokratischen Einrichtungen sind Quarantäneanstalten gegen tyrannenhafte Gelüste.

Nietzsche

Demokraten, wie ich sie verstehe, müssen überzeugt sein, daß die Herrschaft im Sinne der größeren Zahl und nie im Interesse eines Verbandes von Einzelmenschen, einer Kaste oder einer Familie ausgeübt werden kann. Demokraten, wie ich sie verstehe, müssen begreifen, daß die Verwaltung des Staates, sein Budget, seine Macht, nur ein Mittel für die allgemeine Entwicklung sein darf, nicht eine Pfründe oder ein Lehen.

Gambetta

Demokratie, das ist die Kunst, sich an die Stelle des Volkes zu setzen und ihm feierlich in seinem Namen, aber zum Vorteil einiger guter Hirten die Wolle abzuscheren.

Romain Rolland

Eine vollkommene Demokratie ist die schamloseste Sache der Welt.

Edmund Burke

Demokratie, das bedeutet Herrschaft der Politik; Politik, das bedeutet ein Minimum von Sachlichkeit.

Thomas Mann

Demokratie: Regieren durch Amateure.

Anderson

Demokratie: Regieren durch allgemeines Unwissen.

Hubbard

Demokratie ist der göttliche Durchschnitt.

Witman

Demokratisch heißt, jedermanns Sklave sein dürfen.

Karl Kraus

Demokratisch heißt ein Land, in dem jeder das gleiche Recht hat, sich seinem Mitmenschen gegenüber überlegen zu fühlen.

Unbekannt

Die Demokratie verleiht jedem Menschen das Recht, sein eigener Unterdrücker zu sein.

Lowell

Demokratie ist die Vorstufe des Sozialismus.

Lenin

Die Demokratie ist ein Verfahren, das garantiert, daß wir nicht besser regiert werden als wir es verdienen.

Shaw

Sternstunde einer Demokratie: Wenn die Regierung sich dem guten Willen eines Volkes beugen muß.

Rudolf Rolfs

Die Demokratie beruht auf einer Fiktion, daß alle Menschen Aristokraten sind.

Hohenemser

In dem Glauben an die Ideale ist alle Macht wie alle Ohnmacht der Demokratie begründet.

Mommsen

Eine ernsthafte Schwäche der Demokratie ist, daß sie sich ziemlich danach richten muß, was der Bürger denkt, ehe Gewißheit besteht, ob er es überhaupt tut.

Hans Kasper

Die Demokratie ist . . . keineswegs ein starres System. Jede bestimmte Demokratie ist ein spezieller Versuch, das allgemeine demokratische Ideal zu verwirklichen.

Julian Sorell Huxley

Die Größe der Demokratie liegt in der Tatsache, daß sie sich nie erfüllt. In dieser Hinsicht gleicht sie dem Menschen. Ein Mensch kann immer ein besserer Mensch werden und die Demokratie ist das menschlichste Prinzip eben deshalb, weil sie immer den Himmel offen läßt für eine neue Hoffnung.

Guéhenno

DEMOSKOPIE

Demoskopie: Fragen, um herauszubekommen, was man in die Frager hineinbekommt, ohne sie fragen zu müssen.

Rudolf Rolfs

DEMUT

Demut ist Unverwundbarkeit.

Ebner-Eschenbach

Demut ist, wenn jemand ohne Verlangen, hochgeachtet zu werden, seine Unvollkommenheit erkennt.

Spinoza

Demut ist eigentlich nichts anderes als eine Vergleichung seines Wertes mit der moralischen Vollkommenheit.

Kant

Demut ist die dem Menschen eigentümliche Würde vor Gott.

Le Fort

Demut ist die erste aller Tugenden – für andere Leute.

Holmes

Die Demut ist keine beschauliche Tugend; sie ist Aufrechterhalten von Frieden und Geduld inmitten stürmischer Herausforderung.

Henry Ward Beecher

Die Demut ist das Vorzimmer jeder Vollkommenheit.

Aymé

Demut ist eine Bombe ohne Zünder.

Herbst

Demut ist die Bescheidenheit der Seele.

Voltaire

Demut: Ergebnis einer Subtraktion von dem anfänglicheren »Mut«. Plötzlich erwies sich als Über-Mut, was man »seinen Mut« nannte. Die Spanne zwischen »Mut« und »Über-Mut«, von »Mut« abgezogen, ergab »Demut«.

Hilsbecher

Demut ist der Stolz der Bescheidenen.

Sprichwort

Die Demut ist das Gegengift des Stolzes.

Voltaire

Demut soll nie etwas anderes sein als die Verneinung von Hochmut. Sonst wird sie Kleinmut.

Ludwig Marcuse

Demut ist Selbsterkenntnis mit Rückversicherung.

Nahr

Demut ist schließlich nichts als Einsicht.

Bahr

Demut ist keine Tugend, sondern die Einsicht, daß uns jegliche Tugend fehlt.

von Balthasar

Demut ist nur eine erheuchelte Unterwerfung, um sich andere zu unterwerfen; ein Kunstgriff des Stolzes, der sich erniedrigt, um sich zu erheben.

La Rochefoucauld

Der getretene Wurm krümmt sich. So ist es klug. Er verringert damit die Wahrscheinlichkeit, von neuem getreten zu werden. In der Sprache der Moral: Demut.

Nietzsche

Demut: geziemende und übliche Geisteshaltung gegenüber Reichtum oder Macht. Besonders angebracht, wenn sich ein Arbeitnehmer an einen Arbeitgeber wendet.

Bierce

DENKEN

Denken ist Reden mit sich selbst.

Kant

Denken ist ein beständig auf seine Widerspruchslosigkeit geprüftes stilles Sprechen.

Reininger

Denken ist das, was viele Leute zu tun glauben, wenn sie lediglich ihre Vorurteile neu ordnen.

William James

Denken, das heißt unterscheiden.

Darrow

Denken heißt in Gegensätzen, polarisiert, sehen.

Lohberger

Sich das Denkwürdigste sagen lassen heißt – Denken.

Heidegger

Denken ist ein Herausheben.

Nietzsche

Alles Denken ist nichts anderes als ein Vorstellen durch Merkmale.

Kant

Denken heißt Vorstellungsinhalte untereinander verständigen.

Lohberger

Das Denken ist überhaupt das Auffassen und Zusammenfassen des Mannigfaltigen in der Einheit.

Hegel

Aufgabe des Denkens ist, die Welt der Dinge widerzuspiegeln, sich ihnen anzupassen; kurz, Denken heißt: Wahres denken, wie Verdauung heißt; die Nahrung assimilieren.

Ortega y Gasset

Denken als physiologischer Prozeß besteht in elektrochemischen Reaktionen, die sich in der Großhirnrinde und den mit ihr korrespondierenden Zentren abspielen.

Koestler

Denken, das heißt nein sagen.

Alain

Das Nicht-Haben ist der Anfang allen Denkens.

Musil

Das vernünftige Denken ist ein Interpretieren nach einem Schema, welches wir nicht abwerfen können.

Nietzsche

Das Denken ist abstraktes Wahrnehmen, das Wahrnehmen konkretes Denken.

Lohberger

Denken heißt Vergleichen.

Rathenau

Das Denken betrachtet alles in der Form der Allgemeinheit und ist dadurch die Tätigkeit und Produktion des Allgemeinen.

Hegel

Das logische Denken ist das Muster einer vollständigen Fiktion.

Nietzsche

Alles systematische Denken entspricht einem Spiel nach bestimmten Regeln.

Koestler

Denken: die Erkenntnis durch Begriffe.

Kant

Denken ist die Zauberei des Geistes.

Byron

Das Denken wiederholt die Funktion des Welt-Alls im Kleinen.

Lohberger

Das Denken ist eine Lebensfunktion wie die Verdauung und der Blutkreislauf.

Ortega y Gasset

»Denken« im primitiven Zustand ist Gestalten-Durchsetzen wie beim Kristalle.

Nietzsche

Beim Denken rücken wir das Wirkliche aus den Fugen, übersteigern es und nehmen es aus dem Zusammenhang heraus. Aber indem wir ihm so Gewalt antun, glückt es uns, es von innen zu erhellen und so verständlich zu machen.

Ortega y Gasset

Denken heißt: einen Punkt außerhalb des Zweckmäßigen so ausdauernd und konsolidiert beziehen, daß der Welt

Zeit genug bleibt, ihr nun ganz verwandeltes Bild bis zum Hervortreiben neuer Gegensatzpaare zu detaillieren.

Heimito von Doderer

Die große Kunst des Denkens besteht darin, Taten überflüssig zu machen.

Diettrich

Das menschliche Denken ist wie eine trübe Flüssigkeit, die sich im Lauf der Jahrhunderte langsam klärt.

Morgenstern

Das Denken ist der Prozeß, durch den die niederen Instinkte in hohe Instinkte verwandelt werden.

Rathenau

Das Denken, die »cogitatio«, ist das radikal Gegebene, weil das Denken immer sich selber innehat, das einzige ist, was sich selber gegenwärtig ist und in dieser Selbstgewärtigung besteht.

Ortega y Gasset

Wir können das Denken frei nennen, wenn es dem freien Wettbewerb der verschiedenen Überzeugungen ausgesetzt ist, das heißt, wenn jede Überzeugung ihren Standpunkt vertreten kann und keine rechtlichen oder finanziellen Vor- oder Nachteile mit einer Überzeugung verbunden sind.

Bertrand Russell

Alles Denken hat als Voraussetzung ein »Gleichmachen«.

Nietzsche

Alles große Denken ist aus dem Widerstreit zweier Einsichten entsprungen: der Unheilbarkeit des Risses im Sein und der Notwendigkeit seiner Schließung.

von Balthasar

Denken nennt man jene leidenschaftliche Arbeit, durch die alle übrigen Leidenschaften zur Ruhe kommen.

Diettrich

Alles was man denkt ist entweder Zuneigung oder Abneigung.

Musil

Denken ist zeugen: man sagt nicht umsonst Geistes-Kinder.

Otto Michel

Alles Denken ist Zurechtmachen.

Morgenstern

Denken heißt kämpfen. Jeder Gedanke drückt den Sieg des Bewußtseins über das Unbewußte aus.

Lohberger

Das bewußte Denken unterscheidet sich vom unbewußten und traumhaften Denken wie die Kantilene von der Fuge. Das Bewußte besteht darin, daß eine der Stimmen – der Gedanke – vom Willen hervorgehoben und losgelöst wird, so daß die anderen Stimmen als leise Begleitung verblassen. Das Unbewußte denkt die verschiedenartigsten mit gleicher Intensität zu gleicher Zeit.

Rathenau

Denken heißt Erinnerungen abwägen.

Lohberger

Denken ist die Arbeit des Intellekts, Träumen sein Vergnügen.

Victor Hugo

Denken ist Liebkosen der göttlichen Weisheit.

Bettina von Arnim

Warten, geduldig sein, das heißt denken.

Nietzsche

Denken heißt Gedanken bekommen. Wie man etwa ein Geschenk bekommt. Oder eine Ohrfeige. Nur daß der Geber unbekannt ist; nicht einmal denkbar. Wäre er dies, so wandelte sich der Geber in die Gabe: das Paradox der Offenbarung.

Kudszus

Das Denken ist gewissermaßen das Atemholen des Geistes. Man darf es nicht allzu lang unterlassen, wenn man nicht Gefahr laufen will, geistig zugrundezugehen.

Aus den »Fliegenden Blättern«

Denken heißt: Möglichkeiten erwägen.

Schlick

Jeder neue Gedanke ist ein Widerspruch. Denken heißt widersprechen können.

Lohberger

Alles Denken ist wesentlich optimistisch. Der vollendete Pessimist würde verstummen und – sterben.

Morgenstern

Denken, das heißt eingesehen haben, daß das Wissen zu Ende geht.

Lohberger

Radikales Denken: das bedeutet dem Wortsinn nach ein Denken, das zu den Wurzeln geht. Es könnte aber ebensogut ein Denken sein, ob es nun bewußt arbeitet oder nicht, das von den Wurzeln her denkt und nicht unbedingt unter dem Zwang steht, sie auszureißen.

Eschmann

Verzicht auf Denken ist geistige Bankrotterklärung.

Albert Schweitzer

Das Denken ist ein Laster, das man schwerlich mit administrativen Mitteln heilen kann.

Brudziński

Denken ist eine Anstrengung, Glauben ein Komfort.

Ludwig Marcuse

Die Hottentotten nennen das Denken die Geißel des Lebens.

Lichtenberg

Denken: Arm- und Beinarbeit erleichternde Tätigkeit des Gehirns.

Bayr

Denken? Denken! Das heißt den Faden verlieren.

Valéry

»Ein Sachverhalt ist denkbar« heißt: Wir können uns ein Bild von ihm machen.

Wittgenstein

»Denkgebäude« – ein architektonisches Paradox: Zuerst wird der First gezimmert, zuletzt der Keller gebaut. Thesen suchen verzweifelt ihre Gründe.

Kudszus

DENKER

Denker sind Leute, die aufs neue denken, und die denken, daß das, was vorher gedacht worden war, niemals hinreichend bedacht worden war.

Valéry

Er ist ein Denker: das heißt, er versteht sich darauf, die Dinge einfacher zu nehmen als sie sind.

Nietzsche

Angenommen, Denker seien zu etwas brauchbar, so könnte man sie als Maschinen ansehen, die eine größtmögliche Anzahl idealer Kombinationen herzustellen hätten, sei es in Gestalt von »Definitionen«, sei es von Verbindungen des Auseinanderliegenden, die die Praxis nicht kennt.

Valéry

Was den freien Denker ausmacht, sind nicht seine Ansichten, sondern die Weise, auf welche er zu ihnen gelangte. Wenn er sie sich erwarb, weil seine Eltern ihm sagten, sie seien die wahren, oder weil er ohne sie unglücklich wäre, dann ist sein Denken nicht frei. Wenn er sie jedoch errang, indem er nach sorgfältigem Nachdenken fand, die Waage der Evidenz neige sich zu ihren Gunsten, dann ist er frei, wie seltsam seine Schlußfolgerungen auch sein mögen.

Bertrand Russell

Der reine Denker in die Politik verschlagen, gleicht der Pastorentochter in der Fremde: Da hört man manche Klage.

Hans Kasper

Die Geschichte der Denker ist unter anderem auch eine Geschichte der Überholten. Von Platon bis Schopenhauer: lauter Überholte. Wenn aber jemand fünfzig Jahre überholt worden ist und dann noch kräftig lebt, hat er auch alle überholt, die ihn überholt haben.

Ludwig Marcuse

DENKMAL

Denkmal: ein Bauwerk, das die Erinnerung an etwas stützen soll, das entweder dieser Stütze nicht bedarf oder an das man sich nicht erinnern kann.

Bierce

DENTIST

Dentist: ein Taschenspieler, der, während er Metall in deinen Mund hineinsteckt, Münzen aus deiner Tasche herauszieht.

Bierce

DEUTSCH

Deutsch sein heißt, eine Sache um ihrer selbst willen tun.

Richard Wagner

Deutsch sein heißt, eine Sache um ihrer selbst willen übertreiben.

Unbekannt

Deutsch sein, das heißt sein Denken und Leben sich selbst schwer machen; sein Denken durchs Leben und sein Leben durchs Denken.

Lohberger

DIAGNOSE

Eine der verbreitetsten Krankheiten ist die Diagnose.

Karl Kraus

DIALEKTIK

Die Dialektik ist die Ausbildung des Widersprechungsgeistes, welcher dem Menschen gegeben, damit er den Unterschied der Dinge erkennen lerne.

Goethe

Dialektik ist nur eine Form der Rache.

Nietzsche

Dialektik ist die Kunst (oder der Trick), zu zwei Seiten das Ding zu erdenken, das sie hat.

Kudszus

Die Dialektik ist der Text, den wir der dinglichen Musik des Daseins unterlegen.

Heimito von Doderer

DIALOG

Ein Dialog ist eine Kette oder ein Kranz von Fragmenten. Ein Briefwechsel ist ein Dialog in vergrößertem Maßstabe, und Memorabilien sind ein System von Fragmenten.

Friedrich Schlegel

DICHTEN

Dichten heißt: Abspiegeln der Welt auf individuellem Grunde.

Hebbel

Dichten ist nichts anderes als ein ewiges Symbolisieren: wir suchen entweder für etwas Geistiges eine äußere Hülle oder wir beziehen ein Äußeres auf ein unsichtbares Inneres.

August Wilhelm Schlegel

Dichten heißt, die Zeit im Wort hart angehen, sie zersetzen, verbrennen, damit ein Unzerstörbares herausschaue, ein klarer Kristall, der das ewige Licht wunderbar bricht.

Diettrich

Dichten ist ein Brückenschlagen von dem, der schreibt, zu dem, der liest.

Kasack

Dichten ist immer die Wiedergabe von Erinnerung. Die Erinnerung aber ist selbst etwas Dichtendes, künstlerisch Zusammenfassendes und Auswählendes.

Morgenstern

Die Dichtkunst ist die Erinnerung und die Ahnung der Dinge: was sie feiert, ist noch nicht tot. Was sie besingt, lebt schon.

Lamartine

Dichten ist ein Übermut.

Goethe

Dichtkunst ist ein Spiel der Sinnlichkeit, durch den Verstand geordnet.

Kant

Dichten heißt nicht, seiner Gefühlswelt freien Lauf zu lassen, wohl aber: sich von seinen Gefühlen befreien.

Thomas Stearns Eliot

Dichten ist keine Tätigkeit. Dichten ist eine Existenzweise.

Edel

Dichten ist keine Tätigkeit, sondern ein Zustand.

Musil

Dichten selbst ist schon Verrat.

Goethe

Dichten heißt, sich ermorden.

Hebbel

Alles Dichten ist Offenbarung, in der Brust des Dichters hält die ganze Menschheit mit all ihrem Wohl und Weh ihren Reigen, und jedes seiner Gedichte ist ein Evangelium, worin sich irgendein Tiefstes, was eine Existenz oder einen ihrer Zustände be- d i n g t, ausspricht.

Hebbel

Dichten = feindre = to feign.

Hofmannsthal

Dichten ist eine Arbeit, die nur gut Geratenen gerät.

Ebner-Eschenbach

DICHTER

Der Dichter ist das Sprachrohr der Ratlosigkeit seiner Zeit.

Marie Luise Kaschnitz

Der Dichter ist das Erzeugnis und der Gegner seiner Zeit im Sinn der Zukunft.

Hille

Dichter: Seher, die uns etwas von dem Möglichen erzählen.

Nietzsche

Dichter sind Hellseher!

Tennessee Williams

Dichter sind Propheten, deren Prophezeiungen niemals Wahrheit werden.

Howe

Dichter sein heißt nicht, Gedichte machen, sondern eine neue Lebensweise schaffen.

Paul la Cour

Dichter ist, wer durch die eigentümliche Schwierigkeit seiner Kunst auf Einfälle kommt – und der ist es nicht, bei dem sie ihretwegen ausbleiben.

Valéry

Dichter sind Träume Gottes.

Otto Michel

Man habe nur die Fähigkeit, fortwährend ein lebendiges Spiel zu sehen und immerfort von Geisterscharen umringt zu leben, so ist man Dichter.

Nietzsche

Dichter ist einer, der den Schein und Inhalt der Dinge mächtig empfindet und sein Empfinden vollkommen gestaltet. Er ist die Muschel, die das Brausen des Meeres widertönt. Der Kunst des Denkens bedarf er nicht.

Rathenau

Dichter sind reine Kiesel, an die der schöne Himmel und die schöne Erde und die heilige Religion anschlagen, daß die Funken fliegen.

Claudius

Ein Dichter ist vor allem ein Mensch, der die Sprache leidenschaftlich liebt.

Auden

Was ist da viel zu definieren! Lebendiges Gefühl der Zustände und Fähigkeit, es auszudrücken, machen den Poeten.

Goethe

Schiller nennt den Dichter den einzigen Menschen. Warum ist er es? Weil Rezeptivität und Produktivität bei ihm in einem notwendigen Gleichgewicht stehen, weil er immer gerade so viel gibt, als er empfängt, und umgekehrt.

Hebbel

Der Dichter ist nichts »Besonderes«. Er ist der Mensch, wie er eigentlich geplant ist.

Eschmann

Wer ist ein Dichter? Der, dessen Leben symbolisch ist.

Thomas Mann

Der Dichter als das Werkzeug, mit dem Gott sich gelegentlich vor dem Theologen und dem Funktionär schützt.

Eschmann

Dichter sind Wesen, die die Fähigkeit haben, aus unglücklicher Liebe ein ganzes Leben lang am Abgrund der Verzweiflung hinzuwandeln.

Hohenemser

Der Dichter ist ein Mensch, der mit einem Instinkt für Armut geboren wurde.

Hubbard

Viele Romanciers heute sind verhinderte Essayisten, die zur einträglicheren Gattung flüchten.

Ludwig Marcuse

Der Dichter: Ein Schlaukopf, der imstande ist, sich mit Vergnügen gekränkt zu fühlen, der sich in ausweglose Situationen verbeißt, sich solche mit allen Mitteln verschafft. Dann zerfließt die naive Nachwelt in Mitleid für ihn . . .

Cioran

DICHTER-»DEFINITIONEN«

Dichternoten:
Wieland: Magister der Venus
Paul Heyse: Wieland der Psyche
Novalis: Goethe der Seele
Goethe: das wache Selbst
Goethe: vorsichtige Schönheit des Lebens
Hölderlin: so ein hellenischer Mönch
Jean Paul: Studierstübchen mit Feenpalästen oder die gelehrte Märchenwelt menschlicher Unendlichkeit
Schiller: Feuersbrunst der Kultur
Grabbe: Verwitterungsseligkeit
Otto Ludwig: Tragödie des Humors
König Lear: Tragödie des Königs Stirbt am Zeremoniell
Peter Altenberg: Rezept, die Welt zu sehen
Strindberg: dämonischer Naturbursche
Wilhelm Raabe: Staatsanwalt Simson. Jean Paul zur Zeit der Moderne. Beschauliche Weltlust vom Harz
Gerhart Hauptmann: Rübezahl im Armenhause
Maeterlinck: Verschlafene Kutscherstube up stairs oder die lallende Beredsamkeit
Eduard Mörike: Vikar Katull
Arno Holz: künstliches Lächeln, soll sieghaft sein, Prevost oder die geknickte Lilie
Max Halbe: dramatisch geheiztes Idyll
Paul Scheerbart oder die greise Indianergeschichte
Multatuli: der Überbeamte der Menschlichkeit
Ludwig Fulda oder der parfümierte Sturm

Hille

Goethe und Schiller: Das sind diejenigen Beiträger des Büchmann, die, bevor Karl May und Wilhelm Busch tantiemefrei wurden, sich bei vielen Verlegern einer gewissen Beliebtheit erfreuten.

Arntzen

Shakespeare: Zusammenkunft einer Rose und einer Axt . . .

Cioran

Shakespeare war ein Mann, dessen Schriften so ausgezeichnet sind, daß man glaubt, jemand anderer habe sie geschrieben.

Unbekannt

Shaw ist ein Autor, der sich selbst entdeckte und der ohne Murren seine Entdeckung der Welt mitteilte.

Saki

DICHTUNG

Dichtung ist eine Form der Liebe.

le Fort

Dichtung ist der Versuch, mit den Mitteln der artikulierten Sprache das darzustellen oder wiederherzustellen, was Schreie, Tränen, Liebkosungen, Küsse, Seufzer usw. dunkel auszudrücken versuchen, und was die Dinge scheinbar ausdrücken wollen in dem, was wir für ihr Leben und ihre Absicht nehmen.

Valéry

Dichtung ist nichts anderes als konzentrierter Einsatz von Leben.

Kasack

Alle große Dichtung ist eine Frucht des Leidens.

Muschg

Dichtung ist Gericht sowohl wie Trost.

Heinrich Mann

Dichtung ist Ungeduld nach Erkenntnis.

Broch

Dichtung ist immer nur eine Expedition nach der Wahrheit.

Kafka

Alle große Dichtung erweckt die Illusion einer Lebensanschauung.

Thomas Stearns Eliot

Zur Dichtung gehört wesentlich das, was man nicht weiß; die Ehrfurcht davor. Eine fertige Weltanschauung verträgt keine Dichtung.

Musil

Dichtung: ein Text im Smoking; engagierte Dichtung: ein Text im Smoking mit roter Fliege.

Schlosser

DIEB

Ein Dieb ist ein Mann, der etwas findet, was ein anderer nicht verloren hat.

Definition eines Kindes zitiert nach H. Hoving »Der Pfau ist ein blühendes Huhn«

Ein Dieb ist ein Mensch, der zu vernünftig ist, um zu verhungern, aber zu unvernünftig, um zu arbeiten; zu verschämt, um zu betteln, aber gerade unverschämt genug, um zu stehlen.

Aus den »Fliegenden Blättern«

DIKTATOR

Diktatoren sind Kutscher, die stets aufpassen müssen, daß die Pferde nicht durchgehen. Könige können es sich erlauben, im Fond des Wagens zu sitzen.

Frank Thiess

Diktator: das Oberhaupt einer Nation, welche die Unerträglichkeit der Gewaltherrschaft der Geißel der Herrschaftslosigkeit vorzieht.

Bierce

Der Diktator ist stellvertretend für die anderen, die es nicht sein dürfen, ein Individuum.

Roland Pelzer

DIKTATUR

Die Diktatur ist die vollendetste Form der Eifersucht.

Malaparte

Eine Diktatur ist ein Staat, in dem sich alle vor einem fürchten und einer vor allen.

Moravia

Diktatur heißt jene Regierungsform, in der man zu allem, was nicht erlaubt ist, gezwungen wird.

Unbekannt

Diktaturen sind Einbahnstraßen. In Demokratien herrscht Gegenverkehr.

Moravia

Demokratie: die öffentliche Meinung schlägt sich in Gesetzen nieder. Diktatur: die öffentliche Meinung wird in Gesetzen niedergeschlagen.

Wiggins

DILEMMA

Dilemma: der Lohn der Konsequenz.

Bierce

DILETTANT(ISMUS)

Dilettantismus ist Liebe zur Kunst ohne Gegenliebe.

Aus den »Fliegenden Blättern«

Dilettant sein, das heißt: seiner eigenen Einfälle nicht wert, aber auf sie stolz sein.

Schnitzler

Unter Dilettant versteht man jeden, der eine Kunst nur zu seinem Vergnügen ausübt.

Aus den »Fliegenden Blättern«

DING

Ein Ding ist eine unausdeutbare Deutbarkeit.

Hofmannsthal

DIPLOMAT

Ein Diplomat ist ein Mann, der die Paukenschläge der Staatsmänner in Harfenklänge verwandeln soll.

O'Neill

Der Diplomat ist ein Mensch, der zweimal denkt, bevor er – nichts sagt.

Unbekannt

Diplomaten sind Taschendiebe – Artisten der Fühlungnahme.

Hans Kasper

DIPLOMATIE

Die Diplomatie ist die Polizei in Galauniform.

Napoleon I.

Diplomatie ist die Kunst, garstige Dinge auf die netteste Weise zu tun oder zu sagen.

Goldberg

Diplomatie: die patriotische Kunst, für sein Vaterland zu lügen.

Bierce

Diplomatie ist ein Schachspiel, bei dem die Völker matt gesetzt werden.

Karl Kraus

Diplomatie und Öffentlichkeit gehen eine Verbindung ein wie Feuer und Wasser: die Diplomatie zischt und wird zu Wasser.

Ludwig Marcuse

Und was ist die nicht geheime Diplomatie? Man sieht, wie die Partner ins Konferenzzimmer gehen und wieder herauskommen – und man erfährt das Resultat: zum Beispiel, daß beide friedliebend sind.

Ludwig Marcuse

Unsere auswärtigen Angelegenheiten sind ein offenes Buch – im allgemeinen ein Scheckbuch.

Will Rogers

Internationale Diplomatie kann definiert werden als der Tausch vieler brennender Fragen gegen eine schwelende.

Bierce

DISKRETION

Diskretion ist die Kunst, Geheimnisse so auszuplaudern, daß das Siegel der Verschwiegenheit nicht verletzt wird.

Unbekannt

DISKUSSION

Die Diskussion ist das Sieb der Wahrheit.

Guazzo

Die Diskussion ist der Übungsplatz des Geistes.

Wiggins

Die Diskussion ist eine der wichtigsten Dinge der Welt, denn sie ist nahezu unsere einzige Arena des Denkens. Ohne Diskussion ist jede intellektuelle Erfahrung nur eine Übung in einer privaten Turnhalle.

Bourne

Diskussion: eine Methode, andere in ihren Irrtümern zu bestärken.

Bierce

DISTANZ

Distanz ist die Quelle der Sehnsucht, das Ziel der Träume – und oft der Grund zur Verzweiflung.

Anita

DOGMA

Dogma – mit anderen Worten also, offenbarte Wahrheit.

Chesterton

Dogma: der Versuch, einen Stock mit nur einem Ende zu erzeugen.

Laub

DOGMATIKER

Die Dogmatiker sind sonderbare Hyänen. Sie nähren sich vom Aas der Gedanken, denen sie selbst den Garaus gemacht haben.

Laub

DOKTRIN

Die Doktrin ist ein Gourmand. Am besten schmeckt ihr der Mensch.

Hans Kasper

Die Diktatur der Doktrin liebt es, sich vergröbernd zu manifestieren, das gefährliche Bunt des Lebens einzufangen in Schwarz auf Weiß.

Hans Kasper

DON JUAN

Don Juan ist nicht der Mann, der die Frauen liebt, sondern der Mann, den die Frauen lieben.

Ortega y Gasset

DOPPELLEBEN

Das, was man als »Doppelleben« bezeichnet, ist oft nichts anderes als organisierte Flucht in die Distanz aus allzu organisierter Nähe heraus . . .

Anita

DOUCEUR DE VIVRE

Douceur de vivre ist Lebensfreude, in Nuancen genossen. Einatmen von Wunschlosigkeit mit offenen Sinnen.

Anita

DRAMA

Das Drama ist ein epischer Knoten, der gelöst werden will.

Hilsbecher

Dramatiker: Bauchredner der Seele.

Lec

Das Dramatische ist die Einheit des Kampfes mit dem Leiden.

Rathenau

Modernes Drama: ein Stück, in dem außer action eigentlich nichts passiert.

Nahr

DRECK

Dreck: Materie am unrichtigen Ort.

Palmerston

DRUCKERKUNST

Die Druckerkunst ist die Artillerie der Idee.

Rivarol

Die Druckerkunst, ist eine Erfindung, die aus einem Auge ein Ohr macht.

Unbekannt

DU

Einen als solchen noch nicht erkannten Fremdkörper nennen wir »du«.

Kudszus

DUFTEN

Duften ist Sterben der Blume.

Hebbel

DUMMHEIT

Dummheit ist nicht: wenig wissen. Auch nicht: wenig wissen wollen. Dummheit ist: glauben, genug zu wissen.

Anita

Was nennen die Menschen am liebsten »dumm«? Das Gescheite, das sie nicht verstehen.

Ebner-Eschenbach

Dummheit ist unbewußte Unwissenheit.

Josh Billings

Dummheit ist Selbst-Unkenntnis.

Anita

Dumm ist nicht, wer etwas Dummes begeht, sondern wer seine Dummheit nachher nicht zu bedecken versteht.

Gracian

Dummheit ist angeborene Denkfaulheit.

Aus den »Fliegenden Blättern«

Dummheit ist oft: am falschen Orte klug sein.

Anita

Die Dummheit besteht in der Unfähigkeit, den Eindrücken zu widerstehen, und seine Selbständigkeit, seine Intelligenz zu behaupten.

Flake

Der Mangel an Urteilskraft ist eigentlich das, was man Dummheit nennt, und einem solchen Gebrechen ist gar nicht abzuhelfen.

Kant

Dummheit könnte auch kurz bezeichnet werden als Verleugnung der analogia entis.

Heimito von Doderer

Dummheit ist unter allen verderblichen Kräften noch die schwächste; die stärkste ist das Raffinement, das für die Dummheit eingesetzt wird.

Ludwig Marcuse

Dummkopf: ein Idiot, der keine Karriere gemacht hat.

Laub

Dumm sein heißt, zahlreiche kleine schnelle aber durchaus verbrecherische Akte zu setzen, durch die einer seine eigene Leitungsfähigkeit unterbricht.

Heimito von Doderer

Die Dummheit ist letzten Endes – ein Laster, dem sich einer immer wieder hingibt.

Heimito von Doderer

Dummheiten von gestern können die Klugheiten von morgen sein. Und umgekehrt. Es gibt keine Klugheit, die nicht zeitgebunden wäre.

Anita

Die Dummheit ist das Nichts, welches sich detailliert hat, ganz nach dem Vorbilde des Lebens und bis zur Dialektik.

Heimito von Doderer

Die Dummheit ist oft der Schmuck der Schönheit: sie ist das, was den Augen die matte Klarheit schwärzlicher Weiher und die ölglatte Ruhe tropischer Gewässer gibt.

Baudelaire

Die größte Dummheit der Menschen besteht darin, daß sie auf eine immer unergiebigere Weise gescheit werden.

Diettrich

E

EDELMUT

Edelmut ist nur verkappter Ehrgeiz, der die kleinen Vorteile verachtet, um größeren nachzugehen.

La Rochefoucauld

Edelmut ist nur das Mitleid vornehmer Seelen.

Chamfort

EGOISMUS

Der Egoismus besteht darin, sein Glück auf Kosten anderer zu machen.

Lacordaire

Egoismus ist das verabscheuungswürdige Laster, das keiner bei anderen vergeben will und ohne das er selbst nicht sein kann.

Henry Ward Beecher

Egoismus: Schmerzlinderungsmittel gegen Dummheit.

Leahy

Der Egoismus ist eine Droge, die es bestimmten Menschen ermöglicht, mit sich selbst auszukommen.

Unbekannt

Egoismus heißt nicht leben, wie man zu leben wünscht; es heißt, von anderen verlangen, daß sie so leben, wie man es wünscht.

Wilde

Egoismus ist Selbstvertrauen, das auf Schwierigkeiten aus ist.

Unbekannt

Egoismus ist Einsamkeit.

Schiller

Egoismus ist das perspektivische Gesetz der Empfindung, nach dem das Nächste groß und schwer erscheint: während nach der Ferne zu alle Dinge an Größe und Gewicht abnehmen.

Nietzsche

Der Egoismus kann logisch oder ästhetisch oder praktisch sein. Der logische Egoist hält es für unnötig, sein Urteil auch am Verstande anderer zu prüfen, gleich als ob er dieses Probiersteins nicht bedürfe. Der ästhetische Egoist ist derjenige, dem sein eigener Geschmack schon genügt. Endlich ist der moralische Egoist der, welcher allen Zweck auf sich selbst einschränkt, der keinen Nutzen worin sieht, als in dem, was ihm nützt.

Kant

Egoismus ist die Eigenschaft, der sich die Weisheit fügt.

Unbekannt

Die sublimierteste Form des Egoismus heißt Mutterliebe.

Seidel

EGOIST

Ein Egoist ... ein Mensch, der nicht an mich denkt.

Labiche

Egoist: ein Mensch, der sich nicht die Mühe macht, seine Haltung zu bemänteln.

Nahr

Egoist: ein unfeiner Mensch, der für sich mehr Interesse hat als für mich.

Bierce

Wer nur sich selbst sein alter ego ist,
Der ist und bleibt ein alter Egoist.

Aus den »Fliegenden Blättern«

Egoist: ein Mensch, der von sich selbst fasziniert wird.

Unbekannt

Egoisten sind von unseren Freunden alle, denen unsere Freundschaft gleichgültig ist.

Montherlant

Die Menschen nennen diejenigen Egoisten, welche sich nicht rücksichtslos von ihnen ausnützen lassen.

Aus den »Fliegenden Blättern«

EHE

Die Ehe ist der einzige gesetzliche Vertrag, der zwischen den Parteien alle Gesetze beseitigt, die jenes besondere Verhältnis schützen.

Shaw

Ehe ist vielfach nur der Kontrakt, auf dessen Bruch die Unterhaltspflicht als Konventionalstrafe steht.

Jaspers

Die Ehe ist das öffentliche Bekenntnis einer streng privaten Absicht.

Dayenhart

Die Ehe ist ein Bündnis widerstreitender Kooperation.

Renner

Die Ehe ist eine polizeilich anerkannte Freundschaft.

Robert Louis Stevenson

Die Ehe ist ein Souvenir der Liebe.

Rowland

Die Ehe ist die Prosaübersetzung eines Liebesgedichts.

Bougeard

Die Ehe ist ein Buch, dessen erstes Kapitel in Poesie und dessen restliche Kapitel in Prosa geschrieben sind.

Nichols

Die Ehe ist eine Romanze, in welcher der Held im ersten Kapitel stirbt.

Unbekannt

Die Ehe ist ein bewaffnetes Bündnis gegen die Außenwelt.

Chesterton

Die Ehe ist das Bündnis zweier Menschen, von denen einer sich niemals an Geburtstage zu erinnern vermag und der andere sie nie vergißt.

Nash

Die Ehe ist eine lange Unterhaltung, unterbrochen durch Dispute.

Robert Louis Stevenson

Die Ehe ist ein Hafen im Sturm, öfters aber ein Sturm im Hafen.

Sprichwort

Die Ehe ist das einzige bekannte Beispiel eines glücklichen Zusammentreffens eines unbeweglichen Gegenstandes mit einer unwiderstehlichen Kraft.

Nash

Die Ehe ist und bleibt die wichtigste Entdeckungsreise, die der Mensch unternehmen kann.

Kierkegaard

Die Ehe ist ein Hauptabschnitt im Leben, weil es einem da gerade ist, als ob einem das Haupt abgeschnitten würde.

Aus den »Fliegenden Blättern«

Die Ehe ist eine Einrichtung, die populär ist, weil sie das Maximum der Versuchung mit dem Maximum der Gelegenheit verbindet.

Shaw

Was ist die Ehe? Ein Abonnement zu reduzierten Preisen.

Unbekannt

Die Ehe ist der Sonderfall eines Abonnements, das mehr Geld kostet, als wenn man einzelweise bezahlen müßte.

Laub

Die Ehe ist eine Geschichte; sie beginnt mit einem Prinzen, der einen Engel küßt, und sie endet mit einem glatzköpfigen Mann, der über den Tisch hinweg auf eine fette Frau blickt.

Unbekannt

Der Arzt nennt die Ehe ein verkehrtes Fieber, das mit Hitze anfängt und mit Kälte endigt.
Der Chemiker: eine einfache Wahlverwandtschaft.
Der Apotheker: ein niederschlagendes Pulver.
Der Mathematiker: eine Gleichung, wo bei zwei gegebenen Größen sich leicht eine dritte findet.
Der Jurist: einen Kontrakt.
Der Kaufmann: eine Spekulation, die ebensooft falliert als glückt.
Der Dichter: einen Roman, der manchmal mehrere Auflagen erlebt.
Der Schauspieler: eine Tragikomödie, die stets vom Publikum beklatscht wird.
Der Theaterdirektor: ein Abonnement; eheliche Untreue ist ein abonnement suspendu.
Der Musiker: ein Konzert, in welchem die Liebe die Flöte bläst, die Kinderchen die Querpfeife, die Nachbarn die Trompete und der Mann zuweilen ein Hornsolo.
Der Soldat: einen Feldzug, der sich bald zum Siebenjährigen, bald zum Dreißigjährigen Krieg ausdehnt.

Aus den »Fliegenden Blättern«

Ehe: das ist das Haarnetz einer Frau, das sich auf der Frisierkommode im Schlafzimmer mit der Brille des Mannes verfangen hat.

Herold

Die Ehe ist das teuerste Verfahren, seine Wäsche umsonst gewaschen zu bekommen.

Jones

Die Ehe ist eine Lotterie, in der die Männer ihre Freiheit und die Frauen ihr Glück aufs Spiel setzen.

Französisches Sprichwort

Die Ehe ist die einzige wirkliche Leibeigenschaft, die unser Gesetz kennt. Es gibt keine Sklaven mehr, außer den Herrinnen jedes Hauses.

Mill

Manche Ehe ist ein Zellengefängnis zu zweien.

Hille

Die Ehe wird vor allen Dingen darum beibehalten, damit jeder wenigstens einen hat, dem er vorwerfen kann, was er sich selbst vorzuwerfen hätte.

Arntzen

Manche Ehen sind ein Zustand, in dem zwei Leute es weder mit noch ohne einander durch längere Zeit aushalten können.

Ebner-Eschenbach

Ehe ist, wenn man trotzdem liebt.

von Radecki

Die organisierte Liebe, die Liebe als Institution, heißt Ehe.

Lohberger

Im achtbarsten Sinne des Wortes Ehe handelt es sich um die gesellschaftliche Erlaubnis, die zwei Personen zur Geschlechtsbefriedigung aneinander erteilt wird, unter Bedingungen, wie sie sich von selbst versteht, aber solchen, welche das Interesse der Gesellschaft im Auge haben.

Nietzsche

Die Ehe ist ein Opferstock, in dem bald der eine, bald der andere Partner sein Scherflein hineinzulegen genötigt ist.

Diettrich

Es gibt gar keine wirksamere Innere Mission als den Ehestand.

Herder

Die Ehe ist die Schule der Einsamkeit. Aber man lernt nicht genug in ihr.

Schnitzler

Die Ehe ist das höchste Geheimnis.

Novalis

Die Ehe ist der Anfang und der Gipfel aller Kultur. Sie macht den Rohen mild, und der Gebildete hat keine bessere Gelegenheit, seine Milde zu beweisen. Unauflöslich muß sie sein, denn sie bringt so vieles Glück, daß alles einzelne Unglück dagegen gar nicht zu rechnen ist.

Goethe

Ehe: so heiße ich den Willen zu Zweien, das Eine zu schaffen, das mehr ist, als die es schufen. Ehrfurcht voreinander nenne ich Ehe als vor den Wollenden eines solchen Willens.

Nietzsche

Liebe ist etwas Vorübergehendes und endet mit der Ehe. Ehe ist die Vollendung, auf welche die Liebe hinzielt, wenn sie nicht weiß, was sie eigentlich sucht. Ehe ist ein Gut, um das nur die Beteiligten wissen – ein Verhältnis von vollkommenem Verstehen, von Hilfe, Zufriedenheit, gegenseitigem Besitzen und Besitz der Welt – alles das, was Liebe nur in grüner Frucht verkümmern läßt.

Emerson

Die Eheschließung ist ein persönlicher Schritt des Menschen, mit dem er sich vom Kollektivismus abwendet, bei Tieren wie bei Menschen.

Lohberger

Ehe ist nie ein Letztes, sondern Gelegenheit zum Reifwerden.

Goethe

Die gute Ehe ist ein ewiger Brautstand.

Theodor Körner

Eine gute Ehe beruht auf dem Talent zur Freundschaft.

Nietzsche

Was man eine glückliche Ehe nennt, verhält sich zur Liebe wie ein korrektes Gedicht zu improvisiertem Gesang.

Friedrich Schlegel

Eine Vernunftehe schließen heißt in den meisten Fällen, alle seine Vernunft zusammenzunehmen, um die wahnsinnigste Handlung zu begehen, die ein Mensch begehen kann.

Ebner-Eschenbach

Die Ehe ist eine Lotterie.

Jonson

Die zweite Ehe ist der Triumph der Hoffnung über die Erfahrung.

Johnson

EHEFRAU

Ehefrau: die Steuer, die man für den Luxus bezahlen muß, Kinder zu haben.

Laub

EHEGATTE

Der Ehegatte ist ein Mann von wenig Worten.

Unbekannt

Der Ehegatte ist das, was übrigbleibt, nachdem der Nerv gezogen worden ist.

Rowland

EHRE

Die Ehre ist die Poesie der Pflicht.

Vigny

Die Ehre des Mannes besteht in der Schätzung seiner selbst, die des Weibes in dem Urteile anderer.

Kant

Die Ehre ist, objektiv, die Meinung anderer von unserem Wert und, subjektiv, unsere Furcht vor dieser Meinung.

Schopenhauer

Ehre ist die Mystik der Rechtlichkeit.

Friedrich Schlegel

Was ist Ehre? Was mich aufrecht hält.

Camus

Die Ehre ist das äußere Gewissen, und das Gewissen ist die innere Ehre.

Schopenhauer

Die erworbene Ehre ist eine Kaution für jene, die man noch erwerben muß.

La Rochefoucauld

Die Ehre ist nicht die Meinung von besonderen, diesem Subjekt allein zukommenden Eigenschaften, sondern nur von den der Regel nach vorauszusetzenden, als welche auch ihm nicht abgehen sollen. Sie besagt daher nur, daß dies Subjekt keine Ausnahme mache, während der Ruhm besagt, daß es eine mache. Ruhm muß daher erst erworben werden, die Ehre hingegen braucht bloß nicht verlorenzugehen.

Schopenhauer

Ehre ist nichts als ein gemalter Schild beim Leichenzuge.

Shakespeare

Die Ehre, die Tugend der Ungerechten.

Camus

Die Ehre ist ein Rechenspiel, bald gilt man nichts, bald gilt man viel.

Abraham a Sancta Clara

Wie die bürgerliche Ehre, das heißt, die Meinung, daß wir Zutrauen verdienen, das Palladium derer ist, die auf dem Weg des redlichen Erwerbs durch die Welt zu kommen beabsichtigen, so die ritterliche Ehre, das heißt, die Meinung, daß wir zu fürchten sind, das Palladium derer, die auf dem Wege der Gewalt durchs Leben zu gehn beabsichtigen.

Schopenhauer

Die Ehre ist der Wurmfortsatz im seelischen Organismus. Ihre Funktion ist unbekannt, aber sie kann Entzündungen bewirken. Man soll sie getrost den Leuten abschneiden, die dazu inklinieren, sich beleidigt zu fühlen.

Karl Kraus

Die Empfindung von der Ehre ist am Franzosen Eitelkeit, an dem Spanier Hochmut, an dem Engländer Stolz, an dem Deutschen Hoffart und am Holländer Aufgeblasenheit.

Kant

Ehre und Konvention sind die Bausteine der Gesellschaft. Die Lüge der Kitt.

Hans Kasper

EHRERBIETIGKEIT

Ehrerbietigkeit ist das komplizierteste, indirekteste und eleganteste aller Komplimente.

Shenstone

EHRFURCHT

Ehrfurcht: Respekt mit weit geöffnetem Mund.

Unbekannt

Ehrfurcht ist kein Gefühlszusatz zum fertigen, wahrgenommenen Dinge. Sie ist die Haltung, in der man etwas hinzu wahrnimmt, das der Ehrfurchtslose nicht wahrnimmt und für das gerade er blind ist: das Geheimnis und die Werttiefe ihrer Existenz.

Scheler

EHRGEIZ

Ehrgeiz ist die Unbescheidenheit des Geistes.

Davenant

Sehnsucht, die nicht vom Herzen, sondern vom Kopf herkommt, ist Ehrgeiz.

Anita

Das Hauptelement des Ehrgeizes ist, zum Gefühl seiner Macht zu kommen.

Nietzsche

Ehrgeiz ist die einzige Macht, welche die Liebe besiegt.

Cibber

Ehrgeiz ist die letzte Zuflucht des Versagens.

Wilde

Ehrgeiz ist Habsucht auf Stelzen und maskiert.

Landor

Ehrgeiz: ein übermächtiges Verlangen, von seinen Feinden zu Lebzeiten geschmäht und von seinen Freunden nach dem Tode verlacht zu werden.

Bierce

EHRLICH

Die Liebe zur Ehrlichkeit ist die Tugend des Zuschauers, nicht die der handelnden Personen.

Shaw

Ehrlich sein heißt – wie es in dieser Welt hergeht –, ein Auserwählter unter Zehntausenden sein.

Shakespeare

EIFER

Eifer ist Tatenlust aller Fähigkeiten.

Bovee

Eifer ist Begeisterung, gemildert durch Vernunft.

Pascal

Eifer: Fanatismus mit Toleranz.

Unbekannt

Eifer ist das Salz der Beredsamkeit.

Victor Hugo

EIFERSUCHT

Eifersucht ist die Gelbsucht der Seele.

Dryden

Eifersucht ist Angst vor dem Vergleich.

Max Frisch

Eifersucht ist die Seele der Liebe.

Japanisches Sprichwort

Die Eifersucht ist der Schatten, den die Liebe wirft.

Aus den »Fliegenden Blättern«

Eifersucht: das heißt einen Menschen lieben, als ob man ihn verabscheute.

Lemaître

Eifersucht ist die radikalste, ursprünglichste und unverhohlenste Form der Bewunderung – sozusagen Bewunderung in Kriegsbemalung.

Robert Louis Stevenson

Eifersucht ist eine Leidenschaft, die mit Eifer sucht, was Leiden schafft.

Schleiermacher

Die Eifersucht ist die geistreichste Leidenschaft und trotzdem noch die größte Torheit.

Nietzsche

Eifersucht ist ein Hundegebell, das die Diebe anlockt.

Karl Kraus

Bei Weibern ist die Liebe so oft eine Tochter als die Mutter der Eifersucht.

Börne

Eifersucht ist Beschämung – Beschämung, die Rechnung ohne den Wirt gemacht zu haben. Unsere Wünsche, unsre Neigung brachten wir in Anschlag, nicht die des andern.

Rahel Varnhagen von Ense

Eifersucht beruht auf dem Irrtum, die Beziehung zweier Menschen zueinander sei kopierbar.

Edel

Eifersüchtige sind Wucherer, die vom eigenen Pfund die höchsten Zinsen nehmen.

Karl Kraus

Die Eifersucht einer Frau ist nichts anderes als verletzte Eigenliebe.

Anatole France

Eifersucht: Der Eifersüchtige ereifert sich weniger über den Verlust seiner Geliebten als darüber, daß ein anderer ihm vorgezogen wird.

Reé

Die Eifersucht der Ehefrauen auf junge Mädchen ist nur der Ärger über die Tatsache, daß eine Währung noch in Kraft ist, in der man selber bereits die Zahlungen eingestellt hat.

Nahr

Eifersucht ist versteckter Neid.

Lohberger

Eifersucht ist Liebesneid.

Wilhelm Busch

Die Eifersucht ist eine Art von Neid, und Neid ist ein kleines, kriechendes Laster, das keine andere Befriedigung kennt als das gänzliche Verderben seines Gegenstandes.

Lessing

Eifersüchtig: ungebührlich besorgt, etwas zu behalten, das nur verlorengeht, wenn sein Besitz nicht lohnt.

Bierce

EIGENLIEBE

Die Eigenliebe ist drei Viertel der Zeit nichts als Würde in Gips.

Murger

Eigenliebe ist das Instrument unserer Selbsterhaltung.

Voltaire

Die Eigenliebe ist das Schloß zum Herzen des Menschen; die Schmeichelei ist der Schlüssel.

Unbekannt

Eigenliebe ist der Beginn einer lebenslangen Romanze.

Wilde

Eigenliebe ist die größte aller Schmeichlerinnen.

La Rochefoucauld

Eigenliebe ist oft eher arrogant als blind; sie verbirgt nicht unsere Fehler vor uns, sondern macht uns glauben, daß sie auch nicht von anderen bemerkt werden.

Johnson

Die Eigenliebe ist ein merkwürdiges Wesen; trotz grausamster Hiebe kann es schlafen und dann wach werden – tödlich verletzt einer kleinen Schramme wegen.

Moravia

EIGENSINN

Eigensinn ist Wille, der sich bestätigt, ohne sich rechtfertigen zu können.

Amiel

Aller Eigensinn beruht darauf, daß der Wille sich an die Stelle der Erkenntnis gedrängt hat.

Schopenhauer

Eigensinn ist das wohlfeilste Surrogat für Charakter.

Hebbel

Eigensinn ist die Parodie des Charakters.

Hegel

Eigensinn ist die Energie der Dummheit.

Aus den »Fliegenden Blättern«

Eigensinn ist Irrtum in Waffen.

Unbekannt

Die Willenskraft der Schwachen heißt Eigensinn.

Ebner-Eschenbach

Eigensinnig: unzugänglich für die Wahrheit, die sich in dem Glanz und im Gewicht der eigenen Argumente offenbart.

Bierce

EIGENTUM

Eigentum ist Diebstahl.

Proudhon

Eigentum ist Diebstahl, sagt Proudhon: Das ist der einzige Gemeinplatz der Wahrheit, die über das Eigentum gesagt worden ist.

Shaw

Ist der Begriff »Diebstahl« überhaupt anders möglich, als wenn man den Begriff »Eigentum« gelten läßt? Wie kann man stehlen, wenn nicht schon Eigentum vorhanden ist? . . . Das Privateigentum lebt von der Gnade des

Rechts. Nur im Rechte hat es seine Gewähr – Besitz ist ja noch nicht Eigentum, es wird erst »das Meinige« durch Zustimmung des Rechts –; es ist keine Tatsache, nicht un fait, wie Proudhon meint, sondern eine Fiktion, ein Gedanke.

Stirner

Eigentum ist kein empfangenes Recht, Eigentum ist durchgesetzte Macht. Geld ist nur ein Brecheisen.

Lohberger

Eigentum? eigentümlich? Unser Eigentum ist nur das, was uns keiner nachmachen kann. Dazu gehört auch unser Sein.

Rahel Varnhagen von Ense

Eigentum ist nur dasjenige, was keinen Ansprüchen und Gefahren unterworfen ist.

Jüdische Lebensweisheit

Eigentum: jeder materielle Gegenstand ohne besonderen Wert, den A der Begehrlichkeit des B vorenthält. Alles, was die Habgier eines einzelnen befriedigt und die aller anderen enttäuscht. Der Gegenstand kurzer menschlicher Raffgier und langer Gleichgültigkeit.

Bierce

Eigentum: eine der Grundlagen der Gesellschaft. Geheiligter als die Religion.

Flaubert

Eigentum ist Erweiterung der Persönlichkeit.

Spengler

Eigentum ist zuerst Nahrung und Aufspeicherung von Nahrung.

Nietzsche

EILE

Die uneheliche Tochter der Zeit und des Menschen ist die Eile.

Kollath

EINBILDUNGSKRAFT

Die Einbildungskraft ist der Kobold der Logik.

Malebranche

Einbildungskraft ist die einzige Waffe im Krieg gegen die Wirklichkeit.

de Gaultier

Die Einbildungskraft ist jenes Trügerische im Menschen, jene Herrin des Irrtums und der Fälschung, die uns umso mehr trügt, als sie nicht immer trügt; denn sie wäre eine unfehlbare Wahrheitsregel, wenn sie eine unfehlbare Regel der Falschheit wäre.

Pascal

Einbildungskraft ist eine Eigenschaft, die den Menschen dafür entschädigt, was er nicht ist. Und der Sinn für Humor sorgt dafür, daß er für das getröstet wird, was er ist.

Wilde

Die Einbildungskraft, die Illusionen hervorbringt, ist wie ein Rosenstrauch, der in jeder Jahreszeit Rosen blühen läßt.

Chamfort

Einbildungskraft ist das Auge der Seele.

Joubert

Einbildungen sind die Träume des Wachenden.

Aus den »Fliegenden Blättern«

Einbildungskraft ist das, was uns davor abhält, uns in den Armen eines Stubenmädchens so glücklich zu fühlen wie in den Armen einer Gräfin.

Samuel Johnson

Einbildungskraft ist das, was manchen Politiker glauben macht, er sei ein Staatsmann.

Tennes

Einbildungskraft: ein Warenhaus der Tatsachen, in dessen Besitz sich Dichter und Lügner teilen.

Bierce

EINFACHHEIT

Einfachheit ist das Resultat der Reife.

Schiller

Einfachheit ist der Mut zum Wesentlichen.

Nahr

Einfachheit ist Demut vor Gott.

Zenta Maurina

EINFALL

Einfall: eine Idee mit einem Lächeln.

Zitiert nach Robert Lembke
»Zynisches Wörterbuch«

Manche witzigen Einfälle sind wie das überraschende Wiedersehen zweier befreundeter Gedanken nach langer Trennung.

Friedrich Schlegel

Die Einfälle sind wahre Zeugungen des schöpferischen Augenblicks, und sie gleichen ihm, ihrem Vater, von Angesicht und Wuchs, ja sie perpetuieren sein, des völlig entschwundenen, Andenken.

Hofmannsthal

Ein guter Einfall ist wie ein Hahn am Morgen. Gleich krähen andere Hähne mit.

Waggerl

Ein-Fälle sind Meteore des Geistes, sie ersetzen ständig unsere verbrauchte Substanz. Man muß ihnen aber die größtmögliche Fläche zum Auftreffen bieten, sonst werden sie zu selten. Dem sensationell vergifteten und dieses Gift unaufhörlich suchenden Menschen bleiben sie ganz aus: er hat das Erwarten verlernt.

Heimito von Doderer

EINFALT

Einfalt: das Herz im Schlafrock.

Véron

EINFLUSS

Es gibt keinen guten Einfluß. Jeder *Einfluß* ist, wissenschaftlich betrachtet, unmoralisch. Und zwar weil jemanden beeinflussen dasselbe ist, wie ihm eine fremde Seele geben. Er denkt nicht mehr seine natürlichen Gedanken. Er wird nicht mehr von seiner natürlichen Leidenschaft verzehrt. Seine Tugenden gehören nicht mehr ihm. Selbst seine Sünden, wenn es Sünden gibt, sind entliehen. Er wird zum Echo der Töne eines anderen, zum Schauspieler einer Rolle, die nicht für ihn geschrieben wurde. Das eigene Wesen zum Ausdruck zu bringen – dazu sind wir auf dieser Erde. Heutzutage fürchtet man sich vor sich selbst. Man hat die höchste Pflicht vergessen: die Pflicht gegen sich selbst.

Wilde

EINSAMKEIT

Einsamkeit ist das Audienzzimmer Gottes.

Landor

Einsamkeit ist der Weg, auf dem das Schicksal den Menschen zu sich selber führen will.

Hesse

Einsamkeit ist die Verfassung, in der wir nicht wissen, wer der Partner unseres Dialoges ist.

Kudszus

EINWILLIGEN

»Einwilligen« das sublimste Wort! die größte Bewilligung für Menschen. Durch Einsicht mit-wollen zu können, begreift die Persönlichkeit in sich, die größte Gnadenverleihung.

Rahel Varnhagen von Ense

EISENBAHN

Eine Eisenbahn ist ein Unternehmen, gerichtet auf wiederholte Fortbewegung von Personen oder Sachen über nicht ganz unbedeutende Raumstrekken auf metallener Grundlage, welche durch ihre Konsistenz, Konstruktion und Glätte den Transport großer Gewichtmassen beziehungsweise die Erzielung einer verhältnismäßig bedeutenden Schnelligkeit der Transportbewegung zu ermöglichen bestimmt ist, und durch diese Eigenart in Verbindung mit den außerdem zur Erzeugung der Transportbewegung benutzten Naturkräften – Dampf, Elektrizität, tierischer oder menschlicher Muskeltätigkeit, bei geneigter Ebene der Bahn auch schon durch die eigene Schwere der Transportgefäße und deren Ladung usf. – bei dem Betriebe des Unternehmens auf derselben eine verhältnismäßige gewaltige, je nach den Umständen nur bezweckterweise nützliche oder auch Menschenleben vernichtende und menschliche Gesundheit verletzende Wirkung zu erzeugen fähig ist.

Definition des Reichsgerichts aus dem Jahre 1876

EITELKEIT

Eitelkeit ist Mangel an Vision.

Kassner

Eitelkeit ist die Haut der Seele.

Nietzsche

Eitelkeit ist der Treibsand der Vernunft.

George Sand

Die Eitelkeit ist die größte aller Schmeichlerinnen.

La Rochefoucauld

Wenn der Ehrgeiz als Zwerg zur Welt kommt, nennt man ihn Eitelkeit.

Unbekannt

Die höchste Form der Eitelkeit ist Ruhmesliebe.

Santayana

Eitelkeit ist eine persönliche Ruhmsucht: Man will nicht wegen seiner Eigenschaften, seiner Verdienste, Taten geschätzt, geehrt, gesucht werden, sondern um seines individuellen Daseins willen. Am besten kleidet die Eitelkeit deshalb eine frivole Schöne.

Goethe

Eitelkeit ist die Neigung, sich als Individuum zu geben, während man keines ist.

Nietzsche

Eitelkeit ist nichts anderes als eine Empfänglichkeit für das mutmaßliche Urteil über uns.

Valéry

Die Eitelkeit ist Mangel an Stolz, Unterwerfung unter den Pöbel, unwürdige Erniedrigung.

Saint-Exupéry

Eitelkeit ist eher ein Zeichen der Demut als des Stolzes.

Swift

Wird Stolz sich seiner bewußt, so ist er Eitelkeit.

Rathenau

Eitelkeit ist die Höflichkeitsmaske des Stolzen.

Nietzsche

Die Eitelkeit ist ein Affe des Stolzes.

Hamann

Die Eitelkeit ist im höheren Menschen das erhaltende, im niederen das zerstörende Prinzip.

Hebbel

Wie verfährt die Natur, um Hohes und Niedres im Menschen zu verbinden? Sie stellt Eitelkeit zwischen hinein.

Schiller

Die Eitelkeit ist die den Mann beherrschende Leidenschaft ... Mit den meisten Männern kann man alles machen, wenn man sie bei der Eitelkeit packt.

Montherlant

Die Eitelkeit ist ungefähr das, was beim Essen der gute Appetit ist, das Wohlschmecken, das Innewerden des Genusses. Ohne diesen frißt man sich voll wie ein Tier.

Goethe

Eitelkeit ist oft nur ein Ausdruck für das physiologische Bedürfnis des Organismus nach Aufmunterung.

Schnitzler

Die Eitlen. – Wir sind wie Schauläden, in denen wir selber unsere angeblichen Eigenschaften, welche andere uns zusprechen, fortwährend anordnen, verdecken oder ins Licht stellen – um uns zu betrügen.

Nietzsche

Die Kunst zu gefallen, ist die Kunst zu täuschen.

Vauvenargues

Eitelkeit ist eine Ware, die man auf keinem Markt verkaufen kann, weil jedermann selber genügend damit versehen ist.

Waggerl

EKSTASE

Die Ekstase ist ein Mittel, durch Außersichsein zu sich selber zu kommen.

Niederreuther

ELEGANZ

Eleganz ist gemeisterte Verschwendung.

Rathenau

Die Eleganz ist der Geschmack der andern.

Schnitzler

ELSTER

Elster: ein Vogel, dessen diebische Veranlagung jemand auf den Gedanken brachte, man könnte ihm das Sprechen beibringen.

Bierce

EMANZIPATION

Emanzipation: der Übergang eines Sklaven aus der Unterdrückung durch einen anderen zur Unterdrückung durch sich selbst.

Bierce

EMPFINDLICHKEIT

Empfindlichkeit ist Eitelkeit.

Kuhlmann

Empfindlichkeit ist ein Surrogat der Ehre.

Aus den »Fliegenden Blättern«

Wir nennen es zu weit gegangen, wenn uns jemand zu nahe getreten ist.

Aus den »Fliegenden Blättern«

Der Empfindsame ist der Waffenlose unter lauter Bewaffneten.

Auerbach

EMPIRIE

Die Empirie ist nicht bloßes Beobachten, Hören, Fühlen ... das einzelne wahrnehmen; sondern geht wesentlich darauf, Gattungen, Allgemeines, Gesetze zu finden. Und indem sie diese hervorbringt, so trifft sie mit dem Boden des Begriffs zusammen.

Hegel

Die, welche die Wissenschaften betrieben haben, sind Empiriker oder Dogmatiker gewesen. Die Empiriker, gleich den Ameisen, sammeln und verbrauchen nur, die aber, die die Vernunft überbetonen, gleich den Spinnen, schaffen die Netze aus sich selbst. Das Verfahren der Biene aber liegt in der Mitte, sie zieht den Saft aus den Blüten der Gärten und Felder, behandelt und verdaut ihn aber aus eigener Kraft.

Bacon

Der Empirismus ist eine Notlüge der Philosophie.

Niederreuther

ENERGIE

Meiner Idee nach ist Energie die erste und einzige Tugend des Menschen.

Humboldt

ENGLÄNDER

Jeder Engländer ist eine Insel.

Novalis

ENTELECHIE

Die Entelechie ist die Freiheit des Geistes, zu spielen.

Eschmann

ENTFREMDUNG

Die Verelendung der Massen geht über in die Verelendung aller: als Entfremdung nämlich erweist sich, was als Wohlstand erscheint.

Arntzen

ENTHALTSAMKEIT

Enthaltsamkeit ist ein Vergnügen an Sachen, welche wir nicht kriegen.

Wilhelm Busch

ENTHUSIASMUS

Enthusiasmus ist das schönste Wort der Erde.

Morgenstern

ENTRÜSTUNG

Entrüstung ist ein erregter Zustand der Seele, der meist dann eintritt, wenn man erwischt wird.

Wilhelm Busch

Entrüstung – ein Gallenwespenprodukt, das im wesentlichen aus Schaum besteht.

Seidel

Die gerechte Entrüstung ist der Ausdruck deines eigenen Zorns im Gegensatz zum schockierend schlechten Temperament der anderen.

Hubbard

Entrüstung ist Bekenntnis der Hilflosigkeit.

Rathenau

ENTSCHEIDEN

Entscheiden: dem Übergewicht einer Richtung von Einflüssen über eine andere erliegen.

Bierce

ENTSCHEIDUNG

Entscheidungen sind Ausführungen nicht erhaltener Befehle.

Kudszus

ENTSCHLOSSENHEIT

Entschlossenheit: Starrsinn, den wir billigen.

Bierce

Die Entschlossenheit ist im Einzelfall ein Akt des Mutes und, wenn sie zum Charakterzug wird, eine Gewohnheit der Seele.

Clausewitz

ENTSCHULDIGUNG

Entschuldigung: Egoismus, mit der verkehrten Seite nach außen getragen.

Holmes

ENTWICKLUNG

Alle Entwicklung ist bis jetzt nichts weiter als ein Taumeln von einem Irrtum in den andern.

Ibsen

Entwicklung: Prometheus wäre heute ein Abgeordneter der Oppositionspartei.

Cioran

EPIGONENTUM

Epigonentum? Auf anderen Gebieten des öffentlichen Lebens nennt man das anders: man verwertet Erfahrungen.

Laub

EPIGRAMM

Das Epigramm ist eine Halbwahrheit, die so ausgedrückt ist, daß sie den Menschen irritiert, der an die andere Hälfte glaubt.

Mathews

Ein brillantes Epigramm ist ein feierlicher Gemeinplatz, der zum Maskenball ging.

Strachey

Das Epigramm ist eine Wahrheit auf der Bierreise.

John A. Lincoln

Epigramm: einfachste, doch in ihrer abstrakten Zusammengezogenheit noch einseitige und unvollständige epische Darstellungsart.

Hegel

Das Epigramm ist die Zentralmonade der altfranzösischen Literatur und Bildung.

Novalis

Epigramm: eine Bemerkung, zu gut, um wahr zu sein.

Unbekannt

ERDE

Die Erde ist ein gebildeter Stern mit sehr viel Wasserspülung.

Kästner

Die Erde ist ein Himmelskörper, auf dem die Unglücklichen ein höllisch Leben haben.

Nestroy

Die Erde ist der Wartesaal für die Reise ins Jenseits.

Aus den »Fliegenden Blättern«

EREIGNIS

Ereignisse sind nur die Schalen der Ideen.

Chapin

Die Ereignisse sind Wellen, die den Geist bedrohen, aber auch tragen.

Hofmannsthal

Die Ereignisse, Geschwülste der Zeit...

Cioran

Das Kardinalsereignis im Leben: die Blase der eingebildeten Macht platzt.

Nietzsche

Das größte Ereignis für die Welt ist – seit je und immer – die Ankunft eines neuen Weisen in ihr.

Carlyle

EREMIT

Eremit: ein Mensch, dessen Laster und Torheiten nicht geselliger Art sind.

Bierce

ERFAHRUNG

Erfahrung ist eine verstandene Wahrnehmung.

Kant

Erfahrung ist der Name, den die Menschen ihren Torheiten und Sorgen geben.

de Musset

Erfahrung vermehrt unsere Weisheit, verringert aber nicht unsere Torheiten.

Josh Billings

Erfahrung: Weisheit, dank derer wir in der Torheit, der wir uns hingegeben, eine lästige alte Bekannte wiedererkennen.

Bierce

Für die meisten Menschen ist Erfahrung nichts anderes als das Hecklicht eines Schiffes, das nur die Spur beleuchtet, die es bereits hinter sich gelassen hat.

Coleridge

Erfahrung ist der Name, mit dem jeder seine Dummheiten bezeichnet.

Wilde

Die Erfahrung ist eine Schule, in welcher der Mensch lernt, was für ein großer Narr er gewesen ist.

Josh Billings

Die Erfahrung ist ein nach der Ziehung gekauftes Lotterielos.

Unbekannt

Erfahrung ist fast immer eine Parodie auf die Idee.

Goethe

Die Erfahrung besteht darin, daß man erfährt, was man nicht zu erfahren wünscht.

Fischer

Erfahrung ist eine strenge Lehrmeisterin. Sie stellt zuerst die Prüfungsaufgaben und beginnt hernach mit dem Unterricht.

Sprichwort

Erfahrung ist ein Rüstzeug, bestehend aus Waffen, die uns verletzt haben.

Aus den »Fliegenden Blättern«

Erfahrung ist der Extrakt des Duldens.

Helps

Erfahrung? – Das, was mir begegnet. Das andere: Geschichte, Geschichten. (Die Geschichte ist ein Gerücht.)

Hilsbecher

Erfahrung ist nichts als Gedächtnis.

Hobbes

Erfahrung ist nicht das, was mit einem Menschen geschieht, sondern das, was er daraus macht.

Aldous Leonard Huxley

Die Erfahrung ist der Lehrmeister der Narren und die Vernunft der Klugen.

Sprichwort

Erfahrung ist künstlicher Instinkt.

Lohberger

Erfahrung heißt reich werden durch Verlieren.

Ernst von Wildenbruch

Erfahrung ist ein überreiches Bergwerk, aus dem viele Menschen Lebensschätze ausgraben.

Petőfi

Erfahrung besteht aus Anschauungen, die der Sinnlichkeit angehören, und aus Urteilen, die lediglich ein Geschäft des Verstandes sind.

Kant

Die Erfahrung ist die Poesie des Realen.

Eschmann

Erfahrung ist das, was uns enthüllt, daß wir die Irrtümer der Jugend gegen die des Alters aufgegeben haben.

Bierce

ERFINDUNG

Alle großen Erfindungen, alle großen Werke sind das Resultat einer Befreiung: die Befreiung von den Routinen des Denkens und Tuns.

Koestler

Erfindungsgabe ist der einzige Beweis von Genie.

Vauvenargues

ERFOLG

Erfolg: die eine unverzeihliche Sünde gegen den Nächsten.

Bierce

Der Erfolg ist die Selbstdarstellung eines Gewinns.

Cox

Es gibt nur einen Erfolg: auf deine Weise leben zu können.

Morley

Einsteins Definition für Erfolg: wenn A für Erfolg steht, gilt die Formel A = X + Y + Z. X ist Arbeit, Y ist Muße und Z heißt Mundhalten.

Albert Einstein

Erfolg ist das Kind der Keckheit.

Disraeli

Um in der Welt Erfolg zu haben, braucht man Tugenden, die beliebt, und Fehler, die gefürchtet machen.

Joubert

Erfolg: bekommen, was du wünschst. Glück: wünschen, was du bekommst.

Unbekannt

Der Erfolg ist oft nichts anderes als eine Vergeltung des Glücks.

Grasset

Der Erfolg ist eine Folgeerscheinung, niemals darf er zum Ziel werden.

Flaubert

Das Geheimnis des Erfolges ist es, möglichst viele Menschen vor den Kopf zu stoßen.

Shaw

Erfolg ist die Kunst, dem Sinnvollen das Rentable vorzuziehen.

Nahr

Der Ruhm der kleinen Leute heißt Erfolg.

Ebner-Eschenbach

Erfolg und Mißerfolg: Zweige am Baum.

Hans Kasper

ERFÜLLUNG

Erfüllung ist entzauberte Sehnsucht und daher oft Sehnsucht nach der Sehnsucht . . .

Anita

Was ist Erfüllung? Vernichtung des Wünschens. Dies begreifet nur recht, so werdet ihr nicht ein sattes Jenseits begehren, sondern euch des Todes, der edelsten Erfüllung, getrösten.

Rathenau

ERINNERUNG

Erinnerung ist eine Form der Begegnung.

Kahlil Gibran

Erinnerung: etwas vorher nicht Gewußtes mit Ergänzungen ins Gedächtnis zurückrufen.

Bierce

Die Erinnerung ist der irdische Kampf mit der Zeit.

Spranger

Was ist Erinnerung? Wissen wir's? Lebt das, was in uns lebt von unserem Vergangenen, nur in uns, oder hat es noch eine andre Wirklichkeit?

Emanuel von Bodman

Erinnern heißt auswählen.

Grass

Erinnerung: die abstrakteste Stufe der in Vorstellungen sich betätigenden Intelligenz.

Hegel

Erinnerung heißt die Kunst, einmal Genossenes nicht nur festzuhalten, sondern es immer reiner auszuformen.

Hesse

Die Erinnerung ist oft nur die letzte Höflichkeit der Liebe.

Unbekannt

Erinnern: ein Sehen in die Vergangenheit.

Wittgenstein

Erinnerung – Nachholerin alles Versäumten!

Scholz

Erinnerungsfälschung, das ist die ohnmächtige Rache, die unser Gedächtnis an der Unwiderruflichkeit alles Geschehens nimmt.

Schnitzler

Die Erinnerungen sind fette Nahrung für jene, die Häuser besitzen, Tiere, Knechte und Felder.

Sartre

Erinnerung ist der große Leichenacker unseres Lebens. Wer sich zu oft in ihr bewegt, geht im Hades spazieren.

Frank Thiess

Die Erinnerung ist das einzige Paradies, aus dem wir nicht vertrieben werden können.

Jean Paul

Die Erinnerung, sagt Jean Paul, ist das einzige Paradies, aus dem wir nicht vertrieben werden können. Manchmal mag das zutreffen. Öfter aber ist die Erinnerung die einzige Hölle, in die wir schuldlos verdammt werden.

Schnitzler

ERKENNTNIS

»Erkenntnis«, sagt D., »ist der Rückstoß der Schöpfung.«

Hilsbecher

Die Summe unserer Erkenntnisse besteht aus dem, was wir gelernt, und aus dem, was wir vergessen haben.

Ebner-Eschenbach

Jede Erkenntnis ist ein Identifizieren des Nichtgleichen.

Nietzsche

»Erkennen« ist die Bekämpfung eines Gefühls von etwas Neuem.

Nietzsche

Erkennen heißt nicht, sich mit den Dingen zufriedengeben, so wie sie uns entgegentreten, sondern heißt hinter ihnen nach ihrem Sein suchen.

Ortega y Gasset

Erkennen, das heißt: alle Dinge zu unserem Besten verstehen.

Nietzsche

Unsere Erlebnisse sind viel mehr das, was wir hineinlegen, als das, was darinliegt.

Nietzsche

ERKLÄREN

Erklären heißt ... eine Erscheinung auf die angenommenen vertrauten Verstandesbestimmungen zurückführen.

Hegel

Erklären heißt einschränken.

Wilde

ERLEBNIS

Das Erlebnis ist der Geburtsakt der Vernunft. Der Mensch erlöst sich in diesem Akt, ohne welchen die Welt ein Chaos bliebe, er überwindet sein Fremdsein, die trennende Untiefe von seinem Ich zum Nächsten, Unbelebtes wird Belebtes, die Sache wird zur Ursache.

Kokoschka

Erleben ist immer die Gegenwart, die Begegnung und die Auseinandersetzung mit der Gegenwart, die Umsetzung von Raum und Zeit in Gegenwart.

Kasack

ERNSTHAFTIGKEIT

Ernsthaftigkeit ist die Zuflucht derer, die nichts zu sagen haben.

Wilde

EROTIK

Erotik ist Überwindung von Hindernissen. Das verlockendste und populärste Hindernis ist die Moral.

Karl Kraus

Erotik ist immer ein Wiedersehen. Sie zieht es sogar der ersten Begegnung vor.

Karl Kraus

ERWACHSENER

Der Erwachsene: Er weiß bereits, daß gegen die Dummköpfe kein Kraut gewachsen ist.

Laub

ERWÄGUNG

Die Erwägung ist das Vorzimmer der Vernunft.

Aus den »Fliegenden Blättern«

ERWARTUNG

Die Erwartung ist eine Kette, die alle unsere Freuden verbindet.

Vauvenargues

ERZIEHEN

Erziehen heißt, natürliche Anlagen entwickeln.

Galiani

Erziehen heißt den Kampf gegen sich selbst in seinen Kindern weiterkämpfen.

Aus den »Fliegenden Blättern«

Erziehen heißt überfordern. Hart, aber wahr; nein: hart, also wahr.

Kudszus

Erziehen heißt auf Ichdurchsetzung verzichten, heißt selbstlos sein.

Horney

Erziehen heißt zunehmend verzichten.

Schohaus

Erziehen heißt nichts anderes als: nebenhergehen, nicht treiben, nicht stoßen, nicht ziehen, aber immer genau empfinden, wo der Junge läuft und was das Mädchen sinnt, und unbemerkt etwas an der Windseite gehen, wenn der Sturm zu harsch weht.

Traub

Erzieherische Arbeit ist vor allen Dingen organisatorische Arbeit.

Makarenko

ERZIEHER

Der wahre Erzieher ist auf seine Art ein Zauberer und ein Bezaubernder.

Spranger

Der Erzieher ist eine im geistigen Dienste einer Gemeinschaft stehende Lebensform des sozialen Grundtypus, der aus reiner Neigung zum werdenden, unmündigen Menschen als einem eigenartigen zukünftigen Träger zeitloser Werte dessen seelische Gestaltung nach Maßgabe seiner besonderen Bildsamkeit in dauernder Bestimmtheit zu beeinflussen imstande ist und in der Bestätigung dieser Neigung ihre höchste Befriedigung sucht.

Kerschensteiner

Erzieher sein heißt, immer und überall bereit und gewillt sein, mit dem Einsatz letzter Verantwortung das Wagnis auf sich zu nehmen, Ewiges mit Vergänglichem so zu verbinden, wie es eine konkrete Situation erfordert. Erziehung ist ihrem innersten Wesen nach Gegensatz zu allem Rezept und zu aller Schablone.

Bachmaier

ERZIEHUNG

Erziehung ist Beispiel und Liebe, sonst nichts.

Fröbel

Erziehung ist Erlernen der Kunst vom Nutzbarmachen des Wissens.

Whitehead

Erziehung ist erst Lehre vom Notwendigen, dann vom Wechselnden und Veränderlichen.

Nietzsche

Erziehung ist Zeugung einer anderen Art.

Lichtenberg

Das Werk aller Erziehung ist, bewußte Tätigkeiten in mehr oder weniger unbewußte umzubilden.

Nietzsche

Fähigkeiten werden vorausgesetzt; sie sollen zu Fertigkeiten werden. Dies ist der Zweck aller Erziehung.

Goethe

Alle Erziehung, ja alle geistige Beeinflussung beruht vornehmlich auf Bestärken und Schwächen. Man kann niemanden zu etwas bringen, der nicht schon dunkel auf dem Wege dahin ist, und niemanden von etwas abbringen, der nicht schon geneigt ist, sich ihm zu entfremden.

Morgenstern

Die Erziehung ist nichts als die Kunst zu lehren, wie man über eingebildete oder doch leicht besiegbare Schwierigkeiten hinauskommt.

Goethe

Erziehung soll Tugenden, so gut es geht, erzwingen.

Nietzsche

Aufgabe der Erziehung wäre es, den metaphysischen Hunger der Menschheit durch Mitteilung von Tatsachen mit weisem Maß zu stillen, statt ihn durch Märchen, was ja die Dogmen sind, zu betrügen.

Schnitzler

Alle Erziehung ist nur Handreichung zur Selbsterziehung.

Spranger

Erziehung bedeutet Vormundschaft für den unmündigen Geist im Zögling.

Bachmaier

Die Erziehung hat den Zweck, den Menschen zu einem selbständigen Wesen zu machen, d. h. zu einem Wesen von freiem Willen.

Hegel

Erziehung ist die Hilfe zum Selbstwerden in Freiheit.

Jaspers

Alle Erziehung ist Erziehung zur Freiheit.

Goes

Erziehung ist die billigste Verteidigung der Nationen.

Edmund Burke

Erziehung: wesentlich das Mittel, die Ausnahme zu ruinieren zugunsten der Regel.

Nietzsche

Erziehung ist ein Verfahren, das einer riesigen Menschenschar das Lesen beibrachte, aber nicht imstande war, unterscheiden zu lernen, was lesenswert ist.

George M. Trevelyan

Erziehung heißt die Entwicklung des Gedächtnisses auf Kosten der Vorstellungskraft.

Owen Johnson

Erziehung ist alles. Der Pfirsich war einst eine Bittermandel und der Blumenkohl ist nichts als ein Kohlkopf mit akademischer Bildung.

Mark Twain

Erziehung ist ein Verfahren, sich eine ganze Sammlung von Vorurteilen durch die Kehle zu jagen.

Fischer

Ein gutes Pferd muß mit wenig Mitteln geritten werden. Gute Erziehung besteht weniger aus Taten als aus Zutaten.

Anita

Mädchenerziehung – manchmal: Ein schöner Knix – und sonst nix ...

Anita

Erziehung ist Hilfe beim Brückenschlag von einem gegebenen Ausgangspunkt zu einem bestimmten Ziele.

Schröteler

Gute Erziehung besteht darin, daß man verbirgt, wieviel man von sich selbst hält und wie wenig von den anderen.

Cocteau

Gute Erziehung ist die eiserne Ration, die man einem Menschen fürs Leben mitgeben kann.

Anita

Erziehung ist eine wunderbare Sache, doch es ist gut, von Zeit zu Zeit daran zu denken, daß nichts Wissenswertes gelehrt werden kann.

Wilde

Das Ziel der Erziehung besteht darin, dem Kinde zu ermöglichen, ohne Lehrer weiterzukommen.

Hubbard

Gute Erziehung besteht in der einmaligen Warnung vor der Lüge schlechthin und in der jeweiligen Warnung vor einer jeden Wahrheit.

Nowaczyński

Erziehung ist, daß man sofort alles Erlebte unter bestimmten Wahnvorstellungen begreift.

Nietzsche

Erziehung ist, ideell gesehen, Zivilschutz gegen radioaktiven Niederschlag von Medien.

McLuhan

ESSAYIST

Ein Essayist ist ein glücklicher Mensch, der eine Möglichkeit herausgefunden hat, wie man beim Gespräch nicht unterbrochen werden kann.

Poore

ESSBAR

Eßbar: geeignet zum Essen und gut verdaulich wie der Wurm für die Kröte, die Kröte für die Schlange, die Schlange für das Schwein, das Schwein für den Menschen und der Mensch für den Wurm.

Bierce

ESTABLISHMENT

Establishment ist die Gemeinschaft der Hände, die einander dauernd waschen, ohne dadurch sauberer zu werden.

Colin Wilson

Establishment ist – symbolisch – die Hand in Doppelfunktion: nach außen als Pranke, nach innen als Geldzählorgan.

Lohberger

ETHIK

Ethik ist ins Grenzenlose erweiterte Verantwortung gegen alles, was lebt.

Albert Schweitzer

Ethik: eine Naturbeschreibung der Tugenden.

Hegel

Ethik ist die Lehre vom Schönen in uns – Ästhetik die Lehre vom Schönen um uns.

Coudenhove-Kalergi

Die Phantastik der Phantasielosen ist Ethik.

Rathenau

Das Resultat totaler Anarchie ist stets eine Ethik.

Hilsbecher

Ethik ist die Wissenschaft von der menschlichen Pflicht.

Swing

ETHIKER

Definition des Ethikers: Gewissens-Ästhet.

Hilsbecher

ETIKETTE

Etikette ist die Bremsvorrichtung der Leidenschaft.

Aus den »Fliegenden Blättern«

Etikette ist Gähnen mit geschlossenem Mund.

Unbekannt

Etikette ist das Geräusch, das du nicht machst – während du Suppe ißt.

Unbekannt

Etikette heißt, daß du dich ein wenig besser benimmst als absolut notwendig.

Cuppy

EUROPA

Europa ist ein von Amerika nicht genügend gezähmtes Reich der Barbaren.

Ludwig Marcuse

Europa ist kein geographischer, sondern ein kultureller Weltteil.

Kokoschka

EWIGKEIT

Die Ewigkeit ist ein verherrlichter Augenblick.

Lohberger

Ewigkeit ist ein anderes Wort für Wechsel.

Gould

EXILREGIERUNG

Exilregierung: status quo in einem Vakuum.

Unbekannt

EXKLUSIVITÄT

Exklusivität ist ein Charakteristikum, das den Neureichen, der high society und dem Skunk eigen ist.

O'Malley

EXPERTE

Der Experte ist ein Mensch, der die kleinen Irrtümer vermeidet, während er dem großen Trugschluß entgegentreibt.

Stolberg

Der Experte ist ein Mann, der zu denken aufgehört hat.

Wright

Experte: ein Spezialist, der über etwas alles weiß und über alles andere nichts.

Bierce

Experte: einer, der mehr und mehr über weniger und weniger weiß.

Nicholas Murray Butler

Der Experte ist ein gewöhnlicher Mann, der – wenn er nicht daheim ist – Ratschläge erteilt.

Wilde

F

FÄCHER

Der Fächer ist die spanische Wand der Liebe.

Aus den »Fliegenden Blättern«

FAHNE

Fahnen: Gesinnungstextilien.

Rudolf Rolfs

FAMILIE

Familie ist Zwangsbekanntschaft.

Rudolf Rolfs

Die Familie ist das Vaterland des Herzens.

Mazzini

Die Familie ist ein Überbleibsel der unspezialisierten Vergangenheit, als ein Mann noch seine eigenen Schuhe machte und sein eigens Brot buk.

Bertrand Russell

Familie: Hierarchischer Strebepfeiler der Demokratie.

Rudolf Rolfs

Familie: Zwergdiktaturen.

Rudolf Rolfs

FANATIKER

Der Fanatiker ist ein Mensch, der seine Meinung nicht ändern kann und der sein Thema nicht ändern will.

Churchill

Ein Fanatiker ist – in psychologischen Begriffen definiert – ein Mensch, der bewußt einen geheimen Zweifel überkompensiert.

Aldous Leonard Huxley

Fanatiker: einer, der auf seine Kanonen vertraut, gleichgültig, ob sie geladen sind oder nicht.

Franklin P. Jones

Mit Fanatikern zu diskutieren, heißt mit einer gegnerischen Mannschaft Tauziehen spielen, die ihr Seilende um einen dicken Baum geschlungen hat.

Hans Kasper

FANATISMUS

Fanatismus besteht im Verdoppeln der Anstrengung, wenn das Ziel vergessen ist.

Santayana

Der Fanatismus ist die einzige »Willensstärke«, zu der auch die Schwachen gebracht werden können.

Nietzsche

Fanatismus ist das Paradies für eine Sekte.

Keats

FARBEN

Farben sind das Lächeln der Natur.

Hunt

FASCHISMUS

Faschismus: der Militarismus der Zivilisten.

Kuh

FATALISMUS

Fatalismus ist Bequemlichkeit.

Calé

FATALIST

Fatalist ist jemand, der glaubt, du tätest ihm einen Gefallen, wenn du ihn umbringst.

Cobb

FAUL

Ein Mensch ist faul, wenn er sich lieber ärgert als aufzustehen.

Niederreuther

FAULHEIT

Faulheit: der Hang zur Ruhe ohne vorhergehende Arbeit.

Kant

Faulheit: die Angewohnheit, sich auszuruhen, bevor man müde wird.

Renard

Faulheit ist die Furcht vor bevorstehender Arbeit.

Cicero

Faulheit ist Dummheit des Körpers und Dummheit Faulheit des Geistes.

Seume

Die Faulheit ist der Hunger nach Dauer, Konstanz und Ewigkeit.

Kesten

Die Faulheit ist der Humus des Geistes.

Troll

Die Faulheit ist der heimliche Vater des Fortschritts.

Laub

FAULPELZ

Faulpelz: ein Mensch, der sich keine Arbeit damit macht, sein Nichtstun zu begründen.

Laub

FAUSTS IDEAL

Fausts Ideal: sich vom Gretchen die Strümpfe stopfen lassen und mit der Helena über Goethe reden.

Kuh

FEDER

Die Feder ist die Zunge des Geistes.

Cervantes

Die Feder ist das mächtige Instrument des kleinen Mannes.

Byron

Die Feder ist eine starke Waffe. Aber der Mensch kann sich damit sehr viel leichter töten als andere.

Prentice

Es gibt nur zwei Kräfte in der Welt: das Schwert und die Feder. Letzten Endes wird immer das Schwert von der Feder besiegt.

Napoleon

FEHLER

Alle menschlichen Fehler sind Ungeduld.

Kafka

Die größte Fehlerquelle menschlichen Denkens: daß man das Symbol eines Dinges für das Ding selbst hält.

von Radecki

FEIERLICHKEIT

Feierlichkeit nennt man jenen Nebel, welchen die Dummheit zu ihrem Schutze erzeugt, wenn sie in die Enge getrieben wird.

Heimito von Doderer

FEIGHEIT

Feigheit ist der wirksamste Schutz gegen die Versuchung.

Mark Twain

FEIGLING

Feigling: jemand, der in gefährlichen Situationen mit seinen Beinen denkt.

Bierce

Der Feigling ist ein Mensch mit normal entwickeltem Selbsterhaltungstrieb.

Unbekannt

Ihr nennt mich einen Feigling, wenn ich so vernünftig bin, eine Herausforderung abzulehnen. Welchen Begriff habt ihr denn eigentlich von der Feigheit? Wenn das Vermeiden unnützer Gefahr Feigheit heißt, dann gibt es wohl keinen Mutigen auf der Welt.

Tillier

FEIND

Der Feind ist der Freund, der dich zum Handeln anstachelt.

Hubbard

Es gibt dreierlei Feind: den Feind selbst, den Freund des Feindes und den Feind des Freundes.

Persisches Sprichwort

FEINDSELIGKEIT

Feindseligkeit ist eine persönliche Unabhängigkeitserklärung.

Aldous Leonard Huxley

FEINGEFÜHL

Das Feingefühl ist die Poesie der Vorstellungskraft.

Lamartine

Eine feinfühlige Person ist eine Person, die immer andere auf die Füße tritt, weil sie selbst Hühneraugen hat.

Wilde

FEINSINNIG

Feinsinnig: unter der Dusche weinen.

Unbekannt

FERNSEHEN

Das Fernsehen ist das Bauhausprogramm der Formgebung des Lebens oder die Montessorie-Erziehungsmethode ins Technische erweitert und kommerziell gestützt.

McLuhan

Das Fernsehen ist eine Einrichtung, mit deren Hilfe Leute, die nichts tun, andere Leute beobachten, die nichts tun können.

Allen

Das Fernsehen: ... eine Rache des Theaters an der Filmindustrie.

Ustinov

Fernsehen – Rundfunk für Phantasielose.

Rudolf Rolfs

Fernsehen ist Kaugummi für die Augen.

Definition eines Kindes

FEUILLETON

Das Feuilleton ist die Unsterblichkeit eines Tages.

Speidel

FILM

Der Film ist eine verkehrte Leihbibliothek: alles, was er bietet, ist nur gespiegelt und entliehen.

Kessel

Der Film ist seinem Wesen nach eine Kollektivarbeit, und jede Kollektivarbeit wird zusammengehalten vom Kompromiß.

Faulkner

FINANZGENIE

Ein Finanzgenie ist ein Mann, der sein Geld schneller verdient, als seine Familie es ausgeben kann.

Unbekannt

FINANZPOLITIK, antizyklische

Antizyklische Finanzpolitik besteht darin, den jährlichen Etatzuwachs mit konjunkturgerecht wechselnden Formulierungen zu begründen.

Nahr

FLAGGE

Die Flagge ist der Handelsname einer Nation.

Unbekannt

FLEISS

Der Fleiß ist die Wurzel aller Häßlichkeit.

Wilde

FLIRT

Flirt ist die Fähigkeit, jemandem nahe zu kommen, ohne ihm zu nahe zu treten.

Unbekannt

Der Flirt ist die Kunst, einer Frau in die Arme zu sinken, ohne ihr in die Hände zu fallen.

Guitry

Der Flirt ist die Sünde der Tugendhaften und die Tugend der Sünderinnen.

Bourget

Flirtation: attention without intention.

O'Rell

Der Flirt gehört zum Denksport: es kommt darauf an, in möglichst kurzer Zeit die richtige Lösung zu finden.

Frenzel

Flirt: das Spiel mit fremden Zündhölzchen.

Rudi vom Endt

Der Flirt ist für die Frau die Fechtstunde, die sie mit dem stumpfen Florett bestreitet – ehe sie den Boden mit dem schweren Degen betritt.

Donnay

Der Flirt ist das Aquarell der Liebe.

Bourget

Flirt: die zarte Kunst, einen Mann mit sich selbst zufrieden zu machen.

Rowland

FLITTERWOCHEN

Die Flitterwochen sind der verzweifelte Versuch, die Liebe in die Ehe hinüberzuretten.

Nahr

Die Flitterwochen sind das fröhliche Begräbnis der Liebe.

Nahr

FLUCH

Der Fluch ist das Gebet des Teufels.

Lohberger

FLUNKEREI

Flunkerei: eine Lüge, die noch keine Zähne hat.

Bierce

Flunkerei: eines Gewohnheitslügners beste Annäherung an die Wahrheit.

Bierce

FORM

Die Form ist alles. Sie ist das Geheimnis des Lebens. Gib der Trauer Ausdruck, so ist sie dir teuer. Gib der Freude Ausdruck, so ist sie dir verdoppelt. Beginne mit der Verehrung der Form, und kein Geheimnis der Kunst wird dir unentschleiert bleiben.

Wilde

Die Form ist der Schamschurz des Kunstwerks. Ohne Form wäre es Exhibition.

Hilsbecher

Form ist immer Unfreiheit, wenn auch gewollte. Es kann also innerhalb keiner Staatsform, auch innerhalb der scheinbar freiesten, der philosophische Begriff der Freiheit, ja nicht einmal der politische, in die Wirklichkeit umgesetzt werden. An sich also bedeutet Republik so wenig Freiheit wie Monarchie oder sogar absolute Monarchie Unfreiheit bedeutet. Der Unterschied der Staatsformen liegt immer nur in Ritualen, und das Rituale wird letzten Endes immer nur durch die Persönlichkeit desjenigen bestimmt, der an der Spitze steht (heißt er nun Kaiser oder Präsident).

Schnitzler

Form ist Verzicht.

Reinhold Schneider

Form ist im Grund nichts als ein unwillkürlicher Ausdruck des Wohlgefühls innerer Ordnung.

Bahr

»Form ist Ausdruck der Notwendigkeit!« sag ich in einer Kritik. Beste Definition! Stoff ist Aufgabe; Form ist Lösung.

Hebbel

Form ist Gestalt der Sache, ihr Ausdruck, nicht ihr Prinzip. Aber auf das innigste sind beide miteinander verknüpft, ganz so innig wie Vernunft und Sprache.

Jacobi

FORMEL

Formeln sind Regeln, deren Ausdruck zum Muster der Nachahmung dient.

Kant

FORSCHEN

Forschen ist das, was dir sagt, daß ein Esel zwei Ohren hat.

Lasker

Das Forschen nach Wahrheit ist das Forschen nach dem uns nicht unmittelbar gegenwärtigen Wirklichen.

Jacobi

FORSCHER

Die Forscher sind Glieder in der Kette derer, die die Möglichkeiten bringen, die der Mensch zum Heil oder Unheil ergreifen kann.

Jaspers

FORTSCHRITT

Der Fortschritt ist das Ergebnis eines allgemein angeborenen Wunsches, der bewirkt, daß jeder Teil eines Organismus über seine Verhältnisse leben will.

Samuel Butler

Fortschritt ist die Verwirklichung von Utopien.

Wilde

Fortschritt ist nichts als der Sieg des Lachens über ein Dogma.

Decasseres

Fortschritt ist lediglich der Ersatz eines komplizierten Übels gegen ein einfaches.

Harris

Fortschritt: Bewegung in der Richtung des geringsten Widerstandes.

Unbekannt

Tausend Dinge bewegen sich vorwärts; neunhundertneunundneunzig zurück; das ist der Fortschritt.

Amiel

Solange der Mensch langsamer vergißt als er lernt, macht er Fortschritte. Er hört auf, Fortschritte zu machen und geht rückwärts, sobald er schneller und mehr vergißt, als er zulernen kann.

Jacobi

Der Fortschritt besteht nicht darin, das Gestern zu zerstören, sondern seine Essenz zu bewahren, welche die Kraft hatte, das bessere Heute zu schaffen.

Ortega y Gasset

Es gibt nur einen Fortschritt: die Schärfung des Gewissens.

Niederreuther

Immerwährender Fortschritt ist nur um den Preis immerwährender Unzufriedenheit zu erkaufen.

Ebner-Eschenbach

Der Fortschritt der Menschheit besteht in der Zunahme ihres problematischen Charakters. Je polychromer die Ideale einer Zeit sind, je dehnbarer ihre Worte, desto vergeistigter erscheint sie uns. Der Pegel der Kultur steht am tiefsten, wenn sie am eindeutigsten ist.

Friedell

Aus dem Worte »Fortschritt« hören die meisten Menschen »weniger Arbeit« heraus.

Niederreuther

Der Fortschritt ist alles in allem ein Fortschreiten hin zur Verameisung, zur Kollektivierung, zum Konformismus, zum Auslöschen des Individuums, gleichermaßen in den Reichen des Ostens und des Westens.

Hans Henny Jahnn

Die Kunst des Fortschritts besteht darin, inmitten des Wechsels Ordnung zu wahren, inmitten der Ordnung den Wechsel aufrechtzuhalten.

Whitehead

Man hält es bei uns schon für Fortschritt, wenn man beim Rückwärtsgehen nicht fällt.

Rudolf Rolfs

Was wir »Fortschritt« nennen, ist der Tausch eines Mißstandes gegen einen anderen.

Henry Havelock Ellis

Ratlosigkeit und Unzufriedenheit sind die ersten Vorbedingungen des Fortschrittes.

Edison

Wirklicher Fortschritt ist, was Fortschreiten ermöglicht oder erzwingt.

Brecht

Technischer Fortschritt, das ist eine neue Maschine; seelischer Fortschritt, das ist Beseitigung eines Irrtums.

Kollath

FORTUNA

Fortuna ist eine Fliege, die auf den Leim der Leistung kriecht.

Hans Kasper

FRAGEN

Das Fragen ist die Frömmigkeit des Denkens.

Heidegger

Die Fragen sind es, aus denen das, was bleibt, entsteht.

Kästner

Fragen heißt: hören auf das, was sich einem zuspricht.

Heidegger

FRAGEZEICHEN

Das Fragezeichen ist der Ausweis der Gebildeten, wie der Punkt der des Halbgebildeten.

Kudszus

FRAGWÜRDIG

»Fragwürdig« ist heute eine Verdächtigung. Vor allem derjenigen, die Fragen stellen.

Arntzen

FRAGMENT

Das Fragment war bei den Alten Ausdruck der Selbstbescheidung. Heute ist es ein Mittel, sich gegenüber der kritischen Umwelt zu behaupten.

Edel

FRAU

Was ist eigentlich eine Frau? Um dies zu definieren, müßte man sie kennen. Und wenn man heute mit dem Definieren beginnen wollte, würde man frühestens beim Weltuntergang damit zu Ende kommen.

Marivaux

»Definieren Sie Frau«, wurde Busch gebeten. »Hauptlockvogel für diese Welt, günstigstenfalls auch für die andere«, meinte er.

Wilhelm Busch

Eine Frau ist ein Wesen, das sich selbst gefunden hat.

Giraudoux

Frauen sind Bilder, Männer sind Probleme. Wenn Sie wissen wollen, was eine Frau wirklich meint – was nebenbei immer eine gefährliche Sache ist –, so sehen Sie sie an, aber hören Sie ihr nie zu.

Wilde

Die Frauen sind ein liebliches Geheimnis: nur verhüllt, nicht verschlossen.

Novalis

Die Frauen? – Sphinxe ohne Geheimnisse.

Wilde

Frauen sind nur Kinder von etwas größerem Wuchs.

Chesterfield

Eine Frau ist der widersinnigste Guß aus Eigensinn und Aufopferung, der nur vorkommen kann. Sie läßt sich für ihren Mann wohl den Kopf abschneiden, nicht aber die Haare.

Jean Paul

Geschlechtlich genommen ist die Frau eine Einrichtung der Natur, die den Zweck hat, ihr größtes Werk zu verewigen; der Mann: eine Einrichtung der Frau, die den Zweck hat, daß Geheiß der Natur auf die wohlfeilste Art zu erfüllen.

Shaw

Die Frau ist ein menschliches Wesen, das sich anzieht, schwatzt und sich wieder auszieht.

Voltaire

Die Frau ist kein Raubtier. Im Gegenteil: sie ist die Beute, die dem Raubtier auflauert.

Ortega y Gasset

Die Frauen sind silberne Schalen, in die wir goldene Äpfel legen. Meine Idee von den Frauen ist nicht von den Erscheinungen der Wirklichkeit abstrahiert, sondern sie ist mir angeboren oder in mir entstanden, Gott weiß wie. Meine Frauencharaktere sind daher auch alle gut weggekommen. Sie sind alle besser, als sie in der Wirklichkeit anzutreffen sind.

Goethe

Die Frauen sind das einzige Gefäß, was uns Neueren noch geblieben ist, um unsere Idealität hineinzugießen.

Goethe

Frauen sind die Würze des Lebens.

Afrikanisches Sprichwort

Die Frau ist der Wirklichkeit gewordene, schönste Traum des Mannes.

Lohberger

Frauen sind die Chamäleons der Liebe. Wir Männer sind für sie nur die Farbe, der sie sich jeweils anpassen.

Chevalier

Eine gefühllose Frau ist eine Frau, die den Mann, den sie lieben muß, noch nicht gesehen hat.

La Bruyère

Eine anständige Frau ist eine, die nicht (oder nicht mehr) imstande ist, mehr als nur einen Mann unglücklich zu machen.

Montherlant

Frauen sind das Paradies der Augen, das Fegefeuer des Beutels und die Hölle der Seele.

Spanisches Sprichwort

Die Frauen: Mißgeburt aus Schönheit ohne Geist oder aus Geist ohne Schönheit.

Augier

Die Frau ist der annehmbarste Naturfehler.

Milton

Frauen: austauschbare Instrumente für ein stets identisches Vergnügen.

Proust

Die Frau ist kein Genie, sie ist dekorativer Art. Sie hat nie etwas zu sagen, aber sie sagt es so hübsch.

Wilde

Eine gelehrte Frau gleicht einer kostbaren Waffe, die zwar kunstvoll ziselierte Arbeit und bewundernswerten Schliff aufweist, aber weder im Kriege noch auf der Jagd zu gebrauchen ist.

La Bruyère

Die ideale Frau ist jede, die den idealen Gatten hat.

Tarkington

FRECHHEIT

Frechheit: Der Anstand nimmt das Blatt vom Mund.

Wiesner

FREI

Frei ist, wer will, was er muß.

Lohberger

Frei ist, wer vor Verletzungen geschützt ist.

Unbekannt

Frei ist der Mensch, wenn er Gott hervorbringt oder sichtbar macht, und dadurch wird er unsterblich.

Friedrich Schlegel

Frei ist, wer reich ist.

Sethe

Frei, das heißt, verbannt unter die Lebenden.

Genet

Die Ungeübten sind gar nicht fähig, frei zu sein; aber das berechtigt niemand, ihnen Freiheit vorzuenthalten. Man wird frei im Gebrauch der Freiheit.

Ludwig Marcuse

Frei sein heißt, die dem Handeln zugrunde liegenden Vorstellungen durch die moralische Phantasie von sich aus bestimmen können.
Freiheit ist unmöglich, wenn etwas außer mir meine moralischen Vorstellungen bestimmt.

Steiner

FREIHEIT

Freiheit ist die uneingeschränkte Chance eines Menschen, das zu sein und zu tun, was ihm das Bestmöglichste scheint.

Brooks

Freiheit ist die Souveränität des Individuums.

Warren

Das Vermögen, die Motive des Wollens schlechthin selbst hervorzubringen, ist die Freiheit.

Kant

Wenn wir Freiheit definieren, begrenzen wir sie; wenn wir sie begrenzen, zerstören wir sie überhaupt.

Edith Nourse Rogers

Freiheit existiert nicht; sie ist nur ein Wunsch der Seele.

Henriot

Der hat Freiheit, der die richtige Wahl seiner Grenzen zu treffen versteht.

Kessel

Freiheit: die Eigenschaft der Wesen, bei denen das Bewußtsein einer Regel der Grund der Handlungen ist.

Kant

Freiheit – im weitesten Sinne – ist die Verneinung des Rechts, denn das Recht bedeutet Zwang und die Abwesenheit von Zwang ist Anarchie.

Cardozo

Die öffentliche Freiheit ist gewährleistet, sofern ein jeder instand gesetzt ist, sein Recht zu verfechten und es auch zu erlangen.

Kessel

Die Freiheit, sagt Lenin, ist ein Vorurteil der Bourgeoisie. Die Gleichheit ist ein Vorurteil des Proletariats.

Maurice Sachs

Die sogenannte Freiheit des Menschen läuft darauf hinaus, daß er seine Abhängigkeit von den allgemeinen Gesetzen nicht kennt.

Hebbel

Freiheit ist das Recht eines jeden Menschen, irgendwo aufzustehen und all das zu sagen, was jedermann denkt.

Steffens

Der wirklich freie Mann ist der, der eine Einladung zum Essen ausschlagen kann, ohne dafür einen Vorwand angeben zu müssen.

Renard

Die Freiheit ist der Charakter der Vernünftigkeit.

Hegel

Die Freiheit ist eigentlich ein Vermögen, alle willkürlichen Handlungen den Bewegungsgründen der Vernunft zu unterordnen.

Kant

Ein freier Mensch ist ein Mensch, der nach der Vernunft lebt.

Feuchtersleben

Freiheit ist ein Gut, das durch Gebrauch wächst, durch Nichtgebrauch dahinschwindet.

von Weizsäcker

Freiheit ist für die Gesellschaft das, was die Gesundheit für den einzelnen ist. Ohne Freiheit kann es kein Glück für die Gesellschaft geben.

Bolingbroke

Ein freies Land ist ein Land, in welchem kein einzelner Mensch für die bestehende Tyrannis verantwortlich ist.

Unbekannt

Die Freiheit ist ein Tyrann, der von seinen Launen beherrscht wird.

Joubert

Der Widersinn aller Freiheit liegt für den Staat in der Notwendigkeit, die Freiheit der Versammlung und Vereinigung zu kontrollieren, um die Freiheit des einzelnen zu sichern.

Haynes

Die Freiheit ist ein Gut, das alle anderen Güter zu genießen erlaubt.

Montesquieu

Freiheit bedeutet: imstande sein, darauf zu zählen, wie andere Leute sich benehmen werden.

Shaw

Die politische Freiheit besteht in der Sicherheit oder wenigstens in dem Glauben, den man an seine Sicherheit hat.

Montesquieu

Die politische Freiheit eine schickliche Fabel, welche die Regierenden ersonnen haben, um die Regierten einzuschläfern.

Napoleon I.

Freiheit ist immer gefährlich, aber sie ist das Sicherste, das wir haben.

Fosdick

Die Freiheit besteht darin, daß man alles das tun kann, was einem andern nicht schadet.

Claudius

Die Freiheit ist der Atem des Lebens.

Delp

Freiheit ist der Atem des Fortschritts.

Unbekannt

Was Freiheit in praktischer Beziehung ist, verstehen wir gar wohl, in theoretischer Absicht aber, was ihre Natur betrifft, können wir ohne Widerspruch nicht einmal daran denken, sie verstehen zu wollen.

Kant

Die Freiheit, für die man kämpft, ist eine Geliebte, um die man sich bewirbt. Die Freiheit, die man hat, ist eine Gattin, die uns unbestritten bleibt. Glauben Sie, daß ein braver Mann sein Weib nicht liebt, weil sein Herz still und friedlich ist?

Börne

La liberté consiste à croire.

Péguy

Die Freiheit ist das Recht des Menschen, nach den Forderungen der Vernunft und Sitte zu leben. Die Vernunft ist in steter Fortentwicklung, die Sitte in steter Weiterbildung begriffen. Deshalb begehrt jedes Zeitalter einen neuen Inhalt der Freiheit.

Sybel

Die Freiheit? Sophismus der Gesunden.

Cioran

Was ist innere Freiheit? Im Einzelnen zugleich das Allgemeine und Notwendige zu erkennen.

Hofmannsthal

Freiheit ist das absolute Recht aller erwachsenen Männer und Frauen, für ihre Handlungen keine andere Bewilligung zu suchen als die ihres eigenen Gewissens und ihrer eigenen Vernunft, nur durch ihren eigenen Willen in ihren Handlungen bestimmt zu werden, und folglich nur verantwortlich zu sein zunächst sich selbst gegenüber, dann der Gesellschaft, der sie angehören, aber nur insoweit, als sie ihre freie Zustimmung dazu geben, ihr anzugehören.

Nettlau

Die Freiheit ist ein vager Begriff.

Bismarck

Die Menschheit zur Freiheit zu bringen, das heißt, sie zum Miteinanderreden zu bringen.

Jaspers

Die höchste Freiheit des Menschen ist die: sich zu opfern.

Reinhold Schneider

Freiheit ist die Macht, die wir über uns selber haben.

Grotius

So weit deine Selbstbeherrschung geht, so weit geht deine Freiheit.

Ebner-Eschenbach

Auf die Frage: was ist Freiheit? antwortet ein Meister: ein gutes Gewissen.

von Hippel

Die Freiheit ist das Recht, alles zu tun, was die Gesetze erlauben.

Montesquieu

Freiheit ist das einzige Ding, das man nicht haben kann, wenn man nicht gewillt ist, es anderen zu geben.

William Allen White

Die Freiheit eines jeden hat als logische Grenzen die Freiheit der anderen.

Karr

Das natürliche Recht aber ist die Freiheit, und die weitere Bestimmung derselben ist die Gleichheit in den Rechten vor dem Gesetz.

Hegel

Die wahre Freiheit ist nichts anderes als Gerechtigkeit.

Seume

Freiheit ist politische Macht, geteilt in kleine Stücke.

Hobbes

Die Freiheit ist kein Privileg, das verliehen wird, sondern eine Gewohnheit, die erworben werden muß.

Lloyd George

Freiheit ist ein Gut, dessen Dasein weniger Vergnügen bringt als seine Abwesenheit Schmerzen.

Jean Paul

Freiheit ist ... die Wahl zwischen Arbeiten und Verhungern.

Samuel Johnson

Die Freiheit des Menschen besteht darin, daß er die Entscheidung sucht, auch wenn sie gegen ihn fallen sollte.

Frank Thiess

Freiheit bedeutet, von nichts anderem abhängig zu sein als von den Gesetzen.

Voltaire

Freiheit ist die leise Parole heimlich Verschworner, das laute Feldgeschrei der öffentlich Umwälzenden, ja das Losungswort der Despotie selbst, wenn sie ihre unterjochte Masse gegen den Feind anführt und ihr von auswärtigem Druck Erlösung auf alle Zeiten verspricht.

Goethe

Freiheit. Den höchsten Zustand von Freiheit hat erreicht, wer die Folgen seiner Handlungsweise – weil er in ihnen sich selbst erkennt – gefaßt, ja mit einer gewissen Wiedersehensfreude heranreifen sehen kann und fest entschlossen ist, auch dann von seinem Ich nicht abzurücken, wenn es coram publico ins Gegenteil von dem verkehrt erscheint, was es ursprünglich hatte ausdrücken wollen.

Gütersloh

Freiheit ist ein Zwang, den wir als Zwang nicht erkennen.

Waggerl

Die Freiheit ist dein Recht, Leute zu wählen, die Verbote für dich ausarbeiten.

Unbekannt

Unsere Freiheit besteht darin, daß wir in allen wichtigen Lebenslagen *viele* Zielvorstellungen gegenwärtig haben, zwischen denen unsere Aufmerksamkeit hin und her wandert, so daß es nur von dem Gesetz unserer eigenen Persönlichkeit abhängt, für welche Handlung wir uns entscheiden.

Schlick

Die Freiheit ist im Grunde nichts anderes als die Fähigkeit, sich in seiner endgültigen Gestalt auszeugen zu können.

Boros

Freiheit ist Teilnahme des Menschen an der moralischen Welt.

Fussenegger

Freiheit: einst das Gold uradelig begnadeter Seelen. Heute das massenhafte Papiergeld der Kauflustigen.

Lohberger

Vollkommene Sicherheit und Unverletzlichkeit des Eigentums und der Person: so sieht die wahre soziale Freiheit aus.

Rivarol

Nichts kann bedingungslos sein: folglich kann nichts frei sein.

Shaw

Freiheit: einer der kostbarsten Schätze der Vorstellungskraft.

Bierce

Freiheit ist nichts als ein Wechsel der Herren.

Varè

Ein freier Mensch: das ist einer, der sich wenigstens seiner Unfreiheit bewußt geworden ist.

Laub

Freiheit: der Zwang zur Entscheidung in einem Ablauf mit vorbestimmtem Ende.

Herbst

Was ich heute unter Freiheit denke, ist im wesentlichen ein Freisein von der Lüge.

Heimito von Doderer

Der freie Wille ist das Wesen des Menschen, und Verstand und Gedanke sind seine Werkzeuge.

Sprüche der Weisen

Die Freiheit ist ein Segel – prall im Sturm der Sehnsucht, schlaff in der Windstille der Gewohnheit.

Hans Kasper

Die Freiheit ist eine Treppe mit tausend Stufen. Keinen Fahrstuhl benutzen!

Hans Kasper

Die Freiheit ist keine Unbedingtheit, sondern der Überschuß über jede Bedingtheit.

Pannwitz

Freiheit bedeutet: imstande sein, darauf zu zahlen, wie andere Leute sich benehmen werden.

Shaw

Freiheit haben ist nur das, was wir notwendig brauchen, um das sein zu können, wie wir eigentlich sein sollten, und zu haben, was wir eigentlich haben sollten.

Rahel Varnhagen von Ense

Die Freiheit ist ein Luxus, den sich nicht jedermann gestatten kann.

Bismarck

Frei sein kann gar nichts anderes heißen, als seiner innersten Natur sklavisch folgen zu dürfen.

Rahel Varnhagen von Ense

Der Mensch hat freien Willen – das heißt, er kann einwilligen ins Notwendige!

Hebbel

Die sogenannte Freiheit des Menschen läuft darauf hinaus, daß er seine Abhängigkeit von den allgemeinen Gesetzen nicht kennt.

Hebbel

Freiheit ist eine Summe mikroskopischer Unfreiheiten.

Hille

Wenn »Freiheit« kein Blendwerk ist, dann bedeutet sie den innigen Anspruch, niemanden zu gehorchen als nur der Vernunft.

Heinrich Mann

Freiheit bedeutet Verantwortlichkeit; das ist der Grund, weshalb die meisten Menschen sich vor ihr fürchten.

Shaw

Die Welt hat nie eine gute Definition für das Wort Freiheit gefunden.

Abraham Lincoln

Auf seine Freiheit verzichten, heißt auf seine Menschenwürde, Menschenrechte, selbst auf seine Pflichten verzichten.

Rousseau

Vollendete Freiheit heißt, das Richtige, das als richtig Erkannte, mit dem ganzen Einsatz des Wesens zu tun, ohne auf sich selbst Rücksicht zu nehmen.

Boros

Freiheit des Wortes: ihr sagt, was ihr wollt – wir machen, was wir wollen.

Laub

FREUDE

Freude ist das Leben durch einen Sonnenstrahl hindurch gesehen.

Carmen Sylva

Freude ist gespürtes Leben.

Horatczuk

Jede Freude ist ein Wahrnehmen vom Sinn der Welt.

Margolius

Das Gefühl der Freude entsteht aus einer plötzlichen Bejahung des Lebens.

Schleich

Die beste Freude ist das Wohnen in sich selbst.

Goethe

Die wahre Freude ist die Freude am andern.

Saint Exupéry

Das schönste Geschenk an den Menschen ist die Fähigkeit zur Freude.

Vauvenargues

Freude allein ist die Mutter des Opfers.

Claudel

Freude und Angst sind Vergrößerungsgläser.

Aus Flandern

Freuden sind unsere Flügel, Schmerzen unsere Sporen.

Jean Paul

FREUND

Der Freund ist ein Mensch, zu dem du aufrichtig sein darfst.

Emerson

Der Freund ist ein Geschenk, das du dir selbst gibst.

Robert Louis Stevenson

Als Pythagoras gefragt wurde, was ein Freund sei, antwortete er: »Ein zweites Ich.«

Stobäus

Der Freund ist einer, der alles von dir weiß, und der dich trotzdem liebt.

Hubbard

Ein Freund ist ein Bewaffneter, gegen den man ohne Waffen kämpft.

Karr

Ein aufrichtiger Freund ist ein Freund, der dir häßliche Dinge ins Gesicht sagt, statt hinter deinem Rücken.

Unbekannt

Freund: ein Mensch, der dir völlig selbstlos schadet.

Brudziński

Ein Freund ist ein Mensch, der mehr Ansehen hat als irgend jemand, der schlecht von uns spricht.

Rostand

Der Freund ist ein Kerl, der dieselben Feinde hat wie du.

Winchell

Freunde sind Bekannte, bei denen man sich auskennt.

Frenzel

Ein Freund ist einer, vor dem ich laut denken darf.

Emerson

Der Freund ist ein Mensch, der dieselben Leute nicht mag wie du.

Unbekannt

Freunde sind Leute, die meine Bücher entleihen und nasse Gläser darauf stellen.

Robinson

Mitfreude, nicht Mitleiden, macht den Freund.

Nietzsche

FREUNDLICHKEIT

Freundlichkeit ist eine Sprache, welche die Stummen sprechen, die Tauben hören können.

Bovee

FREUNDSCHAFT

Die Freundschaft ist ein Vertrag, durch den wir uns verpflichten, kleine Dienste zu erweisen, damit wir in den Genuß größerer kommen.

Montesquieu

Freundschaft ist ein Zustand, der besteht, wenn jeder Freund glaubt, dem anderen gegenüber eine leichte Überlegenheit zu besitzen.

Balzac

Freundschaft: auf ihn kann ich mich verlassen, auf mich nicht.

Rychner

Freundschaft ist das Band der Vernunft.

Sheridan

Freundschaft ist die stillschweigende Übereinkunft zweier Feinde, die für eine gemeinsame Beute arbeiten wollen.

Hubbard

Freundschaft: ein Regenschirm, der den Fehler hat, daß er bei schlechtem Wetter zurückgegeben werden muß.

Véron

Zauber der Schuljungenfreundschaft: sie macht das Herz sanft und berührt sogar das Nervensystem derer, die kein Herz haben.

Disraeli

Die Freundschaft ist eine übernatürliche Harmonie, eine Vereinigung der Gegensätze.

Weil

Freundschaft ist leidenschaftsloser Handel zwischen Gleichen.

Goldsmith

Die meisten Freundschaften sind bloße Beziehungen, die dank stillschweigender Übereinkunft weiterbestehen.

Chamfort

Dasselbe wollen und dasselbe nicht wollen, das erst ist feste Freundschaft.

Sallust

Die gute Freundschaft entsteht, wenn man den anderen sehr achtet, und und zwar mehr als sich selbst, wenn man ebenfalls ihn liebt, jedoch nicht so sehr als sich, und wenn man endlich, zur Erleichterung des Verkehrs, den zarten Anstrich und Flaum der Intimität hinzuzutun versteht, zugleich aber sich der wirklichen und eigentlichen Intimität und der Verwechslung von Ich und Du weislich enthält.

Nietzsche

Der eigentlichste Kern der Freundschaft: e i n Glaube, e i n Hoffen, e i n gemeinsames Werk! – Es liegt eine große Freude darin.

Droste-Hülshoff

Alle Freundschaft, alle Liebe ist zunächst und vor allem: Freude eines Menschen an einem anderen.

Margolius

Freundschaft ist nicht nur das, was man sucht, sondern auch das, was man geben soll.

Beutelrock

Freundschaft: ein Weiterwerden des Lebens.

Eucken

Freundschaft ist partiale Ehe, und Liebe ist Freundschaft von allen Seiten und nach allen Richtungen, universelle Freundschaft. Das Bewußtsein der notwendigen Grenzen ist das Unentbehrlichste und das Seltenste in der Freundschaft.

Friedrich Schlegel

Freundschaft ist das Foyer der Liebe.

Gide

Freundschaft ist Liebe mit Verstand.

Sprichwort

Freundschaft ist Liebe ohne Flügel.

Französisches Sprichwort

FRIEDE

Friede ist die auf Recht gegründete Ordnung. Es gibt keine andere vorstellbare Definition. Jede andere Auffassung über den Frieden ist reine Utopie.

Reves

Friede ist nicht Abwesenheit von Krieg; Friede ist eine Tugend, eine Geisteshaltung, eine Neigung zu Güte, Vertrauen, Gerechtigkeit.

Spinoza

Der Friede ist ein aussterbender Zustand, der den Überfluß von Zivilisten durch Krieg zu kurieren sucht.

Connolly

Der Friede ist die kürzeste Entfernung zwischen zwei Kriegen.

Unbekannt

Friede ist Freiheit in Ruhe.

Cicero

»Frieden«, ein abgegriffenes Wort für eine verwegene Sache.

Rudolf Rolfs

Frieden: . . . die Fortsetzung des Krieges mit anderen Mitteln.

Spengler

In der Tat läßt sich die ganze Weisheit der Weltgeschichte in einen einzigen Satz zusammenfassen: Jeder Staat raubt, soviel er kann. Punktum. Mit Verdauungspausen und Ohnmachtsanfällen, welche man »Frieden« nennt.

Spitteler

Was wir Frieden nennen, ist meist nur ein Waffenstillstand, in dem der Schwächere so lange auf seine Ansprüche verzichtet, bis er eine Gelegenheit findet, sie mit Waffengewalt von neuem geltend zu machen.

Vauvenargues

Der Friede ist vielleicht jener Stand der Dinge, in der die angeborene Feindschaft der Menschen gegeneinander sich durch Schöpfungen kundgibt, statt sich durch Zerstörung zu äußern wie im Krieg. Er ist die Zeit schöpferischer Zusammenarbeit, kämpfenden Schaffens.

Valéry

Friede ist erlangte Freiheit. Freiheit und zugleich Wahrheit.

Aldous Leonard Huxley

Ewiger Frieden ist die Talentprobe der Menschheit.

Rudolf Rolfs

Ein Friedlicher ist einer, der sich totschießen läßt, um zu beweisen, daß der andere der Aggressor gewesen ist.

Ludwig Marcuse

Friedensschluß: das heißt, schon dem Worte nach: Kriegsbeginn.

Lohberger

FRISEUR

Der Friseur: ein Mann, der etwas gelernt haben muß, damit wir ihm unsern Kopf anvertrauen.

Laub

FRÖHLICHKEIT

Die Fröhlichkeit ist ein Affekt, welcher des Körpers Macht zu handeln vermehrt und unterstützt. Die Traurigkeit ist dagegen ein Affekt, der des Körpers Macht zu handeln mindert oder hemmt.

Spinoza

FRÖMMIGKEIT

Frömmigkeit ist eine Art der Klugheit, sie ist Gottesklugheit.

Thomas Mann

Frömmigkeit ist jene, die weltliche Welt immer wieder überraschende Haltung, die von einer ihr Objekt vollkommen umgriffen habenden Liebe auch dort noch eingenommen wird, wo sie vergeblich liebt, wo es männlich wäre, zu verachten, und menschlich, zu hassen.

Gütersloh

Frömmigkeit ist die letzte Koketterie der Frauen.

St. Evremont

FROMM

Fromm ist der, für den es etwas Heiliges gibt.

Söderblom

FÜHLEN

Fühlen: das heißt, wenig denken und doch alles erraten haben.

Lohberger

FÜHRER

Ein Führer, das ist einer, der uns *anzieht*, statt die Bewilligung unserer Hilfe zu erkaufen, als handelte es sich um die Gewährung von Vergünstigungen.

Saint-Exupéry

Ein Führer entsteht nur, wenn eine Gefolgschaft bereits da ist.

Ludwig Marcuse

Der Führer ist die Welle, die durch das Schiff vorwärtsgetrieben wird.

Tolstòi

Ein Führer, das ist einer, der die anderen unendlich nötig hat.

Saint-Exupéry

FUNKTIONÄR

Funktionär: Legalisierter Mitläufer.

Rudolf Rolfs

Die Masse der Funktionäre ist die erstarrte Lava der Revolution.

Hans Kasper

FURCHT

Furcht ist nichts weiter als eine etwas prägnanter hervortretende Form der Äußerung des Egoismus.

Raabe

Die Furcht: die Mutter der Moral.

Nietzsche

Furcht und Intelligenz: der Grad der Furchtsamkeit ist ein Gradmesser der Intelligenz.

Nietzsche

Furcht ist das Warnsignal der Natur: handle!

Link

FUSSNOTE

Fußnote: ein Druckerzeichen, das benutzt wird, um den Leser abzulenken *.

Unbekannt

Die Fußnote ist, vom Autor selbst gesetzt, die Bankrotterklärung seines prosaischen Vermögens; anders aber nur ein Klampfel, das ihm ein anderer angehängt hat, etwa ein Kommentar, eine pons, die über den Spalt zwischen zwei Sprachen oder Zeitaltern führt.

Heimito von Doderer

Die Fußnote ist eine langweilige Information, die beiseite gesetzt wird, damit sie leicht übersehen werden kann.

Unbekannt

---

* wie dieses

G

GÄHNEN

Gähnen: ein schweigender Ruf.

Chesterton

Gähnen: schlechte Manieren, aber eine ehrliche Meinungsäußerung.

Unbekannt

GALANTERIE

Galanterie besteht darin, leere Dinge auf angenehme Weise zu sagen.

La Rochefoucauld

Galanterie ist die Fähigkeit, den Frauen nahezubleiben, ohne ihnen zu nahe zu kommen.

Frenzel

Galanterie ist ein völlig selbstloses Handeln aus eigensüchtigen Motiven.

Hubbard

GARTEN

Ein Garten ist eine Kunstnatur.

Musil

GASTFREUNDSCHAFT

Gastfreundschaft: eine Tugend, welche uns veranlaßt, bestimmten Personen Speisen zu geben und Obdach zu gewähren und die beides nicht nötig haben.

Bierce

Gastfreundschaft besteht aus ein wenig Wärme, ein wenig Nahrung und großer Ruhe.

Emerson

Der Sinn in den Gebräuchen der Gastfreundschaft ist: das Feindliche im Fremden zu lähmen.

Nietzsche

GEBET

Das Gebet ist ein himmelwärts gerichteter Wunsch.

Unbekannt

Gebet ist umgekehrter Donner.

Herbert

Das Gebet ist eine Kette von Gold, welche die Welt umschlingt, und am Fuße Gottes endet.

Tennyson

GEBILDET

Gebildet ist, wer weiß, wo er findet, was er nicht weiß.

G. Simmel

Ein gebildeter Mensch ist nicht der, den die Natur verschwenderisch behandelt hat; ein gebildeter Mensch ist der, der die Gaben, die er hat, gütig, weise und richtig und auf die höchste Weise gebraucht: der mit festen Augen hinsehen kann, *wo* es ihm fehlt, und einzusehen vermag, *was* ihm fehlt.

Rahel Varnhagen von Ense

Gebildet sein heißt nun: sich nicht merken lassen, wie elend und schlecht man ist, wie raubtierhaft im Streben, wie eigensüchtig und wie schamlos im Genießen.

Nietzsche

Gebildet könnte man jemand nennen, der es ablehnt, seine jeweilige Arbeitshypothese und selbstverständlich auch seine Kenntnisse ernst zu nehmen.

Heimito von Doderer

Gebildet ist ein Werk, wenn es überall scharf begrenzt, innerhalb der Grenzen aber grenzenlos und unerschöpflich ist, wenn es sich selbst ganz treu, überall gleich und doch über sich selbst erhaben ist.

Friedrich Schlegel

Gebildetsein heißt nicht gleichsam als ein lebendiges Konversationslexikon den Wissensstoff in sich aufgespeichert und beständig bereit zu halten. Gebildetsein heißt: den Wissensstoff erlebt zu haben, vom Wissensstoff einen lebendigen Eindruck empfangen zu haben. Diese lebendige Kenntnis durch Erlebthaben ermöglicht eine Erneuerung auch des buchstäblichen Tatsachenwissens in jedem beliebigen Augenblick.

Heiseler

Halbgebildet erscheint mir, wer seine Arbeitshypothese für eine Theorie hält.

Heimito von Doderer

Bildung ist ein durchaus relativer Begriff. Gebildet ist jeder, der das hat, was er für seinen Lebenskreis braucht. Was darüber, das ist vom Übel.

Hebbel

Gebildet ist, wer Probleme vernünftig löst.

Steinbuch

Ungebildet ist die ganze übrige akademische und bürgerliche Bagasch, welche nicht einmal im Zimmer und beim Essen die unappetitlichen Abwässer ihrer Kenntnisse zurückzuhalten vermag.

Heimito von Doderer

GEBURT

Geburt ist die Aushändigung einer Rückfahrkarte.

Kudszus

GEDÄCHTNIS

Das Gedächtnis ist die Versammlung des Denkens.

Heidegger

Gedächtnis ist das Tagebuch, das wir immer mit uns herumtragen.

Wilde

Das Gedächtnis ist die Sparbüchse des Geistes.

Aus den »Fliegenden Blättern«

Das Gedächtnis ist der ausgetretene Pfad des Gehirns.

Unbekannt

Mein Gedächtnis ist das Ding, mit dem ich vergesse.

Definition eines Kindes

Das Gedächtnis ist ein sonderbares Sieb: es behält alles Gute von uns und alles Üble von den anderen.

Brudziński

Das Gedächtnis ist ein Sieb, in dem wir unser Wissen aufzubewahren trachten. Es empfiehlt sich, ab und zu größere Gedanken zu fassen.

Unbekannt

Gedächtnis: Phantasie mit Bewußtsein.

Kant

Gedächtnis ist Gedenken, ist Anteilnahme.

Margolius

Der Ort unserer persönlichen Hölle ist das Gedächtnis und seine unerschöpfliche Tiefen.

Jouhandeau

Das Gedächtnis ist der Schattenriß der Leidenschaften unsrer Seele.

Lohberger

Ein gutes Gedächtnis ist eines, das geübt ist, das Triviale zu vergessen.

Fadiman

Gedächtnis ist das, was eine Anstandsdame wach hält.

Unbekannt

GEDANKE

Der Gedanke ist nur ein Blitz zwischen zwei langen Nächten; aber dieser Blitz ist alles.

Poincaré

Der Gedanke ist das Produkt der Individualität.

Hebbel

Das logische Bild der Tatsachen ist der Gedanke.

Wittgenstein

Der Gedanke ist eine Bewegung des Stoffes.

Moleschott

Der Gedanke ist das, was einer Banalität zum Gedanken fehlt.

Karl Kraus

Gedanken sind die Schatten unsrer Empfindungen – immer dunkler, leerer, einfacher als diese.

Nietzsche

Der Gedanke ist die unsichtbare Natur, die Natur der unsichtbare Gedanke.

Heinrich Heine

Ein neuer Gedanke – das ist meist eine uralte Banalität in dem Augenblick, da wir ihre Wahrheit an uns selbst erfahren.

Schnitzler

Der Gedanke: unverkäuflicher Abfall einer auf Bestellung durchgeführten Produktion des Intellekts.

Laub

Die meisten Gedanken sind nur Profile von Gedanken. Diese muß man umkehren und mit ihren Antipoden synthesieren. Viele philosophische Schriften, die es sonst nicht haben würden, erhalten dadurch ein großes Interesse.

Friedrich Schlegel

Der Gedanke ist der Umweg des Gefühls auf dem Wege zur Tat.

Lohberger

Gedanken sind Fragen: der Denker ist ein Fragender, die Antwort weiß nur Gott.

Michel

»Gedanke« – das Wort enthält bereits den Dank für die als Verbot verkleidete Weisung, vom Baum der Erkenntnis zu essen.

Eschmann

Die Empfindungen sind die Vokale, die Gedanken die Konsonanten der Sprache des Innern.

Grillparzer

Gute Gedanken sind Engel, die man aussendet, um das Erwünschte herbeizuführen.

Zenta Maurina

Gedanken sind Zeichen von einem Spiel und Kampf der Affekte.

Nietzsche

Gedanken gleichen Festungen, in denen man sich ebenso geborgen wie belagert und gefangen f ü h l e n kann.

Lohberger

Die größten Gedanken sind die größten Ereignisse.

Nietzsche

Die Gedanken sind Wege, die aus verschiedenen Richtungen kommen, die Tat ist e i n Punkt, in dem alle einander treffen.

Lohberger

Was wir einen glänzenden Gedanken nennen, ist meist nur ein verfänglicher Ausdruck, der uns mit Hilfe von ein wenig Wahrheit einen verblüffenden Irrtum aufzwängt.

Goethe

Den Ausdruck eines Gedankens verbessern, heißt einen besseren Gedanken ausdrücken.

Kudszus

Einen Gedanken aussprechen, heißt ihn zweimal wissen.

Lohberger

Gedankenlosigkeit ist die Tochter der Herzlosigkeit.

Kudszus

GEDICHT

Ein Gedicht ist die Widerspiegelung des Lebens in seiner ewigen Wahrheit.

Shelley

Ein Gedicht ist immer die Frage nach dem Ich.

Benn

Gedichte sind gemalte Fensterscheiben!
Sieht man vom Markt in die Kirche
hinein,
da ist alles dunkel und düster;
und so siehts auch der Herr Philister.
Der mag denn wohl verdrießlich sein
und lebenslang verdrießlich bleiben.
Kommt aber nur einmal herein!
Begrüßt die heilige Kapelle;
da ist's auf einmal farbig helle.

Goethe

Das lyrische Gedicht ist der musikalische Ausdruck von Gemütsbewegungen durch die Sprache.

August Wilhelm Schlegel

GEDULD

Geduld ist gezähmte Leidenschaft.

Abbott

Geduld ist die Fähigkeit, die dann, wenn man sie am meisten braucht, erschöpft ist.

MacWilliams

Geduld ist die Tugend der Kraft- oder Mutlosen.

Christina von Schweden

Geduld: eine milde Form der Verzweiflung, verkleidet als Tugend.

Bierce

Geduld: eine weibliche Tugend, weil sie nicht Kraft zum Widerstande aufbietet, sondern das Leiden (Dulden) durch Gewohnheit unmerklich zu machen hofft.

Kant

Geduld ist die Stütze der Schwäche, Ungeduld der Ruin der Stärke.

Colton

Geduld ist zweierlei: ruhige Ertragung des Mangels, ruhige Ertragung des Übermaßes. Die echte Geduld zeugt von großer Elastizität.

Novalis

Geduld ist Wachsen – Ungeduld wird Leiden.

Seidel

Geduld ist Kraft in der höchsten Potenz.

Le Fort

Geduld ist der Mut der Gelassenen.

Beutelrock

Geduld ist so etwas wie »praktische Liebe«.

Hilsbecher

Geduld ist die Kunst zu hoffen.

Schleiermacher

Geduld ist eine Grundtugend der Politik – solange man sie nicht mit der Ausdauer verwechselt, Fehlschläge in unbegrenzter Zahl hinzunehmen.

Hans Kasper

GEFÜHL

Jedes Gefühl ist der Heimweg eines Gedankens und jede Melodie die gesungene Traurigkeit der Seele.

Lohberger

Gefühl ist das unmittelbar von innen heraus wirkende Leben. Die Kraft, es zu begrenzen und darzustellen, macht den lyrischen Dichter.

Hebbel

Gefühle sind ein Strom, den man nicht beliebig an- und ausknipsen kann.

Herbst

Gefühle sind Sprungbretter im Hindernislaufen des Denkens.

Lohberger

Das Gefühl ist es, das den Menschen zum Denken anregt, und nicht das Denken, das ihn zum Fühlen anregt.

Shaw

GEGENWART

Gegenwart: das sinnlich gewordene Stück der Ewigkeit.

Lohberger

Gegenwart: jener Teil der Ewigkeit, der die Domäne der Enttäuschung vom Reich der Hoffnung trennt.

Bierce

Die Gegenwart ist unzusammenhängend: sie ist Treffpunkt eines Wurfgeschosses in der Zeit und im Raum. Doch das Potentielle ist lediglich eine Beziehung zwischen Raum und Zeit und nichts weiter.

Saint-Exupéry

Die Gegenwart ist nur ein kleines rennendes Lichtlein, das flackert: wahre Erhellung aber kommt stetig aus dem Vergangenen.

Heimito von Doderer

Gegenwart ist die absolute Leidensseite der Existenz – aber nur ein Provisorium.

Hofmannsthal

Was ist Gegenwart? Eine Erscheinung aus Vergangenheit und Zukunft.

Jacobi

Die Gegenwart ist die Schwester der Ewigkeit; Vergangenheit und Zukunft entferntere Verwandte.

Eschmann

GEHEIMNIS

Ein Geheimnis ist wie ein Loch im Gewande: Je mehr man es zu verbergen sucht, desto mehr zeigt man es.

Carmen Sylva

Geheimnis – ein Wort, das wir benützen, um die andern zu täuschen, um sie glauben zu lassen, wir seien tiefer als sie.

Cioran

GEHIRN

Gehirn: Organ, mit dem wir denken, daß wir denken.

Bierce

GEHORSAM

Gehorsam ist der Anfang aller Weisheit.

Hegel

Der Gehorsam ist ein erhabener Vorzug, dessen nur die vernünftige Kreatur fähig ist.

Augustinus

Gehorsam ist das Band der Herrschaft.

Tennyson

Gehorsam: das ist der Wille, der gewollt wird.

Lohberger

Gehorsam ist die Höflichkeit, die man Königen schuldet.

Tennyson

Unbedingter Gehorsam setzt bei den Gehorchenden Unwissenheit voraus.

Montesquieu

GEIGE

Geige: ein Instrument, das menschliche Ohr zu kitzeln, indem man einen Pferdeschwanz an Katzendärmen reibt.

Bierce

GEIST

Geist ist: welche Macht die Erkenntnis eines Menschen über sein Leben hat.

Kierkegaard

Geist ist das Leben, das selber ins Leben schneidet.

Nietzsche

Der Geist ist die Kraft, jedes Zeitliche ideal aufzufassen.

Burckhardt

Geist ist das Instrument, mit dessen Hilfe der Mensch fortschreitet.

Henry George

Der Geist ist ein Fernphänomen, er findet das Nächste zuletzt.

Kessel

Geist ist überwundene Wirklichkeit.

Hofmannsthal

Geist ist Leben in der Abstraktion.

Theo Herbst

Geist ist die Jugend des Alters.

Wertheimer

Geist ist nicht eine späte Blüte am Baume Mensch, sondern er ist das, was den Menschen als solchen konstituiert.

Buber

Der Geist ist die Atmosphäre der Seele.

Joubert

Der Geist ist die Waffe der Seele.

Lohberger

Geist ist Radioaktivität. Man »sprüht vor Geist«, man zerfällt in einem Kranz feiner Strahlung.

Hilsbecher

Geist in seiner menschlichen Kundgebung ist Antwort des Menschen an sein Du.

Buber

Der Geist sei, sagt man, »ein Spiegel«.
Gewiß: er reflektiert.
Aber er reflektiert aus der Tiefe.

Hilsbecher

GEISTESGESCHICHTE

Die beliebte Geistesgeschichte ist eine Sequenz von Ideen: theologischen, moralischen, politischen . . .

Ludwig Marcuse

GEISTLICHER

Ein Geistlicher ist, wer nur im Unsichtbaren lebt, für wen alles Sichtbare nur die Wahrheit einer Allegorie hat.

Friedrich Schlegel

GEISTREICH

Geistreich sein heißt, sich leicht verständlich machen, ohne deutlich zu werden.

Anouilh

Geistreich ist nur, was nicht ganz ernst gemeint ist.

Niederreuther

GEIZ

Geiz ist subjektive Armut.

Hille

Geiz ist der Stachel des Fleißes.

Hume

GEIZIG

Geizig: ungehörig darauf versessen, das zu behalten, was so viele verdiente Menschen selber gerne haben möchten.

Bierce

GELASSENHEIT

Die Gelassenheit ist eine anmutige Form des Selbstbewußtseins.

Ebner-Eschenbach

Gelassenheit ist die Krone des Alters.

Kuhlmann

GELD

Das Geld ist eine dritte Hand.

Toulet

Geld ist (nach Achenwall), der Nominaldefinition nach, eine Sache, deren Gebrauch nur dadurch möglich ist, daß man sie veräußert.

Kant

Das Geld ist der allgemeine, für sich selbst konstituierte Wert aller Dinge. Es hat daher die ganze Welt, die Menschenwelt wie die Natur, ihres eigentümlichen Wertes beraubt. Das Geld ist das dem Menschen entfremdete Wesen seiner Arbeit und seines Daseins, und dieses fremde Wesen beherrscht ihn, und er betet es an.

Karl Marx

Geld ist das Brecheisen der Macht.

Nietzsche

Geld ist eine Form der Energiespeicherung.

Culkin

Geld: Kreditkarte des kleinen Mannes.

McLuhan

Geld ist eine neue Form der Sklaverei.

Leo Tolstoi

Geld ist geprägte Freiheit.

Dostojewski

Das Geld ist eines der großartigsten Werkzeuge der Freiheit, die der Mensch erfunden hat.

Hayek

Das Geld, das man besitzt, ist das Mittel zur Freiheit, dasjenige, dem man nachjagt, das Mittel zur Knechtschaft.

Rousseau

Geld ist ein guter Soldat, mein Herr, und macht sich Bahn. (Falstaff)

Shakespeare

Geld – ein Segel in der Tasche.

Japanisches Sprichwort

Geld ist der sechste Sinn; der Mensch muß ihn haben – denn ohne ihn kann er die anderen fünf nicht voll ausnützen.

Maugham

Geld ist eine Metapher.

McLuhan

Das Geld ist nur das Fett des politischen Körpers, wovon ein Zuviel ebensosehr seine Beweglichkeit behindert, wie ein Zuwenig ihn krank macht.

Petty

Geld – das ist doch geronnener gesellschaftlicher Reichtum, geronnene gesellschaftliche Arbeit, Geld – das ist ein Titel auf den Empfang eines Tributs von allen Werktätigen, Geld ist ein Überbleibsel der gestrigen Ausbeutung.

Lenin

Die allgemeine Achtung vor dem Gelde ist die einzige hoffnungsvolle Tatsache unserer Zivilisation, die einzige gesunde Stelle an unserem gesellschaftlichen Gewissen. Geld ist das wichtigste Ding auf der Welt. Es bedeutet Gesundheit, Kraft, Ehre, Edelmut und Schönheit ebenso einleuchtend und unleugbar, wie sein Mangel Krankheit, Schwäche, Schande, Gemeinheit und Häßlichkeit bedeutet. Nicht die geringste seiner Wunderkräfte ist es, daß es gemeine Menschen ebenso sicher zugrunde richtet, wie es vornehme Menschen kräftigt und veredelt. Es ist nur dann ein Fluch, wenn wahnwitzige soziale Verhältnisse das Leben selbst zum Fluche machen.

Shaw

Bargeld ist Aladins Wunderlampe.

Byron

Geld: eine Wohltat, die wir genießen, indem wir uns von ihr trennen. Ein Beweis für Bildung und ein Paß, durch den man Zutritt zur feinen Gesellschaft erlangt. Tragbares Eigentum.

Bierce

GELEGENHEIT

Gelegenheit: ein günstiger Anlaß, sich einer Enttäuschung zu bemächtigen.

Bierce

GELEHRTE

Gelehrte sind Menschen, die sich von normalen Sterblichen durch die anerworbene Fähigkeit unterscheiden, sich an weitschweifigen und komplizierten Irrtümern zu ergötzen.

France

Der Gelehrte ist wie der Rabe, wenn er seine Jungen füttert und aus seinem Schnabel speit, was er zuvor gegessen hat. Der Denker ist wie der Seidenwurm, welcher keine Maulbeerblätter von sich gibt, sondern Seide.

Lin Yutang

GELIEBTE

Was ist eine Geliebte? Eine Frau, bei der man alles vergißt, was man sonst auswendig weiß, das heißt alle Fehler ihres Geschlechts.

Chamfort

Mannsräuschlein nannte man im siebzehnten Jahrhundert gar ausdrucksvoll die Geliebte.

Goethe

GEMÄLDE

Das Gemälde ist nichts als eine Brükke, welche den Geist des Malers mit dem des Betrachters verbindet.

Delacroix

Das Gemälde, wie die Poesie, wie die Musik, wie jedes Kunstwerk, ist eine Tür ins Irreale, die sich durch Zauberei in unserer wirklichen Umwelt öffnet.

Ortega y Gasset

GEMEINPLATZ

Gemeinplatz: eine Moral ohne Fabel.

Bierce

Respekt vor dem Gemeinplatz! Er ist seit Jahrhunderten aufgespeicherte Weisheit.

Ebner-Eschenbach

Die echt persönliche Idee, die einen klar erkennbaren Sinn besaß, als sie von einem Individuum gedacht wurde, macht, bevor sie zur öffentlichen Meinung wird, eine dramatische Entwicklung durch: sie muß sich nämlich zunächst in einen Gemeinplatz verwandeln und somit ihre Evidenz, ihre Lebensechtheit, ja sogar ihre Aktualität einbüßen. Der *Gemeinplatz* aber ist ein Brauch und ist, wie alle Bräuche alt.

Ortega y Gasset

Es gibt zwei Arten von Gemeinplätzen: die altbekannten und ihre häßlichere Abart, die verfremdeten.

Ludwig Marcuse

GEMEINWESEN

Gemeinwesen: eine Verwaltungseinheit, die von einer unberechenbar großen Zahl folgerichtig aktiver, jedoch nur zufällig leistungsfähiger politischer Parasiten betrieben wird.

Bierce

Das Gemeinwesen ist ein lebenserhaltendes Gefängnis.

Nahr

GEMEINWOHL

Das Gemeinwohl ist die Bezeichnung, die jeder Politiker zur Unterstützung seiner Argumente verwendet.

Kiplinger

GENAUIGKEIT

Genauigkeit: das Laster, recht zu haben.

Unbekannt

GENEALOGIE

Genealogie: Nachweis der Abstammung von einem Vorfahren, der sich um seine eigene Abstammung nicht sonderlich kümmerte.

Bierce

GENERAL

Der General: ein Korporal, der mehrmals befördert wurde.

Laub

GENIAL

Genial ist das, was die arme, gequälte Menschenseele ans Licht bringt, sonst nichts.

Raabe

Der geniale Mensch ist der, der Augen hat für das, was ihm vor den Füßen liegt.

Mohr

Geniale Naturen verfolgen kein Ziel – sie werden vom Ziel verfolgt.

Anita

GENIALITÄT

Wir unterscheiden uns weniger durch die Kräfte, die wir haben, als durch den Mut, von ihnen Gebrauch zu machen. Auch im Geistigen. Genialität ist Mut zu sich selbst.

Kudszus

Genialität ist die Unfähigkeit, jemals etwas anderes ausdrücken zu können als sich selbst und immer wieder sich selbst.

Friedell

Genialität ist die ursprüngliche Schöpferkraft ohne eigene Bestimmung. Sie äußert sich dort, wo geeignete Werkzeuge in Gestalt von Anlagen vorgebildet sind – so wie das Licht notwendig dort einbricht, wo es Fenster gibt. Deswegen kann man genial und talentlos zugleich sowie talentiert ohne eine Spur von Genie sein.

Keyserling

Genialität ist persönliches Erlebnis der Welt, Talent Widerspiegelung der Welt.

Lohberger

Genialität ist bewunderungswürdige Unmenschlichkeit; Geniekult Masochismus.

Kudszus

Genialität ist zeitlos gewordene Gegenwart.

Lohberger

GENIE

Genie ist die Kraft des Menschen, welche durch Handeln und Tun Gesetz und Regel gibt.

Goethe

Eine Schablone schaffen, das ist Genie.

Baudelaire

Genie besteht immer darin, daß einem etwas Selbstverständliches zum erstenmal einfällt.

Bahr

Erfindungsgabe ist der einzige Beweis von Genie.

Vauvenargues

Genie ist das Talent der Erfindung dessen, was nicht gelehrt oder gelernt werden kann.

Kant

Genie, das ist der auf neue Ideen angewandte gesunde Menschenverstand.

Madame de Staël

Genies sind Unglückliche, sind Meteore, die verbrennen müssen, um ihr Jahrhundert zu erleuchten.

Napoleon I.

Das Genie ist die Macht, Gott der menschlichen Seele zu offenbaren.

Franz Liszt

Das Genie ist die allgemeine Fähigkeit zur wahren Produktion des Kunstwerks.

Hegel

Genie ist die angeborene Gemütsanlage (ingenium), durch welche die Natur der Kunst die Regel gibt.

Kant

Das Genie ist ein Vorgebirge, das in die Unendlichkeit hineinragt.

Victor Hugo

Genie ist der Verdichtungspunkt latenter Massenkräfte.

Rathenau

Das Genie ist ein geborner Mittelpunkt.

Hebbel

Genie: ein Mann, der auf etwas schießt, was niemand sehen kann, und der es trifft.

Unbekannt

Genie ist nichts als eine bedeutende Anlage zur Geduld.

Buffon

Das Genie ist ein Wunderkind. Sein Vater ist der Verstand, seine Mutter das Herz.

Aus den »Fliegenden Blättern«

Ein Genie ist ein Mensch, in dessen Kopfe die Welt als Vorstellung einen Grad mehr Helligkeit erlangt hat und deutlicher ausgeprägt dasteht.

Schopenhauer

Das charakteristische Zeichen des Genies ist das Vergessen seiner selbst durch das Leben in einer Idee. Das Leben in der Idee muß das eigene natürliche Leben ganz verschlingen.

Jacobi

Das Genie verhält sich zur bloßen Gelehrsamkeit wie der Text zu den Noten. Ein Gelehrter ist, wer viel gelernt hat; ein Genie der, von dem die Menschheit lernt, was er von keinem gelernt hat.

Schopenhauer

Das Genie ist ein Autodidakt, dessen Lehrmeister Gott ist.

Steffen

Genies sind Typen, das heißt individuelle Musterbeispiele.

Lohberger

Genie ist die freie Verfügung über alle jene Eigenschaften, die jede für sich einen Krüppel beherrschen.

Karl Kraus

Genie ist Intelligenz der Begeisterung.

Hebbel

Genie ist das Vermögen von eingebildeten Gegenständen wie von wirklichen zu handeln, und sie auch wie diese zu behandeln. Das Talent, darzustellen, genau zu beobachten, zweckmäßig die Beobachtung zu beschreiben, ist also vom Genie verschieden. Ohne dieses Talent sieht man nur halb und ist nur ein halbes Genie; man kann genialische Anlagen haben, die in Ermangelung jenes Talents nie zur Entwicklung kommen.

Novalis

Ein Genie ist ein Mensch, der weiter blickt und tiefer schürft als andere Leute und daher eine andere Rangordnung ethischer Wertbestimmungen kennt als jene.

Shaw

Das Genie bringt Übereinstimmung hervor zwischen der Welt, in der es lebt, und der Welt, die in ihm lebt.

Hofmannsthal

Da wir unstreitig das Werk eines Genies zu verstehen vermögen, muß das Genie die Wirklichkeit eine unserer eigenen Möglichkeiten sein.

Kudszus

Genie ist das Talent der Erfindung dessen, was nicht gelehrt oder gelernt werden kann.

Kant

Genie ist vielleicht nichts als Resultat eines innern Plurals.

Novalis

Genie ist Fleiß.

Goethe

»Genie ist Fleiß«, aber nur, wenn es der Fleiß eines Genies ist.

Kudszus

Genie ist, ein hohes Ziel und die Mittel dazu wollen.

Nietzsche

Genie ist das säkulare Wort für Apostel und umgekehrt.

Edel

Genie ist *Bewußtsein* der Welt.

Hebbel

Das Genie ist jener Wahnsinnige, der seinen Wahn in schöne Worte, seine Halluzinationen in bunte Bilder zu kleiden vermag.

Lohberger

Zwischen dem Genie und dem Wahnsinnigen ist die Ähnlichkeit, daß sie in einer andern Welt leben als der für alle vorhandenen.

Schopenhauer

GENIUS

Genius ist die Fähigkeit, Richtiges zum ersten Male zu tun.

Hubbard

Genius: die Einführung eines neuen Elements in das intellektuelle Universum.

Wordsworth

Genius ist sublimierte Vernunft.

de Chénier

Genius ... die Kraft, welche sammelt, kombiniert, erweitert und belebt.

Samuel Johnson

Die Funktion des Genius besteht nicht darin, neue Antworten zu geben, sondern neue Fragen zu stellen, welche Zeit und Mittelmäßigkeit zu lösen vermögen.

Trevor-Roper

Es gibt drei Vorrechte des Genius: wissen, ohne gelernt zu haben; richtige Schlußfolgerungen aus unbekannten Voraussetzungen ableiten; die Seele der Dinge unterscheiden.

Bierce

Genius ist eine unendliche Fähigkeit, Schmerzen ertragen zu können.

Hopkins

Genius kann nahezu definiert werden als die Fähigkeit, Armut zu erwerben.

Whipple

Genius ist ein Prozent Inspiration und 99 Prozent Perspiration.

Edison

Genius ist ewige Geduld.

Michelangelo

Genius, die Macht, die sterbliche Augen blendet, ist oft nur verkleidete Ausdauer.

Austin

Von »Genius« wäre am ehesten bei solchen Menschen zu reden, wo der Geist an den Charakter und das Temperament nur lose angeknüpft erscheint.

Nietzsche

Genius ist das Talent eines Menschen, der tot ist.

Edmond de Goncourt

GENTLEMAN

Ein Gentleman ist ein Mensch, der nie die Gefühle eines anderen unabsichtlich verletzt.

Herford

Der Gentleman ist einer, der immer so nett ist wie er manchmal ist.

Unbekannt

Der Gentleman ist ein Mann der Wahrheit, Herr über sein eigenes Handeln und fähig, dieses Herrentum in seinem Benehmen zum Ausdruck zu bringen. Er macht sich in keiner Weise abhängig und ist weder Personen noch Meinungen noch dem Reichtum dienstbar.

Emerson

Der Gentleman ist ein Mensch, der sogar dann höflich ist, wenn er nicht um etwas bittet.

Unbekannt

Gentleman: einer, der selbst jenen Menschen Respekt entgegenbringt, die für ihn von keinerlei Nutzen sein können.

Phelps

Der moderne Gentleman ist einer, der genug Geld hat, um das zu tun, was jeder Tropf tun würde, wenn er sich's leisten könnte; das heißt: er verzehrt, ohne zu erzeugen.

Shaw

Ein Gentleman ist ein Herr, der sich sogar dann der Zuckerzange bedient, wenn er allein ist.

Allais

Wenn jemand etwas, das er nicht selbst versteht, jemanden lehrt, der dafür nicht die geringste Befähigung hat, und ihm ein Fortschrittszeugnis ausstellt, dann ist die Erziehung des letzteren zu einem Gentleman vollendet.

Shaw

GENUG

Genug ist Überfluß für den Weisen.

Euripides

Genug: das, was uns zufriedenstellen würde, wenn nicht die Nachbarn mehr hätten.

Unbekannt

Genug ist besser als zuviel.

Sprichwort

Genug: alles, was es auf der Welt gibt, wenn man es liebt.

Bierce

GENUGTUUNG

Die höchste Genugtuung: das Glück der Mitmenschen fördern, ihnen unentbehrlich und nützlich sein. Die höchste Wissenschaft ist diejenige, die den Menschen lehrt zu leben, ohne dem anderen Leid zuzufügen.

Zenta Maurina

GENUSS

Der größte Genuß im Leben ist, das zu tun, von dem die Leute sagen, daß du es nicht tun kannst.

Bagehot

Genuß: er ist unersättlich nach Ungesättigtsein, er ist der reinste Widerspruch, indem er sein Ende will und nicht will. Daher ist ihm die Schmerzgrenze gesetzt, Grenze seiner Kraft, sich selbst zu ertragen.

Hilsbecher

Genüsse sind eine Musik, bei der die Hauptsache die Pausen sind.

Schleich

GEOPOLITIK

Geopolitik: der Raum triumphiert als Geschichte, als Zeit.

Lohberger

GERECHTIGKEIT

Die Gerechtigkeit ist nichts anderes als die Nächstenliebe der Weisen.

Leibniz

Gerechtigkeit ist Wahrheit in Aktion.

Joubert

Gerechtigkeit ist die Summe aller sittlichen Pflichten.

Godwin

Gerechtigkeit ist die Arithmetik der Liebe.

Masaryk

Gerechtigkeit ist das Ziel des Regierens, das Ziel der menschlichen Gesellschaft. Sie wurde und wird solang verfolgt, bis sie verwirklicht oder die Freiheit verloren ist.

Hamilton

Gerechtigkeit ist das größte Interesse der Menschen auf Erden.

Webster

Gerechtigkeit ist eine Form der Lösung sozialer Konflikte.

Wiggins

Gerechtigkeit: eine Ware, die der Staat dem Bürger in mehr oder minder verfälschtem Zustand als Belohnung für seine Treue, Steuern und Dienste verkauft.

Bierce

Gerechtigkeit besteht darin, von keinem Menschen etwas zu nehmen, was ihm gehört.

Hobbes

Gerechtigkeit ist das, was besteht.

Pascal

Gerechtigkeit ist die feste Gesinnung, jedem zu lassen, was ihm nach dem staatlichen Recht zukommt; Ungerechtigkeit dagegen, unter dem Schein des Rechts jemandem zu entziehen, was ihm nach der wahren Auslegung des Gesetzes zukommt.

Spinoza

Gerechtigkeit ist nichts als die lebhafte Besorgnis, daß man uns nichts nehme, was uns gehört.

La Rochefoucauld

Die Gerechtigkeit ist die Freiheit derer, welche gleich sind; die Ungerechtigkeit ist die Freiheit derer, welche ungleich sind.

Jacobi

Die Gerechtigkeit ist sozusagen eine schöne Jungfrau, die der Prozeßsüchtige maskiert und vorführt, der Staatsanwalt verfolgt, der Advokat tröstet, und der Richter verteidigt.

du Fresny

Gerechtigkeit ist der Name, welchen wir einer Entscheidung beimessen, die der Mehrzahl der Nichtbetroffenen angenehm ist.

Nahr

Die Gerechtigkeit ist ein Vergeltungssystem, in dem der Staat den Verbrecher nachahmt.

Hubbard

Gerechtigkeit ist letztlich Fairness.

Stewart

Die Gerechtigkeit ist das Recht des Schwächeren.

Joubert

Das Schwert der Gerechtigkeit ist nichts als eine Scheide.

de Maistre

Gerechtigkeit ist die Versicherung, die auf unserem Leben und auf dem Vermögen ruht; Gehorsam ist die Prämie, die wir dafür bezahlen.

Penn

Gerechtigkeit ist das Resultat der öffentlichen Meinung.

Chinesisches Sprichwort

Gerechtigkeit ist das Brot der Nation; sie hungert immer danach.

Châteaubriand

Gerechtigkeit ist die Liebe mit sehenden Augen.

Nietzsche

Gerechtigkeit ist der einzige Grund der Macht und der Dauer des Staates sowie das einzige Band der menschlichen Gesellschaft.

Wieland

Gerechtigkeit? Keine billige Sache auf dem Gericht!

Rudolf Rolfs

Die Gerechtigkeit ist jene Tugend, die jedem gibt, was ihm gebührt.

Augustinus

Eine Fortbildung der Gerechtigkeit ist die Billigkeit.

Nietzsche

Gerecht sein heißt: den anderen als anderen gelten lassen, es heißt: da anerkennen, wo man nicht lieben kann.

Pieper

Gerechtigkeit ist nur in der Hölle; im Himmel ist Gnade, und auf Erden ist das Kreuz.

le Fort

Wenn der Haß feige wird, geht er maskiert in Gesellschaft und nennt sich Gerechtigkeit.

Schnitzler

Man spricht von Gerechtigkeit und denkt an Gewinn.

Lohberger

Gerechtigkeit entspringt dem Neide; denn ihr oberster Satz ist: Allen das Gleiche.

Rathenau

Gerecht ist, wer nicht gleichsetzt.

Lohberger

Die Gerechtigkeit ist ein Inbegriff von Regeln, die einen Menschentyp innerhalb einer Kultur fortbestehen lassen.

Saint-Exupéry

GERICHTE

Gerichte: Desillusionsanstalten der Rechtsprechung.

Rudolf Rolfs

GERUCH

Der Geruch ist unser am meisten mit Metaphysik geladener Sinn: er konkretisiert sie geradezu.

Heimito von Doderer

GERÜCHT

Das Gerücht ist eine halbe Lüge.

Thomas Fuller

Gerüchte sind die Rauchfahnen der Wahrheit.

Montherlant

Gerücht: Lieblingswaffe des Charaktermörders.

Bierce

Gerücht ist eine Pfeife, die Argwohn, Eifersucht, Vermutung bläst.

Shakespeare

GESCHÄFT

Geschäft: die Kunst, von einem anderen Geld herauszuschlagen, ohne zu Gewaltmitteln Zuflucht nehmen zu müssen.

Amsterdam

Geschäft: eine Kombination von Krieg und Sport.

Maurois

Euer Geschäft ist euer größtes Vorurteil.

Nietzsche

GESCHEHEN

Alles Geschehen aus Absichten ist reduzierbar auf die Absicht der Mehrung von Macht.

Nietzsche

GESCHICHTE

Geschichte ist die geistige Form, in der sich eine Kultur über ihre Vergangenheit Rechenschaft gibt.

Huizinga

Geschichtliches Bewußtsein ist die Erinnerung an einen fernen Alltag ...

Ludwig Marcuse

Die Geschichte besteht hauptsächlich aus Anschuldigungen.

Shaw

Geschichte ist das, was ein Volk in die Lage versetzt, die Vergangenheit des anderen Volkes als Alibi benutzen zu können.

Unbekannt

Geschichte handelt fast nur von schlechten Menschen, die später gutgesprochen worden sind.

Nietzsche

Geschichte ist der Bericht über den Kampf des Menschen um sein tägliches Brot.

van Loon

Geschichte ist der Bericht über regelmäßig wiederkehrende Kreuzzüge für oder gegen irgendein Schreckgespenst, das die Menschen aus Leichtgläubigkeit oder Furcht entwickelt haben.

Boyd

Geschichte ist wenig mehr als ein Bericht über die Verbrechen, Torheiten und über das Unglück der Menschheit.

Gibbon

Geschichte ist ein Bericht über fehlgeschlagene Pläne und enttäuschte Hoffnungen.

Samuel Johnson

Geschichte ist der Bericht von der Unvernunft der Mehrheiten.

Lindsay Rogers

Geschichte ist immer der überlieferte Bericht von der Macht der Minderheiten.

Emerson

Geschichte: eine meist falsche Darstellung von meist unwichtigen Ereignissen, herbeigeführt von Herrschern, die meist Knechte, und durch Soldaten, die meist Narren waren.

Bierce

Geschichte, im höheren Sinne des Wortes, ist einzig jene Vergangenheit, welche noch gegenwärtig im Bewußtsein des Menschen gestaltend weiterlebt.

Chamberlain

Geschichte ist der Extrakt unzähliger Biographien.

Carlyle

Geschichte treiben heißt: sich dem Chaos überlassen und dennoch den Glauben an die Ordnung und den Sinn bewahren.

Hesse

Geschichte ist ein Destillat von Gerüchten.

Carlyle

Geschichte ist eine Verbindung von Dichtung und Philosophie.

Macauley

Die Geschichte jedes zivilisierten Landes ist die Geschichte seiner geistigen Entwicklung.

Riel

Geschichte ist nur das, was in der Entwicklung des Geistes eine wesentliche Epoche ausmacht.

Hegel

Geschichte ist eine Fabel, auf die man sich geeinigt hat.

Napoleon I.

Die Geschichte der Menschheit ist die Geschichte freier und zugleich mit begrenzter Vollkommenheit begabter Wesen. Daher kann sie alle Verirrungen der Freiheit in sich bergen.

Lombardi

Die Geschichte ist nur ein Gemälde von Verbrechen und Drangsalen. Die Menge unschuldiger und friedfertiger Menschen tritt auf diesem ungeheuren Schauplatz fast immer in den Hintergrund. Die Hauptpersonen sind nur ehrgeizige Schurken. Es verhält sich mit der Geschichte fast ebenso wie mit der Tragödie, bei der man sich langweilt, wenn sie nicht durch Leidenschaften, Freveltaten und großartiges Mißgeschick belebt wird. Man muß Klio mit dem Dolche bewaffnen, wie Melpomene.

Voltaire

Die Geschichte, das Gedächtnis der Menschheit.

Hebbel

Die Geschichte ist eine Sammlung von Grabschriften.

Hubbard

Geschichte: Gott schreibt seine Autobiographie.

Hilsbecher

Die Geschichte ist ein Gewebe von Gemeinheiten und Grausamkeiten, in dem von Zeit zu Zeit einige seltene Tropfen Reinheit aufglänzen. Daß dem so ist, rührt zum ersten daher, daß es nur wenig Reinheit unter den Menschen gibt, ferner daher, daß der größte Teil dieses Wenigen verborgen geblieben ist.

Simone Weil

Die Geschichte ist das Gewebe der vernünftigen und unvernünftigen, der guten und der bösen, der heroischen und niederträchtigen Handlungen, durch welche die Menschheit dem unendlichen Gott ein Schauspiel vorführt und sich auf die Ewigkeit vorbereitet.

Lombardi

Die Geschichte ist meistens die Schande des Menschengeschlechts.

Seume

Geschichte ist vorwiegend Geschwätz.

Henry Ford

Die Geschichte ist ohne Gnade die Herrschaft des Mittelmäßigen.

Ortega y Gasset

Im Klassenkampf siegt eine Klasse, eine andere wird vernichtet. Das ist Geschichte; das ist die Geschichte der Zivilisation seit Tausenden von Jahren. Die Interpretation der Geschichte aus diesem Blickwinkel ist historischer Materialismus; dieser Blickrichtung entgegengesetzt ist der historische Idealismus.

Mao Tse-tung

Die Geschichte ist im wesentlichen eine Geschichte der Ideen.

Herbert George Wells

Die Geschichte ist die Kritik des Weltgeistes.

Hebbel

Die Geschichte einer Kultur ist die fortschreitende Verwirklichung ihres Möglichen. Die Vollendung ist gleichbedeutend mit dem Ende.

Spengler

Die Geschichte gleicht einem ungeheuren Laboratorium, wo alle erdenklichen Versuche angestellt werden, um die für die Pflanze Mensch günstigste Form des öffentlichen Lebens zu finden.

Ortega y Gasset

Die Geschichte ist das Bett, das der Strom des Lebens sich selbst gräbt.

Hebbel

Geschichte ist die Kristallisation populärer Meinungen.

Piatt

Die Geschichte der Menschheit ist die Geschichte der menschlichen Visionen.

Hans Kasper

Die Geschichte der Menschheit ist ein Naturereignis. Bisher behandelte man sie als Geisteswissenschaft. Sie muß aber zur Naturwissenschaft werden.

Kollath

Immer geht es bei dem, was wir Geschichte nennen, wenn auch noch so indirekt und abgeleitet, um das Menschsein des Menschen, und zwar wie er Mensch ist in der Welt.

Gogarten

Die menschliche Geschichte ist ein einziges unmenschliches Ringen von Charakteren.

Lohberger

Die Geschichte ist eine Mühle, worin die Lebendigen zu arbeiten glauben, die Geister aber die Arbeit verrichten. Wie sich die übermütigen Zwerge, die im Sonnenschein herumhüpfen, auch anstrengen mögen, die toten Riesen, die aus der Ewigkeit in unermeßlichem Zuge hervorschreiten, machen sie zu unnützen Knechten und schauen mitleidig auf ihr Gezappel herab.

Hebbel

Die Geschichte ist nichts als der Nagel, an dem das Bild hängt.

Dumas père

Die Geschichte ist der sozusagen »geometrische Ort« aller einmaligen Punkte, welche noch durch eine innerhalb des Vergleichbaren verlaufende Verbindung miteinander in Beziehung gesetzt werden können.

Heimito von Doderer

Geschichte: Perspektive mit Objektivität zu emulgieren.

Rudolf Rolfs

Der lebende Impuls aller Geschichtsbilder ist der Wille zur Diagnose der Gegenwart, motiviert von den Fragen: Was kann man erwarten und unternehmen?

Ludwig Marcuse

Geschichte ist eine Philosophie, die uns durch Beispiele lehrt.

Bolingbroke

Geschichte ist vergangene Politik und Politik ist gegenwärtige Geschichte.

Seeley

Die Geschichte der Ideen ist die Geschichte der Ranküne der Einsamen.

Cioran

Der schönste, reichste, beste und wahrste Roman, den ich je gelesen habe, ist die Geschichte.

Jean Paul

Geschichte ist ein Roman, der geschehen ist; der Roman ist Geschichte, wie sie geschehen sein könnte.

Edmond und Jules de Goncourt

Die Geschichte ist ein Schauspiel, keine Philosophie.

Birrell

Die Geschichte – eine unauflösbare Rechnung mit drei Unbekannten: Gott, Mensch, Freiheit.

Frank Thiess

»Geschichte«: Versteckspiel unbelehrter Kinder zwischen Gräbern.

Eschmann

Geschichte ist versteinerte Vorstellungskraft.

Baer

Die Geschichte ist die Wissenschaft von den Dingen, die sich nicht wiederholen.

Valéry

Die Geschichte ist das Verzeichnis der Zufrühgekommenen.

Rilke

Die Geschichte ist eine Zauberposse, worin die Gesetze der Gesellschaft uns in den wunderbaren Abenteuern einer bald grotesken, bald erhabenen Persönlichkeit gelehrt werden, welche zugleich auf Liebe wie auf Mitleid Anspruch hat.

Proudhon

Geschichte: Die Zeit durch ein Sieb zu gießen, dessen Maschen unregelmäßig sind.

Rudolf Rolfs

Geschichte ist eine Art destillierter Zeitungen.

Carlyle

GESCHICHTSSCHREIBUNG

Die Geschichtsschreibung ist eine Waschanstalt, aus der die Wäsche meist schmutziger zurückkommt, als sie hingebracht worden ist.

Sitwell

Geschichte schreiben ist eine Art, sich das Vergangene vom Halse zu schaffen.

Goethe

GESCHMACK

Geschmack ist das Taktgefühl des Geistes.

de Boufflers

Geschmack ist nichts als verfeinerter gesunder Menschenverstand.

de Chénier

Der Geschmack ist das Gewissen des Schönen, wie das Gewissen der Geschmack des Guten ist.

de Maistre

Geschmack ist das Beurteilungsvermögen eines Gegenstandes oder einer Vorstellungsart durch ein Wohlgefallen oder Mißfallen ohne alles Interesse. Der Gegenstand eines solchen Wohlgefallens heißt schön.

Kant

Geschmack ist sozusagen das Mikroskop der Urteilskraft.

Rousseau

Geschmack ist ein Sichanlehnen an den Stil, den du bewunderst.

Unbekannt

Der Geschmack ist ein entthronter Fürst, der von Zeit zu Zeit feierlich Protest erhebt.

Fréron

Geschmack ist die weibliche Form des Genius.

FitzGerald

Der Geschmack ist die Kunst, sich auf Kleinigkeiten zu verstehen.

Rousseau

Geschmack ist das gebildete Gewissen der Seele.

Joubert

Geschmack ist instinktgewordene Sicherheit im Fühlen.

Lohberger

Geschmack ist eine Eigenschaft des Genießenden, nicht des Schöpfers.

Stössl

Liebe zur Schönheit ist Geschmack. Das Schaffen von Schönheit ist Kunst.

Emerson

Was ist guter Geschmack? Nur eine Entschuldigung für die Feigheit, in das Gebrüll des größten Pöbelhaufens einzustimmen.

Shaw

Der gute Geschmack ist die Fähigkeit, fortwährend der Übertreibung entgegenzuwirken.

Hofmannsthal

GESCHWÄTZIGKEIT

Geschwätzigkeit: eine krankhafte Störung, die den von ihr Befallenen außerstande setzt, den Mund zu halten, wenn man selber reden will.

Bierce

GESELLSCHAFT

Gesellschaft ist die Vereinigung der Menschen und nicht die Menschen selbst.

Montesquieu

Was ist die Quelle der sittlichen Normen? Die Gesellschaft! Was ist der Zweck derselben? Die Gesellschaft! Was ist die Erzeugerin des sittlichen Willens? Die Gesellschaft!

von Ihering

Der Geist der Wahrheit und der Geist der Freiheit sind die Pfeiler der Gesellschaft.

Ibsen

Die Gesellschaft, das ist nicht der Staat. Der Staat ist nicht der Geschäftsführer einer Gesellschaft, die ihn in ihre Dienste gestellt hat, um ihr zu dienen, sondern er ist in Wirklichkeit beauftragt, die Gesellschaft auszubeuten.

Reverdy

Die Gesellschaft ist immer eine dynamische Einheit zweier Faktoren, der Eliten und der Massen.

Ortega y Gasset

Die Gesellschaft setzt sich aus nur zwei großen Klassen zusammen: die einen haben mehr Mahlzeiten als Appetit, und die andern weit mehr Appetit als Mahlzeiten.

Chamfort

Wir sehen: ein Brauch baut sich auf dem anderen auf, und zusammen bilden sie ein ungeheures Gebäude. Dieses Riesengebäude von Bräuchen aber ist nichts anderes als die Gesellschaft.

Ortega y Gasset

Ich halte die Gesellschaft für eine strikte Hierarchie aus Verdienst und Macht.

Sartre

Gesellschaft ist wie die Luft: notwendig zum Atmen, aber nicht ausreichend, um davon zu leben.

Santayana

Man kann auch die Gesellschaft einem Feuer vergleichen, an welchem der Kluge sich in gehöriger Entfernung wärmt; nicht aber hineingreift wie der Tor, der dann, nachdem er sich verbrannt hat, in die Kälte der Einsamkeit flieht und jammert, daß das Feuer brennt.

Schopenhauer

Die Gesellschaft ist ein Maskenball, bei dem jeder seinen wirklichen Charakter verbirgt und ihn durchs Verbergen bloßlegt.

Emerson

Die Gesellschaft ist die Menschheit zwischen Dienstschluß und Schlafen.

Unbekannt

Die Gesellschaft ist eine verfeinerte Horde, die sich aus zwei mächtigen Stämmen zusammensetzt: den Langweiligen und den Gelangweilten.

Byron

Was gute Gesellschaft genannt wird, ist meistens nur ein Mosaik von geschliffenen Karikaturen.

Friedrich Schlegel

Gute Gesellschaft ist selbstverständlich die, in der man sich wohlfühlt.

Kjellerup

GESETZ

Gesetz ist die Regel, nach der das Dasein der Dinge bestimmbar ist.

Kant

Das Gesetz ist die Objektivität des Geistes und der Wille in seiner Wahrheit; und nur der Wille, der dem Gesetze gehorcht, ist frei, denn er gehorcht sich selbst und ist bei sich selbst und frei.

Hegel

Das Gesetz ist nur eine Denkschrift.

Emerson

Ein Gesetz ist eine politische Maßnahme, ist Politik.

Lenin

Das Gesetz ist ein Vertrag, worin man sich gegenseitig das Recht verbürgt. Aber es ist nicht imstande, die Bürger zu Sittlichkeit und Gerechtigkeit zu erziehen.

Lykophron

Das Gesetz erzeugt nicht die Gerechtigkeit. Das Gesetz ist nichts als die Erklärung und Anwendung dessen, was bereits gerecht ist.

Proudhon

Das Gesetz ist der Ausdruck und die Perfektion des gesunden Menschenverstandes.

Joseph Hodges Choate

Die Gesetze werden nach den Sitten und Erfordernissen bestimmter Zeiten geschaffen und es ist purer Zufall, wenn sie länger währen als ihre Ursachen.

Samuel Johnson

Das Gesetz ist die Heiligsprechung eines vergangenen Zufalls in die Zukunft hinaus.

Lohberger

Die Gesetze sind die Bestimmungen des der Welt selber innewohnenden Verstandes.

Hegel

Das Gesetz ist nichts anderes, als ein richtiges, von dem Wesen der Götter hergeleitetes Gebot der Vernunft, welches das, was ehrbar ist, gebietet, und das, was entgegensteht, verwehrt.

Cicero

Das Gesetz ist der abstrakte Ausdruck des allgemeinen an und für sich seienden Willens.

Hegel

Alle Gesetze sind Versuche, sich den Absichten der moralischen Weltordnung im Welt- und Lebenslaufe zu nähern.

Goethe

Das Gesetz ist der Freund des Schwachen.

Schiller

Die Gesetze sind den Spinneweben gleich, da die kleinen Fliegen und Mücken innen bleiben henken, die Wespen aber und Hornissen hindurch bringen.

Lehmann

Gesetz: künstliche Begrenzung der Sorglosigkeit, deren »natürliche« Grenze der Tod ist.

Hilsbecher

Das Gesetz, die gründlich realistische Formulierung gewisser Erhaltungsbedingungen einer Gemeinde.

Nietzsche

Gesetze sind die abgekürzten Vorgänge des Lebens.

Lohberger

Das Gesetz ist die Beredsamkeit der Staatsgewalt.

Haller

Das Gesetz ist der Tyrann der Menschen, da es sie zu manchem Naturwidrigen zwingt.

Hippias

Gesetz und Recht: geschrieben steht. was Unrecht ist

Herbst

Gesetze sind wie Arzneien. Sie sind gewöhnlich nur Heilung einer Krankheit durch eine geringere oder vorübergehende Krankheit.

Bismarck

Jedes Gesetz ist die Resultante aus dem Zusammenprall mindestens zweier absoluter Machtansprüche.

Hilsbecher

Das Gesetz garantiert zwar nicht das Mittagessen, aber die Mittagspause.

Brudziński

GESINNUNG

Gesinnungen entstehen, wenn mehrere Tröpfe auf dem Boden falscher Sprachlichkeit in einen Tropfen zusammenrinnen.

Heimito von Doderer

GESUNDER MENSCHENVERSTAND

Gesunder Menschenverstand ist Instinkt; genug davon ist Genius.

Josh Billings

Gesunder Menschenverstand ist das Talent, die Dinge zu sehen, wie sie sind, und Dinge zu tun, wie sie getan werden sollten.

Stowe

Gesunder Menschenverstand ist der Maßstab des Möglichen.

Amiel

Bon sens, Menschen-Verstand, common sense wird zu oft für einen vollkommenen Sinn gehalten, in der Tat ist er aber weiter nichts als eine immer wachsam anschauende Erkenntnis von der Wahrheit nützlicher allgemeiner Sätze.

Lichtenberg

Der gesunde Menschenverstand ist für den Geist, was die Anmut für den Körper ist.

La Rochefoucauld

Gesunder Menschenverstand: die Denkweise einer Zeit, in der alle Vorurteile dieser Zeit enthalten sind: die Denkbestimmungen regieren ihn, ohne daß er ein Bewußtsein darüber hat.

Hegel

Gesunder Menschenverstand in ungewöhnlichem Maße ist das, was die Welt Weisheit nennt.

Coleridge

Die Logik, wenn sie unter die Leute kommt, weltlich und rundlich wird, nennt sich dann »common sense«.

Heimito von Doderer

Als ob der gesunde Menschenverstand – die Zuflucht jener, die von Natur aus auf das Denken neidisch sind – als ob dieser gesunde, das heißt für keine Fragwürdigkeit anfällige Verstand je schon einmal etwas angefangen, etwas aus seinem Anfang bedacht hätte.

Heidegger

Gesunder Menschenverstand ist die Fähigkeit, Werte zu entdecken.

Unbekannt

Der gesunde Menschenverstand ist der Türhüter des Geistes: seine Pflicht ist es, verdächtigen Ideen den Zutritt zu verwehren – und das Verlassen.

Stern

Der gesunde Menschenverstand ist oft eine der ungesundesten Verständnislosigkeiten.

Ludwig Marcuse

GESUNDHEIT

Gesundheit ist doch eine häßliche Krankheit, sagen die Bakterien.

Piet Hein

GEWALT

Was ist Gewalt anderes als Vernunft, die verzweifelt?

Ortega y Gasset

Gewalt ist Willensnegierung.

von Ihering

Was Gewalt heißt, ist nichts – Verführung ist die wahre Gewalt.

Lessing

Gewalt: das Prinzip der Kraft. Recht: das Prinzip der Form.

Lohberger

GEWERKSCHAFT

Gewerkschaft: Organisation, die dafür kämpft, daß immer mehr Menschen für immer mehr Geld immer weniger leisten.

Schiff

GEWISSEN

Gewissen: das Bewußtsein eines inneren Gerichtshofes im Menschen.

Kant

Das Gewissen ist das Gesetz der Gesetze.

Lamartine

Das Gewissen ist der Puls der Vernunft.

Coleridge

Das Gewissen: das Herz unseres Herzens.

Newman

Gewissen ist Gottes Gegenwart im Menschen.

Swedenborg

Das Gewissen des Menschen ist das Denken Gottes.

Victor Hugo

Das Gewissen ist die Stimme Gottes in der Seele.

Unbekannt

Das menschliche Gewissen ist das Orakel Gottes.

Byron

Das wahrhafte Gewissen ist die Gesinnung, das, was an und für sich gut ist, zu wollen.

Hegel

Das Gewissen ist nichts anderes als der gewisse Geist in unserem Innern; – dieser gewisse Geist entscheidet aber in der Wissenschaft, in der Kunst, in der Staatsverwaltung, mit einem Wort, überall, und nicht bloß in der Moral.

Jacobi

Gewissen ist moralische Phantasie, die Künstlerschaft des sittlichen Menschen.

Stössl

Das Gewissen ist eine uns innewohnende Nachbildung von fremder Herrschaft.

Bain

Das Gewissen ist der unpersönlich gewordene Vater.

Lohberger

Gewissen ist bei den meisten Menschen die Erwartung der Meinung anderer.

Jeremy Tayler

Das Gewissen ist die Stimme der Seele; die Leidenschaften sind die Stimmen des Körpers.

Rousseau

Das Gewissen ist die Wunde, die nie heilt und an der keiner stirbt.

Hebbel

Gewissen: das Ding, das schmerzt, wenn sich sonst alles andere wohlfühlt.

Unbekannt

Gewissen: jede Pause in der Kontinuität einer unangenehmen Erwartung.

Bierce

Das, was wir ein böses Gewissen nennen, ist immer ein gutes Gewissen. Es ist das Gute, was sich in uns erhebt und uns bei uns selber verklagt.

Fontane

Gewissen: die innere Stimme, die uns warnt, weil jemand zuschauen könnte.

Mencken

Gewissen: Angst vor der Angst.

Lohberger

Gewissen und Feigheit sind dieselben Dinge. Gewissen ist der Handelsname der Firma. Das ist alles.

Wilde

Das Gewissen ist der elastischste Stoff von der Welt. Heute kannst du es nicht über einen Maulwurfshügel spannen, morgen bedeckt es einen Berg.

Bulwer

Ein schuldhaftes Gewissen ist die Mutter des Erfindungsgeistes.

Carolyn Wells

GEWISSENLOSIGKEIT

Gewissenlosigkeit ist nicht Mangel des Gewissens, sondern der Hang, sich an dessen Urteil nicht zu kehren.

Kant

GEWISSENSBISSE

Gewissensbisse sind die Schwächen und Krankheiten der Seele.

Christina von Schweden

Gewissensbisse sind die sadistischen Regungen des Christentums.

Karl Kraus

Gewissensbiß: der Trieb wird Hemmung.

Lohberger

GEWOHNHEIT

Die Gewohnheit ist eine zweite Schwerkraft.

Friedrich Georg Jünger

Die Gewohnheit ist ein Seil. Wir weben jeden Tag einen Faden und schließlich können wir es nicht mehr zerreißen.

Horace Mann

Gewohnheiten sind zuerst Spinnweben, dann Drähte.

Spanisches Sprichwort

Gewohnheit: eine Fessel der Freien.

Bierce

Gewohnheiten sind Umklammerungen des Ichs. Für den einen Bürde, für den anderen Stütze.

Herbst

Die Gewohnheit ist ein sechster Sinn, der alle anderen beherrscht.

Sprichwort

Gewohnheit heißt die große Lenkerin des Lebens. Daher sollen wir uns auf alle Weise erstreben, gute Gewohnheiten einzuimpfen.

Bacon

Gewohnheiten sind der Bodensatz unseres Lebens: rührt man ihn kräftig auf, dann schäumt die Lösung und wird seltsamerweise klar.

Heimito von Doderer

Gewohnheiten sind Dinge, durch die sich ein Mensch von einem anderen unterscheidet.

Unbekannt

Die Gewohnheit ist eine zweite Natur.

Cicero

Die Gewohnheit ist eine zweite Natur; sie hindert uns, die erste kennenzulernen, deren Grausamkeiten und deren Zauber sie nicht hat.

Proust

Gewohnheit ist der dickste Leim, den ich kenne.

Rys

Gewohnheit ist ein Hemd aus Eisen.

Tschechisches Sprichwort

GLAUBE

Glaube ist Gewißheit ohne Beweise.

Amiel

Jeder Glaube ist ein Für-wahr-Halten.

Nietzsche

Glauben ist nichts anderes als für wahr halten, was man nicht sieht.

Augustinus

Glaube ist Glaube an Unsichtbares. Wissen ist Glaube an Sichtbares.

Spengler

Glauben heißt wörtlich etwas für möglich, nicht etwas für gewiß halten. Wer also bestimmte Dogmen glaubt, nicht weiß, gerade der ist vom Glauben im dogmatischen Sinn weit entfernt, und wer behauptet, daß er auf seinen Glauben schwöre, widerspricht sich selbst.

Schnitzler

Glaube ist die moralische Denkungsart der Vernunft im Fürwahrhalten desjenigen, was für die theoretische Erkenntnis unzugänglich ist. Er ist ein Vertrauen auf die Verheißung des moralischen Gesetzes.

Kant

Aller Glaube ist unwillkürliche Hingebung des Geistes an eine Vorstellung von Wahrheit.

Jacobi

Der Glaube besteht aus Vertrauen in Gott und aus der Hingabe seiner selbst.

Gide

Der Glaube ist die Bewährung, die Vollendung und der Beweis der Vernunft.

Maurice Blondel

Glauben ist Vertrauen, nicht Wissenwollen.

Hesse

Glauben heißt, das Geheimnis in Gestalt lassen, nicht enträtseln wollen. Der Glaube hat Ehrfurcht, nicht Neugier. Er ist gleichgültig gegen Widersprüche.

Spengler

Alles Wissen geht aus einem Zweifel hervor und endigt in einem Glauben.

Ebner-Eschenbach

Der Glaube ist nicht der Anfang, sondern das Ende alles Wissens.

Goethe

Glaube ist die Fortsetzung der Vernunft.

William Adams

Glaube befiehlt sich die Existenz des Erhofften.

Wiesner

Glaube nennt man die Angewöhnung geistiger Grundsätze ohne Gründe.

Nietzsche

Glaube ist nicht dunkle, sondern vielmehr hellste Wirksamkeit des Geistes, er umklammert mit Sicherheit das außer dem Kreis der Sinne liegende Verwandte.

Hebbel

Glauben ist Weisheit und Weisheit ist Glauben.

Nachmanides

Glaube ist die Bürde Denkender.

Rudolf Rolfs

Denken ist eine Anstrengung, Glauben ein Komfort.

Ludwig Marcuse

Der wirkliche Glaube – wenn ich denn das Sichstellen und Vernehmen so nennen darf – fängt da an, wo das Nachschlagen aufhört, wo es einem vergeht.

Buber

Der Glaube ist eine Art Aufrichtigkeit, die ihr Ziel erreicht hat. Er ist rettend, weil er den scheinbaren Widerspruch der verwunderten und entwunderten Seele hört.

Estang

Heute weiß ich, daß das, was so herkömmlich Glauben genannt wird, nicht ein festes Gerüst von Lehren ist, die man unter Umständen mit bewußter Überwindung annehmen muß; sondern daß Glauben nichts ist, als das Hineinleben in die göttliche Welt; kein Ding, sondern ein Werden.

Paul Ernst

Der Glaube ist die Schmach des Menschen vor Gott.

Eschmann

Glaube ist Mut, der Zweifel überwindet, nicht indem er den Zweifel verdrängt, sondern indem er ihn in sich aufnimmt als ein Element seiner selbst.

Rillich

Glaube ist Liebe zum Unsichtbaren, Vertrauen aufs Unmögliche, Unwahrscheinliche.

Goethe

Der Glaube ist kein Ziel, sondern ein Weg, das Un-glaubliche zu erreichen. Wo der Glaube Ziel ist, ist er *Aberglaube.*

Lohberger

Der positive Glaube ist die Blume, woraus die Biene ihren Honig, die Wespe ihr Gift holt.

Aus den »Fliegenden Blättern«

Glaube ist Liebe, welche die Form des Sehnens angenommen hat.

Channing

Der Glaube ist Liebe. Und wo Liebe ist, da hat Gott sein Heiligtum.

Pestalozzi

Denken ist (im Prinzip) Wissen, wovon die Rede ist, Glauben ist (im Prinzip) Nichtwissen, wovon die Rede ist.

Bense

Wenn wir wahrhaft an etwas glauben, haben wir nicht die »Idee« dieser Sache, sondern »rechnen einfach mit ihr«.

Ortega y Gasset

Jeder Glaube ist Imitation oder Rechtfertigung einer vorherrschenden Stimmung.

Ludwig Marcuse

Le credit = der Glaube. Die Wirtschaft ist die Religion im Diesseits.

Lohberger

GLEICHGÜLTIGKEIT

Gleichgültigkeit ist der Schlaf des Gemüts.

Vauvenargues

Gleichgültigkeit ist der unbesiegbare Riese der Welt.

Ouida

Gleichgültigkeit ist die mildeste Form der Intoleranz.

Jaspers

Gleichgültigkeit ist die Vergeltung der Welt auf Mittelmäßigkeit.

Wilde

Gleichgültigkeit ist die Gemeinheit der Mittelmäßigen.

Hans Kasper

Gleichgültigkeit ist die Hornhaut der Seele.

Aus den »Fliegenden Blättern«

Gleichgültigkeit: Folge eines heißen Klimas.

Flaubert

Die Gleichgültigkeit, der innere Tod, ist manchmal ein Zeichen von Erschöpfung, meistens ein Zeichen von geistiger Impotenz und immer – guter Ton.

Ebner-Eschenbach

GLEICHHEIT

Die Gleichheit ist die Utopie der Empörten.

de Girardin

Die rechtliche und politische Gleichheit ist nichts als ein Eingeständnis eines Unvermögens; sie ist das Unvermögen, Verdienste zu klassifizieren.

Rosny

Was ist denn Gleichheit anderes als die Verneinung aller Freiheit, alles Höheren und der Natur selbst? Die Gleichheit ist die Sklaverei.

Flaubert

Gleichheit ist das durch die Verfassung garantierte Recht der Reichen und Armen, in Champagner zu baden und den Winter an der Riviera verbringen zu dürfen.

Rosten

Gleichheit ist immer der Probestein der Gerechtigkeit, und beiden machen das Wesen der Freiheit.

Seume

Gleichheit ist die abstrakte Identität des Verstandes, auf welche das reflektierende Denken und damit die Mittelmäßigkeit des Geistes überhaupt zunächst verfällt, wenn ihm die Beziehung der Einheit auf einen Unterschied vorkommt.

Hegel

Gleichheit ist nicht gegeben, gegeben sind nur Dinge, so ungleich »wie ein Ei dem anderen«, Gleichheit ist immer nur Abstraktion von gegebener Ungleichheit unter einem bestimmten Gesichtspunkt.

Radbruch

Die Gleichheit der Bürger basiert nicht nur auf einer Gleichheit der Rechte, sondern auch auf einer solchen der Entrechtung.

Lohberger

Die Gleichheit, die wir verlangen, ist der erträglichste Grad der Ungleichheit.

Lichtenberg

GLEICHMÜTIGKEIT

Gleichmütigkeit ist das Selbstgefühl einer gesunden Seele.

Kant

GLOCKEN

Die Glocken sind die Artillerie der Geistlichkeit.

Aus den »Fliegenden Blättern«

GLÜCK

Glück ist Talent für das Schicksal.

Novalis

Glück liegt in der Geschwindigkeit des Fühlens und Denkens.

Nietzsche

Das Glück ist ein Zustand der Ruhe, der weder Vergnügen noch Schmerzen hervorbringt.

de Lévis

Wenn ein Mensch sagt: »Ich bin glücklich«, so meint er einfach: »Ich habe keine Sorgen, die mich berühren.«

Renard

Glück ist die Abwesenheit von Schmerzen.

Chinesisches Sprichwort

Glück besteht in der Vielfalt der Bewußtseinsinhalte.

Samuel Johnson

Das Glück ist eine in die Gunst des Augenblicks gefaßte Ewigkeit.

Kessel

Die erste Wirkung des Glückes ist das Gefühl der Macht.

Nietzsche

Glück ist heutzutage, wenn man im neugekauften Auto mit 150 km durch die innere Leere fährt.

von Radecki

Glück ist etwas, das man zum erstenmal wahrnimmt, wenn es sich mit großem Getöse verabschiedet.

Achard

Man soll dort bleiben, wo man sich glücklich fühlt. Glück ist ein transportempfindliches Möbelstück.

Maugham

»Glück? Was ist Glück?« sagte er. »Ist das nur ein Gefühl der Zufriedenheit darüber, daß die Erde unter uns keine Risse bekommt? Ist es das, daß man sich zufriedengibt mit der Hoffnung, es werde schon alles gutgehen, solange man Brennmaterial für den Kachelofen hat? Ist das Glück dasselbe wie Zustimmung? Freunde, das Glück ist etwas anderes und mehr als das! Glück ist, wenn das Herz in uns wie ein Wasserfall braust! Glück, das ist, einander zu lieben, einander ohne Haß anzuschauen, einander an der Hand zu nehmen und zu sagen: Du bist mein Freund!«

Juul

Sich glücklich fühlen können, auch ohne Glück – das ist Glück.

Ebner-Eschenbach

Das Glück ist eine Gnade, unerbittlich und mit unabsehbaren Folgen.

Sagan

Glück ist (das machen sie überschwenglich sichtbar) die Summe von hundert Negationen des Unglücks – plus Glück; das Plus wird weniger bemerkt.

Ludwig Marcuse

Freiheit von allen Illusionen ist das Glück der Hoffnungslosen.

Ludwig Marcuse

Alles, was die Seele durcheinanderrüttelt, ist Glück.

Schnitzler

Es gibt zwei Arten des Glücks: einen guten Hund haben oder ein guter Hund sein.

Alain

Glück ist Verdienst oder Ungerechtigkeit.

Rudolf Rolfs

Das größte Glück im Leben ist: ein bißchen Glück.

Anita

Glück haben bedeutet auch: kein Unglück haben. Man vergißt das so oft.

Anita

Glück kann niemals ein Ziel sein. Nur der Weg zum Ziel kann glücklich sein – wenn man Glück hat.

Anita

Das Glück besteht mehr in einer allgemeinen Anlage des Geistes und des Herzens, das sich dem Glück, wie es die Menschennatur bieten kann, öffnet, als in einer Vielzahl bestimmter glücklicher Augenblicke während des Lebens. Es besteht mehr in einer gewissen Fähigkeit, jene glücklichen Augenblicke aufzunehmen. Es besteht nicht in der Freude, sondern in der leichten Fähigkeit, Freude zu empfangen, in der wohlbegründeten Hoffnung, sie zu finden, wann immer man will, in der Erfahrung, daß man keinen allgemeinen Überdruß an den Dingen empfindet, die das Glück der anderen ausmachen.

Montesquieu

Das höchste Glück ist das, welches unsere Mängel verbessert und unsere Fehler ausgleicht.

Goethe

Glück ist ein Buckel, der schwer zu tragen ist.

Russisches Sprichwort

Glück ist Selbstgenügsamkeit.

Aristoteles

Glück ist, was jeder sich als Glück gedacht!

Halm

Das Glück ist eine Empfindung und nicht ein Besitz, und es gibt keinen Besitz, aus dem notwendig die Empfindung des Glückes folgen müßte.

Lorm

»Glück« ist ein entweihtes, durch gemeinen Gebrauch abgeschliffenes Wort.

Burckhardt

Das Glück des Menschen beruht darauf, daß es für ihn eine undiskutierbare Wahrheit gibt.

Nietzsche

Das Glück ist ein Mosaikbild, das aus lauter unscheinbaren kleinen Freuden zusammengesetzt ist.

Spitzer

Glück ist das mächtigste Stärkungsmittel.

Herbert Spencer

Was ist Glück? Das Gefühl davon, daß die Macht wächst.

Nietzsche

Das ganze Glück des Menschen besteht darin, bei anderen Achtung zu genießen.

Pascal

Glück ist das heikle Gleichgewicht zwischen dem, was man ist, und dem, was man hat.

Denison

In der Verachtung des Ehrgeizes begegnen wir einem der Prinzipien des Glücks dieser Erde.

Poe

Die Stunde füllen – das ist Glück.

Emerson

Glück ist eine Art Mut.

Jackson

Glück heißt in erster Linie: in eine Richtung gehen, aus vollem Herzen, ohne Bedauern und ohne Vorbehalt.

Sheldon

Glück ist ein Abfallprodukt des Strebens nach Vollendung.

Coudenhove-Kalergi

Das größte Glück, nächst der Liebe, besteht darin, die Liebe eingestehen zu dürfen.

Gide

Glück heißt Bewundern ohne Begehren. Und das ist nicht Glück.

Bradley

Das höchste Glück besteht in dem festen Willen, tugendhaft zu handeln.

Descartes

Mein Glück liegt im Vergrößern des Glücks anderer. Ich brauche das Glück aller, um selbst glücklich zu sein.

Gide.

Dies ist das Geheimnis des Glücks und der Tugend: zu lieben, was man verpflichtet ist, zu tun.

Aldous Leonard Huxley

Das Glück des Menschen liegt nicht in der Freiheit, sondern in der Übernahme einer Pflicht.

Gide

Seine Trefflichkeit, welcher Art sie auch sei, ungehindert üben zu können, ist das eigentliche Glück.

Aristoteles

Das Glück ist die Gesundheit der Seele.

Lohberger

Glück besteht darin, während einer Dauer unhistorisch empfinden zu können.

Nietzsche

Das höchste Glück des Menschen ist die Befreiung von der Furcht.

Rathenau

Das Glück, das heißt getröstet zu sein.

Amiel

Glück ist die Erklärung für den Erfolg des anderen.

Thompson

Glück: Kratzen können, wo es dich juckt.

Nash

Es gibt zwei Grundvoraussetzungen des Glücks: erstens die Dummheit böser Menschen ertragen, zweitens die Bosheit der Dummköpfe dulden.

Nowaczyński

Glück heißt, stets gut getäuscht zu sein.

Swift

Glück ist meistens nur ein Sammelname für Tüchtigkeit, Klugheit, Fleiß und Beharrlichkeit.

Kettering

Glück ist gute Gesundheit und schlechtes Gedächtnis.

Albert Schweitzer

Glück ist ein eigentümliches Gefühl, das dich überkommt, wenn du zu beschäftigt bist, um dich elend zu fühlen.

Unbekannt

Glück ist das Wissen darum, daß du nicht notwendigerweise Glück brauchst.

Saroyan

Glück heißt; das Ich vergessen bei einer nützlichen Tätigkeit.

Hubbard

Das Glück ist die Ewigkeit in der Zeit und das Universum an Ort und Stelle.

Kessel

Niemand ist vollkommen. Glück heißt: seine Grenzen kennen und sie lieben.

Romain Rolland

Glück ist, in schöpferischer Arbeit sich verströmen, im Einklang mit der inneren Veranlagung leben.

Zenta Maurina

Glück ist die Ernte eines stillen Auges.

O'Malley

Glück ist, sich von dem Menschen, den man liebt, verstanden zu fühlen.

Zenta Maurina

Das höchste Glück des Lebens besteht in der Überzeugung, geliebt zu sein.

Victor Hugo

Glück ist die Fähigkeit zu lieben.

Zenta Maurina

Glück, Freiheit: Negationen der Wirklichkeit.

Wilhelm Busch

Glück ist der Augenblick, wo das Schicksal uns vergißt.

Aus den »Fliegenden Blättern«

Das Glück der Jugend ist Leichtsinn, das Glück des Alters Gleichgültigkeit.

Aus den »Fliegenden Blättern«

Glück ist der Stuhl, der plötzlich da steht, wenn man sich zwischen zwei andere setzen wollte.

Shaw

Gott, was ist Glück: eine Grießsuppe, eine Schlafstelle, keine körperlichen Schmerzen – das ist schon viel!

Fontane

Glück ist nichts als ein Span, der mit abfällt, wo immer gehobelt wird. Ansonsten ist es eine bemerkenswerte Kapsel, vorerst hohl und der Füllung bedürftig.

Diettrich

Gefühltes Glück: Religion. Geformtes Glück: Kunst. Gedachtes Glück: Philosophie.

Lohberger

Das Glück: eine wunschlose Erwartung.

Lohberger

Das Glück ist eine leichtfertige Person, die sich stark schminkt und von ferne schön ist.

Nestroy

Das Glück gleicht oft den reichen, verschwenderischen Frauen, welche die Häuser ruinieren, denen sie eine große Mitgift zugebracht haben.

Chamfort

Das Glück des Mannes heißt: Ich will.
Das Glück des Weibes heißt: Er will.

Nietzsche

Des Menschen Wille, das ist sein Glück.

Schiller

Tiefes Glück ist Gegenwart ohne Denken.

Spengler

Dauerndes Glück ist Langeweile.

Spengler

Menschen zu finden, die mit uns fühlen und empfinden, ist wohl das schönste Glück auf Erden.

Spitteler

Das Glück ist eine Antwort, die nicht gegeben wird: die man *sein* muß.

Lohberger

Mäßigkeit im Glück ist Scheu vor der Scham, die auf den Übermut folgt, und Angst, zu verlieren, was man hat.

La Rochefoucauld

Glück ist nie genau das, was man sich darunter vorgestellt hat.

Maugham

GLÜCKLICH

Man ist glücklich, wenn man eine Sache erstrebt, obgleich die Erfahrung lehrt, daß die Sache selbst nicht glücklich macht; aber uns genügt die Illusion. Der Grund hierfür liegt darin, daß unsere Seele eine Abfolge von Gedanken ist.

Montesquieu

Glücklich ist nicht, wer andern so vorkommt, sondern wer sich selbst dafür hält.

Seneca

Wer ist glücklich? Wer Gesundheit, Zufriedenheit und Bildung in sich vereinigt.

Thales

Gewiß ist der allein glücklich und groß, der weder zu herrschen noch zu gehorchen braucht, um etwas zu sein (Weislingen).

Goethe

Der ist der glücklichste Mensch, der das Ende seines Lebens mit dem Anfang in Verbindung setzen kann.

Goethe

Glücklich sein heißt, ohne Schrecken seiner selbst innewerden können.

Walter Benjamin

Glücklich machen ist das höchste Glück.

Fontane

Glücklich der, der von sich sagen kann: ich habe eine Träne getrocknet.

Giusti

Wer ist der glücklichste Mensch? Der fremdes Verdienst zu empfinden weiß und am fremden Genuß sich wie am eignen zu freun.

Goethe

Glücklich ist nur derjenige, in dem die Natur gewissermaßen unmittelbar und ohne sich durch individuelle Schranken gehemmt zu sehen, wirkt, wie in Goethe und Shakespeare.

Hebbel

Glücklich, wer seinen Beruf erkannt hat. Er verlange nach keinem anderen Glück!

Carlyle

Glücklich und zufrieden ist, wer weiß, was er nicht braucht.

Herbst

Glücklich ist, wer sein Unglück, unglücklich, wer sein Glück nicht fühlt.

Aus den »Fliegenden Blättern«

Der Glückliche ist ein Individuum, der Unglückliche eine Person.

Kudszus

... daß diejenigen die Glücklichsten sind, die gleich den Kindern in den Tag hinein leben, ihre Puppen herumschleppen, aus- und anziehen und mit großem Respekt um die Schublade umherschleichen, wo Mama das Zuckerbrot hineingeschlossen hat, und wenn sie das Gewünschte endlich erhaschen, es mit vollen Backen verzehren und rufen: Mehr!

Goethe

GLÜCKSELIGKEIT

Die Glückseligkeit ist die verworrene Vorstellung der Befriedigung aller Triebe.

Hegel

Nicht ein bestimmter Gegenstand, sondern ein gewisser Prozeß, eine gewisse Verfassung unseres Gemütes ist es, was wir Glückseligkeit nennen – nicht ein Ding, sondern ein Verhalten gegen Dinge.

Lindner

Die Glückseligkeit besteht in der heiteren Ruhe des Gemüts, die der Mensch nur durch Herrschaft über seine Begierden erlangen kann. Mäßigkeit und Reinheit des Herzens, verbunden mit Bildung des Geistes und Entwicklung der Intelligenz, geben jedem Menschen die Mittel, trotz aller Wechselfälle des Lebens dies Ziel zu erreichen. Die Sinnenlust gewährt nur eine kurze Befriedigung, und wer das Gute, ohne durch Furcht oder Hoffnung bewegt zu sein, um seines eignen Wertes willen tut, ist des inneren Lohnes sicher. Die Götter geben den Menschen nur Gutes. Das beste ist es, sich soviel als möglich zu freuen, und so wenig als möglich zu betrüben.

Demokrit

Ruhige Kontinuität ist das Prinzip der menschlichen Glückseligkeit.

Lindner

Die Glückseligkeit gleicht dem Koks: Sie ist ein Nebenprodukt.

Aldous Leonard Huxley

Glückselig der, dessen Welt innerhalb des Hauses ist.

Goethe

Glückselig ist der, dessen Ruhm nicht seine Wahrheit überstrahlt.

Tagore

GNADE

Die Gnade besteht darin, daß man sich vergißt.

Bernanos

Die Gnade ist nicht Gewalt, sondern Freiheit.

le Fort

Gnade ist die Stütze der Gerechtigkeit.

Russisches Sprichwort

Gnade ist die Negation der Logik.

Kudszus

GOTT

Gott ist gebundene, Natur ungebundene Kraft.

Hebbel

Wohin Du auch gehen magst, immer begegnest Du Gott. Gott ist, was vor uns ist.

Gide

Gott ist jedes schlechthin Ursprüngliche und Höchste, also das Individuum selbst in der höchsten Potenz. Aber sind nicht auch die Natur und die Welt Individuen?

Friedrich Schlegel

Das wahre Du des Ich ist Gott.

Ebner

Gott ist das vollkommene symbolische Fundament des zugleich Unzugänglichen und Absoluten.

Saint-Exupéry

Gott: das Selbstbewußtsein der Welt, nach Analogie menschlichen Selbstbewußtseins gesetzt. Ob er ist, ob nicht? Wer will antworten! Aber so viel ist gewiß, daß mit ihm, wenn nicht der Grund, so doch der Zweck der Welt wegfällt.

Hebbel

Gott ist die Perspektive des Menschen dem All gegenüber. Nur weil Menschen leben, gibt es Götter.

Lohberger

Sag mir, was ist Gott? frug sinnend einst die Geliebte, und ich küßt' sie und sprach: »Gott ist die Liebe, mein Kind!«

Rollet

Gott ist das einzige Wesen, das – um zu herrschen – nicht selbst zu existieren braucht.

Baudelaire

Gott ist eine vom Menschen erdachte Hypothese bei dem Versuch, mit dem Problem der Existenz fertigzuwerden.

Julian Sorell Huxley

Außerhalb der Materie ist alles Musik: Gott selbst ist nur eine tönende Halluzination.

Cioran

Der Mensch dachte sich sein eignes Gegenteil; da hatte er seinen Gott.

Hebbel

Gott ist die gewinnendste Maske des Teufels.

Eschmann

Gott ist ein Steuereinnehmer, der voll Erbarmen die Steuer aus eigener Tasche bezahlt.

von Radecki

Es gibt unzählige Definitionen von Gott. Doch ich bete Gott nur als Wahrheit an.

Gandhi

GRABSCHRIFT

Grabschrift: Inschrift auf einem Grabmal, die beweist, daß durch den Tod erworbene Tugenden rückwirkend gelten.

Bierce

Die Grabschrift ist eine verspätete Anzeige für eine Reihe guter Taten, die für immer unterbrochen wurde.

Cobb

Grabschrift: spät vorgebrachte Komplimente.

Hubbard

GRAMMATIK

Grammatik ist die Logik der Sprache.

Trench

Grammatik ist die Kunst des vollkommensten Ausdrucks bei geringster Auffälligkeit.

Heimito von Doderer

Die Grammatik ist der Hebel, der an die Sprache gesetzt wird, und der nicht schwerer wiegen darf als die Last.

Rivarol

Alles was ich die Grammatik nenne, läßt sich in einem einzigen Wort zusammenfassen: Unregelmäßigkeit.

Renoir

Grammatik ist die Wissenschaft von den in der Chemie der Sprache möglichen Verbindungen zwischen Wörtern, Interpunktionen und Sätzen. Jeder mögliche Satz ist so etwas wie eine neugefundene Strukturformel. Einfache Formeln, welche nur die Bestandteile anzeigen, kommen noch in der Wortlehre und Etymologie vor.

Heimito von Doderer

Die Grammatik ist die Elementarphysik der Sprachen.

Rivarol

GRATULATION

Gratulation: die Höflichkeit des Neides.

Bierce

Gratulationen sind Kampfansagen.

Nahr

GRAZIE

Grazie ist der äußere Ausdruck einer inneren Harmonie der Seele.

Hazlitt

Grazie ist für den Körper, was gesunder Menschenverstand für den Geist ist.

La Rochefoucauld

Die Grazie imitiert die Zartheit wie die Höflichkeit die Güte.

Joubert

GROBHEIT

Grobheit – geistige Unbeholfenheit.

Ebner-Eschenbach

Grobheit ist die humanste Form des Widerspruchs.

Nietzsche

GRÖSSE

Größe besitzt, wer uns nie an andere erinnert.

Emerson

Größe hat der Mann, der etwas zum ersten Male bewirkt.

Alexander Smith

Groß ist das, wovor ich mit dem ganzen Gefühl meiner physischen und moralischen Kraft staunend stehe und sage: »Das vermag ich nicht!« Meistens macht die Kleinheit die Größe aus.

Seume

Größe ist nur eine der Sinnesempfindungen der Kleinheit.

Shaw

Größe heißt: Richtung-geben.

Nietzsche

Größe heißt, Talent haben und bescheiden darüber sein.

James Agate

Ein großer Mann setzt sich aus Eigenschaften zusammen, die große Gelegenheiten antrifft oder schafft.

Lowell

Größe ist meist nur ein höfliches Synonym für großen Erfolg.

Guedalla

Ein großer Mensch ist einer, der über die Menschheit hinausragt oder der sie unterdrückt.

Byron

Groß ist, wer das Furchtbare überwindet,
Erhaben ist, wer es, auch selbst erliegend, nicht fürchtet.
Groß kann man sich im Glück, erhaben nur im Unglück zeigen.

Schiller

Macht besitzen und nicht ausüben ist wahre Größe.

Beutelrock

Was groß ist am Menschen, das ist, daß er eine Brücke und kein Zweck ist: Was geliebt werden kann am Menschen, das ist, daß er ein Übergang und ein Untergang ist.

Nietzsche

Womit beginnt Größe? Mit Hingebung an eine Sache, welche es auch sei, mit gänzlichem Absterben der persönlichen Eitelkeit. Größe hängt nicht ab von geistiger Überlegenheit, denn diese kann mit einem elenden Charakter verbunden sein.
Größe ist Verbindung eines bestimmten Geistes mit einem bestimmten Willen.

Burckhardt

Größe entsteht zunächst – und immer – aus einem Ziel, das außerhalb des eigenen Ichs gelegen ist (Aéropostale): Sobald man den Menschen in sich selber einschließt, wird er arm. Sobald er nur für sich da ist.

Saint-Exupéry

Die wahre Größe besteht darin, daß man nur von sich selbst etwas fordert, ohne etwas von den anderen zu erwarten, nicht einmal zu erwarten, daß sie dies anerkennen.

Jouhandeau

Merkmal großer Menschen ist, daß sie an andere weit geringere Anforderungen stellen als an sich selbst.

Ebner-Eschenbach

Groß ist ein Mensch, der nach seinem Tod die anderen in Verlegenheit läßt!

Valéry

Große Menschen sind Inhaltsverzeichnisse der Menschheit.

Hebbel

Größe ist der weltliche Name für Göttlichkeit. Beide bedeuten einfach, was jenseits von uns liegt.

Shaw

Größe ist, was wir nicht sind.

Burckhardt

Der größte Mensch ist nur ein vom Leben getäuschtes Kind.

Renard

Die Niederlage der Großen sind ihre Nachfahren.

Hans Kasper

GRÖSSENWAHNSINN

Größenwahnsinn: Kinderkrankheit der Zwerge.

Lec

GÜTE

Güte ist, wenn man das leise tut, was die anderen laut sagen.

Beutelrock

Gütig sein heißt nicht trachten, niemanden zu verletzen. Gütig sein heißt: alles Gute tun, dessen man fähig ist, und so oft Gutes tun, als man kann.

Mantegazza

Gütig ist der, der in der Beurteilung von andern strenge in der Vernunft und milde im Herzen bleibt.

Manzone

Die Güte des Intellektuellen ist die Klarheit seiner Gedanken.

Kudszus

GUILLOTINE

Die Guillotine ist eine Maschine, die den Kopf im Handumdrehen entfernt und die das Opfer nichts anderes spüren läßt als ein Gefühl erfrischender Kühle.

Guillotin

Guillotine: eine Maschine, die einen Franzosen aus gutem Grund die Achseln zucken läßt.

Bierce

Guillotine: das erste wirkliche Mittel gegen Kopfschuppen.

Unbekannt

GUTMÜTIGKEIT

Gutmütigkeit ist Schwäche – Güte ist Kraft.

Anita

GUTSEIN

Gutsein ist Glück.

Ebner-Eschenbach

Gutsein heißt, mit sich selber im Einklang sein. (Lord Wotton)

Wilde

Gutsein ist oft nur ein Gutschein.

Anita

Die heutige Form des Gutseins ist das Guthaben.

Arntzen

GUT UND BÖSE

»Gut und Böse sind die Vorurteile Gottes« – sagte die Schlange.

Nietzsche

Das Gute – dieser Satz steht fest – ist stets das Böse, was man läßt.

Wilhelm Busch

Das Gute ist die Einheit des besonderen subjektiven Willens mit dem allgemeinen oder dem Begriffe des Willens, das gewollte Vernünftige; ihm entgegengesetzt ist das Böse, die Auflehnung des subjektiven Willens gegen das Allgemeine, der Versuch, die eigene Besonderheit und Willkür als Absolutes zu setzen, das gewollte Unvernünftige.

Hegel

Das Böse ist das, was mehr Nachteile als Vorteile, und das Gute, was mehr Vorteile als Nachteile hat.

Diderot

Man nennt einen Menschen nicht böse darum, weil er Handlungen ausübt, die böse sind, sondern weil diese so beschaffen sind, daß sie auf böse Maximen in ihm schließen lassen.

Kant

Das Böse besteht in dem Beruhen auf sich gegen das Gute; es ist die positive Negativität.

Hegel

H

HALBWAHRHEITEN

Halbwahrheiten: die klügsten Lügen.

Rudolf Rolfs

HANDELN

Handeln ist höchster Egoismus.

Hebbel

Handeln ist nichts als das gemeinsame Anbequemen an die Tatsachen.

Wilde

Handeln heißt: so viel Umwelt gesetzt haben (um mit Gütersloh zu reden), daß man am Ende in der Richtung auf jene Umwelt zu das Gleichgewicht verlieren mußte.

Heimito von Doderer

HANDLUNG

Die Handlung bildet den Schatten des Worts.

Eschmann

Unsere Handlungen sind unsere guten und unsere bösen Engel, die Schicksalsschatten, die an unserer Seite schreiten.

Proust

Unsere Handlungen sind wie Endreime, die jeder anpaßt, woran er will.

La Rochefoucauld

HASS

Der Haß ist die Liebe, die gescheitert ist.

Kierkegaard

Haß ist Liebe, die sich erschöpft hat.

Lohberger

Haß: ein angemessenes Gefühl angesichts der Überlegenheit eines anderen.

Bierce

Der Haß ist die Wut des Herzens.

Byron

Haß: Okkupation des Hirns.

Rudolf Rolfs

Haß ist Achtung vor der Macht des Gehaßten.

Kudszus

Haß ist stets Selbsthaß. Man haßt seine Ohnmacht.

Hilsbecher

Der Haß der Größe gegen die Kleinheit ist der Ekel; der Haß der Kleinheit gegen die Größe der Neid.

Schnitzler

Eine wichtige Form des Selbsthasses ist der Klassenhaß gegen sich.
Man optiert für eine andere Klasse als für die, der man in seinen Bedürfnissen und Befriedigungen angehört.

Ludwig Marcuse

Der Haß ist ein aktives Mißvergnügen, der Neid ein passives; deshalb darf man sich nicht wundern, wenn der Neid so schnell in Haß übergeht.

Goethe

Haß, bequemste Art der Auseinandersetzung.

Rudolf Rolfs

Haß ist die Rache des Feiglings dafür, daß er eingeschüchtert wurde.

Shaw

Wenn der Haß feige wird, geht er maskiert in Gesellschaft und nennt sich Gerechtigkeit.

Schnitzler

Hassen heißt unablässig morden.

Ortega y Gasset

HAUS

Das Haus ist eine Maschine zum Wohnen. Ein Sessel ist eine Maschine zum Sitzen.

Le Corbusier

Das Haus ist das wesenhaft Tägliche.

Ortega y Gasset

HAUSHALT

Der Haushalt ist der Nerv des Staates. Daher muß er den profanen Augen der Untertanen entzogen werden.

Richelieu

HEIDEN

Heiden sind Menschen, die ihr religiöses Bedüfnis im Wald verrichten.

Definition eines Kindes
Zitiert nach H. Hoving,
»Der Pfau ist ein blühendes Huhn«

HEIL

Jedes Heil (auch die chiliastische Soziologie) ist der Ersatz für eine Heilung, die nicht möglich war.

Ludwig Marcuse

HEILIGE

Die Heiligen: posthume Karrieristen.

Laub

HEIM

Das Heim ist der Wohnort des Herzens.

Hubbard

Das Heim ist ein Platz, wo du dich überall dort kratzen kannst, wo es dich juckt.

Ainsley

Das Heim ist das Gefängnis des Mädchens und das Zuchthaus der Frau.

Shaw

Nicht da ist man daheim, wo man seinen Wohnsitz hat, sondern wo man verstanden wird.

Morgenstern

HEIMAT

Heimat ist der Mensch, dessen Wesen wir vernehmen und erreichen.

Max Frisch

Heimat ist ein geistiger Raum, in den wir mit einem jeden Jahre tiefer eindringen.

Reinhold Schneider

Heimat entsteht im Umkreis der Orte, an denen man beten und verehren kann.

Kastein

Heimat ist nicht eine Stadt, ein Dorf oder Land, sondern eine Art des Erlebens, eine Farbe . . .

Niederreuther

HEIRATEN

In unserem monogamischen Weltteile heißt heiraten seine Rechte halbieren und seine Pflichten verdoppeln.

Schopenhauer

Heiraten, das heißt, Nachtigallen zu Hausvögeln machen.

Grabbe

Heiraten ist der immer neue männliche Versuch, das Unordenbare zu ordnen; bei diesem Anlasse wird der jeweils in Frage kommenden Frau noch bessere Gelegenheit gemacht, das ewig gleiche Chaos ins Leben ihres Mannes einzuschleppen; womit der Ordnungsversuch auf Null ausgeht.

Heimito von Doderer

Heiraten ist, als stecke man eine Schlange in seine Tasche.

Afrikanisches Sprichwort

Geldheirat: Er hat vom Schwiegervater ein gutes Stück Brot gekriegt, aber ein schlechtes Stück Fleisch dazunehmen müssen.

Wilhelm Busch

Trauung: Start zu einem Marathonlauf, wenn man in seinem ganzen Leben noch keine 42 Kilometer gelaufen ist.

Rudolf Rolfs

HEITERKEIT

Die Heiterkeit ist ein wiederkehrendes lichtes Gestirn, ein Zustand, der sich, ungleich dem Genusse, durch die Dauer nicht abnützt, sondern wiedergebiert.

Jean Paul

Die Heiterkeit allein ist gleichsam die bare Münze des Glückes und nicht, wie alles andere, bloß der Bankzettel; weil nur sie unmittelbar in der Gegenwart beglückt.

Schopenhauer

Die wissende Heiterkeit ist ein Tor zum Ewigen. Die Tür dreht sich in den Angeln, die aus den Rätseln des Daseins bei einem kundigen Schmied einst geschmiedet worden.

Heidegger

Die Heiterkeit bezeichnet den Zustand einer ungetrübten inneren Wolkenlosigkeit des Gemüts, wobei unter »Wolken« dann alle Sorgen und Lasten, die von außen kommen, aber auch alle aus dem Innern drängende triebhafte Unruhe zu verstehen sind. Die Heiterkeit bedeutet demgegenüber dann ein den Menschen beglückend erfüllendes inneres Gleichgewicht.

Bollnow

Heiterkeit ist der Himmel, unter dem alles gedeiht.

Jean Paul

Heiterkeit ist ein Zustand des reifen Abstandes gegenüber den niederdrükkenden Dingen des Lebens. Sie ist ein Nichtzuwichtignehmen der eigenen Person und ihres inneren und äußeren Ungemachs. Sie ist Ausdruck jener persönlichen Reife, welche Sachlichkeit des Charakters und innere Freiheit im Sinne der vollzogenen Überwindung persönlicher »Komplexe« und schwerer subjektiver Gebundenheiten bedeutet.

Schohaus

Heiterkeit ist die Mutter der glücklichen Einfälle.

Vauvenargues

Die Heitere ist Meister seiner Seele.

Shakespeare

HELD

Ein Held ist jemand, der tut, was er kann. Die anderen tun dies nicht.

Romain Rolland

Der Held ist einer, der fünf Minuten länger tapfer ist als der gewöhnliche Mann.

Emerson

Helden erkennt man daran, daß sie eine Gelegenheit zum Heldentum hatten, diese Heldentat überlebten und, daß jemand sie dabei sah und sie auch überlebte.

Rudolf Rolfs

Nicht der, der kämpft, ist ein Held, sondern der, der dort kämpft, wo ihn niemand sieht. Kampf darf keine neue Mode der alten Eitelkeit werden.

Lohberger

Held ist einer, der gegen viele steht. Diese Position erringt im neuen Krieg am ehesten der Luftbombenwerfer, einer, der sogar über vielen steht.

Karl Kraus

Er hatte den Mut, feige zu sein! Ein Held!

Rudolf Rolfs

Der Held: ein Mensch, der sein Leben dafür opfert, daß der Lehrer an seinem Beispiel die Kinder zur Folgsamkeit erzieht.

Laub

HELDENTUM

Wenn der Wille der Furcht sich widersetzt, wenn die Pflicht die Spießruten des Schicksals niederwirft, wenn die Ehre den Tod verachtet – das ist Heldentum.

Ingersoll

Heldentum ist bewußte Überwindung der Furcht.

Lohberger

Heldentum ist der Triumph der Seele über das Fleisch.

Amiel

HEROISMUS

Heroismus – das ist die Gesinnung eines Menschen, welcher ein Ziel erstrebt, gegen das gerechnet er gar nicht mehr in Betracht kommt. Heroismus ist der gute Wille zum Selbstuntergang.

Nietzsche

HERRSCHEN

Herrschen ist: das Gegengewicht der schwächeren Kraft ertragen – also eine Art Fortsetzung des Kampfes.

Nietzsche

Herrschen ist nicht die Gebärde, welche die Macht an sich reißt, sondern ihre ruhige Ausübung, kurz, herrschen heißt sitzen – auf dem Thron, der sella curulis, dem Ministersitz, dem Heiligen Stuhl. Entgegen einem harmlosen Zeitungsschreiber-Standpunkt ist Herrschen weniger eine Angelegenheit der Faust als des Sitzfleisches. Der Staat ist der status, die Statik, die Gleichgewichtslage der Meinung.

Ortega y Gasset

Herrschen und genießen geht nicht zusammen. Genießen heißt, sich und andern in Fröhlichkeit angehören; herrschen heißt, sich und anderen im ernstlichsten Sinne wohltätig sein.

Goethe

Das wahre Herrschen besteht darin, den Beherrschten dabei zu seinem höchsten Recht kommen zu lassen, wie er's selber für sich gar nicht vermöchte.

von Radecki

Alle Kunst einer gerechten Herrschaft besteht darin, ihren Anspruch so natürlich aufrechtzuerhalten, daß die Machtausübung nicht zur Gewaltanwendung degradiert wird.

Hans Kasper

Die wirkliche Herrschaft ist nicht Gewalt, sondern Wahrheit.

Guardini

HERRSCHSUCHT

Herrschsucht ist die Freiheitsliebe einzelner; Freiheitsliebe ist die Herrschsucht aller.

Börne

Herrschsucht: die boshafte Bremse, die den eitelsten Völkern aufgesetzt wird.

Nietzsche

Was die Individualität vernichtet, ist Herrschsucht, gleich welchen Namen man wählt.

Mill

HERZ

Die schwache Seite des Kopfes wird das Herz genannt.

Aus den »Fliegenden Blättern«

Das Menschenherz ist ein Kirchhof begrabener Hoffnungen.

Sirius

HERZENSKLUGHEIT

Herzensklugheit ist produktive Güte.

Anita

HEUCHELEI

Heuchelei ist eine Huldigung, welche das Laster der Tugend darbringt.

La Rochefoucauld

Die Heuchelei ist eine Huldigung, welche die Wahrheit dem Irrtum darbringt.

Shaw

Die Heuchelei kann als Gruß gelten, welchen das Unrecht der Tugend entbietet. Man sollte diese Höflichkeit nicht allzu früh, nicht allzu vollständig abschaffen wollen.

Eschmann

Die Heuchelei ist ein Modelaster und die Modelaster gelten für Tugenden.

Molière

Die Heuchelei ist ein privilegiertes Laster, das mit seiner eigenen Hand aller Welt den Mund verschließt und in Ruhe seine Straflosigkeit genießt.

Molière

Gar nicht von sich reden, ist eine sehr vornehme Heuchelei.

Nietzsche

Ein Heuchler ist für sich selbst Bogenschütze und Ziel zugleich: mit all seinem Tun zielt er nach Eigenlob oder Gewinn.

Thomas Fuller

Heuchelei ist mitunter nur ein Schamgefühl, das sich nicht einmal zu definieren weiß.

Saint-Exupéry

Heucheln: dem Charakter ein sauberes Hemd überziehen.

Bierce

Gekünstelte Einfalt ist eine feine Heuchelei.

La Rochefoucauld

Die Vorspiegelung, böse zu sein, während man in Wirklichkeit gut ist – das wäre Heuchelei.

Wilde

Heuchler: jemand, der Tugenden zur Schau trägt, die er nicht respektiert, und der sich so den Vorteil verschafft, das zu sein, was er verabscheut.

Bierce

HIMMEL

Der Himmel ist das tägliche Brot der Augen.

Emerson

Der Himmel ist die verklärte Erde.

Edel

Himmel: ein Ort, wo die Bösen aufhören, dich mit ihren persönlichen Angelegenheiten zu behelligen und wo die Guten aufmerksam zuhören, wenn du deine Angelegenheiten darlegst.

Bierce

Himmel. Höhe ist Tiefe des Alls.

Wiesner

HISTORIE

Der Gegenstand der Historie ist das Wirklichwerden alles dessen, was praktisch notwendig ist.

Friedrich Schlegel

Historisch ist, was wirksam ist oder gewesen ist.

Meyer

HISTORIKER

Der Historiker ist ein rückwärts gekehrter Prophet.

Friedrich Schlegel

Der Historiker ist nicht immer ein rückwärts gekehrter Prophet, aber der Journalist ist immer einer, der nachher alles vorher gewußt hat.

Karl Kraus

Der Historiker ist oft nur ein rückwärts gekehrter Journalist.

Karl Kraus

Was ist ein Historiker? Einer, der zu schlecht schreibt, um an einem Tagesblatt mitarbeiten zu können.

Karl Kraus

Ein Historiker ist vor allem jemand, der nicht selbst dabei war.

Frithiof Brandt

Die Historiker sind so etwas wie die Schminkmeister des großen Welttheaters.

Osborne

Historiker: ein Breitspur-Klatschmaul.

Bierce

HOCHMUT

Hochmut ist, wenn ein Mensch sich eine Vollkommenheit beimißt, die bei ihm nicht zu finden ist.

Spinoza

Hochmut ist der zur Schau getragene Stolz. Echter Stolz verbirgt sich.

Hohenemser

Der Hochmut der Kleinen besteht darin, immer, der Großen, nie von sich selbst zu sprechen.

Voltaire

Es gibt eine besonders unsympathische Art von Hochmut; sie heißt Demut.

Krailsheimer

Hochmut ist oft nur die Weigerung, sich unter sein eigenes Niveau hinabdrücken zu lassen. Dann gilt: Hochmut schützt vor dem Fall.

Kudszus

HOCHSCHULBILDUNG

Hochschulbildung: etwas, das einem Menschen zeigt, wie wenig die anderen wissen.

Haliburton

HOCHVERRAT

Hochverrat ist eine Frage des Datums.

Talleyrand

HÖFLICHKEIT

Höflichkeit ist fiktives Wohlwollen.

Samuel Johnson

Höflichkeit ist geregelte Gleichgültigkeit. Lächeln ist ein System. Rücksicht ist Voraussicht.

Valéry

Höflichkeit ist Wohlwollen in Kleinigkeiten.

Macaulay

Die Höflichkeit ist eine natürliche Tugend, die eine große Kaufkraft besitzt.

Alcott

Höflichkeit ist der Widerschein der Sittlichkeit.

Jean Paul

Höflichkeit ist als künstliche Liebenswürdigkeit definiert worden; mit viel mehr Recht kann gesagt werden, daß Liebenswürdigkeit die natürliche Höflichkeit ist.

Leszcynski

Die Höflichkeit ist nichts als eine geschickt vorgeschwindelte Freundlichkeit.

Vinet

Es gibt ein Minimum von Unaufrichtigkeit, das von jedem verlangt werden kann: Höflichkeit.

Krailsheimer

Was ist die Höflichkeit? Ein stillschweigendes Übereinkommen zweier Menschen, demzufolge jeder seine Eitelkeit zugunsten derer des anderen verschleiert.

Karr

Die Höflichkeit ist eigentlich weiter nichts als ein vorsichtiges Bestreben, gegen niemand Verachtung und Geringschätzung im Umgang zu zeigen.

Locke

Höflichkeit ist die Kunst, natürliche Impulse zu verbergen.

Unbekannt

Die Höflichkeit ist das Bestreben, anderen gefallen zu wollen.

Montesquieu

Die Höflichkeit ist eine Art des Benehmens, das man oft irrtümlich für gute Umgangsformen hält.

Ruby

Jemand hat Höflichkeit als Umgangsform definiert, deren sich kultivierte Menschen befleißigen, wenn sie Zeit haben.

Zitiert nach »Das Beste« 12/1969

Die Höflichkeit ist nichts als eine Gymnastik gegen die Leidenschaften.

Alain

Unter Höflichkeit verstehe ich die Übung, mich selbst jederzeit einem anderen aus dem Wege zu räumen.

Heimito von Doderer

Höflichkeit ist der Wunsch, höflich behandelt und für fein und gesittet gehalten zu werden.

La Rochefoucauld

Höflichkeit ist wie ein Luftkissen, es mag wohl nichts drin sein, aber es mildert die Stöße des Lebens.

Schopenhauer

Höflichkeit ist der Brauch, von den Überzeugungen eines Menschen diejenigen zu respektieren, die sich insbesondere auf seine eigenen Vorzüge oder die Verdienste seiner Gruppe beziehen.

Bertrand Russell

So treibt das Bedürfnis der Gesellschaft, aus der Leere und Monotonie des eigenen Inneren entsprungen, die Menschen zueinander; aber ihre vielen unerträglichen Fehler stoßen sie wieder voneinander ab. Die mittlere Entfernung, die sie endlich herausfinden und bei welcher ein Beisammensein bestehen kann, ist die Höflichkeit und feine Sitte. Dem, der sich nicht in dieser Entfernung hält, ruft man in England zu: keep your distance (bleib mir vom Leibe)!

Schopenhauer

Höflichkeit ist Zauberei und Beschwörung gegen die überall und immer vorhandene Feindseligkeit in der Welt.

Rychner

Höflichkeit: Der Affe der Herzensgüte.

Wilhelm Busch

Höflichkeit ist, wie die Rechenpfennige, eine offenkundig falsche Münze: mit einer solchen sparsam zu sein, beweist Unwissen; hingegen Freigiebigkeit mit ihr Verstand.

Schopenhauer

Höflichkeit ist eine Münze, die nur den bereichert, der sie ausgibt.

Chletas

Höflichkeit ist ein Staatspapier des Herzens, das um so größere Zinsen trägt, je unsicherer das Kapital ist.

Börne

Höflichkeit ist Klugheit; folglich ist Unhöflichkeit Dummheit: sich mittels ihrer unnötiger- und mutwilligerweise Feinde machen ist Raserei, wie wenn man sein Haus in Brand steckt.

Schopenhauer

Die wahre Höflichkeit besteht darin, daß man einander mit Wohlwollen entgegenkommt. Sobald es uns an diesem nicht gebricht, tritt sie ohne Mühe hervor.

Rousseau

Höflichkeit ist die Blüte der Menschlichkeit. Wer nicht höflich genug ist, ist auch nicht menschlich genug.

Joubert

Es gibt eine Höflichkeit des Herzens; sie ist der Liebe verwandt. Aus ihr entspringt die bequemste Höflichkeit des äußeren Betragens.

Goethe

Höflichkeit: die annehmbarste Heuchelei.

Bierce

HÖLLE

Die Hölle, das sind wir selbst.

Thomas Stearns Eliot

Kein Rost ist erforderlich, die Hölle, das sind die anderen.

Sartre

Nichts lieben, das ist die Hölle.

Bernanos

Die Hölle ist das Unvermögen, ein anderes Geschöpf als dasjenige zu sein, als das man sich für gewöhnlich benimmt.

Aldous Leonard Huxley

Die Hölle ist die geballte Lauheit und die konsequent gewordene Kälte.

Edel

HOF

Der Hof ist das Dienerzimmer der Herrscher.

Shaw

HOFFNUNG

Die Hoffnung ist eine Anleihe auf das Glück.

Joubert

Hoffnung ist eine Art von Glück; vielleicht das größte Glück, das diese Welt bereit hat.

Samuel Johnson

Die Hoffnung ist die Willenskraft der Schwachen.

Montherlant

Hoffnung ist nichts als der Traum der Wachen.

Prior

Hoffnung: so heißt der Wanderschritt des Lebens.

Lohberger

Hoffnung ist ein Seil, auf dem viele Narren tanzen.

Russisches Sprichwort

Die Hoffnung ist das Brot des armen Mannes.

Sprichwort

Hoffnung ist eine sehr magere Diät.

Shadwell

Die Hoffnung ist eine Arznei, die zwar nie heilt, dafür aber lange zu leiden erlaubt.

Achard

Hoffnung ist die zweite Seele der Unglücklichen.

Goethe

Die Hoffnung ist der Zehrpfennig des Lebens.

Französisches Sprichwort

Die Hoffnung ist ein viel größeres Stimulans des Lebens als irgendein Glück.

Nietzsche

Hoffnungen, Pläne und Illusionen sind Verjüngungselemente des Lebens. Es sind Morgenröten, deren Glanz immer wieder bezaubert.

Kessel

Die Hoffnung ist das Streben zu glauben.
Das Streben zu glauben, daß die Welt nicht so ist, wie sie ist, daß der Mensch selbst nicht so ist, wie er ist, daß die Leute nicht so sind, wie sie sind.
Die Hoffnung ist der Streit zwischen der Lebenslust und den Erfahrungen.
Es ist der Glaube, daß jedes Gesetz Ausnahmen hat, daß Ausnahmen Gesetze sind, und daß das Gesetz eine Ausnahme ist.
Die Hoffnung ist ein umgekehrter Don Quichotte, der feindliche Schwerbewaffnete zu Windmühlen erklärt.

Laub

Die Hoffnung ist der Regenbogen über den herabstürzenden Bach des Lebens.

Nietzsche

Hoffnung: Das Leben ist eine Frage, auf die der Tod die Antwort gibt.

Kudszus

Hoffnung ist der Pfeiler der Welt.

Afrikanisches Sprichwort

Hoffnung ist nichts anderes als Glaube.

Cocteau

Hoffnung ist der krankhafte Glaube an den Eintritt des Unmöglichen.

Mencken

Wir sprechen von Hoffnung; aber ist Hoffnung nicht lediglich ein milderer Name für Furcht.

Landon

Hoffen heißt, bereits verzweifeln.

Spanisches Sprichwort

Hoffnung ist eine Tugend, virtus, ein heroische Bestimmung der Seele. Die höchste Form der Hoffnung ist überwundene Verzweiflung.

Bernanos

Hoffnung ist der Kampf der Seele, die von dem, was vergänglich ist, losbricht, und ihre Zeitlosigkeit bezeugt.

Melville

Hoffen heißt: die Möglichkeit des Guten erwarten; die Möglichkeit des Guten ist das Ewige.

Kierkegaard

Hoffnung ist die Verwechslung des Wunsches einer Begebenheit mit ihrer Wahrscheinlichkeit.

Schopenhauer

Hoffen heißt: die Zukunft dementieren.

Cioran

Die Hoffnungen guter Menschen sind Prophezeiungen, die Besorgnisse schlechter sind es auch.

Börne

Hoffnung ist oft ein Jagdhund ohne Spur. (Pistol)

Shakespeare

Die Hoffnung ist ein Scharlatan, der uns ohne Unterlaß betrügt, und, was mich betrifft, so hat mein Glück erst begonnen, nachdem ich sie verloren habe.

Chamfort

Die Hoffnung ist uns eine gute Freundin, wenn wir aufstehen, aber eine schlechte Trösterin, wenn wir zu Bett gehen.

Aus den »Fliegenden Blättern«

Die Hoffnung ist im allgemeinen ein schlechter Führer, aber eine gute Gesellschaft unterwegs.

Halifax

Hoffnung: die Verquickung von Wunsch und Erwartung.

Bierce

HONIG

Honig ist der süße Stoff, den die Bienen erzeugen, indem sie Nektariensäfte oder auch andere, an lebenden Pflanzenteilen sich vorfindende süße Säfte aufnehmen, durch körpereigene Stoffe bereichern, in ihrem Körper verändern, in Waben aufspeichern und dann reifen lassen.
Verordnung über Honig vom 21. 3. 1930 (Reichsgesetzblatt Teil I, S. 101).

HOSENTASCHE

Hosentasche: eingebauter Fausthandschuh.

Unbekannt

HUMANISMUS

Meine Kollegen halten mich für einen Humanisten, das heißt für einen Menschen, die die Welt mit freundlicher Abscheu betrachtet.

Brudziński

Ein Humanist liebt alle Menschen – mit Ausnahme derjenigen, die ihm begegnet sind.

Brudziński

Humanismus ist entweder die Alternative der Religion oder ihr dienend untergeordnet.

Thomas Stearns Eliot

HUMANITÄT

Definition der Humanität: den Angler verachten und sich von den Fischen nähren, die er fängt.

Kudszus

Humanität ist das Waschweib der Gesellschaft, das ihre schmutzige Wäsche in Tränen auswindet.

Karl Kraus

HUMOR

Humor ist: mit einer Träne im Auge lächelnd dem Leben beipflichten.

Beutelrock

Humor ist ein erregendes Chaos, dessen man sich in Ruhe erinnert.

Thurber

Humor ist Erkenntnis der Anomalien.

Hebbel

Humor ist Sonnenschein des Geistes.

Bulwer-Lytton

Der Humor ist die Harmonie des Herzens.

Jerrold

Der Humor ist die einzige absolute Geburt des Lebens.

Hebbel

Humor ist eines der besten Kleidungsstücke, die man in Gesellschaft tragen kann.

Thackeray

Humor ist Lachen über das, was du nicht hast, wenn du es haben solltest.

Langston Hughes

Humor ist, wenn man trotzdem lacht.

Bierbaum

Deutscher Humor ist, wenn man trotzdem nicht lacht.

von Radecki

Humor ist überwundenes Leiden an der Welt.

Jean Paul

Der Humor ist die Weisheitsform des heiter resignierten Überwinders.

Burckhardt

Humor ist Erkenntnis der Grenze, verbunden mit grenzenloser Erkenntnis.

Gerhart Hauptmann

Humor ist keine Gabe des Geistes, er ist eine Gabe des Herzens.

Börne

Humor ist die äußerste Freiheit des Geistes, Humor ist immer souverän.

Börne

Humor ist auch eine Erhebung gegen den Himmel. Nur geht man wie der Vogel Merops mit dem Hintern zuerst.

Jean Paul

Humor ist das umgekehrt Erhabene, er erniedrigt das Große, um ihm das Kleine, und erhöht das Kleine, um ihm das Große an die Seite zu setzen und so beide zu vernichten, weil vor der Unendlichkeit alles gleich und nichts ist.

Jean Paul

Humor ist Distanzgefühl.

Brecht

Humor ist gleichsam der Witz der Erfindung. Er darf sich daher mit Bewußtsein äußern: aber er ist nicht echt, sobald man Vorsatz dabei wahrnimmt.

Friedrich Schlegel

Wo Phantasie und Urteilskraft sich berühren, entsteht Witz; wo sich Vernunft und Willkür paaren, Humor. Persiflage gehört zum Humor, ist aber um einen Grad geringer.

Novalis

Humor ist die elektrische Atmosphäre; Witz ist der Blitz.

Haweis

Der Humor ist das einzige Gebiet des Schöpferischen, das einen physiologischen Reflex auslöst – das Lachen.

Koestler

Der Humor entsteht, wenn die Vernunft nicht im Gleichgewicht mit den Dingen ist, sondern entweder sie zu beherrschen strebt und nicht damit zustande kommen kann: welches der ärgerliche oder üble Humor ist; oder sich ihnen gewissermaßen unterwirft und mit sich spielen läßt, salvo honore: welches der heitre Humor oder der gute ist.

Goethe

Humor ist der Milchbruder des Glaubens.

Buber

Humor ist die Höflichkeit der Verzweiflung.

Chaval

Der Humor ist eine Blüte des Herzens, der Witz ist eine Frucht des Verstandes.

Limpach

Humor: Der Humor ist eine goldene Schadenfreude an den der Welt integralen Schäden. Kann man sie nicht beheben, so doch belachen, und die Rigoristen gleich dazu, die nicht darüber sich freuen können, daß dort, wo es nichts zu lachen gibt, trotzdem gelacht wird. Ging's nur mit natürlichen Dingen zu, ging's nicht. Aber: das Lachen ist ja nur eine Erfindung, die irgendwann einmal Prometheus gemacht hat! Das Trauern hingegen, das Weinen, das Klagen entsprechen genau der Natur und haben also keinen Autor.

Gütersloh

Humor ist die Fähigkeit, an den Auswüchsen der menschlichen Natur Gefallen zu finden.

Maugham

Humor ist der Knopf, der verhindert, daß uns der Kragen platzt.

Ringelnatz

Wer ist ein Humorist? Der den winzigsten aller Nägel in die Wand oder die Hirnschale des hochlöblichen Publikums schlägt und die ganze Garderobe der Zeit und aller vergangenen Zeiten dran aufhängt.

Raabe

Humor: der Schwimmgürtel auf dem Strom des Lebens.

Raabe

Der Humor ist der Wintermantel der Existenz.

Edel

HUND

Der Hund ist die Tugend, die sich nicht zum Menschen machen konnte.

Victor Hugo

Der Hund ist der sechste Sinn des Menschen.

Hebbel

HUNGER

Hunger ist die positive Form des Appetits.

Unbekannt

Hunger: ein Instinkt, mit dem eine umsichtige Vorsehung den Menschen ausgestattet hat, um die Arbeiterfrage zu lösen.

Bierce

Hunger: eine Lupe für den Charakter.

Rudolf Rolfs

HYPOTHESEN

Hypothesen sind Gerüste, die man vor dem Gebäude aufführt und die man abträgt, wenn das Gebäude fertig ist. Sie sind dem Arbeiter unentbehrlich; nur muß er das Gerüst nicht für das Gebäude ansehen.

Goethe

Hypothesen sind Netze; nur der wird fangen, der auswirft.

Novalis

Hypothesen sind Wiegenlieder, womit der Lehrer seine Schüler einlullt.

Goethe

HYSTERIE

Hysterie ist die geronnene Milch der Mutterschaft.

Karl Kraus

I

ICH

Das Ich ist die Spitze eines Kegels, dessen Boden das All ist.

Morgenstern

Das Ich ist der Mittelpunkt des Universums.

Unbekannt

Das Ich ist nichts anderes als Wollen und Vorstellen.

Novalis

»Ich« – das ist ein Staat, den ich mit ziemlicher Blindheit regiere.

Hilsbecher

Das Ich ist das Fenster, durch welches jeder Mensch, der geboren wurde, auf die Szene des Daseins blickt, an diesem Fenster, das bei der Geburt geöffnet und beim Tode geschlossen wird, durch das niemand anderer jemals blicken kann, sitzt jeder von uns sein Leben lang.

Dixon

Man könnte das Ich im natürlich-weltlichen Sinn geradezu definieren: das in einem, was sich im absoluten Schein gegen das Absolute verschließt.

Struve

Ich! ... Das heißt das dauerndste, das gehorsamste Du, das erste, das erwacht, und das letzte, das sich zur Ruhe legt.

Valéry

Das Ego ist das einzige Ding, das ohne Nahrung wachsen kann.

Unbekannt

IDEAL

Das Ideal ist nichts als die Wahrheit von weitem.

Lamartine

Das Ideal ist ... das Wirkliche in seiner höchsten Wahrheit.

Hegel

Das Idealisieren ist ein ungeheures Heraustreiben der Hauptzüge.

Nietzsche

Das Ideale ist die Strahlenbrechung der Erscheinung im Licht einer höheren Erfahrung.

Michel

Ein Ideal ist oft nichts als eine flammende Vision der Wahrheit.

Joseph Conrad

Ideale sind ein Teil des Kosmos, und wir gewahren sie darin durch einen echten Erfahrungsakt, genau so wie wir das Wirkliche wahrnehmen. Ideale erziehen und regen unser Leben an. Ideale sind biologische Sprungfedern. Ohne Ideale kein Leben.

Ortega y Gasset

Ideale sind unsere besseren Ichs.

Alcott

Ideale sind unausgereifte Gedanken und Taten. Die meisten Menschen bleiben in der Pubertät stecken.

Lohberger

Ideale sind Tatsachen, von denen man träumt.

Wiggins

IDEALISMUS

Idealismus ist eine prächtige Toga, welche die Politiker um ihren Willen zur Macht drapieren.

Aldous Leonard Huxley

Der Idealismus ist nur ein schmeichlerischer Name für die Romantik in Politik und Moral.

Shaw

Idealismus ist ein Maß der Vollkommenheit, das in direktem Verhältnis zur eigenen Entfernung vom Problem zunimmt.

Galsworthy

Idealismus ist das Geheimnis über die Macht der Dinge, denn nur durch Idealismus sind wir imstande, in das Innere der Dinge einzudringen. Der nüchterne Eigennutz hat keinerlei Zugänge zu den Mysterien der umgebenden Welt.

Friedell

Idealismus ist nicht Flucht aus der Wirklichkeit. Idealismus ist das Schaffen einer höheren, reineren, geistigeren Wirklichkeit.

Riehl

Idealismus ist ein ins Geistige übersetzter Materialismus.

Lohberger

Die materielle Verbesserung des Loses der Menschen ist ein Ideal. Deshalb ist der Materialismus: Idealismus.

Ludwig Marcuse

Das Materielle an diesem Idealismus ist: daß er nicht die Absicht hat, die Menschen mit Idealen satt zu machen.

Ludwig Marcuse

Idealismus ist die Fähigkeit, die Menschen so zu sehen, wie sie sein könnten, wenn sie nicht so wären, wie sie sind.

Curt Goetz

IDEALISTEN

Idealisten sind Menschen, die so tun, als könnte man Ideale verwirklichen.

Faulkner

Der Idealist: ein Wesen, welches Gründe hat, über sich dunkel zu bleiben.

Nietzsche

Idealist sein heißt: Kraft haben für andere.

Novalis

Der Idealist ist ein Mensch, der anderen Leuten zu Wohlstand verhilft.

Henry Ford

Die Idealisten sind ein Teil jener Kraft, »die stets das Gute will, und stets das Böse schafft«.

Lohberger

»Idealisten« nennt man die, welche von einer Macht vernichtet werden, die sie nicht durchschauten.

Ludwig Marcuse

Was wären die Idealisten ohne den Materialismus, den sie haben, und was wären die Materialisten ohne den Idealismus, der sie hat.

Lohberger

»Idealisten« nennt man die, welche erst der Macht weichen – aber noch nicht der Logik.

Ludwig Marcuse

Extreme Idealisten sind immer Feiglinge; sie nehmen vor der Wirklichkeit Reißaus.

Bosshart

Der Idealist: ein Mensch, der seine Ideale unentgeltlich aufgibt.

Laub

IDEE

Die Idee ist ein Schach, das man der Wahrheit bietet.

Ortega y Gasset

Die Idee ist ein dingfest gemachter Gedanke.

Unbekannt

Eine Idee ist nichts anderes als der Begriff von einer Vollkommenheit, die sich in der Erfahrung noch nicht vorfindet.

Kant

Die Idee ist der adäquate Begriff.

Hegel

Die Idee ist die Einheit des Begriffs und der Realität.

Hegel

Was man Idee nennt: das, was immer zur Erscheinung kommt und daher als Gesetz aller Erscheinungen uns entgegentritt.

Goethe

Die Idee ist das Absolute und alles Wirkliche ist nur Realisierung der Idee.

Hegel

Eine Idee ist ein bis zur Ironie vollendeter Begriff, eine absolute Synthesis absoluter Antithesen, der stets sich selbst erregende Wechsel zwei streitender Gedanken. Ein Ideal ist zugleich Idee und Faktum.

Friedrich Schlegel

Ich verstehe unter einer Idee einen notwendigen Vernunftbegriff, dem kein kongruierender Gegenstand in den Sinnen gegeben werden kann...

Kant

Ideen sind ja nur das einzig wahrhaft Bleibende im Leben.

Humboldt

Ideen sind unendliche, selbständige, immer in sich bewegliche, göttliche Gedanken.

Friedrich Schlegel

Die Idee ist ein stehengebliebener Gedanke.

Bergson

Ideen sind keine Schmetterlinge, sie sind Fazit einer Schwerarbeit.

Rudolf Rolfs

In der Idee leben heißt das Unmögliche behandeln, als wenn es möglich wäre.

Goethe

Die erstarrte Form der Berückung ist die fixe Idee.

Kessel

Ideen verhalten sich zur Literatur wie das Licht zur Malerei.

Bourget

Die poetische Idee ist eine, die, in Prosa gesetzt, wieder nach dem Vers verlangt.

Valéry

Was beweist die Geschichte der Ideen anders, als daß die geistige Produktion sich mit der materiellen umgestaltet? Die herrschenden Ideen einer Zeit waren stets nur die Ideen der herrschenden Klasse.

Karl Marx

Die Idee ist und wird immer ein Wandschirm sein, hinter dem andere und wichtigere Dinge vorgehen. Die Idee ist ein Vorwand. Die Idee ist ein Hilfsgerät.

Gombrowicz

Niemals ist wirklich für eine Idee Krieg geführt worden; weder für eine nationale noch für eine religiöse. (Das läßt sich nicht nur in diesem Krieg nachweisen.) Aber die Ideen werden immer vorgeschützt, als Banner vorangetragen, sozusagen als Fahnen der Seele. Man kann natürlich jede Phrase zu einer Idee ernennen. Dies gehört zu den Hauptaufgaben des Politikers, der das Gleichgewicht auch dadurch wiederherstellt, daß er aus jeder Idee eine Phrase macht.

Schnitzler

Die Idee ist das Staatsbegräbnis der Realität.

Kudszus

Ideen sind Sternbilder. Man kann sie nicht in die Wirklichkeit umsetzen zum Zweck des Nutzeffekts, man kann sie nur als Zeichen betrachten, als Richtungspunkte für den Kompaß.

Kessel

Ideen sind Maßkleidung, die man für die Konfektion zurechtgeschnitten hat.

Fargue

IDEOLOGIE

Ideologien sind Ideen in Waffen.

Unbekannt

Ideologie: Philosophie aus Fertigbauteilen.

Schlosser

Ideologien sind Monokulturen – marktbeherrschend auf Zeit, verkümmern sie mit dem ermüdenden Boden.

Hans Kasper

Als ideologisch erscheint in unserem Leben derjenige Teil unserer Überzeugungen, den wir nicht mehr nach innen zurückwenden und also in Eigenschaften verwandeln konnten.

Heimito von Doderer

IDIOT

Idiot heißt einer, insofern Eigenheit in ihm ist.

Hegel

Idiot: das Ergebnis echter Herzensgüte.

Rudi vom Endt

Idiot: beliebtes Argument.

Nahr

Idiotes nannte man in Griechenland solche Leute, die weder wählen durften noch zur Ausübung eines staatlichen Amtes zugelassen waren. Heute bedarf es der Schaffung einer solchen Menschenkategorie nicht, weil es von Idioten wimmelt, die ihre staatsbürgerlichen Rechte freiwillig nicht ausüben. Ihr mangelndes Interesse an öffentlichen Dingen kann dem Staat nur willkommen sein, um sich ungehinderter diktatorischer Formen zu nähern. Über die Oligarchie führte immer der bequemste Weg zur Diktatur.

Diettrich

Idiot: Mitglied eines großen und mächtigen Stammes, dessen Einfluß auf menschliche Angelegenheiten immer stark und beherrschend war. Die Tätigkeit des Idioten beschränkt sich nicht auf ein bestimmtes Gebiet des Denkens und Handelns, sondern »durchdringt und regelt das Ganze«. Er hat in allem das letzte Wort; seine Entscheidung ist unanfechtbar. Er bestimmt die Denkweise und den Geschmack, verordnet die Sprachregelung und umgrenzt das menschliche Verhalten mit einer Sperrlinie.

Bierce

IDOL

Idol: alles was dauert, sich überlebt, seine Voraussetzungen vergißt, sich selbst nachahmt. Liebhaber schöner Dinge; lüsterne Beschauer der Dinge, nichts wissend von deren wahrer Schönheit, die Zeugung, die Erobern ist – und nicht Pietät, nicht Totenkult und Archäologie.
Zum Idol werden ist das Idol aller »hervorragenden« Männer.

Valéry

IDYLL

Das echte Idyll entsteht, wenn ein Mensch innerhalb des ihm bestimmten Kreises als glücklich und abgeschlossen dargestellt wird. Solange er sich in diesem Kreise hält, hat das Schicksal keine Macht über ihn.

Hebbel

IGNORIEREN

Ignorieren ist der Königsweg des Tabuierens.

Ludwig Marcuse

ILLUSION

Illusionen sind die Schmetterlinge des Lebensfrühlings.

Sirius

Was wir Illusion nennen, ist entweder Wahn, Irrtum oder Selbstbetrug – wenn sie nicht eine höhere Wirklichkeit bedeutet, die als solche anzuerkennen wir zu bescheiden, zu skeptisch oder zu zaghaft sind.

Schnitzler

Die Illusion ist der billige Traum aus Zwirn und Baumwolle, der zu oft auf eine frühreife Erfahrung gepfropfte Traum, der Traum der zukünftigen Notare.

Bernanos

Die Illusion ist der Dilettantismus der Gefühle.

Hans Kasper

IMAGE

Image: eine maßgeschneiderte Zwangsjacke.

Zitiert nach Robert Lembke, »Zynisches Wörterbuch«

IMPROVISATION

Improvisation – das ist, wenn niemand die Vorbereitung merkt.

Truffault

INDIVIDUALISMUS

Individualismus: Auf das, was andere sagen, nicht hören und doch darauf antworten.

Rudolf Rolfs

Individualismus ist die Sünde der politischen Freiheit.

Cooper

Individualismus ist ein System, in welchem die menschliche Dummheit den geringsten Schaden anrichten kann.

John Maurice Clark

INDIVIDUALITÄT

Individualität ist das, was dich von der Welt absondert; Liebe ist das, was dich ihr verbindet. Je stärker die Individualität, desto stärker erfordert sie Liebe.

Rathenau

Der höchste Grad von Individualität wird erreicht, wenn jemand in der höchsten Anarchie sein Reich gründet als Einsiedler.

Nietzsche

Individualität ist die Kunst, auf besondere Weise menschliche Unzulänglichkeit darzustellen.

Kudszus

Durch die Individualität des Menschen ist das Maß seines möglichen Glückes zum voraus bestimmt.

Schopenhauer

INFLATION

Inflation ist Nichtanerkennung.

Calvin Cooldige

Wenn die Regierung das Geld verschlechtert, um alle Gläubiger zu betrügen, so gibt man diesem Verfahren den höflichen Namen Inflation.

Shaw

Inflation: wenn alle zuwenig Geld haben, weil jeder zuviel hat.

Unbekannt

Inflation ist das erste Wundermittel des schlecht geführten Staates. Das zweite Wundermittel ist der Krieg. Beide führen zu zeitweiligem Wohlstand, und beide führen zu völligem Zusammenbruch.

Hemingway

Inflation – arm sein mit viel Geld in der Tasche.

Unbekannt

Inflation ist nicht Schicksal, sondern Betrug am Volk. Eine harte Währung kann nicht mit weichen Maßnahmen gehalten oder verteidigt werden.

Vocke

INFORMATION

Information ... ein Name für den Inhalt dessen, was mit der äußeren Welt ausgetauscht wird, wenn wir uns ihr anpassen und sie dies spüren lassen ... Tätig leben heißt mit angemessener Information leben.

Wiener

Information ist Energie. Bei jeder Weitergabe verliert sie etwas davon.

Herbst

Die Information ist eine Crux der Aufklärung – heute vielleicht mehr als je, weil jeder mehr hört als je. Das hat Kant so noch nicht erlebt.

Ludwig Marcuse

Alle Information dient gegenwärtig dazu, Antwort auf nicht gestellte Fragen zu geben und Angst zu machen vor zu stellenden.

Arntzen

INITIATIVE

Initiative heißt, das Richtige tun, ohne daß es angeschafft und erklärt werden muß.

Hubbard

INNENPOLITIK

Innenpolitik ist die Kunst, verschiedene Meinungen unter einen Hut zu bringen, der kein Helm ist.

Hans Henny Jahnn

INSTINKT

Instinkt ist die Nase des Geistes.

de Girardin

Instinkt bezeichnet ein zweckgerichtetes Handeln, bei dem wir keine genaue Vorstellung davon haben, was der Zweck ist.

Hartmann

Instinkt ist unbewußte Vernunft. Er ist der blinde Führer, der den inneren Weg dort geht, wo die Vernunft auf sichtbare Markierungen angewiesen ist.

Lohberger

Instinkt ist Intelligenz, die unfähig ist, sich ihrer selbst bewußt zu werden.

Sterling

Instinkt ist vergangene Erfahrung, unbewußt gewordene Vernunft.

Lohberger

Der Instinkt ist nichts anderes als das von Generation zu Generation vererbte Gedächtnis des Menschengeschlechts.

Forel

Instinkt ist ungelehrte Fähigkeit.

Bain

Die Instinkte sind bereits das Erzeugnis endlos lang fortgesetzter Prozesse.

Nietzsche

Der Instinkt ist das dauernde Wesen der Art.

Quinet

INSTITUTION

Die Institution ist der verlängerte Schatten des Menschen.

Emerson

Institutionen sind Aufbewahrungsorte für Werte.

Marney

Wie eine Schneewehe entsteht, wenn sich der Wind legt, so entsteht eine Institution, wenn sich die Wahrheit hat einlullen lassen; doch die Wahrheit bläst über die Institution hinweg und bläst sie schließlich fort.

Thoreau

INTELLEKT, INTELLEKTUELLER

Der Intellekt ist eine Art Übertreibung. In dem Augenblick, da sich einer hinsetzt, um zu denken, wird er ganz Nase oder ganz Stirn oder sonst was Schreckliches.

Wilde

Intellektuell ist die Bezeichnung einer Berufung. Talent ist die Bezeichnung einer Gabe.

Ortega y Gasset

Definition des Intellektuellen: der Mensch, der sich an nichts gewöhnen kann; auch nicht an sich selbst.

Kudszus

Intellektuelle? Das sind Menschen, die Werte an jene geben, die keine besitzen.

Valéry

Intellektueller: ein Spiritualienhändler auf dem Supermarkt der Eitelkeiten.

Herbst

Der Intellektuelle ist ein Mensch, der so klug ist, daß er das Offenkundige nicht begreifen kann.

Unbekannt

Unsere ängstlichste soziale Klasse ist die, welche man höflich als Intellektuelle bezeichnet.

Colby

Der Intellektuelle: jemand, der einen Granitstein in einem Paddelboot befördern will – und muß.

Eschmann

Intellektualismus heißt, keinen anderen Ausweg aus der Welt finden, als sie in Begriffe zu bringen.

Benn

INTELLIGENZ

Intelligenz ist jene Eigenschaft des Geistes, dank derer wir schließlich begreifen, daß alles unbegreiflich ist.

Picard

Es scheint, daß eine bestimmte Art des Nichtwissens oder Vergessens, die Herauslösung des Wesentlichen aus dem Erscheinungshaften, Intelligenz ist.

Bertololy

Intelligenz ist ein Luxus, der manchmal nutzlos, manchmal tödlich ist. Sie ist eine Fackel oder ein Feuerbrand – je nach dem Gebrauch, den man von ihr macht.

Caballero

Das Charakteristikum der Intelligenz ist Ungewißheit. Tasten ist sein Werkzeug.

Montherlant

Intelligenz, behaupten die Intelligenten, ist die Fähigkeit, sich der Situation anzupassen. Wenn du ein Buch verkehrt in die Hand genommen hast, lerne es verkehrt zu lesen.

Brudziński

Intelligenz ist charakterisiert durch die natürliche Unfähigkeit, das Leben zu verstehen.

Bergson

Die Intelligenz ist ein Heerführer, der immer zu spät in die Schlacht kommt, und der nach der Schlacht diskutiert.

Fargue

Die Intelligenz ist die Magd des Willens.

Schopenhauer

Die Intelligenz ist die Fähigkeit, die bewirkt, daß man Abstand nimmt.

Montherlant

Intelligenz entsteht dadurch, daß Verstand mit Verstand zu tun bekommt.

Bachmeister

INTERVENTIONISMUS

Der staatliche Interventionismus ist die höchste Form, welche Gewalttat und die Taktik der starken Hand, wenn sie als Norm erklärt sind, annehmen können. Durch Vermittlung und mit Hilfe des Staates, der anonymen Maschine, handeln die Massen selbständig.

Ortega y Gasset

INTUITION

Intuition ist Vernunft in Eile.

Jackson

Intuitionen sind Träume, deren man sich erinnert.

Rathenau

Intuition ist das, was dir rät, den richigen Kurs einzuschlagen – nachdem du den falschen erwogen und festgestellt hast, das er zu risikoreich ist.

Unbekannt

Intuitionen sind die Oasen in der Wüste des reinen Verstandes. Kein Weg zu ihnen, der nicht durch die Wüste führt.

Kudszus

Unter Intuition versteht man die Fähigkeit gewisser Leute, eine Lage in Sekundenschnelle falsch zu beurteilen.

Dürrenmatt

Weibliche Intuition ist männliche Durchsichtigkeit.

George Jean Nathan

Intuition ist der eigenartige Instinkt, der einer Frau sagt, daß sie recht hat, gleichgültig, ob das stimmt oder nicht.

Wilde

Intuition ist das, was eine Frau befähigt, zwei und zwei zusammenzuzählen und zu jedem Ergebnis zu kommen, das ihr paßt.

Unbekannt

IRONIE

Die Ironie ist eine Beleidigung in Form eines Kompliments.

Whipple

Ironie ist das Körnchen Salz, das das Aufgetischte überhaupt erst genießbar macht.

Goethe

Ironie ist klares Bewußtsein der ewigen Agilität, des unendlich vollen Chaos.

Friedrich Schlegel

Ironie ist unser Verhalten (im Doppelsinne des Wortes) dem Rest von Figur in uns gegenüber, die wir nicht haben werden können.

Heimito von Doderer

Ironie ist die letzte Phase der Enttäuschung.

France

Die Ironie ist die Tapferkeit der Schwachen und die Feigheit der Starken.

Berthet

Ironie ist der Kitsch der Intellektuellen; Kitsch die Ironie der Unreflektierten. Beide überwinden die Realität scheinhaft, indem sie sie verwerfen.

Arntzen

Ironie: Wettstreit der Gefühle.

Lohberger

Die Ironie ist oft nichts als verschämte Zärtlichkeit.

Rey

Die Ironie ist die Kaktuspflanze, die über dem Grab unserer toten Illusionen wuchert.

Hubbard

Ironie ist keine Waffe, eher ein Trost der Ohnmächtigen.

Ludwig Marcuse

Ironie ist darum so angenehm, weil sie in den Stand setzt, mitzumachen und sich gleichzeitig zu distanzieren.

Arntzen

Das Erlebnis unaufhebbarer Unzulänglichkeit wird dreifach beantwortet: mit Pathos, mit Ironie, mit Humor. Das Pathos beklagt den Mangel. In der Ironie und im Humor reflektiert der Leidende den im Subjekt entstandenen Effekt. Die Spannung zwischen Sehnsucht und Erfüllung wird gespiegelt, als unaufhebbar in der Ironie, als wesenlos im Humor. Ironie und Humor sind die gewaltigen Palliative gegen unbewältigtes Leid.

Ludwig Marcuse

IRONIKER

Der Ironiker ist meist nur ein beleidigter Pathetiker.

Morgenstern

IRRTUM

Irrtümer sind ironische Wegweiser zur Wahrheit.

Reitz

Das Gegenteil von der Wahrheit ist die Falschheit, welche, sofern sie für Wahrheit gehalten wird, Irrtum heißt.

Kant

Irrtum ist das notwendige Instrument der Wahrheit. Mit dem Irrtum mach' ich Wahrheit; vollständiger Gebrauch des Irrtums – vollständiger Besitz der Wahrheit.

Novalis

Irrtum ist unzeitgemäße Wahrheit. Wer nicht auch ab und zu den Mut zum Irrtum besitzt, wird nie die Kraft haben, sich einmal seiner zu erwehren, wahr zu sein, und wer heute *jeden* Irrtum ausrottet, bringt die Wahrheit um ihren Samen und um ihre Zukunft. Irren ist menschlich, macht menschlich.

Lohberger

Alles, was die Menschen mit Opfern an Glück verteidigt haben, ist nichts als Irrtum.

Nietzsche

Der Irrtum: die Vergangenheitsform der Weisheit.

Lohberger

Der Irrtum ist die tiefste Form der Erfahrung.

Kessel

Aller Irrtum besteht darin, daß wir unsere Art, Begriffe zu bestimmen oder abzuleiten oder einzuteilen, für Bedingungen der Sachen an sich selbst halten.

Kant

Irrtum bedeutet Finsternis für den Geist und eine Falle für die Tugend.

Vauvenargues

Irrtümer entspringen nicht allein daher, weil man gewisse Dinge nicht weiß, sondern weil man sich zu urteilen unternimmt, obgleich man noch nicht alles weiß, was dazu erfordert wird.

Kant

Die Stärke des Irrtums und der Lüge liegt gerade darin, daß sie ebenso klar sein können wie Wahrheiten; weshalb das Falsche ebenso einleuchtend sein mag wie das Richtige.

Ludwig Marcuse

J

JA

Jedes »Ja« ist ein kurzer Hauptsatz, dem ein langer Nebensatz mit »obwohl« vorausgeht.

Kudszus

JARGON

Jargon: Die Sprache hockt sich an den Biertisch.

Wiesner

JEDERMANN

Jedermann ist niemand im allgemeinen.

Hubbard

JETZT

Jetzt: das ist Sichtbarwerden aller Gesetze zugleich.

Heimito von Doderer

JOURNALISMUS

Journalismus ist Literatur in Eile.

Matthew Arnold

Der Sinn für Neuigkeiten ist in Wirklichkeit ein Sinn dafür, was wichtig ist, was lebenswichtig ist, was Farbe hat und Leben – was die Menschen interessiert. Das ist Journalismus.

Rascoe

Ich nenne »Journalismus« alles, was morgen weniger interessant ist als heute.

Gide

Journalismus ist in Wirklichkeit Geschichte, die dahinstürmt.

Griffith

Der Journalismus ist ein Terminhandel, bei dem das Getreide auch in der Idee nicht vorhanden ist, aber effektives Stroh gedroschen wird.

Karl Kraus

In Amerika kann man den Journalismus als Fortsetzung der Geschichte betrachten, in England als Fortsetzung der Unterhaltung.

Sampson

Journalistik entsteht durch die Angleichung eines Autors an die in der Sprache seines Zeitalters jeweils herrschende literarische Herabgekommenheit.

Heimito von Doderer

JOURNALIST

Journalist heißt einer, der das, was der Leser sich ohnehin schon gedacht hat, in einer Form ausspricht, in der es eben doch nicht jeder Kommis imstande wäre.

Karl Kraus

Die Journalisten sind die Geburtshelfer und die Totengräber der Zeit.

Gutzkow

Der Journalist ist ein kurzsichtiger Historiker.

Unbekannt

Ein Journalist ist ein Mensch, der immer etwas Wichtigeres zu tun hat und daher nie zum Wichtigen kommt.

Heimito von Doderer

JUGEND

Was ist Jugend? Ein Traum. Was ist Liebe? Der Inhalt des Traums.

Kierkegaard

Jugend ist Trunkenheit ohne Wein.

Goethe

Jugend ist beständige Trunkenheit: sie ist das Fieber der Vernunft.

La Rochefoucauld

Die Jugend ist eine Reflexion dessen, was sie sein möchte.

Kessel

Jugend ist die Jahreszeit der Hoffnung.

Sprichwort

Jugendkraft besteht darin, daß einem jeder Widerstand Freude macht.

von Radecki

JUGENDGEFÄHRDEND

»Jugendgefährdend« heißt: die Alten sind so gefährdet, daß sie sich hinter der Jugend verstecken müssen.

Ludwig Marcuse

JUNG

Was ist eigentlich alt? Was jung? Jung, wo die Zukunft vorwaltet. Alt, wo die Vergangenheit die Übermacht hat.

Novalis

JUNGGESELLE

Junggeselle: ein Mann, der nie denselben Fehler einmal gemacht hat.

Wynn

Junggeselle: ein Mann, der den genauen psychologischen Augenblick kennt, in dem er nichts sagt.

Unbekannt

Junggesellen sind Männer, die nur halb aufs Ganze gehen.

Tatjana Sais

JURISPRUDENZ

Die Jurisprudenz ist das Subsumieren des Besonderen unter das Allgemeine, das Zusammenschließen derselben.

Hegel

Die Aufgabe der Jurisprudenz ist also dieselbe wie die aller anderen Wissenschaften; sie hat ihren Gegenstand zu verstehen, seine Gesetze zu finden, zu dem Ende die Begriffe zu schaffen, die Verwandtschaft und den Zusammenhang der einzelnen Bildungen zu erkennen und endlich ihr Wissen in ein einfaches System zusammenzufassen.

von Kirchmann

JURISTEN

Die großen Zweifler an der Wissenschaft und dem Werte des Rechts, ein Tolstoi, ein Daumier, ein Anatole France und so auch ein Kirchmann, sind für den werdenden Juristen unschätzbare Mahner zur Selbstbesinnung. Denn ein guter Jurist kann nur der werden, der mit einem schlechten Gewissen Jurist ist.

Radbruch

Juristen sind wie Schuster, die zerren mit den Zähnen das Leder; sie die Rechte, daß sie sich müssen dehnen.

von Logau

Philosophische Juristen nennen sich auch solche, die neben ihren anderen Rechten, die oft so unrechtlich sind, auch ein Naturrecht haben, welches nicht selten noch unrechtlicher ist.

Friedrich Schlegel

Juristenarbeit ist Verstandesarbeit. Beherrschung der verschwommenen Wirrsal menschlicher Beziehungen durch die Schärfe klarer Begriffe.

Radbruch

Der Juristentraum vom Himmel: Alle beanspruchen bei der Auferstehung ihr Vermögen, und jeder versucht es, von seinen Vorvätern wieder zu erlangen.

Samuel Butler d. J.

K

KABARETT

Kabarett: Rosa Schleifchen am Sarg der Meinungsfreiheit.

Rudolf Rolfs

KABINETT

Ein Kabinett ist ein Verschiebebahnhof für Unumgängliche, kein Sammelpunkt Prädestinierter.

Rudolf Rolfs

KÄSE

Käse ist Milch auf dem Sprung zur Unsterblichkeit.

Fadiman

KAFFEE

Der Kaffee ist das Sinnbild der Liebe. Man liebt ihn brünett, blond und schwarz, aber durchgängig – heiß.

Aus den »Fliegenden Blättern«

KAFFEEHAUSLITERAT

Was ist ein Kaffeehausliterat? Ein Mensch, der Zeit hat, im Kaffeehaus darüber nachzudenken, was die andern draußen nicht erleben.

Kuh

KAMEL

Kamel: ein Rennpferd, das von einem Komitee entworfen wurde.

Unbekannt

KAMPF

Der Kampf ist der Vater aller Dinge, die zur Harmonie nicht taugen.

Rychner

Das, was die Menschen den Kampf ums Dasein nennen, ist nichts anderes als der Kampf um den Aufstieg.

Bertrand Russell

KANNIBALE

Kannibale: ein Gastronom alter Schule, der sich den einfachen Geschmack bewahrt hat und an der natürlichen Diät der Vor-Schweinefleischzeit festhält.

Bierce

Kannibalismus – die Utopie der Kälber und Ochsen.

Crnčević

KANONE

Kanone: Instrument zur Berichtigung von Staatsgrenzen.

Bierce

Kanonen- und Flintenkugeln sind oft Fleckkugeln zum Reinigen der beschmutzten Welt.

Börne

KAPITAL

Das Kapital ist akkumulierte Arbeit. Arbeit ist Kapital, das sich nicht akkumuliert.

Laffitte

Was ist Kapital? Das, was übrigbleibt, wenn die Hauptbedürfnisse der Gesellschaft befriedigt sind.

Aldous Leonard Huxley

KAPITALISMUS

Kapitalismus ist Warenproduktion auf der höchsten Stufe ihrer Entwicklung, auf der auch die Arbeitskraft zur Ware wird.

Lenin

Was ist Kapitalismus? Die Ausbeutung des Menschen durch den Menschen. Und was ist Kommunismus? Das Gegenteil.

Unbekannt

Das Wort Kapitalismus ist irreführend. Der richtige Name für unser System ist Proletarismus.

Shaw

KARIKATUR

Karikatur ist eine Huldigung, welche die Mittelmäßigkeit dem Genius darbringt.

Wilde

Karikatur: eine für den Augenblick geschaffene Darstellung, welche die Hauptzüge des Charakteristischen übertreibt.

Wiggins

Karikatur ist eine passive Verbindung des Naiven und Grotesken. Der Dichter kann sie ebensowohl tragisch als komisch gebrauchen.

Friedrich Schlegel

Die Karikatur ist eine grobe Wahrheit.

Meredith

Karikatur und Satire sind die billigste Art, sich von einem Objekt zu distanzieren: man stößt es zurück, statt daß man es apperceptiv konsumiert; denn es bekommt nicht.

Heimito von Doderer

KARRIERE

Karriere ist ein Pferd, das ohne Reiter vor dem Tor der Ewigkeit anlangt.

Karl Kraus

Formel für Karriere: die rechte Phrase am rechten Platz.

Brudziński

KELLNER

Ein Kellner ist ein Mensch, der einen Frack anhat, ohne daß man es merkt. Hinwieder gibt es Menschen, die man für Kellner hält, sobald sie einen Frack anhaben. Der Frack hat also in keinem Fall einen Wert.

Karl Kraus

KENNENLERNEN

Einander kennenlernen, heißt lernen, wie fremd man einander ist.

Morgenstern

KEUSCHHEIT

Keuschheit ist vieler Laster Anfang.

Rudolf Rolfs

KIND

Ein Kind ist eine sichtbar gewordene Liebe.

Novalis

Ein Kind ist eine Insel der Neugier, umflutet von Fragezeichen.

Zitiert nach »Time« vom 20. 1. 1961

Ein Kind ist ein Buch, aus dem wir lesen und in das wir schreiben sollen.

Rosegger

Ein kleines Kind – die größte Freude.

Anita

Kinder sind Rätsel von Gott und schwerer, als alle, zu lösen,
aber der Liebe gelingts, wenn sie sich selber bezwingt.

Hebbel

Kinder sind Flügel des Menschen.

Arabisches Sprichwort

Kinder sind Hoffnungen.

Novalis

Kinder sind Menschen, die mit Lügen erzogen werden, die Wahrheit zu sagen.

Rudolf Rolfs

KINDHEIT

Kindheit ist der Schlaf der Vernunft.

Rousseau

Die Kindheit ist unser Leuchtturm.

Kästner

KINDLICH

Kindlich sein heißt zur Kindheit hinaufsteigen, kindisch sein zur Kindheit herabsteigen.

Aus den »Fliegenden Blättern«

Was das herrliche Wort »Kindlichkeit« ausdrückt, müssen andere vergötterte Sprachen umschreiben. Kindlichkeit heißt das goldene Zeitalter des Menschenlebens, die Selbstgeburt des Menschen! Und doch sehnen sich so wenige wieder in ihre Lebensfrühe zurück, in die Morgendämmerung ihres Lebenstages, eben weil die Kindlichkeit sie nicht erleuchtete, und sie aus der Lebensfrühe keine Weihung ins höhere Alter hinübernahmen.

Jahn

KIRCHE

Die Kirche ist der Ort der Freiheit, aber gebunden an die Spottsäule der Macht.

Reinhold Schneider

Die Kirchen in den USA sind eine Art Kosmetiksalon für Seelen.

Niederreuther

KIRCHTÜRME

Kirchtürme: Umgekehrte Trichter, das Gebet in den Himmel zu leiten.

Lichtenberg

KITSCH

Der Kitsch ist die Lüge, die die Wahrheit an den Tag bringt.

Arntzen

Kitsch entsteht, wo der Sinnempfindliche Hauptnerv des Wirklichen verfehlt wird.

Holthusen

Kitsch ist Kunst, gescheitert am fehlenden Widerstand.

von Radecki

Kitsch ist nichts anderes als die Erfüllung einer einst vom Geiste ausgestalteten Formenwelt mit den hineingeschmuggelten Inhalten der Vorlieben und des Charakteriell-Determinieren, das auf solchem kurzen Wege den Glanz einer höheren Weihe erschleichen möchte.

Heimito von Doderer

KLÄGLICH

Kläglich: der Zustand eines Feindes oder Gegners nach einem Zusammentreffen mit dir in deiner Phantasie.

Bierce

KLARHEIT

Klarheit ist der Ruhm des Ausdrucks.

Whitman

Klarheit ist die Höflichkeit des Schriftstellers.

Renard

Klarheit ist die Ehrlichkeit der Philosophen.

Vauvenargues

Klarheit ist so sicher eines der Attribute der Wahrheit, daß sie oft selbst für die Wahrheit gehalten wird.

Joubert

Klarheit ist Wahrhaftigkeit in der Kunst.

Ebner-Eschenbach

KLEINAKTIONÄR

Der Kleinaktionär ist das Kanonenfutter des Wertpapierhandels.

Nahr

KLASSIFIKATION

Eine Klassifikation ist eine Definition, die ein System von Definitionen enthält.

Friedrich Schlegel

KLASSIKER

Ein großer Klassiker ist heutzutage ein Mann, den man loben kann, ohne ihn gelesen zu haben.

Chesterton

Ein wahrer Klassiker ist ein Autor, der den menschlichen Geist bereichert, seinen Schatz gemehrt und ihn einen Schritt vorwärtsgeführt hat.

Sainte-Beuve

Klassiker: einer, der uns nicht mehr davon in Kenntnis setzen kann, daß er die Ansichten, auf die wir uns berufen, längst geändert hat.

Laub

KLASSISCH

Ein klassisches Werk ist klassisch, nicht weil es sich gewissen Regeln des Aufbaus fügt oder zu gewissen Definitionen stimmt (von denen der Autor wahrscheinlich nie gehört hat). Es ist klassisch kraft einer gewissen ewigen und nicht kleinzukriegenden Frische.

Ezra Pound

Das Klassische, was sie jetzt verspotten, das ist das, was die Seele frei macht, das Kleinliche nicht kennt und das Christliche vorahnt.

Fontane

Klassisch ist das Gesunde, romantisch das Kranke.

Goethe

KLATSCH

Wir sind geborene Polizisten. Was ist Klatsch andres als Unterhaltung von Polizisten ohne Exekutivgewalt.

Morgenstern

Klatschen heißt anderer Leute Sünde beichten.

Wilhelm Busch

Klatsch ist die schnellste Regenerierung auf Kosten anderer.

Arndt

Klatsch ist Mangel eines lohnenden Themas.

Hubbard

Klatsch ist ein Laster, das keiner für sich beansprucht, das aber jeden erfreut.

Joseph Conrad

Klatschen ist die Kunst, in so einer Weise nichts zu sagen, daß praktisch nichts ungesagt bleibt.

Winchell

Die Basis für einen Klatsch ist eine unmoralische Gewißheit.

Wilde

KLAVIER

Klavier: ein Salongerät, dazu bestimmt, verstockte Besucher mürbe zu machen. Es funktioniert, indem man die Tasten der Maschine und die Stimmung der Zuhörer niederdrückt.

Bierce

Neues Klavier: ungeborener Lärm im Leib.

Wilhelm Busch

KLEIDER

Kleider sind Täuschungen des Körpers.

Lohberger

Kleider sind die Waffen, womit die Schönen streiten und die sie, gleich den Soldaten, dann nur von sich werfen, wenn sie überwunden sind.

Jean Paul

KLEPTOMANE

Kleptomane: ein reicher Dieb.

Bierce

Ein Kleptomane ist ein Mensch, der sich selbst hilft, wenn er sich nicht mehr zu helfen weiß.

Morgan

KLUB

Ein echter Klub ist eine Mischung von Institut und Gesellschaft. Er hat einen Zweck wie das Institut; aber keinen bestimmten, sondern einen unbestimmten, freien: Humanität überhaupt. Aller Zweck ist ernsthaft; die Gesellschaft ist durchaus fröhlich.

Novalis

KLUG

Wer Urteilskraft in Geschäften zeigt, ist gescheit. Hat er dabei zugleich Witz, so heißt er klug.

Kant

Klug sein heißt angewandte Seelenkunde treiben. Wer einen anderen gar nicht zu behandeln versteht, der beweist, daß er in sein Wesen und seine Bedürfnisse keinen Einblick hat.

Isolde Kurz

Klug ist, wer stets zur rechten Stunde kommt, doch klüger, wer zu gehn weiß, wann es frommt.

Geibel

KLUGHEIT

Die höchste Klugheit besteht darin, den Wert der Dinge genau zu kennen.

La Rochefoucauld

Superklugheit, überreife, Fallobst vom Baume der Erkenntnis.

Hans Kasper

KNITTELVERSE

Knittelverse sind Poesie ohne Stammbaum.

Unbekannt

KOALITION

Koalition: eine Partei wäscht die andere.

Renner

Die Koalition ist die intimste Form der Gegnerschaft.

Wiggins

Koalition ist das Kunststück, den rechten Schuh auf dem linken Fuß zu tragen, ohne Hühneraugen zu bekommen.

Mollet

Die große Koalition ist die formierte Gesellschaft des Parlaments zur Abwehr mißgünstiger Wählereinflüsse.

Nahr

KÖDER

Köder: ein Präparat, das einen Haken genießbarer macht. Der beste Köder ist Schönheit.

Bierce

KÖNIG

Der König ist ein Staatsdiener, der heutzutage eine Art Wurmfortsatz geworden ist: ohne Zweck, wenn er ruhig ist; wird er aufdringlich, läuft er Gefahr, entfernt zu werden.

O'Malley

Der König ist ein hochbezahltes Modell für Briefmarken.

Unbekannt

Die Könige sind die Richter der Erde, und die Weisen sind die Richter der Könige.

Jüdische Lebensweisheit

KÖRPER

Der Körper ist der Übersetzer der Seele ins Sichtbare.

Morgenstern

Der Körper ist das Gerät der Seele, mit dem sie alle Taten ausführt.

Jüdische Lebensweisheit

Der menschliche Körper ist eine Maschine, die ihre Federn selbst aufzieht, ein lebendiges Abbild der ewigen Bewegung.

La Mettrie

Unter Körper verstehe ich eine Daseinsform, welche das Wesen Gottes, sofern es als ausgedehntes Ding betrachtet wird, auf gewisse und begrenzte Weise ausdrückt.

Spinoza

KOLLEKTIVISMUS

Der Kollektivismus bedeutet nichts anderes als eine Massenerkrankung des Egoismus, die ebenso mittels Suggestion geheilt werden muß, wie sie durch dieselbe hervorgerufen worden ist.

Lohberger

KOLLEKTIVMENSCH

Der Kollektivmensch hat die Wünsche derer, die ihn beherrschen.

Lohberger

KOMET

Komet: Flüchtling des Sonnensystems.

Unbekannt

KOMISCH

Das Komische geht aus dem Mangel an Bewußtsein, das Tragische aus dem Mangel des Bewußtseins hervor.

Arntzen

Eine Situation ist immer dann komisch, wenn sie gleichzeitig an zwei Ereignisreihen teil hat, die voneinander völlig unabhängig sind, und wenn sie auf zwei völlig verschiedene Weisen gedeutet werden kann.

Bergson

Das Komische ist die beständige Negation der Natur.

Hebbel

KOMITEE

Das Komitee ist eine Sackgasse, in die Ideen hineingelockt und dann in Ruhe erdrosselt werden.

John A. Lincoln

Das Komitee ist eine Gruppe von Menschen, die – einzeln – nichts tun können, aber zusammenkommen und entscheiden, daß nichts getan werden kann.

Unbekannt

Das Komitee ist eine Gruppe, die nur dann etwas erreicht, wenn sie aus drei Mitgliedern besteht, von denen eines krank und das andere abwesend ist.

Loon

KOMMUNIQUÉ

Kommuniqué: ein Gerücht mit Epauletten.

Baer

KOMMUNISMUS

Kommunismus: die Ausbeutung der Starken durch die Schwachen.

Proudhon

Der Kommunismus ist ein System, das sich auf die Überzeugung gründet, daß der Mensch so schwach und unvollkommen sei, daß er nicht imstande ist, sich selbst zu regieren, und daß er deshalb die Herrschaft starker Herren braucht.

Truman

Kommunismus: keiner bekommt etwas, aber alle arbeiten.

Allen

Die kommunistische Philosophie ist der Glaube, daß, wenn man die Menschen in Armut erhält, die Armut die Menschen im Kommunismus erhalten wird.

Unbekannt

Kommunismus ist nicht Liebe. Kommunismus ist der Hammer, mit dem wir den Feind zerschlagen.

Mao Tse-tung

Kommunismus und Kapitalismus sind nur Wege, auf denen die Menschen dazu gebracht werden, einander umzubringen.

Bertrand Russell

KOMMUNIST

Der Kommunist ist ein Sozialist in großer Eile.

G. W. Gough

Ein Kommunist ist ein Sozialist ohne Sinn für Humor.

Cutten

Was ist ein Kommunist? Einer, der Sehnsucht hat nach gleicher Verteilung ungleicher Einkommen.

Ebenezer Elliott

Kommunisten sind behagliche Fanatiker.

Spewack

Der Kommunist ist ein Mensch, der von dem Eindruck erfüllt ist, das jedermann arm zu sterben wünscht.

Unbekannt

Kommunist: einer, der die Hoffnung aufgegeben hat, Kapitalist zu werden.

Unbekannt

Ein echter Kommunist (den man kurzweg beschreiben kann als einen überaus stolzen Menschen, der sich vornimmt, den Allgemeinbesitz zu bereichern, anstatt auf dessen Kosten zu leben) steht genau um so vieles höher als ein gewöhnlicher Aktionär, wie ein gewöhnlicher Aktionär höher steht als ein Seeräuber.

Shaw

KOMÖDIE

Komödie: eine aus der Vogelperspektive betrachtete Tragödie.

Hubbard

KOMPLIMENT

Kompliment: ein Applaus, der erfrischt.

Wierlein

Kompliment – ein Kuß durch einen Schleier.

Victor Hugo

Komplimente sind Investitionen zwecks raschen Gewinns.

Wiesner

Komplimente sind Lügen in Hofkleidung.

Unbekannt

Komplimente gleichen künstlichen Klimaanlagen zwecks schneller Ernte.

Hans Arndt

KOMPROMISS

Ein Kompromiß, das ist die Kunst, einen Kuchen so zu teilen, daß jeder meint, er habe das größte Stück bekommen.

Unbekannt

Der Kompromiß ist ein guter Schirm, aber ein schlechtes Dach.

Lowell

Kompromiß: der Ausgleich widerstreitender Interessen, wobei jeder die Genugtuung hat, zu meinen, er erhalte, was er eigentlich nicht haben dürfte, und ihm sei nur das vorenthalten, was ihm rechtens zukäme.

Bierce

KONFERENZ

Eine Konferenz ist eine Sitzung, bei der viele hineingehen und wenig herauskommt.

Finck

Konferenz: ein Treffen, wo entschieden wird, wann das nächste Treffen stattfinden wird.

Ginsberg

KONFORMISMUS

Konformismus: die kollektive Weisheit individuellen Unwissens.

Carlyle

KONFORMIST

Konformist: einer, der gegen dieselben Dinge wie du keine Einwendungen erhebt.

Baker

KONSERVATISMUS

Was ist Konservatismus? Ist es nicht das Festhalten am Alten und Erprobten gegenüber dem Neuen und Unerprobten?

Abraham Lincoln

Konservatismus ist die Verehrung toter Revolutionäre.

Rossiter

Konservatismus ist eine Geistesverfassung, die von einer guten Stelle herrührt.

Unbekannt

Konservatismus: die Illusion, sich die Vergangenheit in die Zukunft gaukeln zu können.

Rudolf Rolfs

Der Konservativismus ist ein verwikkeltes Phänomen. Es gibt Konservative, die sich aus purem Konservativismus für Kommunisten halten.

Laub

Konservatismus: Kinder an den Fehlern ihrer Eltern teilhaftig werden lassen.

Rudolf Rolfs

KONSERVATIVER

Ein Konservativer ist ein Mensch, der glaubt, daß nichts zum ersten Mal getan werden sollte.

Wiggam

Ein Konservativer ist ein Mensch mit zwei völlig gesunden Beinen, der nie gehen gelernt hat.

Franklin D. Roosevelt

Konservativer: einer, der etwas zu konservieren hat.

Unbekannt

Seltsam, wie konservativ die Menschen werden, wenn sie das Geringste zu verlieren haben!

Niederreuther

Ein Konservativer ist ein Mensch, der sitzt und denkt; zumeist sitzt.

Woodrow Wilson

Ein Konservativer ist ein Mensch, der zu feige ist, um zu kämpfen, und zu fett, um zu rennen.

Hubbard

Ein Konservativer ist jemand, der nicht den Unterschied zwischen Radikalismus und einer Idee sehen kann.

Unbekannt

Ein Konservativer ist ein Mensch, der Radikalisten ein Jahrhundert nach ihrem Tode bewundert.

Rosten

Der Demokrat ist ein junger Konservativer, der Konservative ein alter Demokrat.

Emerson

Konservative sind jene, welche ihren geschichtlichen Kot für ihre weltanschauliche Zukunft halten.

Rudolf Rolfs

Konservativer: ein Politiker, der von den bestehenden Mißständen gefesselt ist; er unterscheidet sich so vom Liberalen, der diese Mißstände durch andere zu ersetzen wünscht.

Bierce

KONSTITUTION

Konstitution: die Gesundheit der Nation.

Unbekannt

KONSUMENT

Die Konsumenten sind das Proletariat von heute.

Arntzen

KONVENTION

Konvention heißt Übereinkommen in Worten und Handlungen ohne Übereinkommen des Gefühls.

Nietzsche

KONVERSATION

Konversation ist eine Kunst, bei der jeder Mensch alle anderen als Konkurrenten hat.

Emerson

Konversation: eine Stimmenkonkurrenz, wo derjenige, der eben Luft holt, Zuhörer genannt wird.

Unbekannt

Konversation ist die weibliche Form des Schweigens.

Alix

Unter Konversation versteht die Frau die Kunst, andere nicht zu Worte kommen zu lassen.

Polgar

Konversation ist Sprache als Gesellschaftsspiel.

Nahr

KONZENTRATION

Konzentration ist die ungetrübt nach innen gerichtete Abseitigkeit.

Hans Arndt

KOPF

Der Kopf ist jener Teil unseres Körpers, der uns am häufigsten im Wege steht.

Laub

Ein Kopf ohne Gedächtnis ist eine Festung ohne Besatzung.

Napoleon I.

KORRUPTION

Korruption ist Alchemie, versuchte Umwandlung minderen Stoffes in edleren: Man gibt einem Esel Heu, in der Hoffnung, daß er Dukaten sch . . .

Hans Kasper

Korruption ist die Autobahn neben dem Dienstweg.

Nahr

KOSMETIK

Kosmetik ist die Lehre vom Kosmos des Weibes.

Karl Kraus

Kosmetik ist eine Maßnahme mit aufschiebender Wirkung.

Nahr

KRAFT

Kraft ist die Materie der Stoffe.

Novalis

KRANKHEIT

Krankheit ist der Anruf der Wahrheit an uns.

Reinhold Schneider

Krankheit ist Leben mit verringerten Funktionen; die Fähigkeit, krank zu werden, schützt vor frühem Tode. Krankheit, so betrachtet, ist Warnung; sie wird zur Schuld, wenn man die Warnung nicht beachtet.

Kollath

Die Krankheit ist die Vergeltung der empörten Natur.

Ballou

Krankheiten sind die Anklagen des Todes wider unser Leben – die Ärzte sind unsere Advokaten.

Aus den »Fliegenden Blättern«

Krankheiten sind Höflichkeitsbesuche des Todes.

Kudszus

Die Krankheiten, die das Wachstum der Menschheit bezeichnen, nennt man Revolutionen.

Hebbel

Kranksein: das heißt im Advent leben.

Reinhold Schneider

Der Kranke? Ein Metaphysiker wider Willen.

Cioran

KRAWATTE

Krawatten sind eine Quelle der Behaglichkeit, wenn man sie ablegt.

Definition eines Kindes
Zitiert nach H. Hoving,
»Der Pfau ist ein blühendes Huhn«

KREDIT

Der Kredit ist eine durch reale Leistungen erzeugte Idee der Zuverlässigkeit.

Goethe

Kredit ist angewandter Glaube.

Unbekannt

Der Kredit ist das Blut der Wirtschaft; die Kontrolle über den Kredit ist die Kontrolle über die gesamte Gesellschaft.

Sinclair

Kredit:

a) Ruf, den man hat.

b) Geld, das man nicht hat.

Michael Schiff

KREIS

Der Kreis ist ein Nichteck.

Definition eines Kindes

Ein Kreis ist eine runde Linie, ohne Ecken und überall zu, damit man nicht sehen kann, wo sie anfängt.

Definition eines Kindes

KRIEG

Der Krieg ist ein Winterschlaf der Kultur.

Nietzsche

Der Krieg ist der Vater aller Dinge.

Heraklit

Es ist unleugbar, daß der Krieg der natürliche Zustand der Menschen war, bevor die Gesellschaft gebildet wurde, und zwar nicht einfach der Krieg, sondern der Krieg aller gegen alle.

Hobbes

Der Krieg ist ein höchst sinnvolles Handeln mit schlußendlich immer untauglichen Mitteln.

Gütersloh

Kriege und Revolutionen sind parasexuelle Vorgänge der Geschichte. Als Erscheinung sind sie den Perversionen zuzurechnen. Sie setzen vor allem latente Sadismen und Masochismen in der Masse frei. Pseudo-Intellektualität und Pseudo-Männlichkeit können endlich ihre von der Natur so oft benachteiligte Potenz mit sanktionierten Stimulantien aufputschen und so in der Gewalt zu Lust kommen.

Hans Kasper

Kriege sind Zustände völkischer Blutrache.

Lohberger

Der Krieg zwischen zwei gebildeten Völkern ist ein Hochverrat an der Zivilisation.

Carmen Sylva

Kriege sind Rückfälle ins Kannibalentum.

Rudolf Rolfs

Der Krieg ist nix als die Geschäfte, und statt mit Käse ist's mit Blei.

Brecht

Krieg: eine Anstrengung, fremde Märkte zu erschließen durch Töten fremder Verbraucher.

Unbekannt

Krieg: die Furcht, welche Sicherheit will und sie nur in der Übermacht über alle anderen findet.

Jaspers

Der Krieg ist das Gericht der Könige; die Siege sind seine Urteile.

Rivarol

Der Krieg ist nichts anderes als eine Fortsetzung der Politik mit anderen Mitteln.

Clausewitz / Übliche Zitierweise

Der Originalwortlaut aus *Clausewitz*, »Vom Kriege«, 11. Aufl. 1832, S. 640: Der Krieg ist nichts als eine Fortsetzung des politischen Verkehrs mit Einmischung anderer Mittel, um damit zugleich zu behaupten, daß dieser politische Verkehr durch den Krieg selbst nicht aufhört, nicht in etwas anderes verwandelt wird, sondern daß er in seinem Wesen fortbesteht, wie auch die Mittel gestaltet sein mögen, deren er sich bedient.

»Der Krieg ist die Fortsetzung der Politik.« Von diesem Punkt aus gesehen, ist der Krieg Politik. Der Krieg an sich ist eine Handlung, die politischen Charakter trägt; seit alters hat es keinen Krieg gegeben, der nicht politischen Charakter gehabt hätte ... Aber der Krieg hat seine Besonderheiten. Aus dieser Sicht betrachtet, ist der Krieg nicht gleichbedeutend mit der Politik schlechthin. »Der Krieg ist die Fortsetzung der Politik mit spezifischen Methoden.« Wenn die Politik einen bestimmten Entwicklungsgrad erreicht hat und sich nicht mehr weiterentwickeln kann, dann bricht der Krieg aus, der der Politik die Hindernisse aus dem Weg räumen soll ... Sind die Hindernisse beseitigt und ist das Ziel der Politik erreicht, hört der Krieg auf. Sind die Hindernisse nicht restlos beseitigt, dann muß der Krieg fortgeführt werden, damit die Sache ein Ende findet ... Deshalb kann man folgendes sagen: Politik ist unblutiger Krieg, und Krieg ist blutige Politik.

Mao Tse-tung

Seit es keine Kabinettskriege mehr gibt, ist jeder Krieg das Erzeugnis öffentlicher Reden.

Nahr

Krieg: Der Mut zu sterben siegte über den Mut, ein unangenehmes Nein zu sagen.

Rychner

Der Krieg ist die Ferienzeit des Diplomaten.

Robert R. Young

Der Krieg ... das törichteste und das heuchlerischste Rezept ... die Menschen gleichzustellen.

Giraudoux

Kriege sind Revolutionen nach außen.

Lohberger

Der Krieg ist nie etwas anderes als eine mit technischen Mitteln beschleunigte Veränderung.

McLuhan

Die großen Kriege der Gegenwart sind die Wirkungen des historischen Studiums.

Nietzsche

Kriege entstanden immer dann, wenn der intellektuelle Flirt mit der Ohnmacht eine Kultur tödlich zerstreute.

Hans Kasper

Einen Krieg beginnen heißt nichts weiter als einen Knoten zerhauen, statt ihn auflösen.

Morgenstern

Der Krieg entstand meist aus der falschen Hoffnung, das Begehrte »friedlich« grapschen zu können.

Ludwig Marcuse

Krieg ist zuerst die Hoffnung, daß es einem besser gehen wird, hierauf die Erwartung, daß es dem andern schlechter gehen wird, dann die Genugtuung, daß es dem andern auch nicht besser geht, und hernach die Überraschung, daß es beiden schlechter geht.

Karl Kraus

Krieg: ein Nebenprodukt der Friedenskünste. Der Krieg kommt wie der Dieb in der Nacht; Beteuerungen ewiger Freundschaft schaffen die Nacht.

Bierce

KRITIK

Kritik heißt: das Maß einer Sache besitzen; das Unmaß sehen; und davon so sehr ergriffen werden, daß die aussagende Sprache zur Einheit von Inhalt und Form gelangt . . .

Heimito von Doderer

Ich möchte die Kritik ein Schaffen aus Geschaffenem nennen.

Wilde

Denn die höchste Kritik ist nichts anderes als ein Erzählen von seiner eigenen Seele.

Wilde

Die Kritik gleicht einer Bürste. Bei allzu leichten Stoffen darf man sie nicht verwenden, denn sonst bliebe nichts mehr übrig.

Balzac

Kritik ist vor allem eine Gabe, eine Intuition, eine Sache des Takts und des Spürsinns; sie kann nicht gelehrt oder gezeigt werden – sie ist eine Kunst.

Amiel

Kritik ist die Kunst, mit der sich der Kritiker einen Anteil am Ruhm des Künstlers zu sichern trachtet.

George Jean Nathan

Kritik ist die Kunst, auf fremde Kosten geistreich zu sein, ohne daß jemand den Diebstahl merkt.

Herbst

Kritik – wie sie von vielen geübt wird – ist eine Art indirekter Selbstdarstellung.

Rosenfeld

Die höchste Form wie die niedrigste Form der Kritik ist eine Art Selbstbiographie.

Wilde

Kritik ist die Steuer, die ein Mensch der Öffentlichkeit entrichtet, damit sie ihm erlaubt, außergewöhnlich zu sein.

Swift

Die Kritik ist eine Steuer, die der Neid dem Talent auferlegt.

de Lévis

Alle Kritik, aller Tadel läuft auf den Satz hinaus: ich bin nicht du.

Valéry

Kritik ist eine Gedächtnisschwäche des Selbstbewußtseins.

Schlosser

Was ist Kritik? Kritik ist, wenn man das schlecht zu machen sucht, was ein anderer gut zu machen gesucht hat.

Aus den »Fliegenden Blättern«

Daß so vielen Kritik als Mäkelei erscheint, ist verständlich: sie halten ihre Mäkelei für Kritik.

Arntzen

Die Kritik erscheint wie Ate: Sie verfolgt die Autoren, aber hinkend.

Goethe

Lieblose Kritik ist ein Schwert, das scheinbar den andern, in Wirklichkeit aber den eignen Herrn verstümmelt.

Morgenstern

Das ist klarste Kritik von der Welt, wenn neben das, was ihm mißfällt, einer was Eigenes, Besseres stellt.

Geibel

KRITIKER

Ein Kritiker ist ein Mann, der Wunder erwartet.

Huneker

Ein Kritiker ist ein Mann ohne Beine, der das Laufen lehrt.

Channing Pollock

Ein Kritiker ist eine Henne, die gakkert, wenn andere legen.

Guareschi

Der Kritiker ist ein Wegelagerer auf dem Wege zum Ruhm.

Burns

Der Kritiker ist ein Mensch, der dich verachtet, weil du nicht sein Talent hast.

Nunnally Johnson

Die Kritiker dieser Epoche gleichen Essern mit verdorbenen Mägen. Sie beschränken sich auf das Schlürfen von Details.

Brecht

Der Kritiker ist der Mensch, der es versteht, seinen Eindruck von schönen Dingen in einen andern Stil oder in ein neues Mittel zu übertragen. Er ist ein Mensch, der uns ein Kunstwerk in einer neuen Form zeigt. Wer aber ein neues Verfahren anwendet, ist ein Kritiker und ein Schaffender zugleich.

Wilde

Ein guter Kritiker ist jemand, der von den Abenteuern seiner Seele unter den Meisterwerken erzählt.

France

Der Kritiker ist der Stratege im Literaturkampf.

Walter Benjamin

Kritiker: jemand, der sich damit brüstet, daß er schwer zufriedenzustellen sei, weil niemand versucht, ihn zufriedenzustellen.

Bierce

KRONE

Die Krone: eine Kopfbedeckung, die den Kopf überflüssig macht.

Laub

KÜNSTLER

Künstler sind die Fühlhörner der Menschheit.

Ezra Pound

Der Künstler ist jenes einzigartige Wesen, das am wenigsten zu sagen hat, aber alles zu Sagende am besten zu sagen versteht.

Gütersloh

Künstler ist, wer die Welt immer neu sieht, wie zum erstenmal, und der es vermag, daß auch andere so sehen.

Schickele

Der Künstler ist der Schöpfer schöner Dinge. Die Kunst zu offenbaren, den Künstler zu verbergen – das ist das Ziel der Kunst.

Wilde

Künstler sein heißt: dem Schöpfer mit eigenen Schöpfungsversuchen kraftvoll begegnen.

Ponten

Der Künstler ist der große Revolutionär. Er ist sozusagen das »böse Gewissen« der Menschheit. Die Menschheit will Ruhe, er aber will ewige Bewegung. Die Menschheit will Festes, Kompaktes, Resultate, er aber will immer wieder auseinanderbrechen, verflüssigen, in Probleme auflösen. In allem Geistigen ist er der größte Anarchist.

Friedell

Künstler sein, das heißt: verstehen, die rauhen Flächen der Wirklichkeit so glatt zu schleifen, daß sie die ganze Unendlichkeit von den Höhen des Himmels bis zu den Tiefen der Hölle widerzuspiegeln vermag.

Schnitzler

Ein Künstler ist, wer sein Zentrum in sich selbst hat. Wem es da fehlt, der muß einen bestimmten Führer und Mittler außer sich wählen, natürlich nicht auf immer, sondern nur fürs erste. Denn ohne lebendiges Zentrum kann der Mensch nicht sein, und hat er es noch nicht in sich, so darf er es nur in einem Menschen suchen, und nur ein Mensch und dessen Zentrum kann das seinige reizen und wecken.

Friedrich Schlegel

Der Künstler empfindet das, was die Nichtkünstler »Form« nennen, als Inhalt.

Nietzsche

Künstler ist nur einer, der aus der Lösung ein Rätsel machen kann.

Karl Kraus

Von allen Definitionen des Künstlers gefällt mir am besten: ein Nadelkissen im Boudoir der menschlichen Gesellschaft.

Nowaczyński

KÜNSTLERNATUR

Als Künstlernatur bezeichnen wir im allgemeinen die Summe von Eigenschaften, die den Künstler im Produzieren behindert.

Schnitzler

KUH

Kuh: nichts als eine Maschine, die Gras für uns Menschen genießbar macht.

McNulty

Die Kuh ist ein Wiederkäuer und hat vier Bäuche.

Definition eines Kindes
Zitiert nach H. Hoving,
»Der Pfau ist ein blühendes Huhn«

KULTUR

Was ist Kultur? Zu wissen, was einen angeht, und zu wissen, was einen zu wissen angeht.

Hofmannsthal

Eine Kultur besteht aus einer Reihe sinnlicher Vorlieben.

McLuhan

Kultur ist die Angewohnheit, mit dem Besten zufrieden zu sein und zu wissen – warum.

van Dyke

Kultur heißt berechnen lernen, an Notwendigkeit glauben lernen.

Nietzsche

Unsere Sinnespräferenzen ändern sich rapide. Eine Kultur besteht aus einer Aneinanderreihung von Sinnespräferenzen – wieviel Beleuchtung, wieviel Klang, wieviel Raum, wieviel Entfernung, wieviel Farbe.

McLuhan

Kultur ist die Pflege der Vernachlässigung einer Naturanlage.

Karl Kraus

Kultur ist Zusammenarbeit.

Henry George

Kultur ist Einheit des künstlerischen Stils in allen Lebensäußerungen eines Volkes.

Nietzsche

Kultur ist die Vergeistigung des Kampfes aller gegen alle. Der Wille zur Macht als Gemeinschaft.

Lohberger

Kultur ist Ausgestaltung von Gottes Einfällen.

Eschmann

Kultur ist richtig umschrieben worden als Liebe zur Vollkommenheit; sie ist eine Studie der Vollkommenheit.

Arnold

Eine Kultur beruht nicht auf dem Gebrauch der erschaffenen Dinge, sondern auf der Glut, die sie hervorbringt.

Saint-Exupéry

Kultur ist nur ein dünnes Apfelhäutchen über einem glühenden Chaos.

Nietzsche

Kultur nennen wir die ganze Summe derjenigen Entwicklungen des Geistes, welche spontan geschehen und keine universale oder Zwangsgeltung in Anspruch nehmen.

Burckhardt

Kultur ist Bedeutung, Natur *ist*.

Lohberger

Kulturen sind Organismen. Weltgeschichte ist ihre Gesamtbiographie.

Spengler

Kultur: Luxus für Kulturlose.

Rudolf Rolfs

Kultur ist die Gesamtheit aller Formen der Kunst, der Liebe und des Denkens, die, im Verlaufe von Jahrtausenden, dem Menschen erlaubt haben, weniger Sklave zu sein.

Malraux

Der Endzweck aller Kultur ist es, das, was wir »Politik« nennen, überflüssig, jedoch Wissenschaft und Kunst der Menschheit unentbehrlich zu machen.

Schnitzler

KUNDEN

Kunden sind das Kanonenfutter des Geschäftslebens.

Rudolf Rolfs

KUNDGEBUNG

Eine Kundgebung ist kein Rendezvous der Köpfe, sondern der Kehlen.

Hans Kasper

KUNST

Die Kunst ist ein verzögertes Echo.

Santayana

Kunst ist das, was die Hauptlinien unterstreicht.

Nietzsche

Die Kunst, wie die Moral, besteht darin, irgendwo die Linie zu ziehen.

Chesterton

Kunst ist Mensch plus Natur.

van Gogh

Die Kunst ist eine Zusammenarbeit zwischen Gott und dem Menschen. Je weniger der Mensch dabei tut, desto besser.

Gide

Die Kunst ist ein Gefühl, das ein Mensch durchlebt hat, und das er durch ein Mittel – Stein, Bronze, Farbe, Worte oder Musik – so auszudrücken vermag, daß es auf andere Menschen übertragen wird.

Halliday

Auf die Frage: »Was ist Kunst?« antworten wir: »Das, wodurch Formen in Stil verwandelt werden«.

Malraux

Kunst ist die Wiedergabe dessen, was die Sinne in der Natur durch den Schleier der Seele erkennen.

Poe

Die Kunst ist eine Vermittlerin des Unaussprechlichen.

Goethe

Die Kunst ist das Ins-Werk-Setzen der Wahrheit.

Heidegger

Kunst ist eine Lüge, die uns die Wahrheit erkennen läßt.

Picasso

Kunst ist das Bemühen, neben der wirklichen Welt eine menschlichere Welt zu schaffen.

Maurois

Die Kunst ist das Gewissen der Menschheit.

Hebbel

Kunst ist das, was Welt wird, nicht was Welt ist.

Karl Kraus

Kunst: ein Beweis, der keiner Erklärung mehr bedarf, und nur noch zu sich selber spricht.

Lohberger

Kunst ist das, was übrig bleibt, nachdem alles an ihr bis ins letzte analysiert worden ist.

Kessel

Kunst ist ein Werturteil, das sich durchgesetzt hat.

Niederreuther

Kunst ist Sprache: also im höchsten Sinn soziale Funktion.

Gerhart Hauptmann

Die Kunst einer Gesellschaft verstehen heißt, die maßgebende Tätigkeit dieser Gesellschaft in ihren intimsten und schöpferischsten Momenten verstehen.

Dawson

Die Kunst ist nicht ein Ziel, sondern ein Mittel, die Menschheit anzusprechen.

Mussorgsky

Kunst ist theoretische Liebe, gefilterte Natur.

Lohberger

Die Kunst ist der Riese Antäus, der immer durch die Berührung mit seiner Mutter Erde sich neue Kraft holen muß.

Mohr

Die Kunst ist der Übergang aus der Natur zur Bildung und aus der Bildung zur Natur.

Hölderlin

Die Kunst ist der höchste Ausdruck der Wahrheit, dessen wir fähig sind.

Binding

Die Kunst ist das Gewissen der Menschheit.

Hebbel

Kunst: ein Rätsel für alle, die bloß wissen wollen, eine Offenbarung allen, die mehr wollen, die – weniger wollen!

Lohberger

Die ganze Kunst ist ein Problem des Gleichgewichts zwischen zwei Gegensätzen.

Pavese

Kunst ist Natur als Formel.

Lohberger

Alle Kunst beruht auf Ordnung, Maß und Zahl.

Muschg

Die Kunst ist eine zusammengepreßte Natur und die Natur eine auseinandergelaufene Kunst.

Hebbel

Die Kunst ist der Tagtraum der Menschheit.

Lohberger

Die Kunst ist das Kompliment der Natur.

Novalis

Kunst: Verzierung dieser Welt.

Wilhelm Busch

Die Kunst ist zwar nicht das Brot, aber der Wein des Lebens.

Jean Paul

Der Ernst im Gewande des Spiels, das Spiel im Gewande des Ernsts: das ganze Wesen der Kunst.

Michel

Die Kunst ist die Wirklichkeit der Götter, vielleicht vielfach aus trüben Quellen genährt, aber wenn sie dasteht, trägt sie die Erinnerung an jene.

Benn

Die Kunst ist die irdische Schwester der Religion, die uns auch heiligt, und wenn wir ein Herz haben, sie zu vernehmen, dann werden wir erhoben und beseligt.

Stifter

Kunst ist Erschaffung und Ausdruck des Schönen.

Galbraith

Alle Kunst ist Selbstgespräch.

Michel

Kunst, so heißt der Weg der Seele nach oben.

Lohberger

Die Kunst ist Entsagung, aber eine Entsagung, die alles empfängt.

Benn

Kunst ist ein Telefon der Ewigkeit. Aber zum Telefonieren gehören zwei: dem, der anruft, muß dann erst auch noch einer antworten. Erst mit der Antwort der Zeit auf den Anruf der Ewigkeit ist die Verbindung hergestellt: das Kunstwerk. Aus der Eingebung allein entsteht es noch nicht, sie muß erst angenommen und aufgenommen, sie muß erwidert sein; erst wenn der Künstler, durch den Einfall aufgeschreckt, sich zur Wehr setzend, nun ausfällig wird, entsteht das Kunstwerk.

Bahr

KUNSTWERK

Das Kunstwerk ist der schöne Schein der Idee.

Hegel

Das Kunstwerk ist eine Idee, die übertrieben wird.

Gide

Ein Kunstwerk ist ein Stück Natur, gesehen durch ein Temperament.

Zola

Kunst ist nicht ein Stück Welt im Spiegel des Temperaments, sondern – ein Temperament im Spiegel des Bewußtseins.

Morgenstern

Das Kunstwerk ist das Ergebnis eines Zusammenwirkens von Einbildungskraft und Verlangen.

Claudel

Das Werk ist die Totenmaske der Konzeption.

Walter Benjamin

Jedes wirkliche Kunstwerk ist der Grundriß zum einzigen Tempel auf Erden.

Hofmannsthal

Ein Kunstwerk ist eine umständliche und ausgebreitete Handlung, durch die ein Charakter erkennbar wird.

Hofmannsthal

Das Kunstwerk ist die Inkarnation eines Dramas des Verstandes.

Camus

Ein klassisches Kunstwerk – man sieht die Fäden nicht heraushängen, an denen die Puppen gezogen werden.

Raabe

Jedes Kunstwerk ist einem lebenden Organismus ähnlich. Das einzelne Wort einer Dichtung trägt den Formwillen des Ganzen in sich, so wie jede Zelle um den Plan des Ganzen weiß.

Waggerl

Ein Kunstwerk schön finden heißt, den Menschen lieben, der es hervorbrachte.

Morgenstern

»Künstlerisches Experiment« ist eine Jargonvokabel für den Ausdruck bedeutender Unfähigkeit.

Arntzen

KURVE

Kurve: die lieblichste Entfernung zwischen zwei Punkten.

Mae West

KUSS

Der Kuß ist die aufrichtigste Form der Schmeichelei.

Unbekannt

Küsse sind das, was von der Sprache des Paradieses übriggeblieben ist.

Joseph Conrad

Der Kuß ist eine stumme Fortsetzung.

Frenzel

Der Kuß ist das Siegel der Liebe.

Lohberger

Der Kuß ist ein Lippenbekenntnis zur Liebe.

Unbekannt

Der Kuß ist ein schlau erfundenes Verfahren, welches das Reden gegenseitig stoppt, wenn Worte überflüssig sind.

Herford

Ein Kuß kann ein Komma sein, ein Fragezeichen oder ein Ausrufezeichen. Diese grundlegenden Satzzeichen sollte jede Frau beherrschen.

Unbekannt

Ein Kuß, was ist er, wenn alles darüber gesagt wird? ... ein rosig Pünktchen auf das »i« in Liebe gesetzt. Ein Geheimnis ist's, das dem Mund und nicht dem Ohr verraten wird.

de Bergerac

Definition eines Kusses: die anatomische Nebeneinanderstellung von zwei Ringmuskeln im Zustand der Kontraktion.

Gibbons

Der Kuß ist eine eigentümliche Beziehung: von keinerlei Nutzen für einen, doch vollendete Wonne für zwei. Der kleine Junge bekommt ihn für nichts, der junge Mann muß dafür lügen, der alte Mann muß ihn kaufen. Der Kuß ist das Recht des Babys, das Vorrecht des Liebenden, die Maske des Heuchlers. Einem jungen Mädchen bedeutet er Vertrauen, einer verheirateten Frau Hoffnung, einer alten Jungfer Mitleid.

Skipper

L

LACHEN

Lachen ist ein Gefühl des Wohlbehagens, das überall wahrgenommen und hauptsächlich an einer Stelle gezeigt wird.

Josh Billings

Lachen ist ein Ausdruck relativer Behaglichkeit.

Wilhelm Busch

Lachen, das ist der Geist, der niest.

Lewis

Lachen kann als eine Art zuckender und unfreiwilliger Bewegung definiert werden, die durch bloße Überraschung oder einen Gegensatz hervorgerufen wird, bevor sie Zeit hat, die widersprechenden Erscheinungen miteinander zu verbinden.

Hazlitt

Lachen: ein Affekt aus der plötzlichen Verwandlung einer gespannten Erwartung in nichts.

Kant

Lachen ist ein werdender Schrei, der plötzlich aufhört.

Hartley

Das Lachen ist eine Übung, bei der die Männer ihren Geist, die Frauen ihre Zähne zeigen.

Unbekannt

Die Leidenschaft des Lachens ist nichts anderes als ein plötzliches Hochgefühl, das entsteht, wenn wir unverhofft in uns selbst eine Überlegenheit gegenüber der Schwäche eines anderen oder einer eigenen früheren Schwäche entdecken.

Hobbes

Lachen. – Lachen heißt: schadenfroh sein, aber mit gutem Gewissen.

Nietzsche

Lachen ist der Schluckauf des Narren.

Ray

Lachen: Ausdruck der gekitzelten Eitelkeit.

Wilhelm Busch

Nachsichtiges Lachen ist die grausamste Form der Verachtung.

Buck

Die bloße Möglichkeit, Lachen als Waffe einsetzen zu können, zeigt, daß im Lachen die Idee der Macht eingeschlossen ist.

Höffding

Lachen ist der Tonfall des Geistes. Es gibt Lachen, das sich wie der Klang gefälschter Münzen anhört.

de Goncourt

Lachen ist das freudige Bellen eines Herdentieres in der Nähe seiner Artgenossen.

Lewis

Das Lachen ist ein geborstenes Lächeln.

John E. Donovan

LÄCHELN

Lächeln ist eine erschöpfende Aussage ohne Worte.

Hans Arndt

Das Lächeln ist eine sympathische Falte, die andere ausbügelt.

Kjellerup

Das Lächeln ist ein Licht, das sich im Fenster eines Gesichts zeigt, und anzeigt, daß das Herz daheim ist.

Unbekannt

Lächeln ist eine vergessene Grimasse.

Björling

Das Lächeln ist nur ein gut ausgetrocknetes Weinen.

Gütersloh

Das Lächeln ist eine soziale Pflicht.

Gsell

Lachen und Lächeln sind Tor und Pforte, durch die viel Gutes in den Menschen hineinhuschen kann.

Morgenstern

LÄRM

Lärm: ein Gestank im Ohr. Ungezähmte Musik. Haupterzeugnis und Echtheitszeichen der Zivilisation.

Bierce

Bei Lärm die Ohren zuhalten heißt, sein Kommando »Hände hoch« kapitulierend befolgen.

Hans Kasper

LAKONISCH

Lakonisch: eine Sprache, die nicht mehr gesprochen wird.

Flaubert

LAMPENFIEBER

Was ist ein Lampenfieber? Schmetterlinge im Magen.

Walter Slezak

LANDKARTEN

Landkarten sind die Kurzschrift der Geographie.

Grosvenor

LANDWIRTSCHAFT

Landwirtschaft: eine der Brüste des Staates.

Flaubert

LANGEWEILE

Die Langeweile ist eine Angst im Larvenzustand; der cafard – der gegenstandslose Mißmut – ein träumender Haß.

Cioran

Die Langeweile ist die Gouvernante der Bosheit.

Aus den »Fliegenden Blättern«

Wenn der Ernst zu Jahren kommt, wird er Langweile.

Wilde

Sich langweilen heißt Zeit priemen.

Cioran

Langeweile! Du bist Mutter der Musen.

Goethe

Langeweile ist das Unglück der Glücklichen.

Walpole

Die Langeweile ist das stillste, aber vielleicht das am meisten die Führung prüfende Fahrwasser des Lebens.

Heimito von Doderer

Langeweile, gefühlt zur rechten Zeit, ist ein Zeichen von Intelligenz.

Fadiman

Langeweile ist die Not derer, die keine Not kennen.

Sprichwort

Das Geheimnis zu langweilen besteht darin, alles zu sagen.

Voltaire

Langeweile ist eine Krankheit. Die Arbeit ist ihr Heilmittel. Das Vergnügen ist nur ein Linderungsmittel.

de Lévis

Langeweile ist ein böses Kraut, aber auch eine Würze, die viel verdaut.

Goethe

Langeweile ist eine Halbschwester der Verzweiflung.

Ebner-Eschenbach

LANGWEILER

Langweiler: ein Mensch, der redet, wenn du wünschst, daß er zuhört.

Bierce

Der Langweiler ist ein Mensch, der dich deiner Einsamkeit beraubt, ohne dir Gesellschaft zu bieten.

Gravina

Der Langweiler ist ein Mensch, der, wenn du dich nach seinem Befinden erkundigst, es dir erklärt.

Pollock

Ein Langweiler ist einer, der seinen Mund aufmacht und seine Heldentaten hineinsteckt.

Henry Ford

Langweiler: ein Mann, der so viel Zeit damit verbringt, von sich zu reden, so daß du nicht von dir selbst sprechen kannst.

Landon

Steril ist der, dem nichts einfällt. Langweilig ist, wer ein paar alte Gedanken hat, die ihm alle Tage neu einfallen.

Ebner-Eschenbach

LASTENAUSGLEICH

Lastenausgleich: der eine nahm die Schuld auf sich, der andere die Sühne.

Brudziński

LASTER

Was ist das Laster? Eine Neigung, die man nicht teilt.

Lorrain

Laster ist jede Art Widernatur.

Nietzsche

Laster ... eine in Gärung übergegangene Tugend.

Ortega y Gasset

Laster ist die Verbindung und Aussonderung von Punkten reinster Spontaneität durch ein hier ganz unzuständiges Continuum.

Heimito von Doderer

Das Laster ist eine zur Gewohnheit gewordene Sünde.

Unbekannt

Die Laster der Großen nennt man »Allüren«.

Beutelrock

LEBEN

Leben ist das Einatmen der Zukunft.

Leroux

Leben heißt etwas Aufgegebenes erfüllen und in dem Maße, wie wir vermeiden, unser Leben an etwas zu setzen, entleeren wir es.

Ortega y Gasset

Das Leben ist nur ein Augen-Öffnen und Wieder-Schießen. Darauf kommt's an, was man in der kleinen Mittelpause sieht.

Hebbel

Leben ist die dauernde Anpassung innerer Beziehungen an äußere.

Spencer

Das Leben ist ein Pensum zum Abarbeiten.

Schopenhauer

Das Leben ist eine Anstrengung, die einer besseren Sache würdig wäre.

Karl Kraus

Leben ist aussuchen.

Tucholsky

Das Wesen des Lebens liegt in der Bewegung, die es weiterpflanzt.

Bergson

Leben ist Wandlung: man ist in jedem neuen Augenblicke etwas anderes, als man bis jetzt war, ist also niemals endgültig man selbst.

Ortega y Gasset

Das Leben ist das durch die Materie geschleuderte Bewußtsein.

Bergson

Das Leben ist eine in siebenfaches Goldpapier eingewickelte Bittermandel.

Hebbel

Unser Leben ist ein Buch, das sich von allein schreibt.

Green

Leben ist eine verhältnismäßig selten erscheinende höhere Wirklichkeitsstufe des Daseins, zugleich dessen inkommensurables, aber einziges Maß.

Heimito von Doderer

Leben heißt, es mit etwas zu tun haben – mit der Welt und mit sich selbst.

Ortega y Gasset

Das Leben besteht in dem, was ein Mensch den ganzen Tag über denkt.

Emerson

Das Leben ist ein Denkenmüssen.

Spengler

Leben ist Bekümmertsein ...

Ortega y Gasset

Das Leben ist einfach ein verdammtes Ding nach dem anderen.

Hubbard

Das Leben ist seiner innersten Beschaffenheit nach ein Drama, denn es besteht aus einem leidenschaftlichen Kampf mit den Dingen und überdies mit unserer Anlage, dem Kampf, durch den wir in Wirklichkeit zu werden suchen, was wir im Entwurf sind.

Ortega y Gasset

Wenn einer sagt, daß das Leben ein Dreck sei, mag er schon recht haben; das ist dann aber auch alles, was er hat.

Niederreuther

Was ist das Leben anderes als eine Kette von künstlich hervorgerufenen Dummheiten.

Shaw

Leben ist Einsamsein.

Hesse

Leben ist nicht einfach das, wie Vererbung und Umgebung auf uns einwirken, sondern Leben ist, was wir aus diesen Einwirkungen machen.

Fosdick

Das Leben ist eine Erfahrung, die einem Violinsolo in der Öffentlichkeit gleicht; man lernt das Instrument während des Spielens.

Samuel Butler

Leben ist eine Erfahrung, die uns ungerne sterben läßt.

Unbekannt

Alles Leben ist ein überschwenglicher Erneuerungsprozeß.

Novalis

Das Leben ist ein Examen. Im ersten Drittel bereiten wir uns vor, im zweiten werden wir geprüft, im dritten warten wir auf die Note. Sie wird meist erst bekannt, wenn wir tot sind.

Aus den »Fliegenden Blättern«

Leben ist der Versuch des trotzig-widerspenstigen Teils, sich vom Ganzen loszureißen und für sich zu existieren, ein Versuch, der so lange glückt, als die dem Ganzen durch die individuelle Absonderung geraubte Kraft ausreicht.

Hebbel

Das Leben ist der Vordereingang zur Ewigkeit.

Unbekannt

Das Leben ist ein beschneites Feuerwerk.

Hebbel

Das Leben ist eine Flamme, die sich selbst verzehrt; aber sie fängt jedes Mal wieder Feuer, sobald ein Kind geboren wird.

Shaw

Leben bedeutet Fortschritt und Fortschritt bedeutet Leiden.

van Loon

Das Leben ist eine unbeantwortete Frage; aber laßt uns dennoch an die Würde und Wichtigkeit dieser Frage glauben.

Tennessee Williams

Das Gewebe unsres Lebens besteht aus gemischtem Garn, gut und schlecht durcheinander. Unsre Tugenden würden stolz sein, wenn unsre Fehler sie nicht geißelten, und unsre Laster würden verzweifeln, wenn sie nicht von unsern Tugenden ermuntert würden.

Shakespeare

Das Leben ist die Verwirklichung des Altruismus in der Schöpfung; es existiert nur als ewige Wanderung des Ich hin zum andern.

Ortega y Gasset

Das Leben ist ein Geheimnis, das im Tode offenbar wird und mit ihm zu Ende geht.

Lohberger

Leben überhaupt heißt in Gefahr sein.

Nietzsche

Ein glückseliges Leben ist der Genuß der Gegenwart; das ewige Leben ist die Hoffnung der Zukunft.

Ambrosius

Das Leben ist nie etwas, es ist nur die Gelegenheit zu einem Etwas.

Hebbel

Das Leben ist ein Geschenk, das wir verdienen, indem wir es hingeben.

Tagore

Leben ist Streit um Geschmack und Schmecken.

Nietzsche

Leben heißt – dunkler Gewalten
Spuk bekämpfen in sich.
Dichten – Gerichtstag halten
Über sein eigenes Ich.

Ibsen

Das Leben ist nichts als die Summe der Gewohnheiten, die durch einige Gedanken gestört werden.

Valéry

Unser ganzes Leben ist Gottesdienst.

Novalis

Leben heißt nicht atmen, sondern handeln; es heißt, sich unserer Organe, unserer Sinne, Fähigkeiten, kurz, sich aller der Teile von uns bedienen, welche uns die Empfindung unseres Daseins verleihen. Nicht der Mensch hat am meisten gelebt, der die höchsten Jahre zählt, sondern der, der sein Leben am meisten empfunden hat.

Rousseau

Das Leben ist ein Massengrab der Hoffnungen und Enttäuschungen.

Reitz

Leben – im Grunde: Es wird uns ein fremder Hut aufgesetzt auf einen Kopf, den wir noch gar nicht haben.

Heimito von Doderer

Das Leben ist die Idee in ihrem unmittelbaren Dasein.

Hegel

Unser Leben ist ein Dialog, bei dem das menschliche Einzelwesen nur der eine von den beiden Sprechern ist: der andere Partner ist die Landschaft, die Umwelt.

Ortega y Gasset

Das Leben ist eine lange Reihe von Illusionen, der Tod die einzige Wirklichkeit.

Lohberger

Leben, das heißt hoffen und warten.

de Sénancour

Das Leben ist eine lange Lehre in Demut.

Barrie

Leben . . . heißt kämpfen.

Seneca

Leben ist ein Kampf mit den Dingen, gegen die wir uns behaupten müssen. Die Begriffe sind der Kriegsplan, den wir schmieden, um ihren Angriff zu parieren. Prüft man daher den innersten Kern irgendeines Begriffes genau, so findet man, daß er nichts über den Gegenstand selber sagt, sondern die Zusammenfassung dessen ist, was ein Mensch mit ihm tun oder durch ihn leiden kann.

Ortega y Gasset

Alles Leben ist Kampf des Individuellen mit dem Universum.

Hebbel

Das Leben – dieser feierliche Kitsch der Materie.

Cioran

Das Leben ist nicht eine gewisse Gestalt des Leibes, sondern der Leib ist eine gewisse Gestalt des Lebens. Der Leib verhält sich zur Seele, wie sich das Wort zum Gedanken verhält.

Jacobi

Das Leben ist eine Komödie für den Denkenden und eine Tragödie für die, welche fühlen.

Hippokrates

Das Leben ist ein lange währender Kopfschmerz in einer lärmreichen Straße.

Masefield

Das Leben ist eine Krankheit – der Schlaf ein Palliativ, der Tod eine Radikalkur.

Karl Julius Weber

Das Leben ist eine Krankheit, von der wir uns alle 16 Stunden durch den Schlaf erholen. Der Schlaf ist das Linderungsmittel, der Tod das Heilmittel.

Chamfort

Das Leben ist eine tödliche Krankheit, und eine sehr ansteckende dazu.

Holmes

Leben ist eine unheilbare Krankheit.

Cowley

Das Leben ist eine Krankheit, die ganze Welt ein Lazarett, und der Tod ist unser Arzt.

Heine

Was ist das Leben? Du stehst im Kreis, bist durch den Kreis beschlossen, wie könnte der Kreis wieder, sei es als Bild oder Begriff, in dir sein? Das Ganze vom Teil umfaßt werden, in ihm aufgehen?

Hebbel

Leben: das ist Leiden.

Strindberg

Leben ist Streben nach Macht.

Emerson

Das Wesen des Lebens ist der Wille zur Macht.

Nietzsche

Das Leben eines jeden Menschen ist ein von Gotteshand geschriebenes Märchen.

Hans Christian Andersen

Das Leben ist eine Mission.

Mazzini

Das Leben ist vielleicht auch nur ein höchster Begriff wie Raum und Zeit; es ist die Kategorie der *Möglichkeit.*

Hebbel

Das Leben ist die Suche des Nichts nach dem Etwas.

Morgenstern

Das Leben ist wie eine Panik im Theater, das brennt. Jeder sucht den Ausgang, keiner findet ihn, jeder schlägt jeden, und wer fällt, hat Pech, er wird sofort zertrampelt.

Sartre

Das Leben ist nur ein physikalisches Phänomen.

Häckel

Das Leben ist eine Plünderung des inneren Menschen.

Hebbel

Das Leben ist eine Quarantäne für das Paradies.

Weber

Ich kann irren, aber es scheint mir fast, daß die Geschichte aller Menschen und aller Welt überhaupt nur die von Provisorien ist, genannt: das Leben.

Urzidil

Das Leben ist ein Rätsel. – Und die Auflösung? Die Auflösung.

Aus den »Fliegenden Blättern«

Das Leben ist weder Zweck noch Mittel; das Leben ist ein Recht.

Heine

Das Leben ist eine Reise, die heimwärts führt.

Melville

Jedes Leben ist mehr oder weniger eine Ruine, unter deren Trümmern wir die eigentliche Bestimmung des Menschen entdecken müssen.

Ortega y Gasset

Leben ist Sein, nicht Haben.

O'Malley

Leben ist, dem bloßen Dasein gegenüber, notwendigerweise durch Seltenheit ausgezeichnet.

Heimito von Doderer

Leben, das ist das Allerseltenste in der Welt – die meisten Menschen existieren nur.

Wilde

Das Leben ist eine ununterbrochene Folge falscher Situationen.

Thornton Wilder

Das Leben ist eine Brücke von Seufzern über einen Strom von Tränen.

Bailey

Das Leben ist ein Spiel, wie alle Spiele sind: Wer's nicht versteht, verliert, und wer's versteht, gewinnt.

Gleim

Das Leben ist ein Spiel. Man macht keine größeren Gewinne, ohne Verluste zu riskieren.

Christina von Schweden

Das Leben ist ein Spiel, in dem Gott die Karten mischt, der Teufel abhebt und wir die Stiche machen müssen.

Jugoslawisches Sprichwort

Das Leben ist ein Spieltisch, an dem man sich nur in dem Maße vergnügt, als man ein gewagtes Spiel spielt.

Merimé

Das Leben ist eine Sprache, in der uns eine Lehre gegeben wird. Könnte diese Lehre uns auf eine andere Weise beigebracht werden, so lebten wir nicht. Nie werden daher Weisheitssprüche die Erfahrung ersetzen und so ein Surrogat für das Leben selbst sein. Doch sind sie nicht zu verwerfen; vielmehr sind sie hochzuachten und anzusehen als die Hefte, die andere jener großen Lehre des Weltgeistes nachgeschrieben haben.

Schopenhauer

Immer auf dem Sprunge stehen – das nenne ich Leben. Von Sicherheit eingewiegt werden, bedeutet sicheren Tod.

Wilde

Das Leben ist eine Partie Schach.

Cervantes

Unser Leben gleicht einem Schachspiel: Ist das Leben der Menschen zu Ende, so kommen alle Figuren, Könige, Königinnen, Läufer, Türme, Springer und Bauern – alle in *einen Sack*.

Aus den »Fliegenden Blättern«

Leben ist nur ein wandelnd Schattenbild:
Ein armer Komödiant, der spreizt und knirscht
Sein Stündchen auf der Bühn und dann nicht mehr
Vernommen wird. Ein Märchen ist's, erzählt
Von einem Dummkopf, voller Klang und Wut,
Das nichts bedeutet. –

Shakespeare

Das Leben mit seinen verschiedenen Epochen ist eine Schatzkammer. Wir werden reich in *jedem* Gewölbe beschenkt; *wie* reich, das erkennen wir erst bei dem Eintritt in das *nächste* Gewölbe.

Hebbel

Das Leben ist seinem inneren Wesen nach ein ständiger Schiffbruch.

Ortega y Gasset

Das Leben ist Schlaf, dessen Traum die Liebe ist. Du wirst gelebt haben, wenn du geliebt haben wirst.

de Musset

Leben ist die Kunst, taugliche Schlußfolgerungen aus unzureichenden Prämissen zu ziehen.

Samuel Butler

Unser Leben ist der aufzuckende Schmerz einer Wunde.

Hebbel

Das Geheimnis des Lebens liegt im Suchen nach Schönheit.

Wilde

Das Leben ist ein Schultyrann.

Aus den »Fliegenden Blättern«

Das Leben ist eine Strafe, welche die Menschen verbüßen müssen – für das Verbrechen, geboren zu sein.

Calderón

Das Leben ist ein Streit, aus dem wir einen Charakter bilden ...

Goethe

Leben ist ständig entscheiden, was wir sein werden.

Ortega y Gasset

Das Leben ist eine Taktfrage.

Wilde

Das Leben ist eine Tragödie für die, die fühlen, und eine Komödie für die, die denken.

La Bruyère

Das Leben ist eine Tragödie, in der wir eine Weile als Zuschauer sitzen und dann unsere Rolle spielen.

Swift

Leben heißt träumen; weise sein heißt angenehm träumen. (Fiesko)

Schiller

Das Leben und die Träume sind Blätter ein und des nämlichen Baumes. Das Lesen im Zusammenhang heißt wirkliches Leben.

Schopenhauer

Das Leben ist ein Traum, der sich selbst bezweifelt.

Hebbel

Das Leben ist nicht mehr als ein Traum – aber weck mich nicht auf!

Jüdisches Sprichwort

Leben heißt träumen, sterben heißt erwachen.

Lohberger

Leben heißt, es mit etwas zu tun haben – mit der Welt und mit sich selbst.

Ortega y Gasset

Willst du wissen: »Was ist das Leben?«, so frage dich: »Was ist der Tod?«

Hebbel

Leben ist Anfang des Todes. Das Leben ist um des Todes willen. Der Tod ist Endigung und Anfang zugleich, Scheidung und nähere Selbstverbindung zugleich. Durch den Tod wird die Reduktion vollendet.

Novalis

Das Leben, das ist die Unvorstellbarkeit des Todes.

Urzidil

Leben – das ist ein Geflecht von Umständen.

Crnčevič

Das Leben der Menschen heute ist so kompliziert nicht: sie sorgen für ihren Unterhalt und dann für ihre Unterhaltung.

Arntzen

Leben ist ewiger Unterricht in Ursache und Wirkung.

Emerson

Das Leben ist Veränderung, und ohne Erneuerung ist es unbegreiflich.

Berdjajew

Das Leben: ein langes Verfahren, müde zu werden.

Samuel Butler

Sein Leben verpfuschen heißt Zugang erlangen zur Poesie – ohne Beihilfe des Talents.

Cioran

Das ganze Leben ist der Versuch, es zu behalten.

Ingeborg Bachmann

Leben ist als ein jeweils in Verwandlung sich erhaltendes Ganzes, das geboren wird und stirbt.

Jaspers

Leben heißt, aus sich herausgreifen, sich verwirklichen.

Ortega y Gasset

Leben ist Wachsen-wollen.

Nietzsche

Das Leben ist eine Schule der Wahrscheinlichkeit.

Bagehot

Das Leben gleicht jener beschwerlichen Art zu wallfahrten, wo man drei Schritte vor und zwei zurück tun muß.

Goethe

Das Leben ist ein ewiges Werden. Sich für geworden halten heißt sich töten.

Hebbel

Leben heißt, sich wandeln; und vollkommen sein heißt, sich oft gewandelt haben.

Newman

Leben heißt: das Wesentliche von dem Unwesentlichen herausfühlen und tun.

Kayssler

Das ganze Leben ist ein ewiges Wiederanfangen.

Hofmannsthal

Leben heißt wirken und vernünftig wirken. Nach unserer Weise heißt es aber leiden und unvernünftig leiden.

Seume

Das Leben ist wie ein geschicktes Zahnausziehen. Man denkt immer, das Eigentliche solle erst kommen, bis man plötzlich sieht, daß alles vorbei ist.

Bismarck

Leben heißt auf ein Ziel abgeschnellt sein, auf etwas zuwandern.

Ortega y Gasset

Das Leben ist Gottes Ziel mit uns.

Bonhoeffer

Das Leben ist das, was die unwahrscheinlichsten Zustände anstrebt.

Saint-Exupéry

Wenn es überhaupt einen Zweck des Lebens gibt, so ist es dieser: sich immer in Versuchung zu begeben.

Wilde

Das Leben ist ein seltsames Zwischenspiel.

O'Neill

LEBENSFREUDE

Lebensfreude ist der Obolus, der für Wissen erlegt werden muß – aber nur so lange, bis das Wissen zum Verstehen gereift ist.

Anita

LEBENSHOFFNUNG

Lebenshoffnung: immer wieder ein bißchen Glück – und es wird schon gehen . . .

Anita

LEBENSKLUGHEIT

Lebensklugheit: leutselig zu sein.

Nietzsche

Lebensklugheit bedeutet: alle Dinge möglichst wichtig, aber keines völlig ernst nehmen.

Schnitzler

LEBENSKÜNSTLER

Lebenskünstler sind Menschen, welche nicht nur Zeit für das Notwendige, sondern auch für das scheinbar Überflüssige haben.

Beutelrock

Lebenskünstler ist nicht, wer nur Schwierigkeiten beiseite räumen kann, sondern wer an ihnen auch noch zu wachsen versteht.

Baruch

Die wahren Lebenskünstler sind bereits glücklich, wenn sie nicht unglücklich sind.

Anouilh

LEBENSKUNST

Lebenskunst ist die Kunst, Schmerzen zu vermeiden.

Thomas Jefferson

Lebenskunst: seinen Hunger stillen dürfen und seinen Appetit bewahren können . . .

Anita

Lebenskunst: Die Fähigkeit, sich zur rechten Zeit und im rechten Maße zu verheimlichen und zu offenbaren.

Goldscheider

Die Lebenskunst besteht im Wartenkönnen. Eine gewaltsam geöffnete Knospe kommt nie zur vollen Blüte, aber zu langes Warten verwandelt die Seele in eine Wüste, die auch der Regen nicht fruchtbar macht.

Zenta Maurina

Lebenskunst ist, ein Erdloch in Reichweite zu haben, wenn die Wölfe kommen. Oder, wenn es zu schnell geht, mit den Wölfen heulen zu können.

Krämer-Badoni

Lebenskunst: die besonderen Gesetze seines Wesens den allgemeinen der Natur, des Staates und der Gesellschaft unterzuordnen und sein ureigenes Selbst über ihnen allen zu behaupten wissen.

Schnitzler

LEBENSSTANDARD

Der sogenannte Lebensstandard ist ein Gefängnis ohne Gitter, verschärft durch Massenhaft und weiches Lager.

Moravia

LEBENSWEISHEIT

Lebensweisheit ist die Einschränkung der Wünsche und Erwartungen auf das Erreichbare – auch im Erkennen und Streben. Ihr Mangel führt im Leben unvermeidlich zum Pessimismus, in der Philosophie zum Skeptizismus (dem Pessimismus der Philosophie).

Reininger

Die wahre Lebensweisheit besteht darin, im Alltäglichen das Wunderbare zu sehen.

Buck

LEGENDE

Die Legende ist eine Lüge, welche die Würde des Alters erreicht hat.

Unbekannt

LEHREN

Der Wille zu lehren ist ein Wille zu schenken.

Margolius

Zu wissen, wie man anregt, ist die Kunst des Lehrens.

Amiel

Lehren heißt: die Dinge zweimal lernen.

Joubert

LEHRER

Was man »Lehrer« heißt, ist in Wahrheit eine Art Weichensteller, der das kindliche Denken auf die rechten Bahnen leitet – und ist auch wieder kein Weichensteller, denn es ist kein festgelegtes Geleise da.

Kircher

Was ist eigentlich nun ein Lehrer anderes als ein geistiger Vater seiner Kinder, der ein inneres geistiges Leben erzeugen soll in ihnen? Anbrennen und aufflammen soll er in ihnen den göttlichen Funken, daß jede Kraft Flammen sprüht, heiß und weich gezogen werden kann von des Meisters Hand auf rechte Weise.

Gotthelf

Der Lehrer ist derjenige Mensch, der dem Kind am auffälligsten begegnet.

Stemme

Jeder echte Lehrer ist ein wenig eine Don-Quichotte-Figur: ein Kämpfer für das Nichtwirkliche, das Nochnichtwirkliche – der Romantiker einer erträumten Welt. Aber wir haben ja den Trost, das Don Quichotte *eines* vor seinen selbstzufriedenen, satten, nüchternen Landsleuten, die ihn verhöhnten, voraus hatte: er hatte eine Idee, er hatte Genius. Alles Erziehen ist ein wenig Donquichotterie.

Schohaus

Ein Lehrer ist einer, der in seiner Jugend Lehrer bewunderte.

Mencken

Der Lehrer ist eine Art Amphibie. Er ist zwar ein Erwachsener, aber er lebt in der Welt des Kindes.

Langeveld

LEICHTSINN

Der Leichtsinn ist ein Schwimmgürtel für den Strom des Lebens.

Börne

Leichtsinn: gute Laune auf eigene Rechnung und Gefahr.

Anita

Was ist Leichtsinn?
Die Dummheit von gestern und die Klugheit von heute.
Oder aber: die Klugheit von gestern und die Dummheit von heute.

Anita

Leichtsinn – Das, was man andern vorwirft, wenn man es selbst nicht hat.

Anita

LEID

Leiden wie genießen bedeutet: der Leidenschaft nachgeben.

Pavese

Leid ist auch nur Liebe – warte eine kleine Weile, und du wirst es erfahren.

Le Fort

Vielleicht heißt »leiden« nichts anderes, als ein tieferes Leben führen.

Vinet

Das Leiden ist die Feuerprobe des Geistes.

Ebner

LEIDENSCHAFT

Die Leidenschaft ist die Lawine des menschlichen Herzens – ein einziger Atemzug kann sie auslösen.

Bulwer-Lytton

Eine große Leidenschaft ist eine Art Seele, unsterblich und auf ihre Art fast unabhängig von den Organen.

Fontenelle

Die Leidenschaft ist eine Art Fieber des Geistes ... Sie mag nicht zu Unrecht als Mob des Menschen bezeichnet werden, denn sie bewirkt einen Aufstand in seiner Vernunft.

Penn

Leidenschaft ... ist die zur bleibenden Neigung gewordene sinnliche Begierde (z. B. der Haß im Gegensatz des Zorns).

Kant

Die Leidenschaft ist der Pöbel im Menschen, der einen Aufruhr seiner Vernunft herbeiführt.

Penn

Die Leidenschaften sind die Redner der großen Versammlungen.

Rivarol

Die Leidenschaften sind die einzigen Redner, die stets zu überzeugen verstehen.

La Rochefoucauld

Große Leidenschaften sind wie Naturkräfte; ob sie nutzen oder schaden, hängt bloß von der Richtung ab, die sie nehmen.

Börne

Die Leidenschaft ist der ewige Rechenfehler in der Lehre von der Vernunft.

Aus den »Fliegenden Blättern«

Eine Leidenschaft ist ein Gefühl, das sich selbst, frei von allen Vermengungen, nicht genug tun kann. Sie ist zugleich das Gefühl einer Ohnmacht in der Person und das einer von ihr ausgehenden Bewegung, welche die ganze Welt ergreift.

Musil

Die Leidenschaften sind Mängel oder Tugenden, nur gesteigerte.

Goethe

Alle Leidenschaften sind nur verschiedene Grade der Wärme und der Kälte des Blutes.

La Rochefoucauld

Leidenschaften gleichen Blendlaternen. Sie werfen alles Licht nach einer Richtung, während alles andre rings im Dunkel bleibt.

Sirius

Unsere Leidenschaften sind wahre Phönixe. Wie der alte verbrennt, steigt der neue sogleich wieder aus der Asche hervor.

Goethe

LEKTÜRE

Die Lektüre ist das Zusammenwirken des Lesers mit dem Gelesenen.

Péguy

LERNEN

Lernen ist wie das Rudern gegen den Strom: sobald man aufhört, treibt man zurück.

Britten

Lernen heißt nicht nur, mit dem Gedächtnis die Worte auswendig lernen – die Gedanken anderer können nur durch das Denken aufgefaßt werden, und dieses Nach-denken ist auch lernen.

Hegel

LESEN

Lesen heißt, mit einem fremden Kopf statt dem eigenen denken.

Schopenhauer

Lesen heißt borgen, daraus erfinden, abtragen.

Lichtenberg

Lesen ist für den Geist das, was Gymnastik für den Körper ist.

Addison

Lesen ist die Arbeit des wachen Verstandes; es ist fördernd und produziert unter idealen Bedingungen eine Art Ekstase. Dies gibt der Lesererfahrung eine Erhabenheit und Macht, die sich von jeder anderen Form der Kommunikation unterscheidet.

Elwin Brooks White

Lesen ist ein geniales Mittel, das Denken zu vermeiden.

Helps

Lesen heißt den philologischen Trieb befriedigen, sich selbst literarisch affizieren. Aus reiner Philosophie oder Poesie ohne Philologie kann man wohl nicht lesen.

Friedrich Schlegel

Lesen heißt in die Schulkasse oder den Armensäckel einsammeln; Schreiben heißt eine Münzstätte anlegen; aber der Prägestock macht reicher als der Klingelbeutel.

Jean Paul

LESERLICHKEIT

Leserlichkeit ist die Höflichkeit der Handschriften.

Dürrenmatt

LEUTE

Feine Leute sind solche, die nur in feiner Umgebung ordinär werden.

Herbst

LIBERALER

Ein Liberaler ist jeder, dessen Ansichten mit deinen eigenen übereinstimmen.

Baker

Ein Liberaler ist ein Radikalist mit Weib und Kind.

Unbekannt

Ein Liberaler ist ein Mann, der bereit ist, das Geld eines anderen auszugeben.

Glass

LIBERALISMUS

Der Liberalismus ist die äußerste Großmut. Er ist das Recht, das die Majorität einräumt, und darum die edelste Losung, die auf dem Planeten erklungen ist. Er verkündet den Entschluß, mit dem Feind, mehr noch, mit dem schwachen Feind zusammenzuleben.

Ortega y Gasset

Ton und Tendenz des Liberalismus bestehen darin, die Institutionen des Landes im Namen der Reform anzugreifen und die Gebräuche und Sitten des Volkes unter dem Vorwand des Fortschritts zu bekämpfen.

Disraeli

Liberal ist, wer von allen Seiten und nach allen Richtungen wie von selbst frei ist und in seiner ganzen Menschheit wirkt; wer alles, was handelt, ist und wird, nach dem Maß seiner Kraft heilig hält und an allem Leben Anteil nimmt, ohne sich durch beschränkte Ansichten zum Haß oder zur Geringschätzung desselben verführen zu lassen.

Friedrich Schlegel

Der Liberalismus ist weit eher eine tiefeingewurzelte Vorstellung vom Leben als eine Frage der Politik. Er ist der Glaube, daß jedes menschliche Wesen frei sein muß, um sein individuelles, unübertragbares Schicksal zu erfüllen.

Ortega y Gasset

Liberalismus: die Tyrannei der Ziellosigkeit.

Lohberger

Liberalismus ist durch Vorsicht gemäßigtes Vertrauen, Konservatismus ist durch Furcht gemildertes Mißtrauen der Menschen.

Gladstone

LIEBE

Es ist schwer, die Liebe zu definieren; in der Seele ist sie Leidenschaft zu herrschen, im Verstande Sympathie, im Körper ein versteckter geheimnisvoller Drang zu besitzen, was man liebt – dies nur weiß man von ihr.

La Rochefoucauld

Liebe ist ein Abstraktum und existiert nicht. Es ist immer ein einzelnes Gefühl, eine Leidenschaft, eine Gefahr, eine Vorstellung oder alles zusammen. Niemand weiß, was der Satz bedeutet: ich liebe dich.

Kräftner

Was ist Liebe? fragst du. Es ist diese mächtige Anziehungskraft zu allem, was wir uns vorstellen oder über uns hinaus hoffen, wenn wir in unseren eigenen Gedanken den Abgrund einer unzulänglichen Leere finden und versuchen, in allen vorhandenen Dingen eine Gemeinschaft mit dem zu erwecken, was wir in uns selbst erleben. Das ist Liebe. Das ist das Band und die Bestätigung, die nicht nur Mensch mit Mensch verbinden, sondern mit allem, was es gibt. Wir werden in diese Welt geboren, und von dem Augenblick, in dem wir leben, gibt es etwas in uns, das mehr und mehr nach seiner Gleichheit dürstet.

Shelley

Liebe ist die Anziehungskraft des Geistes, wie die Schwerkraft die Anziehungskraft der Körper ist.

Breton

Die Liebe ist keine List des Schöpfers, sondern eine Absicht, die nicht verstimmt.

Niederreuther

Die Liebe, das ist die Anstrengung, die ein Mann unternimmt, um sich mit einer Frau zufrieden zu geben.

Géraldy

Liebe ist ein Auszug aus allen Leidenschaften auf einmal.

Jean Paul

Wir alle benutzen einander und nennen es Liebe, und wenn wir einander nicht benutzen können, nennen wir es – Haß.

Tennessee Williams

Liebe heißt das Bewußtsein meiner Einheit mit einem anderen, so daß ich für mich nicht isoliert bin, sondern mein Selbstbewußtsein nur als Aufgebung meines Fürsichseins gewinne.

Hegel

Die Liebe ist eine köstliche Blume, aber man muß den Mut haben, sie am grausigen Rand eines Abgrunds zu pflücken.

Stendhal

Liebe und Dichtung sind eigentlich dasselbe: der Wunsch, sich zu äußern.

Pavese

Die schönste Form der Liebe: Aufrechterhaltung einer bewußten Distanz, die immer wieder unbewußt verfliegt . . .

Anita

Wer du zu mir sagt, will Partner meiner Fremdheit sein. Was zu diesem Salto mortale ermutigt, ist eben das, was wir Liebe nennen.

Kudszus

Liebe ist kein Solo. Liebe ist ein Duett. Schwindet sie bei einem, verstummt das Lied.

Chamisso

Es gibt eine schöne Form der Vorstellung: die Selbstüberwindung – und eine schöne Form des Egoismus: die Liebe.

Ebner-Eschenbach

Liebe: Eigenliebe zu zweit.

Madame de Staël

Liebe ist eine feinere Form des Eigennutzes.

Jackson

Die Liebe ist der Triumph der Einbildungskraft über die Intelligenz.

Mencken

Liebe ist Eitelkeit und Selbstsucht von Anfang bis zum Ende.

Byron

Die Liebe ist der Endzweck der Weltgeschichte und das Amen des Universums.

Novalis

Liebe ist der Entschluß, das Ganze eines Menschen zu bejahen, die Einzelheiten mögen sein, wie sie wollen.

Flake

Liebe ist: Erfüllung, Last und Medizin.

Tucholsky

Liebe ist etwas Ernsteres und Bedeutungsvolleres als das Entzücken über die Linien eines Gesichtes und die Farbe einer Wange; sie ist die Entscheidung für eine gewisse Ausprägung des Menschlichen, die sich symbolisch in den Einzelheiten des Gesichtes, der Stimme, der Gebärde ankündigt.

Ortega y Gasset

Ewige Liebe: die Ewigkeit in ihrer vergänglichsten Form.

Krailsheimer

Liebe ist die Fähigkeit, Ähnliches an Unähnlichem wahrzunehmen.

Adorno

Die erste Liebe ist ein verunglücktes Feuerwerk, an das sich jeder mit Vergnügen erinnert.

Aus den »Fliegenden Blättern«

Die Liebe ist der Freibeuterbrief, den die Natur dem Begehrenden ausstellt.

Nahr

Liebe ist gemeinsame Freude an der wechselseitigen Unvollkommenheit.

Kudszus

Die Liebe ist jene Flamme, welche die Götter den Sterblichen mißgönnen, und die Eifersucht ist der fressende Geier, der den Diebstahl furchtbar rächt.

Börne

Liebe gleicht der Freiheit. Sie ist das, was man dafür hält ... und auch soviel wert.

Shaw

Gipfel der Gattenliebe: wenn die Gattin sich nur solche Liebhaber nimmt, die dem Gatten ähneln.

Laub

Die Liebe ist das Genie des Armen.

Sartre

Liebe: ein nicht näher definierbares Gefühl, das im Leben unendliche Komplikationen hervorruft, besonders im Geschlechtsleben.

Laub

Lieb' ist ein Geist von Feuer ganz
gewoben,
Leicht, nimmer sinkend, strebend
nur nach oben.

Shakespeare

Liebe: eine vorübergehende Geisteskrankheit, die durch Heirat heilbar ist oder dadurch, daß man den Patienten den Einflüssen entzieht, unter denen er von der Krankheit befallen wurde.

Bierce

Die Liebe ist eine leichte Gemütskrankheit, die durch die Ehe oft schnell geheilt werden kann.

Guitry

Die Liebe der Geschlechter ist in der Theologie eine Sünde, in der Jurisprudenz ein unerlaubtes Verständnis, in der Medizin ein mechanischer Insult, und die Philosophie gibt sich mit so etwas überhaupt nicht ab.

Karl Kraus

Die Liebe ist unsere Strafe dafür, daß wir es nicht einfach bei der Fortpflanzung bewenden lassen.

Nahr

Liebe ist die Geschichte des Lebens einer Frau; die Episode im Leben eines Mannes.

Madame de Staël

Liebe ist ein Glas, das zerbricht, wenn man es zu unsicher oder zu fest faßt.

Russisches Sprichwort

Die Liebe ist eine Glocke, welche das Entlegenste und Gleichgültigste wieder tönen läßt und in eine besondere Musik verwandelt.

Gottfried Keller

Ob die Liebe ein Glück ist? Jedenfalls ist sie das charmanteste Unglück, das uns zustoßen kann.

Curt Goetz

Das Glück ist Liebe, die Lieb' ist das
Glück,
Ich hab' es gesagt und nehm's nicht
zurück.

Chamisso

Glück ohne Ruh,
Liebe, bist du!

Goethe

Die Liebe ist ein Gut, was allen anderen den Schein abstreift.

Hebbel

Die Liebe ist das Wohlgefallen am Guten; das Gute ist der einzige Grund der Liebe. Lieben heißt: jemandem Gutes tun wollen.

Thomas von Aquin

Wahre Liebe geht aus der Harmonie der Gedanken und dem Gegensatz der Charaktere hervor.

Jouffroy

Die Liebe ist die angenehmste Herzkrankheit.

Aus den »Fliegenden Blättern«

Liebe ist etwas Ideelles, Heiraten etwas Reelles; und nie verwechselt man ungestraft das Ideelle mit dem Reellen.

Goethe

Liebe ist das Kind der Illusion und die Mutter der Desillusion.

Unamuno

Irrationalität der Liebe: die Menschen zu lieben, obwohl man sie kennt.

Laub

Die Liebe ist eine Jagd, bei der sich der Jäger vom Wild verfolgen lassen muß.

Karr

Die Liebe ist der Kern des Menschen, sie darf deshalb in ihrem gesunden Zustande so wenig zum Gegenstand der Darstellung gemacht werden wie etwa Essen und Trinken.

Hebbel

Die Liebe ist ein Kind der Ewigkeit. Sie verwischt die Erinnerung an den Anfang und nimmt die Angst vor dem Ende.

Madame de Staël

Liebe ist ein Kobold; Liebe ist ein Teufel; es gibt keinen böseren Engel als die Liebe!

Shakespeare

Die Liebe ist die Köchin des Lebens; sie macht es erst schmackhaft, aber sie versalzt es auch oft.

Lebensweisheit

Die Liebe, das ist die Köchin, die am meisten anrichtet in der Welt.

Nestroy

Die Liebe besteht nicht in Einbildungen und Worten, sondern in der Kraft der Menschen, die Last der Erde zu tragen, ihr Elend zu mindern und ihren Jammer zu heben.

Pestalozzi

Liebe ist die Kraft, die verzeihen kann.

Leist

Liebe ist die Art Krankheit, die weder die Gescheiten noch die Dummen verschont.

Camus

Liebe ist eine Art von Kriegszustand.

Ovid

Liebe, Euer Hochwürden, ist genau wie der Krieg, und zwar weil der Soldat, obwohl er drei Wochen lang bis zum Samstagabend heil davongekommen ist, aber doch am Sonntagmorgen durchs Herz geschossen wird.

Sterne

Die Liebe ist eine Krise, die Abneigung hinterläßt.

Pavese

Liebe ist eine durch sexuelle Krisen unterbrochene, aber zugleich geförderte Feindschaft ...
Eine peinliche Abwechslung von Beunruhigung und Langeweile.

Schnitzler

Liebe ist, wenn sie dir die Krümel aus dem Bett macht.

Tucholsky

Der einzige Unterschied zwischen einer Laune und der »ewigen Liebe« besteht darin, daß die Laune etwas länger dauert.

Wilde

Die Liebe ist vor allem ein Lauschen im Schweigen.

Saint-Exupéry

Liebe ist alles, was unser Leben steigert, erweitert, bereichert. Nach allen Höhen und Tiefen. Die Liebe ist so unproblematisch wie ein Fahrzeug. Problematisch sind nur die Lenker, die Fahrgäste und die Straße.

Kafka

Eben darin besteht ja die Liebe, daß sie uns in der Schwebe des Lebendigen hält, in der Bereitschaft, einem Menschen zu folgen in allen seinen möglichen Entfaltungen.

Frisch

Die Liebe ist wie eine Lebensversicherung. Je später man eintritt, desto höher sind die Prämien.

Guitry

Liebe: Leidenschaft für ein überhöhtes Wesen.

Gardavský

Was ist die Liebe? Eine Leidenschaft, welche den Erdkreis auf die eine Seite legt und auf die andere nichts als den geliebten Gegenstand.

Napoleon I.

Die Liebe ist eine redende Leidenschaft.

Unbekannt

Die Liebe ist die einzige Leidenschaft, die sich mit selbstgeprägter Münze bezahlt.

Stendhal

Die Liebe ist die singende, sich in der Luft tummelnde Lerche. In der Ehe muß der Vogel gebraten auf der Schüssel liegen.

Karl Julius Weber

Die Liebe ist das einzige Märchen, das mit keinem »es war einmal« beginnt – aber schließt.

Lohberger

Was oft Liebe genannt wird, ist nur eine eigene Art von Magnetismus. Es fängt an mit einem beschwerlich kitzelnden en rapport-Setzen, besteht in einer Desorganisation und endigt mit einem ekelhaften Hellsehen und viel Ermattung. Gewöhnlich ist auch einer dabei nüchtern.

Friedrich Schlegel

Liebe: man nimmt einer Frau die Maske vom Gesicht und stürzt mit dieser davon, ohne zu schauen was sie verdeckt hat.

Heimito von Doderer

Die Liebe ist wie die Masern. Wir müssen sie alle durchmachen.

Jerome

Die moderne Liebe ist schwache Melodie, überinstrumentiert.

Hofmannsthal

Die Liebe ist der Versuch der Natur, den Verstand aus dem Weg zu räumen.

Niederreuther

Die Liebe ist nichts als die höchste Naturpoesie.

Novalis

Die erste Liebe ist ein wenig Narretei und eine Menge Neugier.

Shaw

Die Liebe ist eine Neigung, die so ausschließlich ist, daß sie selbst den Egoismus opfert. Der Beweis liegt darin, daß, sobald diese Neigung verschwunden ist, der Egoismus sein Reich zurücknimmt.

Vanderem

Das, was der größte Philosoph nicht zu erklären, wohl aber der größte Dummkopf zu empfinden vermag, nennt man Liebe.

Lebensweisheit

Gott gab seiner Schöpfung nur einen einzigen Pfeiler: Liebe.

Carmen Sylva

Liebe ist die Poesie der Sinne.

Balzac

Liebe ist die beste Politik. Die beste nicht nur für die, die geliebt werden, sondern auch für den, der liebt.

Aldous Leonard Huxley

Die Liebe ist der Liebe Preis.

Schiller

Liebe: auch so ein Problem, das Marx nicht gelöst hat.

Anouilh

Liebe ist Qual, Lieblosigkeit ist Tod.

Ebner-Eschenbach

Die Liebe ist ein Raub der Natur an der Gesellschaft.

Rivarol

Lieb ist ein Rauch, den Seufzerdämpf' erzeugten,
Geschürt: ein Feuer, von dem die Augen leuchten;
Gequält: ein Meer, von Tränen angeschwellt;
Was ist sie sonst? Beständ'ge Raserei
Und ekle Gall und süße Spezerei.

Shakespeare

Liebe, das ist Raum und Zeit dem Herzen fühlbar gemacht.

Proust

Die Liebe ist die billigste der Religionen.

Pavese

Liebe ist Selbstentfaltung, Selbstverwirklichung.

Lohberger

Lieben – das heißt Seele werden wollen in einem anderen.

Schleiermacher

Die Liebe ist der Blick der Seele.

Weil

Das Sehnen nach Liebe ist selber Liebe.

Jean Paul

Liebe ist Sehnsucht nach Erkenntnis.

Pavese

Phöbe: Sag, guter Schäfer, diesem jungen Mann,
Was lieben heißt.
Silvius: Es heißt, aus Seufzern ganz bestehn und Tränen, . . .
Es heißt aus nichts bestehn als Phantasie,
Aus nichts als Leidenschaft, aus nichts als Wünschen,

Ganz Anbetung, Ergebung und Gehorsam,
Ganz Demut, ganz Geduld und Ungeduld,
Ganz Reinheit, ganz Bewährung, ganz Gehorsam, . . .

Shakespeare

Liebe ist das probateste Mittel, das Schamgefühl zu überwinden.

Freud

Liebe ist Schönheit, folglich ist Haß – Häßlichkeit.

Lohberger

Liebe ist Schönheitssinn, der sich mit Beziehung auf ein bestimmtes Objekt zum Trieb erniedrigte – oder erhöhte; Schönheitssinn ist Liebe, die auf ein bestimmtes Objekt verzichtet hat und beruhigt ins Allgemeine gleitet.

Schnitzler

Die Liebe ist die Schöpferin und Meisterin aller Dinge und Gottes älteste Gesellin.

Ernst Moritz Arndt

Die wahre Liebe ist der wirksamste Schöpfer und Beweger der Existenz.

Lepp

Und Liebe ist die edelste Schwäche des Geistes.

Dryden

Die Liebe ist ein Stoff, den die Natur gewebt und die Phantasie bestickt hat.

Voltaire

Der Streit der Liebenden ist die Wiedergeburt der Liebe.

Terenz

Liebe ist höchste Tapferkeit: sie ist zu jedem Opfer bereit.

von Bodman

Liebe ist die *Tat* der Seele.

Lohberger

Die Kunst zu lieben? Sie besteht darin, mit dem Temperament eines Vampirs die Diskretion einer Anemone zu verbinden.

Cioran

Liebe ist eine bloße Tollheit, und ich sage Euch, verdient ebensogut eine dunkle Zelle und Peitsche als andre Tolle; und die Ursache, warum sie nicht so gezüchtigt und geheilt wird, ist, weil sich diese Mondsucht so gemein gemacht hat, daß die Zuchtmeister selbst verliebt sind.

Shakespeare

Die Liebe beruht auf einer starken Übertreibung des Unterschiedes zwischen einer Person und allen anderen.

Shaw

Die Liebe ist eine ewige Unbefriedigtheit.

Ortega y Gasset

Die Liebe ist die göttlichste Form des Unendlichen.

Maeterlinck

Liebe – das einzige Lebensgebiet, auf dem uns die Unfähigkeit dritter Personen in keiner Weise stört.

Laub

Das Zeichen der wahren Liebe ist, daß sie vergeht. Unvergänglich ist nur die Illusion der Liebe.

Laub

Die Liebe ist vielleicht der höchste Versuch, den die Natur macht, um das Individuum aus sich heraus zu dem anderen hinzuführen. Im Wunsch suche ich, den Gegenstand zu mir zu ziehen, in der Liebe werde ich zu ihm hingezogen.

Ortega y Gasset

Was ist denn Liebe anderes als verstehen und sich darüber freuen, daß ein anderer in anderer und entgegengesetzter Weise, als wir, lebt, wirkt und empfindet? Damit die Liebe die Gegensätze durch Freude überbrücke, darf sie dieselben nicht aufheben, nicht leugnen.

Nietzsche

Lieben heißt auch: den anderen gegen ihn verteidigen.

Hans Kudszus

Liebe ist Verzicht auf Widerstand, und Widerstand ist das Grundprinzip des Geistes. Deshalb vertragen sich Liebe und Geist so schlecht.

Flake

Die Liebe ist das Vorbild jeder Leidenschaft.

Niederreuther

Liebe ist das einzige, was wächst, indem wir es verschwenden.

Ricarda Huch

Liebe ist die Währung, die *Be*währung der Herzen.

Lohberger

Die Liebe ist ein Wechselfieber, bei dem der Frost zuletzt kommt.

Aus den »Fliegenden Blättern«

Die Liebe ist der einzige Weg, auf dem selbst die Dummen zu einer gewissen Größe gelangen.

Balzac

Liebe: ein privates Weltereignis.

Polgar

Liebe entsteht zwischen zwei Wesen, deren jedes vom andern die gleiche Freude ersehnt.

Rivarol

Liebe: eine Wirklichkeit im Bereich der Einbildungskraft.

Talleyrand

Liebe ist stets der Anfang des Wissens, so wie Feuer der Anfang des Lichts ist.

Carlyle

Liebe: ein Wort, geeignet, unser Entzücken über besondere Speisen damit auszudrücken; mitunter verwendet man es metaphorisch für alle bevorzugten Gegenstände unseres Verlangens.

Fielding

Die Liebe ist ein Wunder, das immer wieder möglich, das Böse eine Tatsache, die immer vorhanden ist.

Dürrenmatt

Die Liebe ist das Wunder der Zivilisation. Bei Wilden und Barbaren findet man nichts weiter als rohe Formen einer nur körperlichen Liebe.

Stendhal

Der Wunder größtes ist die Liebe.

Fallersleben

Die Liebe ist der Wunsch, geliebt zu werden.

Giraudoux

Die ganze Kunst beruht darauf, daß man ausspricht, was der Zauber des Augenblicks erfordert.

Stendhal

Das eben ist der Liebe Zaubermacht, daß sie veredelt, was ihr Hauch berührt, der Sonne ähnlich, deren goldner Strahl Gewitterwolken selbst in Gold verwandelt.

Grillparzer

Liebe ist der angenehmste Zustand weiser Unzurechnungsfähigkeit.

Aymé

LIEBEN

Jemand lieben heißt, glücklich sein, ihn zu sehen.

Duvernois

Jemand lieben heißt, als einziger ein für die anderen unsichtbares Wunder sehen.

Mauriac

Lieben, das heißt nicht mehr vergleichen.

Grasset

Einen Menschen lieben, heißt ihn so zu sehen, wie Gott ihn gemeint hat.

Dostojewski

Lieben heißt am Ewigen Anteil nehmen.

Lohberger

Einen Menschen lieben heißt einwilligen, mit ihm alt zu werden.

Camus

Lieben, das heißt erlauben, getäuscht zu werden.

Reverdy

Lieben heißt, dem geliebten Wesen recht geben, wenn es unrecht hat.

Péguy

Eine Frau lieben, das heißt, die Vergnügen vorziehen, die sie uns gewährt, gegenüber den Leiden, die sie uns zufügt.

Unbekannt

Lieben heißt, in dem anderen sich selbst erobern.

Hebbel

Das heißt wirklich lieben: jemanden beleidigen und verwunden, um ihn zu bessern.

Montaigne

Wer liebt, herrscht ohne Gewalttat und dient, ohne Sklave zu sein.

Zenta Maurina

Geliebt wirst du einzig, wo du schwach dich zeigen darfst, ohne Stärke zu provozieren.

Adorno

Einen Menschen lieben heißt, sich um einen Menschen sorgen. Vielleicht, daß aus diesem Grunde in jeder Liebe ein Zug von Schwermut ist.

Margolius

Wer liebt, ist unversehrbar. Lieben heißt, den Alltagsstein gemeinsam bis an die Schwelle des Abends tragen.

Zenta Maurina

LIEBESLIED

Das Liebeslied ist eine vertonte Liebkosung.

Romberg

LIEBESSEHNSUCHT

Liebessehnsucht ist Heimweh des Herzens.

Aus den »Fliegenden Blättern«

LIEBENSWÜRDIG

Wenig Leidenschaft, große Herzenswärme, Verstand, Anmut, leichte Umgangsformen, Respekt vor dem Ernst, Verständnis für den Schmerz – summa summarum: Liebenswürdigkeit.

Ebner-Eschenbach

Liebenswürdig – ein so schöner Begriff, der durch falschen Gebrauch zum leeren Formalausdruck geworden ist. Liebens-würdig sind alle Menschen für denjenigen, der es zutiefst selbst ist.

Anita

LIEBESWAHNSINN

Liebeswahnsinn! Pleonasmus! Liebe ist ja schon ein Wahnsinn!

Heine

LIEBLOS

Lieblos: wer nur Gutes zu lieben vermag.

Kudszus

LIPPE

Die Lippe ist der Wetzstein des Geistes; über die Lippe muß der Gedanke oft hin und her laufen, damit er Glanz, Farbe und Gestalt gewinne.

Ernst Moritz Arndt

LITERATUR

Literatur ist Unsterblichkeit der Sprache.

August Wilhelm Schlegel

Literatur ist Sprache, die mit Sinn geladen ist. Große Literatur ist einfach Sprache, die bis zur Grenze des Möglichen mit Sinn geladen ist.

Ezra Pound

Die Literatur ist der Ausdruck der Gesellschaft wie das Wort der Ausdruck des Menschen ist.

de Bonald

Literatur ist das Fragment der Fragmente. Das wenigste dessen, was geschah und gesprochen worden, ward geschrieben. Vom Geschriebenen ist das wenigste übriggeblieben.

Goethe

Literatur: zu Buch geschlagene Sprache.

Schlosser

Jedes literarische Werk, jede Tat, jede Leistung ist das Ergebnis einer Verschmelzung von Greifbarem und Ungreifbarem, von innerer Schau und wirklichem Bild, von Idee und der tatsächlichen Situation, von Vorstellung und Form.

Henry Miller

Literatur ist soziale Erscheinung.

Heinrich Mann

Literatur ist niemals nur Kunst, eine bei ihrem Entstehen schon überzeitliche Dichtung gibt es nicht. Sie kann so kindlich nicht geliebt werden wie Musik. Denn sie ist Gewissen – das aus der Welt hervorgehobene und vor sie hingestellte Gewissen.

Heinrich Mann

Literatur ist ein Weg zum Ruhm, der für die genialen Menschen offensteht, die weder Ehren noch Reichtum haben.

Disraeli

Literatur ist das, was die Leute zueinander sagen würden, wenn sie die Gelegenheit dazu hätten.

Christopher Darlington Morley

Literatur ist gedruckter Unsinn.

Strindberg

Literatur ist die Orchestrierung der Plattheiten.

Thornton Wilder

»Moderne« Literatur ist die Kunst, den richtigen Interpreten zu finden.

Herbst

Literarische Bildung, was immer sie sonst auch sei, ist stets eine Art von rezeptivem Sadismus: Genießen dessen, was andere, die Schöpferischen, litten.

Kudszus

Literatur ist Neues, das neu bleibt.

Ezra Pound

LITERATURPREISE

Die Literaturpreise sind die Politik in der Literatur.

Christine Boll

LOB

Lob: eine Huldigung, die wir solchen Leistungen darbringen, die den eigenen zwar nicht gleichkommen, ihnen aber doch ähnlich sind.

Bierce

Lob ist eine listige, versteckte, feine Schmeichelei, die Spender und Empfänger anders befriedigt. Dieser nimmt sie als Preis für seine Verdienste an, und jener gibt sie, um seine Billigkeit und Urteilskraft ins rechte Licht zu setzen.

La Rochefoucauld

Lob ist nichts als der Schatten der Tugend.

Sprichwort

Unverdientes Lob ist verkleideter Spott.

Sprichwort

Gerechtes Lob ist nur eine Schuld; aber die Schmeichelei ist ein Geschenk.

Samuel Johnson

LOBREDE

Lobrede: das Preisen eines Menschen, der den Vorzug des Reichtums oder der Macht besitzt oder die Freundlichkeit, tot zu sein.

Bierce

LOCH

Ein Loch ist da, wo etwas nicht ist. Das Loch ist ein ewiger Kompagnon des Nicht-Lochs. Loch allein kommt nicht vor.

Tucholsky

LOGIK

Logik ist ein Verfahren, das uns glauben macht, daß eine Sache, die nicht schwarz ist, weiß sein müsse.

Wiggins

Die Logik ist die Zwangsjacke der Phantasie.

Nahr

Logik: die Kunst, in strenger Übereinstimmung mit den Grenzen und Schwächen des menschlichen Unverstandes zu denken und zu schlußfolgern.

Bierce

Logik ist die Kunst, zuversichtlich in die Irre zu gehen.

Krutch

Die Logik ist eine Kommode, die einige nützliche Werkzeuge enthält und viele überflüssige.

Colton

Logik ist ein Instrument zum Aufpolstern der Vorurteile.

Hubbard

Logik ist wie ein Treppengeländer; es hilft einem trotz Dunkelheit nach oben zu kommen.

Kjellerup

Logik ist weder die einzige noch die kürzeste Verbindung zwischen zwei Gedanken.

Herbst

Die Logik scheint mir die Kunst zu sein, jemand von einer Wahrheit zu überzeugen, und die Beredsamkeit eine Fähigkeit des Geistes, womit man Herz und Verstand der Zuhörer erobert.

La Bruyère

Logik ist die Anatomie des Denkens.

Locke

Das Reich der Logik ist die Wahrheit, wie sie ohne Hülle für sich ist. Sie ist die Darstellung Gottes, wie er in seinem ewigen Wesen vor Erschaffung der Welt und eines endlichen Geistes ist. In dieser Hinsicht ist sie allerdings ein Reich der Schatten; nur diese Schatten sind andererseits auch die einfachen, von aller Materie befreiten Wesenheiten, in deren diamantenes Netz das ganze Universum hineingebaut ist.

Hegel

Logik ist Glaubenssache.

Eschmann

Logik: Bazillus im Glauben!

Rudolf Rolfs

Moral ein Maulkorb für den Willen, Logik ein Steigriemen für den Geist.

Grillparzer

Logik ist die Gewohnheit, das Zwangsläufige angenehm zu empfinden.

Nahr

Die Logik ist eine menschliche Vorstellung. Wenn wir eine Ursache gefunden haben, genügt sie uns so sehr, daß uns nichts die Annahme nahelegt, diese Form entspreche nicht auf anderen Ebenen zur gleichen Zeit anderen Ursachen.

Saint-Exupéry

Die Logik ist keine Lehre, sondern ein Spiegelbild der Welt.

Wittgenstein

Logik ist der Versuch, nach einem von uns gesetzten Seins-Schema die wirkliche Welt berechenbar zu machen.

Nietzsche

Die Logik ist weder die Vorrede noch das Instrument, noch das Formular, noch eine Episode der Philosophie, sondern eine der Poetik und Ethik entgegengesetzte und koordinierte pragmatische Wissenschaft, welche von der Forderung der positiven Wahrheit und der Voraussetzung der Möglichkeit eines Systems ausgeht.

Friedrich Schlegel

Die Logik ist die Wissenschaft des Denkens, seiner Bestimmungen und Gesetze.

Hegel

Logik ist die Leidenschaft, zwei und zwei zu addieren.

Nahr

Logik ist für die Grammatik das, was der Sinn für die Worte ist.

Joubert

Logik ist eine Zeichenschrift auf Grund der Voraussetzung, daß es identische Fälle gibt.

Nietzsche

Logik ist die Waffenkammer der Vernunft.

Fuller

Logik ist das Vergnügen des vermiedenen Irrtums.

Nahr

Logik ist weder eine Wissenschaft noch eine Kunst, sondern ein Kniff.

Jowett

Logische Konsequenzen sind die Vogelscheuchen der Toren und die Leuchttürme der Weisen.

Thomas Henry Huxley

LORBEER

Lorbeer ist ein schnell welkendes Gemüse.

Guareschi

Lorbeer ist ein bitt'res Blatt,
dem, der's sucht, und dem, der's hat.

Geibel

LÜGE

Lüge ist eine Wahrheit mit schiefer Wurzel.

Gerhart Hauptmann

Lüge: terminologische Ungenauigkeit.

Churchill

Die Lüge ist die Poesie, die nicht aus der Mode kommt.

Møller

Die Lüge ist ein Mittelding zwischen Sein und Nichtsein.

Hebbel

Die Lüge ist der eigentliche faule Fleck in der menschlichen Natur.

Kant

Die Lüge ist ein sehr trauriger Ersatz für die Wahrheit, aber sie ist der einzige, den man bis heute entdeckt hat.

Hubbard

Lügen sind die Waffen der Bösen.

Afrikanisches Sprichwort

Lügen mit glücklichen Umständen ergeben Legenden.

Lec

Die Lüge ist manchmal die Beleuchtung der Wahrheit.

Japanisches Sprichwort

Auch das ist Lüge und oft die kläglichste von allen: sich anzustellen, als wenn man einem Lügner seine Lüge glaubte.

Schnitzler

Worin besteht das Wesen der schönen Lüge? Darin, daß sie sich selbst zu erkennen gibt.

Wilde

LÜSTERNHEIT

Lüsternheit ist ein Spiel mit dem zu Genießenden und mit dem Genossenen.

Goethe

LYRIK

Lyrik ist gemalte Poesie.

Lohberger

Wenn schon die Poesie überhaupt ein Rätsel ist, so ist die Lyrik das Rätsel der Rätsel.

Spitteler

M

MACHT

Macht ist organisierte Kraft, Verbindung der Kraft mit einem Werkzeuge. Das Weltall wimmelt von Kräften, die, um Macht zu werden, auf der Suche nach Organen sind. Der Wind, das Wasser sind Kräfte; durch ihre Wirkung auf eine Mühle oder auf eine Pumpe, die ihnen als Werkzeug dienen, werden sie Macht. Durch diese Unterscheidung von Kraft und Macht erklärt sich die Herrschaft im Staat. Das Volk ist Kraft, seine Regierung ist Werkzeug; ihre Verbindung bewirkt politische Macht. Trennt sich die Kraft von ihrem Werkzeug, so entschwindet die Macht. Wenn das Werkzeug zerstört ist und die Kräfte bleiben, gibt es nur noch Zuckung, Krampf oder Wut; und wenn das Volk sich von seinem Werkzeug, das heißt von seiner Regierung, trennt, gibt es Revolution.

Rivarol

Macht: ein Vermögen, welches großen Hindernissen überlegen ist. Eben dieselbe heißt Gewalt, wenn sie auch dem Widerstande dessen, was selbst Macht besitzt, überlegen ist.

Kant

Macht ist eine Art von Genie, entweder man hat's oder man hat's nicht.

Shaw

Die Macht wird als Recht möglich, das Recht als Macht unmöglich. Die Macht besteht als Wirklichkeit, deren unwirklichste Möglichkeit das Recht bleibt.

Lohberger

Der hat die Macht, an den die Menge glaubt.

Raupach

Nur das zu tun, was alle wollen, ist das Geheimnis jeder Macht.

Kinkel

Das Geheimnis jeder Macht besteht darin, zu wissen, daß andere noch feiger sind als wir.

Börne

Machttrieb: gibt es den? Handelt es sich nicht recht eigentlich um den Perfektionstrieb?

Lohberger

Macht ist ein emotional aufgeladenes Wort. Wenn wir sie besitzen, nennen wir sie Einfluß. Wenn sie aber ein anderer besitzt, belassen wir es bei dem häßlichen Wort Macht.

Corey

MACHTPOLITIK

Machtpolitik ist der diplomatische Name für das Gesetz des Dschungels.

Culbertson

MÄDCHEN

Mädchen: das sind die, die rückwärts tanzen.

Bob Hope

Mädchen: eine junge Person des unfairen Geschlechts von unerforschlichem Benehmen und Ansichten, die einen bis zum Verbrechen rasend machen können. Die Art ist geographisch weit verbreitet, man trifft sie, wo immer man sie sucht, und bedauert es, wo immer man sie findet. Das Mädchen ist dem Auge nicht eigentlich unangenehm und (ohne sein Klavier und seine Ansichten) dem Ohr nicht unerträglich, wenn es auch an Anmut dem Regenbogen entschieden unterlegen ist und hinsichtlich dessen, was von ihm zu hören ist, vom Kanarienvogel weit übertroffen wird. Dieser ist auch leichter zu tragen.

Bierce

Jedes Mädchen ist eine frisierte Herausforderung.

Weisenborn

Mit einem Mädchen hat es die Natur auf das, was man, im dramaturgischen Sinne, einen Knalleffekt nennt, abgesehen.

Schopenhauer

Mädchen sind wie Rosen, kaum entfaltet, ist ihre holde Blüte schon veraltet.

Shakespeare

Ein blühendes Mädchen ist das reizendste Symbol vom reinen guten Willen.

Friedrich Schlegel

Mädchen – das bedeutet auch eine Insektenlarve.

Karl Kraus

Junge Mädchen sind erotische Hartwährung. In der Ehe gibt es allenfalls Sonderziehungsrechte.

Definition eines Währungsexperten

MAGIER

Daß ein Magier heutzutage der heißt, der Kaninchen aus dem leeren Zylinder zieht, sollte man bei Formulierungen wie Magier des Wortes, Magier des Taktstocks bedenken.

Arntzen

MAITAG

Ein Maitag ist ein kategorischer Imperativ der Freude.

Hebbel

MAJESTÄT

Majestät ist das Vermögen, ohne Rücksicht auf Belohnung oder Bestrafung recht oder unrecht zu haben.

Goethe

MALEREI

Malerei ist die Kunst, die Seele zu bewegen durch Vermittlung der Augen. Wenn der Maler nur bis zu den Augen kommt, hat er nur den halben Weg zurückgelegt.

Diderot

Die Malerei ist eine stumme Poesie und die Poesie eine redende Malerei.

Simonides

Malerei verwandelt den Raum in Zeit, Musik die Zeit in Raum.

Hofmannsthal

Malerei: die Kunst, Flächen vor dem Wetter zu schützen und sie den Kritikern auszusetzen.

Bierce

MAN

Man ist vielfache Person als vielfacher Schüler.

Hofmannsthal

MANIEREN

Gute Manieren bestehen aus lauter kleinen Opfern.

Emerson

MANIERISMUS

Der Manierismus ist das zu einem tiefsten Bewußtsein seiner selbst und damit zu einem guten Gewissen gelangte l'art pour l'art.

Heimito von Doderer

Aller Manierismus ist Dichtung in einem selbsterfundenen Dialekt. Der Manierismus ist nur deshalb nicht provinziell, weil er sich an keine wirklich existierende Provinz anschließt.

Heimito von Doderer

MANN

Geschlechtlich genommen ist der Mann eine Einrichtung der Frau, die den Zweck hat, das Geheiß der Natur auf die wohlfeilste Art zu erfüllen.

Shaw

Der Mann ist ein Kind der Zeit. Die Frau ist ein Kind des Raumes.

Coudenhove-Kalergi

MANUSKRIPT

Das Manuskript ist ein Schriftstück, das in Eile vorgelegt und mit Muße zurückgegeben wird.

Herford

MARKEN

Marken sind die Visitenkarten, die die großen Staaten in der Kinderstube abgeben.

Walter Benjamin

MARKTWIRTSCHAFT

Marktwirtschaft: Freie Wirtschaft, die durch Zölle, Steuern, Subventionen, D-Mark-Aufwertung und andere Methoden staatlich beeinflußt wird.

Schiff

MARX

Marx, Karl: Moses des Sozialismus – teilte posthum das Rote Meer zwischen Moskau und Peking.

Schiff

MARXISMUS

Der Pedantismus mißverstand die Menschenliebe; das Resultat ist als Marxismus bekannt. Das Ressentiment mißverstand den Marxismus – da wurde der Bolschewismus daraus. Das Literatentum mißverstand den Bolschewismus – da galt er wieder als Menschenliebe – aber nun sah sie auch danach aus.

Schnitzler

MASKE

Maske: der einzige Teil des Gesichts, den sich der Mensch selber aussucht.

Laub

MASSE

Masse ist die kompakte Form, in der alles Menschliche auf Kommando erweckt oder ertötet werden kann.

Anita

Die Masse ist eine Gesellschaft mit recht beschränker Haftung.

Hans Kasper

Masse im religiösen Sinn ist überall, wo der Mensch des eigenen Wertes beraubt ist zugunsten irgendeines gleichwie welchen Zweckes.

Le Fort

Den Bürger ängstigt die Menge. Ginge er spazieren, er wäre die Masse.

Hans Kasper

MASSENREGIE

Massenregie: geschickte Beleuchtungstechnik zum Zweck irgendeiner Verfinsterung.

Anita

MASSENSEELE

Die Massenseele ist eine ins Riesenhafte vergrößerte Einzelseele ohne individuelle Hemmung.

Niederreuther

MASSLOSIGKEIT

Maßlosigkeit ist das Maß der Gefühle.

Wiesner

MATERIE

Materie – Hartnäckigkeit der kleinsten Lebewesen.

Wilhelm Busch

MATERIALISMUS

Materialismus: Weltanschauung, die sich sowohl im Kapitalismus wie im Kommunismus durchgesetzt hat.

Schiff

MATERIALIST

Materialist sein heißt, die objektive Wahrheit, die uns durch die Sinnesorgane zugänglich wird – anerkennen.

Lenin

Materialist – was bedeutet das zunächst anders als jemanden, der die Materie ernst nimmt, zu deutsch: den Mutterstoff der Welt. Singemäß übersetzt, wäre er also ein Mutterstoffgesinnter. Wenn nun seit Jahrtausenden Gott nur als Mann, als

Vater verehrt wurde – wie kann man sich wundern, daß der Materialismus die Züge eines Aufstandes annahm. Zum mindesten müßte verehrt werden die Mutter in Gott.

Eschmann

Ein Materialist ist ein Calvinist ohne Gott.

Eduard Bernstein

MATHEMATIK

Mathematik ist die mit Beispielen versehene Antwort auf die Frage: Was ist eine Voraussetzung?

Nahr

Die Mathematik ist eine Methode der Logik.

Wittgenstein

Mathematik ist die Wissenschaft, welche die notwendigen Schlußfolgerungen zieht.

Peirce

Mathematik ist die exakteste Wissenschaft und ihre Schlußfolgerungen sind absolut beweisbar. Das ist jedoch nur deshalb so, weil die Mathematik nicht versucht, absolute Schlußfolgerungen zu ziehen. Alle mathematischen Wahrheiten sind relativ, bedingt.

Steinmetz

Die Mathematik handelt ausschließlich von den Beziehungen der Begriffe zueinander ohne Rücksicht auf deren Bezug zur Erfahrung.

Albert Einstein

Die Mathematik ist die Grammatik der Zahlen.

Lohberger

Die Mathematik ist eine Mausefalle. Wer einmal in dieser Falle gefangensitzt, findet selten den Ausgang, der zurück in seinen vormathematischen Seelenzustand leitet.

Colerus

Die ganze Mathematik ist eigentlich eine Gleichung im Großen für die andern Wissenschaften.

Novalis

Mathematik ist die Wissenschaft, bei der man nicht weiß, wovon man spricht, noch ob das, was man sagt, wahr ist.

Bertrand Russell

Die Mathematik ist gleichsam eine sinnliche Logik, sie verhält sich zur Philosophie wie die materiellen Künste, Musik und Plastik, zur Poesie.

Friedrich Schlegel

Wir wollen die Feinheit und Strenge der Mathematik in alle Wissenschaften hineintreiben, soweit dies nur irgend möglich ist; nicht im Glauben, daß wir auf diesem Wege die Dinge erkennen werden, sondern um damit unsere menschliche Relation zu den Dingen festzustellen. Die Mathematik ist nur das Mittel der allgemeinen und letzten Menschenkenntnis.

Nietzsche

Mathematik: die optimistischste Philosophie.

Lohberger

Mathematik ist die Musik der Vernunft.

Sylvester

Mathematik ist das Alphabet, mit dessen Hilfe Gott das Universum beschrieben hat.

Galilei

MATHEMATIKER

Der Mathematiker ist ein Hersteller von Schemata.

Hardy

Die Mathematiker sind eine Art Franzosen: Redet man zu ihnen, so übersetzen sie es in ihre Sprache, und dann ist es alsobald ganz etwas anderes.

Goethe

Ein Mathematiker ist ein Mensch, der einen ihm vorgetragenen Gedanken nicht nur sofort begreift, sondern auch erkennt, auf welchem Denkfehler er beruht.

Nahr

MAUSOLEUM

Mausoleum: die letzte und komischste Torheit der Reichen.

Bierce

MAXIMEN

Maximen sind der konzentrierte gesunde Menschenverstand der Völker.

Mackintosh

Praktische Gesetze, sofern sie zugleich subjektive Gründe der Handlungen, d. i. subjektive Grundsätze, werden, heißen Maximen.

Kant

Maximen sind kleine Predigten.

Burgess

Maximen sind für den Intellekt das, was Gesetze für die Handlungen sind: Sie erleuchten nicht, aber sie leiten und führen und, obgleich selbst blind, sind sie Schutz.

Joubert

Maxime: eine Regel, die die Willkür sich selbst für den Gebrauch der Freiheit macht.

Kant

McLUHAN-DEFINITIONEN

McLuhan-»Definitionen«:
Das Telefon: Sprache ohne Wände
Das Grammophon: Varieté ohne Wände
Die Fotografie: Museum ohne Wände
Das elektrische Licht: Raum ohne Wände
Film, Rundfunk und Fernsehen: Klassenzimmer ohne Wände.

McLuhan

MEDIEN

Alle Medien massieren uns gründlich durch. Sie sind dermaßen durchgreifend in ihren persönlichen, politischen, ökonomischen, ästhetischen, psychologischen, moralischen, ethischen und sozialen Auswirkungen, daß sie keinen Teil von uns unberührt, unbeeinflußt, unverändert lassen. Das Medium ist Massage. Jegliches Verständnis sozialer und kultureller Wandlungen ist unmöglich, ohne eine gewisse Kenntnis von Medien als Umwelten.
Alle Medien sind Erweiterungen bestimmter menschlicher Anlagen – seien sie psychisch oder physisch.

McLuhan

MEDITATION

Die Meditation ist – mit einer einzigen Ausnahme, nämlich beim Heiligen – das genaue Abbild totalistischer Revolution, nur eben sozusagen nach innen umgeklappt.

Heimito von Doderer

MEDITIEREN

Meditieren heißt, immer wieder andere Verschlingungen desselben Knotens hervorstülpen.

Nahr

MEHRHEIT

Mehrheit: eine Masse, die als Grundlage politischer Weisheit und Tugend angesehen wird. In der Politik: das, was der Politiker anbetet. »In der Vielheit der Ratschläge liegt Weisheit«, sagt das Sprichwort. Wenn viele Menschen gleicher Einzelweisheit weiser werden wollen als irgendeiner von ihnen ist, so müssen sie diesen Überschuß an Weisheit durch den bloßen Akt des Zusammengehens erwerben – offenbar von nirgendwo; genausogut kann man sagen, daß eine Bergkette nicht höher sein kann als die einzelnen Berge. Eine Mehrheit ist so weise wie ihr weisestes Mitglied, wenn sie ihm gehorcht; wenn nicht, ist sie nicht weiser als ihr törichtestes Mitglied.

Bierce

Echte Mehrheiten sind die, in deren Reihen sich auch die Mehrheit der Verständigen befindet.

Hans Kasper

Was ist die Mehrheit? Mehrheit ist der Unsinn; Verstand ist stets bei Wen'gen nur gewesen.

Schiller

Die Meinung der Mehrheit kann nicht der Ausdruck der Unzuständigkeit sein.

Guénon

MEINUNG

Meinung besteht darin, Gründe zu nennen, weshalb alle Welt so denken soll wie ich denke.

Seldon

Meinungen sind Interessen.

Herbst

Die meisten Meinungen sind nur Ausreden.

Rudolf Rolfs

Unsere Meinungen: die Haut, in der wir gesehen werden wollen.

Nietzsche

Meinung ist ein Minimum an Tatsachen in Verbindung mit Vorurteilen und Gefühlen.

Unbekannt

Meinen ist ein mit Bewußtsein sowohl subjektiv als objektiv unzureichendes Fürwahrhalten.

Kant

Meinungen sind so etwas ähnliches wie Hämorrhoiden des Geistes.

Heimito von Doderer

Sachliche Meinungen sind Vorurteile a. D.

Herbst

Meinungen sind Wegweiser. Ohne diese Wegweiser würden wir uns im Leben verirren.

Hans Albrecht Moser

Die Meinung im guten Menschen ist nichts anderes als Wissen im Werden.

Milton

Die Meinungen einer Frau sind nichts als die Folge ihrer Gefühle.

de Sevigné

Meinungen sind wie Nägel: Je mehr du auf sie einschlägst, um so tiefer dringen sie ein.

Chinesischer Spruch

MEINUNGSFORSCHER

Meinungsforscher sind Herolde der Meinungslenker.

Rudolf Rolfs

MELANCHOLIE

Melancholie ist nur verwelkte Lust.

Kesten

Die Melancholie ist der Luxus armer Seelen.

Montherlant

Melancholie ist das Vergnügen, traurig zu sein.

Victor Hugo

MELODIE

Die Melodie ist die Sprache des Herzens, der Rhythmus der Gesang des Blutes und Harmonie der Spiegel der Seele.

Parmet

MEMOIREN

Memoiren sind persönliche Fiktion.

Herbst

MENSCH

Mensch sein heißt, unbestimmt fühlen, daß in jedem etwas von allen steckt und etwas von jedem in allen.

Valéry

Mensch sein heißt, das gegenüber seiende Wesen sein.

Buber

Der Mensch ist eine Analogienquelle für das Weltall.

Novalis

Der Mensch ist ein Blinder, der vom Sehen träumt.

Hebbel

Nichts zeichnet den Umriß eines Menschen kräftiger als das, was er nicht sieht.

Ludwig Marcuse

Eine »Definition« des Menschen: das Lebewesen, das ganz allein sein kann.

Struve

Ich glaube, die beste Definition des Menschen lautet: undankbarer Zweibeiner.

Dostojewski

Sonderbar am Menschen ist, daß dieser geprüfte Zweibeiner sich nach

Millionen Jahren der Existenz noch nicht darüber klar ist, was er eigentlich hier soll, und daher Existentialist wird.

von Radecki

Die meisten Menschen sind, wie Leibnizens mögliche Welten, nur gleichberechtigte Prätendenten der Existenz. Es gibt wenig Existenten.

Friedrich Schlegel

Der Mensch ist ... war immer der Beginn eines Fehlurteils. Es muß heißen: der Mensch ist auch ... zum Beispiel eine von Glück berstende Lerche; zum Beispiel ein bedrängtes Wesen, das sich in den Frieden flüchten will.

Ludwig Marcuse

Ein absurder Mensch ist der, der sich niemals ändert.

Bacon

Der Mensch ist nichts als eine Fortsetzung, unter die der Tod schließlich den Punkt setzt und alle Fragen offen läßt.

Reitz

Wie fremd ist das Geschaffene dem, der es geschaffen hat? Vielleicht könnte man sagen: Homo sapiens ist das Wesen, das sich selbst und den Mitmenschen die Welt fremd macht, indem er im Bewußtsein alles abrückt, in Distanz bringt. Vorstellen, Denken, Gestalten ist: fremd machen.

Ludwig Marcuse

Der Mensch ist ein atmendes Gesetz.

Hille

Der Mensch – ein Exempel der beispiellosen Geduld der Natur.

Morgenstern

Der Mensch: das erste Gespräch, das die Natur mit Gott hat.

Goethe

Der Mensch ist dasjenige Wesen, das zwischen Gott und der Welt steht.

Gogarten

Jeder Mensch ist ein besonderer Gedanke Gottes, nicht bloß im allgemeinen die Menschheit. Darin liegt alles, der Glaube an Gottes Fürsorge für uns hienieden und der Glaube an ein ewiges persönliches Fortleben droben.

de Lagarde

Der Mensch als Enklave Gottes, die sich nach seinen Rändern hin durcharbeitet.

Eschmann

Der Mensch ist im Grunde Begierde, Gott zu sein.

Sartre

Was ist der Mensch? Die Tragödie Gottes.

Morgenstern

Der Mensch, das Individuum, ist Gottes Einfalt, ist einfältig gewordene Gottheit.

Morgenstern

Was der Mensch sei, sagt ihm nur die Geschichte.

Dilthey

Mensch sein heißt, dem Leben ein Gleichnis entgegensetzen.

Werfel

Der Mensch ist das einzige Geschöpf, das erzogen werden muß.

Kant

Der Mensch ist ein politisches Geschöpf, das am liebsten zu Klumpen geballt sein Leben verbringt. Jeder Klumpen haßt die andern Klumpen, weil sie die andern sind, und haßt die eignen, weil sie die eignen sind. Den letzteren Haß nennt man Patriotismus.

Tucholsky

Der Mensch ist ein Geschöpf, das nicht vom Brot allein lebt, sondern hauptsächlich von Schlagworten.

Robert Louis Stevenson

Große Menschen sind die Inhaltsverzeichnisse der Menschheit.

Hebbel

Der große Mensch ist allenthalben der Fernseher; aber freilich nicht unter Ochsen und Eseln.

Hebbel

Merkmal großer Menschen ist, daß sie an andere weit geringere Anforderungen stellen als an sich selbst.

Ebner-Eschenbach

Der wahre Wert eines Menschen ist in erster Linie dadurch bestimmt, in welchem Grade und in welchem Sinne er zur Befreiung vom Ich gelangt ist.

Albert Einstein

Der Mensch ist das Produkt seiner Interessen.

Weisenborn

Der Mensch ist nicht das Produkt seiner Umwelt – die Umwelt ist das Produkt des Menschen.

Disraeli

Der Mensch ist, was er ißt.

Feuerbach

Der Mensch ist, was er ist, aber er ist nicht, was er gewesen ist.

Jüdisches Sprichwort

Der Mensch ist ein Intellekt, der von Organen bedient wird.

de Bonald

Der Mensch ist eine in der Knechtschaft seiner Organe lebende Intelligenz.

Aldous Leonard Huxley

Der Mensch ist ein geborenes Kind; seine höchste Gabe ist die Gabe des Wachsens.

Tagore

Der Mensch hat neben dem Trieb der Fortpflanzung und dem, zu essen und zu trinken, zwei Leidenschaften: Krach zu machen und nicht zuzuhören. Man könnte den Menschen geradezu als ein Wesen definieren, das nie zuhört.

Tucholsky

Der Mensch ist das Geschöpf, das sich langweilt.

Sombart

Der Mensch ist das Lebewesen, das die Zeit totschlägt, bis sie sich revanchiert.

Unbekannt

Der Mensch ist eine nutzlose Leidenschaft.

Sartre

Der Mensch ist eine Funktion seines Temperamentes.

Lohberger

Der Mensch? Ein Abfallprodukt der Liebe.

Lec

Die Menschen sind meist nichts anderes als vernagelte Luft.

Arp

Ein guter Mensch ist einer, dessen Meinungen und Handeln jenen gefallen, die die Macht haben.

Bertrand Russell

Der Mensch ist das einzige Lebewesen, das von sich eine schlechte Meinung hat.

Shaw

Der Mensch ist die Medizin des Menschen.

Afrikanisches Sprichwort

Der Mensch in der Menge – das ist ein Span in ein Bündel gepreßt, das, der Strömung überliefert oder durch einen Stecken uferher Richtung um Richtung empfangend, im Wasser treibt.

Buber

Der heutige Mensch ist, soziologisch gesehen, wesentlich *Käufer* oder *Gekaufter*, vielmehr: beides in einer Person.

von Radecki

Man kann den einzelnen Menschen betrachten a) als kleinen Mann, b) als Helden und c) als Rädchen einer Maschine. Der erste Weg führt zur altmodischen Demokratie, der zweite zum Faschismus, der dritte zum Kommunismus.

Bertrand Russell

Der Mensch ist das Modell der Welt.

da Vinci

Ein Mensch ist der, der immer ein wenig mehr Mut hat, als er verzweifelt ist.

Weisenborn

Mensch: der Neinsagen-Könner, der Gottsucher.

Scheler

Wir Menschen sind diejenigen Punkte der Natur, worin sie sich zusammenfaßt. Vielleicht auch die Adern der Natur.

Hebbel

Der Mensch ist ein schaffender Rückblick der Natur auf sich selbst.

Friedrich Schlegel

Der Mensch ist die geronnene Potentialität des Daseins.

Buber

Der Mensch ist ein halber Prophet.

Jüdisches Sprichwort

Mensch: persona non grata.

Lec

Der Mensch ist ein Reichtum.

Afrikanisches Sprichwort

Das die wichtigsten Dinge durch Röhren getan werden. Beweise: erstlich die Zeugungsglieder, die Schreibfeder und das Schießgewehr; ja, was ist der Mensch anders als ein verworrenes Bündel von Röhren?

Lichtenberg

Der Mensch ist eine oben und unten mit einer Öffnung versehene Röhre.

Scherr

Der Mensch ist eine Verdauungsröhre.

Cabanis

Was ist der Mensch?
Ein hohler Darm
mit Furcht und Hoffnung angefüllt –
Daß Gott erbarm.

Goethe

Der Mensch ist wie eine Spieldose – ein unmerklicher Ruck, und es beginnt eine andere Melodie.

Börne

Der Mensch ist ein Seil, geknüpft zwischen Tier und Übermensch – ein Seil über einem Abgrunde.

Nietzsche

Der Mensch ist das einzige Lebewesen auf Erden, welches weiß, daß es sterben muß.

Rychner

Der Mensch ist ein Produkt seiner Sinne; und in der Tat lehrt eine unbefangene Beobachtung, daß alles, was wir wissen, denken, empfinden, nur eine geistige Reproduktion dessen ist, was wir oder andere Menschen vor uns auf dem Wege der Sinne von außen empfangen haben.

Moleschott

Der Mensch ist eine Sonne. Seine Sinne sind seine Planeten.

Novalis

Eines Schatten Traum ist der Mensch.

Pindar

Nur ein Schilfrohr, das schwächste der Natur, ist der Mensch, aber ein Schilfrohr, das denkt. Wenn das All ihn vernichten würde, so wäre der Mensch doch edler als das, was ihn zerstört, denn er weiß, daß er stirbt, und er kennt die Übermacht des Weltalls über ihm; das Weltall aber weiß nichts davon.

Pascal

Was ist der Mensch? Jedenfalls nicht das, was er sich einbildet zu sein, nämlich die Krone der Schöpfung.

Raabe

Der Mensch ist lebender Staub.

Josh Billings

Daß der Mensch das edelste Geschöpf sei, läßt sich auch schon daraus abnehmen, daß es ihm noch kein anderes Geschöpf widersprochen hat.

Lichtenberg

Der Mensch ist die Dornenkrone der Schöpfung.

Lec

Menschen sind schwimmende Töpfe, die sich aneinander stoßen.

Goethe

Der Mensch ist ein zweibeiniges Lebewesen ohne Federn.

Platon

Der Mensch ist das einzige Tier, das arbeiten muß.

Kant

Der Mensch ist ein Tier, das Werkzeuge benutzt.

Carlyle

Der Mensch ist ein charakterloses Tier. Die Bewunderung der Macht bei anderen ist so häufig wie die Liebe zu sich selbst; das eine macht ihn zum Tyrannen, das andere zum Sklaven.

Hazlitt

Der Mensch heißt dem Erkennenden: das Tier, das rote Backen hat.

Nietzsche

Der Mensch ist das einzige Tier, das erröten kann – oder muß.

Mark Twain

Der Mensch ist das einzige Tier, das Feuer machen kann. Das hat ihm die Herrschaft über die Erde gebracht.

Rivarol

Der Mensch ist das arrivierte Tier. Das ist alles.

de Goumont

Mensch: das Tier, das einen aufgerichteten Gang hat.

Herder

Mensch: das denkende Tier.

Klages

Der Mensch? Das Tier mit der raschen Gehirn-Peristaltik.

Hilsbecher

Der Mensch ist ein glaubenmachendes Tier – er ist niemals so wahrhaftig, als wenn er eine Rolle spielt.

Hazlitt

Der Mensch ist ein Tier, das Geschäfte macht; kein anderes Tier tut dies – kein Hund tauscht Knochen mit einem anderen.

Adam Smith

Endlich weiß ich, was den Menschen vom Tier unterscheidet: er sorgt sich um Geld.

Renard

Mensch: eine höhere Tiergattung, welche Gedichte und philosophische Systeme auf dieselbe Weise hervorbringt wie die Seidenraupe den Kokon oder die Biene die Waben.

Taine

Der Mensch ist ein sonderbares Tier – heiter und untröstlich.

Anouilh

Der Mensch ist ein intellektuelles Tier und deswegen ein ständiger Widerspruch zu sich selbst. Seine Sinne kreisen in ihm, seine Gedanken reichen bis zum Ende des Universums. Und so wird er in Stücke gerissen zwischen den beiden, ohne die Möglichkeit, jemals anders zu sein.

Hazlitt

Was ist der Mensch? Ein Tier,
das seine Lehrer straft,
Bald mit dem Tod am Kreuz
und bald mit Schierlingssaft.

Gleim

Der Mensch ist das einzige Tier, das lacht und weint, denn er ist das einzige Tier, das betroffen wird von dem, wie die Dinge sind, und von dem, wie sie sein sollten.

Hazlitt

Der Mensch ist das einzige Tier, das lacht, und das ein Parlament besitzt.

Unbekannt

Mensch: das Tier, das sich selber belügt.

Paul Ernst

Der Mensch ist das einzige Tier, das sich für einen Menschen hält.

Niederreuther

Der Mensch ist das einzige Tier, das freundschaftlichen Verkehr mit seinen Opfern pflegen kann bis es sie verspeist.

Samuel Butler

Der Mensch ist im wörtlichsten Sinne ein zoon politikon, nicht nur ein geselliges Tier, sondern auch ein Tier, das nur in der Gesellschaft sich vereinzeln kann.

Karl Marx

Der Mensch ist ein Raubtier. All die Tugendbolde und Sozialethiker, die darüber hinaus sein oder gelangen wollen, sind nur Raubtiere mit ausgebrochenen Zähnen.

Spengler

Der Mensch ist das Raubtier mit den Händen.

Spengler

Der Mensch ist ein wildes Tier, das sich selbst gezähmt hat.

Reverdy

Der Mensch ist das größte Tier der Schöpfung, denn er ist das Tier, das kocht.

Jerrold

Der Mensch ist ein Wesen, dessen Schöpfung nur ein halber Erfolg war. Er ist nur ein Entwurf von etwas. Ein Adler war gedacht: die Federn und Flügel waren bereits skizziert, aber die ganze Form wurde nicht vollendet.

Benn

Der Mensch ist ein ursachensuchendes Wesen; »der Ursachensucher« würde er im System der Geister genannt werden können. Andere Geister denken sich vielleicht die Dinge unter anderen uns unbegreiflichen Verhältnissen.

Lichtenberg

Der Mensch ist ein strebendes Geschöpf; er empfindet in der Zeit, die nie stillsteht, keinen eigentlichen Moment.

Jacobi

Von allen Definitionen über den Menschen ist die am schlechtesten, die ihn als vernunftbegabtes Tier bezeichnet.

France

Der Mensch ist ein vernunftbegabtes Wesen, das immer dann die Ruhe verliert, wenn von ihm verlangt wird, daß er nach Vernunftgesètzen handeln soll.

Wilde

Mensch: das Tier, das sich vervollkommnen kann.

Kant

Der Mensch ist ein Tier; er ist ein Tier höherer Gattung, welches sich von den anderen Tieren dadurch unterscheidet, daß es sich von ihnen unterscheidet.

Grotius

Der Mensch ist auch ein Federvieh, denn gar mancher zeigt, sobald er eine Feder in die Hand nimmt, was er für ein Viech ist.

Nestroy

Der Mensch: ein durch die Zensur gerutschter Affe.

Laub

Mensch: der Triebverdränger.

Freud

Mensch sein heißt verantwortlich sein.

Saint-Exupéry

Der Mensch, die ordnende Vernunft, die aus Wolken von Pulverdampf spricht.

Waggerl

Der Mensch ist ein Verteiler von Worten und ein Erzeuger von Ideen.

Reeves

Der Mensch ist immer mehr, als er von sich weiß. Er ist nicht, was er ein für allemal ist, sondern er ist Weg.

Jaspers

Der Mensch ist das gesellige und zugleich das ungeselligste Wesen.

Michel

Mensch: das Wesen, welches will.

Schiller

Der Mensch ist ein urteilendes Wesen. Darum muß er Urteile erfahren und leiden, bis das letzte Urteil von ihm gefällt und empfangen ist.

Adler

Mensch: das aus sich selbst heraus gefährdete Wesen.

Hartmann

Der Mensch ist das einzige Wesen, das sich selber nicht gewachsen ist.

Kudszus

Der Mensch ist für mich ein Wesen, das nur durch paradoxe, komödiantische Mittel, Formen dargestellt werden kann, denn der Mensch geht nicht auf wie eine Rechnung, und wo der Mensch so aufgeht, ist die Rechnung sicher gefälscht.

Dürrenmatt

Was ist der Mensch? – Das einzige Wesen, das imstande ist, sich selber den Daumen zu halten.

Kessel

Der Mensch: ein Wesen, das den ersten Kuß raubt, den zweiten erbettelt, den dritten verlangt, den vierten bekommt, den fünften hinnimmt und den Rest erträgt.

Rowland

Der Mensch ist sich selbst ein Wunder; er kann weder über sich herrschen, noch kennt er sich.

Whichcote

Zielbewußte Menschen: solche, die unterwegs alles niedertrampeln – oder solche, die sich sehr langsam vorwärtstasten.

Anita

Ein Mensch ist, wer in seinem Leben kein allgemeines Ziel kennt und immer das, was ihm als solches gepriesen oder aufgedrängt wird, unbehaglich zuckend als nur vorläufig ablehnt.

Eschmann

Die menschliche Existenz ist nichts anderes als eine mühevolle Arbeit der Kompensation, die es dem Menschen ermöglicht, sich täglich, fast stündlich, für andere Wesen und neue Lebenssituationen zu verwandeln.

Giraudoux

Die Antwort auf die Kongreßfrage »Ist der Mensch meßbar?« lautet: ein bißchen, mit vielen Maßen.

Ludwig Marcuse

MENSCHENFÜHRUNG

Menschenführung heißt gegenseitigen Haß in gemeinsame Schlagkraft wandeln.

Nahr

MENSCHENHERZ

Jedes Menschenherz ist ein Wirtshaus. Die Tugenden sind Passanten, die Laster ständige Gäste, die zu ihrem Nichtbezahlen noch Geld verlangen.

Aus den »Fliegenden Blättern«

MENSCHENKENNTNIS

Einen Menschen kennen heißt, ihn lieben oder bedauern.

Ebner-Eschenbach

Menschenliebe ist das Wesen der Sittlichkeit, Menschenkenntnis das Wesen der Weisheit.

Konfuzius

Man kann den Menschen nicht richtig verstehen, wenn man nicht erkennt, daß die Mathematik aus derselben Wurzel entspringt wie die Poesie, aus der Gabe der Einbildung.

Ortega y Gasset

MENSCHENVERACHTUNG

Die Menschenverachtung ist für den nachdenkenden Geist nur die erste Stufe zur Menschenliebe.

Morgenstern

Die einzige wirkliche Menschenverachtung ist Selbstverachtung. Sie ist allezeit echt.

Hjortø

Menschenverachtung: ein Panzer, der mit Stacheln gefüttert ist.

Ebner-Eschenbach

MENSCHHEIT

Die Menschheit? Ein Magma von Wesen, die nicht wissen, was sie tun.

Montherlant

Die Menschheit ist ein Buch, das immer wieder von neuem aufgelegt wird, ohne die Aussicht, jemals ein Bestseller zu werden.

Faulkner

Menschheit ist eine humoristische Rolle.

Novalis

MENSCHLICHKEIT

Menschlichkeit: den Abstand wahren können.

Ingeborg Bachmann

Grundzug alles Menschlichen: Suchen nach Realität. Wo die Realität gesucht und gefunden wird, das begründet alle Unterschiede zwischen den Menschen.

Weininger

Menschlich ist nur das, was ich tue, weil es für mich einen Sinn hat, also nur das, was ich verstehe.

Ortega y Gasset

METAPHER

Metaphern sind Masken des Gedankens. Auch dieser.

Kudszus

Eine Metapher ist ein Verfahren des Geistes, vermittels dessen es uns gelingt, etwas zu erfassen, was unserem begrifflichen Vermögen ferner liegt. Mit Hilfe des nächsten, das wir am besten meistern, können wir zu einem Verständnis des Entlegenen und schwer Beherrschbaren gelangen.

Ortega y Gasset

Die Metapher ist ein Ding, durch das du laut rufst.

Unbekannt

Die Metapher ist ein unterdrücktes Lächeln.

Unbekannt

Die Metapher ist der Lippenstift des Stils.

Kudszus

METAPHORISCH

Metaphorisch heißt sinngemäß übersetzt figürlich, welches richtig verstanden auch an die Bedeutung des Wortes Figur in der Musik anklingt: ein retardierendes Zierglied, welches zwar in der Komposition seine gliedische Aufgabe erfüllt, diese aber gänzlich in die eigene Gestalt auflöst.

Heimito von Doderer

METAPHYSIK

Diejenige Philosophie, welche die obersten Prinzipien des reinen Verstandesgebrauchs enthält, ist die Metaphysik.

Kant

Metaphysik ... ist ein uferloses Meer, in welchem der Fortschritt keine Spur hinterläßt und dessen Horizont kein sichtbares Ziel enthält, an dem, um wieviel man sich ihm genähert habe, wahrgenommen werden könnte.

Kant

Metaphysik: Kinder, die nicht lesen können, halten ernst das Buch vor sich und sagen, was sie wollen, daß darin steht.

Stössl

METHODE

Methoden sind die ausgetretenen Bahnen des Geistes, Richtwege des Gedächtnisses.

Rivarol

Methode ist die Mutter des Gedächtnisses.

Thomas Fuller

Alle Methode ist Rhythmus: hat man den Rhythmus der Welt weg, so hat man auch die Welt weg. Jeder Mensch hat seinen individuellen Rhythmus. Rhythmischer Sinn ist Genie.

Novalis

Jede (Denk-)Methode ist die Reaktion auf einen Zweifel.

Ortega y Gasset

MILCHLADEN

Der Milchladen ist die Urform des Parlaments.

Niederreuther

MILDTÄTIGKEIT

Mildtätigkeit: die sterilisierte Milch der frommen Denkungsart.

Herford

MILIEU

Ein elegantes Milieu ist jenes, in dem die Meinung des einen sich nach der des anderen richtet. Ist die Meinung auf dem Widerspruch aufgebaut, haben wir untrüglich ein literarisches Milieu vor uns.

Proust

MINISTER

Minister: Gipfelpunkt menschlichen Ruhmes.

Flaubert

MINDERHEIT

Minderheiten sind die Sterne des Firmaments; Mehrheiten sind das Dunkel, in dem sie fließen.

Martin H. Fischer

Minderheit: das sind die, die immer Unrecht haben – am Anfang.

Unbekannt

MISANTHROP

Der Misanthrop ist ein Mensch, der haßt, was andere sagen.

Thornton Wilder

MISSTRAUEN

Das Mißtrauen ist die Mutter der Sicherheit.

Französisches Sprichwort

Mißtrauen ist eine schlechte Rüstung, die mehr hindern als schirmen kann.

Byron

Mißtrauisch bist du? Ich verstehe dich: du willst dir die Mühe ersparen, die Menschen kennenzulernen.

Schnitzler

MITLEID

Mitleid ist eine sanfte Form der Furcht: sie ist die Furcht der Intelligenten, der Phantasievollen, der Vorausschauenden.

Pagnol

Mitleid ist die Vorstellung oder Einbildung künftigen Mißgeschicks, das uns in der gleichen Weise treffen mag, wie es jetzt einem anderen widerfahren ist.

Hobbes

Mitleid: dein Schmerz in meiner Brust.

Luccock

Das Mitleid ist oft ein Gefühl unserer eigenen Leiden in den Leiden anderer. Es ist eine kluge Voraussicht der Unglücksfälle, die uns selbst treffen können.

La Rochefoucauld

Mitleid widerspricht nicht dem Egoismus; im Gegenteil: wir sind froh über die Gelegenheit, unsere Freundschaft beweisen und in den Ruf des Empfindsamen gelangen zu können, ohne daß wir dafür etwas geben müssen.

Pascal

Mitleid ist die Tugend des Rechts, und niemand außer den Tyrannen verwendet es grausamer.

Shakespeare

Mitleid ist die Nächstenliebe des Kranken.

Shaw

Mitleid ist legale Schadenfreude.

Lohberger

Die Empörung über das Unglück des anderen ist der männlichere Bruder des Mitleidens.

Nietzsche

Mitleid? Der Straßenkehrer des Elends.

Shaw

Mitleid ist Liebe im Negligé.

Ebner-Eschenbach

Das Mitleid ist die letzte Weihe der Liebe, vielleicht die Liebe selbst.

Heine

In der Liebe ist das Mitleid die sanfte Form der Verachtung.

Bernard-Luc

MITTELWEG, GOLDENER

Der goldene Mittelweg: das ist die fixierte Vermittlung, die Verbindungsstraße, die als Holzweg endet.

Arntzen

MOB

Mob ist Masse, der nicht mehr zu helfen ist.

Anita

Der Mob ist eine Gruppe von Menschen mit Köpfen, aber ohne Gehirn.

Thomas Fuller

Mob-ilisierung: ein gefährlicher Begriff.

Anita

MODE

Mode: Vornehmheit, die dem Vulgären entflieht und befürchtet, eingeholt zu werden.

Hazlitt

Mode: ein Despot, den die Weisen belächeln und dem sie gehorchen.

Bierce

Die Mode ist das, wodurch das Phantastische für einen Augenblick allgemein wird.

Wilde

Mode ist Plakat der Moderne, Neuzeit in einer Dimension.

Rudolf Rolfs

Mode, das Kaleidoskop der Gefallsucht. *vom Endt*

Mode ist die Kunst, sich vorschriftsmäßig zu verstellen.

Unbekannt

Mode, das heißt: Zivil als Uniform.

Lohberger

Die Moden sind eigentlich nur eingeführte Epidemien.

Shaw

Die Mode ist die älteste Vergnügungssteuer der Welt.

Hans Kasper

Der Wechsel der Mode ist eine Steuer, die der Fleiß der Armen der Eitelkeit der Reichen auferlegt.

Chamfort

Mode ist Konjunktur des Geschmacks; Sitte ist Mode der Vergangenheit.

Lohberger

Die Mode ist eine charmante Tyrannei von kurzer Dauer.

Achard

Was ist Mode? Vom künstlerischen Standpunkt aus ist's eine Form der Häßlichkeit, die wir alle sechs Monate ändern müssen.

Wilde

Mode ist, was man selbst trägt. Altmodisch ist, was die andern tragen.

Wilde

MODELL

Das Modell ist eine geistige Maschine.

Nahr

MODERN

»Modern zu sein« bedeutet praktisch, in immer stärkerem Maße positiv und kritisch zu sein, sich zu weigern, irgend etwas auf bloße Autorität hin anzunehmen, auf eine Autorität hin, die »vor, außer und über« dem Individuum ist.

Thomas Stearns Eliot

Modern ist ein Mensch, der sich dessen bewußt ist, daß es nicht auf sein Denken allein ankommt, sondern auf die Summe des Denkens aller.

Lombardi

Modern heißt das unsichere Gleichgewicht zwischen Wunsch, einmalig zu sein, und dem Vergnügen, nachgeahmt zu werden.

Unbekannt

Modern sein, heißt Kurpfuscher im Unheilbaren sein.

Cioran

MÖRDER

Mörder ist einer, der tötet, und der schwächer ist als die Polizei.

Nahr

Mörder ist einer, der das Leben zu leicht nimmt.

Unbekannt

MONOLOG

Monologe sind Dialoge mit sich.

Wiesner

Der Monolog ist die Vorstellung mancher Menschen von einer ausgezeichneten Unterhaltung.

Unbekannt

Monologe: lauter Atemzüge der Seele.

Hebbel

MONUMENT

Einem bei Lebzeiten ein Monument setzen, heißt die Erklärung ablegen, daß hinsichtlich seiner der Nachwelt nicht zu trauen sei.

Schopenhauer

MORAL

Moral heißt, daß das Subjekt aus sich in seiner Freiheit die Bestimmungen des Guten, Sittlichen, Rechtlichen setzt, und, indem es diese Bestimmungen aus sich setzt, diese Bestimmung des Aussichsetzens auch aufhebt, so daß sie ewig, an und für sich seiend sind.

Hegel

Moral besteht darin, das natürliche Wesen (den alten Adam) durch ein künstliches Wesen zu verdrängen, das wir vorziehen. Dann sind wir aber nicht mehr aufrichtig. Der alte Adam ist der aufrichtige Mensch.

Gide

Die Moral der Gesellschaft ist eine Pflanze, die man ohne Wurzel in die Erde gesteckt hat. Ihr Garten trügt.

Thieß

Die Moral ist ein Talent der Gesellschaft.

de Gourmont

Moral ist die Übereinkunft einer ruhebedürftigen Gesellschaft zur Erhaltung dieser Ruhe.

Thieß

Moral ist sozialkonforme Müdigkeit.

Nahr

Die moderne Menschheit hat zwei Arten von Moral: eine, die sie predigt, aber nicht anwendet, und eine andere, die sie anwendet, aber nicht predigt.

Shaw

Unter Moral verstehe ich das reelle Produkt zweier imaginärer Größen. Die imaginären Größen sind Sollen und Wollen.

Wedekind

Die offizielle Moral besteht vor allem im folgenden: primo im Essen des Fisches mit der Gabel, secundo im Platznehmen zur linken der Autorität, tertio in der Nichtbeleidigung des Opportunismus (weder der Massen noch der Außenseiter!).

Nowaczyński

Die Moral ist ein steter Angriff auf das Recht des Stärkeren.

Niederreuther

Die Moral ist immer die letzte Zuflucht der Leute, welche die Schönheit nicht begreifen.

Wilde

Moral ist in erster Linie eine Folge der Heuchelei. Darum kann es sich kein Moralist leisten, auf grobe Worte zu verzichten.

Herbst

Moral: ein Maulkorb für den Willen.

Grillparzer

Moral ist ein Maulkorb für den Willen, Logik ein Steigriemen für den Geist.

Grillparzer

Absolute Moral: alles ist verboten.

Laub

Die Moral ist vielleicht nichts anderes als eine Form äußerster Bosheit.

Becque

Moral ist verkrampfte Natur.

Lohberger

Moral: ein Kodex, der von den einen nicht eingehalten wird, weil sie ihn nicht anerkennen, und von den anderen anerkannt wird, weil sie ihn nicht einhalten.

Laub

Was verstehen Sie unter Moral? Ein Anhängsel der Ästhetik.

Gide

Moralität ist eine Pose: wir wenden sie gegen Leute an, die uns unangenehm sind.

Wilde

Die Moral ist ein Einbruchswerkzeug, welches den Vorzug hat, daß es nie am Tatort zurückgelassen wird.

Karl Kraus

Was heißt, beim Licht besehen,
den Menschen die Moral?
Zwei scheuen das Vergehen
und hundert den Skandal!

Herold

Die Moral im Geschlechtsleben ist das Auskunftsmittel eines Perserkönigs, der das aufgeregte Meer in Ketten legte.

Karl Kraus

Das Moralische in der Liebe ist ein künstliches, von der Gesellschaft erfundenes Gefühl, welches die Frauen mit vielem Geschick und mit großer Hingebung feiern, um ihr Reich zu begründen und das Geschlecht, das gehorchen sollte, zum herrschenden zu machen.

Rousseau

Alle Moral beruht letzten Endes auf der menschlichen Fähigkeit, mehrere Rollen zu spielen.

Valéry

Die Moral ist nichts als die Regulierung des Egoismus.

Bentham

Was Moral ist, erlebt man am stärksten, wenn man aus moralischen Gründen mit ihr bricht.

Frithiof Brandt

Moralische Entrüstung ist unterdrückter Neid.

Unbekannt

Moralische Entrüstung ist Eifersucht mit einem Heiligenschein.

Herbert George Wells

Moral heißt die Theorie, daß jede menschliche Handlung recht oder unrecht sein muß, und daß 99 Prozent aller Handlungen unrecht sind.

Mencken

Der Zustand der gesamten menschlichen Moral läßt sich in zwei Sätzen zusammenfassen: We ought to. But we don't.

Tucholsky

Eine moralische Ohrfeige ist die heftige Berührung des seelischen Gesichts, ohne Benützung der Hand, mit Hinterlassung geistiger Spuren, zu Beleidigungszwecken.

Aus den »Fliegenden Blättern«

Das, was man »Laxe Moral« nennt, ist dann und wann nur eine behagliche, gutmütige Teilnahme an der Komödie auf der Bühne der Menschheit.

Raabe

Amoralität bei starken Köpfen ist wohl meistens nichts anderes als die Sehnsucht nach einer anderen, einer lebbaren Sittlichkeit.

Frisch

Moralisch ungläubig ist der, welcher nicht dasjenige annimmt, was zu wissen zwar unmöglich, aber vorauszusetzen moralisch notwendig ist.

Kant

Staatsmoral: Bestrafung Fleißiger.

Rudolf Rolfs

Klassenmoral: Könige dürfen griesgrämig sein. Knechte müssen lachen.

Ludwig Marcuse

Moralisten sind Menschen, die sich dort kratzen, wo es andere juckt.

Beckett

MOTIV

Das Motiv einer guten Handlung ist manchmal nichts anderes als zur rechten Zeit eingetretene Reue.

Ebner-Eschenbach

MÜSSIGGANG

Müßiggang ist aller Laster Anfang.

Sprichwort

Müßiggang ist aller Laster Anfang und aller entscheidenden Fähigkeiten Ursprung, Prüfung und Lohn.

Heimito von Doderer

Müßiggang ist der Amboß, auf dem alle Sünden geschmiedet werden.

Sprichwort

Der Müßiggang ist das Kopfkissen des Teufels.

Jean Paul

MUSIK

Was ist die Musik? Sie steht zwischen Gedanken und Erscheinung; als dämmernde Vermittlerin steht sie zwischen Geist und Materie; sie ist beiden verwandt und doch von beiden verschieden: sie ist Geist, aber Geist, welcher eines Zeitmaßes bedarf; sie ist Materie, aber Materie, die des Raumes entbehren kann.

Heine

Musik ist die Vermittlung des geistigen Lebens zum sinnlichen.

von Arnim

Musik ist Lehre zum Gehorsam.

Ekelund

Musik – ein Bad der Seele.

Zenta Maurina

Die Musik ist das Geräusch, das denkt.

Victor Hugo

Musik: Atem der Statuen, vielleicht: Stille der Bilder.

Rilke

Musik ist disziplinierter Lärm.

Unbekannt

Musik ist die universelle Sprache der Menschheit.

Longfellow

Musik allein ist die Weltsprache und braucht nicht übersetzt zu werden.

Auerbach

Die Tonsprache ist Anfang und Ende der Wortsprache, wie das Gefühl Anfang und Ende des Verstandes, der Mythos Anfang und Ende der Geschichte, die Lyrik Anfang und Ende der Dichtkunst ist.

Richard Wagner

Die Musik ist eine höhere, feinere Sprache, als die der Worte. In Momenten, wo der erhöhten Seele jeder Ausdruck zu schwach scheint, wo sie verzweifelt, die feineren Nuancen ihrer Empfindungen in Worte zu fesseln, da beginnt die Tonkunst. Aller echte Gesang hat diesen Grund.

von Wolzogen

Musik ist Liebe auf Suche nach einem Wort.

Lanier

Musik ist die Kurzschrift des Gefühls.

Tolstoi

Erhabene Musik ist die Schrift des ganzen Menschen.

Valéry

Musik ist die Sprache einer Zukunft, die noch keine Worte hat und welcher nur die Herzen entgegenschlagen.

Lohberger

Musik ist die einzige Sprache, in der man nichts Gemeines oder Höhnisches sagen kann.

Erskine

Die Musik ist die Sprache der Engel.

Carlyle

Musik: die Welt des Traumes als Sprache.

Lohberger

Die Musik drückt das aus, was nicht gesagt werden kann und worüber es unmöglich ist, zu schweigen.

Victor Hugo

Musik ist höhere Offenbarung als alle Weisheit und Philosophie.

Beethoven

Musik: die Philosophie ohne Begriffe.

Lohberger

Die Musik ist der vollkommenste Typus der Kunst: sie verrät nie ihr letztes Geheimnis.

Wilde

Der Gesang ist die in höchster Leidenschaft erregte Rede: die Musik ist die Sprache der Leidenschaft.

Richard Wagner

Musik ist der Schlüssel vom weiblichen Herzen.

Seume

Die Musik ist die Zuflucht der vom Glück angewiderten Seelen.

Cioran

Musik ist der Branntwein der Verdammten.

Shaw

Man fragte einen Leierkastenmann, was denn das Wesen der guten Musik sei. »Gleichmäßig die Kubel drehen.«

Brudziński

MUSSE

Muße ist Voraussetzung zur inneren Reife, zum Wachstum, zur Ich-Du-Wechselwirkung, mit einem Wort: zum erfüllten Leben. Ein Höchstmaß an Muße kennen hochkultivierte Menschen und Vögel.

Zenta Maurina

Die Muße ist die Leiter, auf der das Göttliche niedersteigt. Dies ist möglicherweise eine neue Seite des vermehrten Anfalls an Freizeit.

Eschmann

Muße ist das Kunststück, sich selbst ein angenehmer Gesellschafter zu sein.

Waggerl

Muße ist die Kunst, wirklich nichts zu tun, wenn man nichts tut.

Schnack

Die Muße ist das Schlafmittel der Massen.

Muggeridge

MUT

Der höchste Grad von Mut: völlige Bereitschaft, für eine Idee, deren Sieg weder dir noch irgendeinem Menschen, der dir teuer ist, den geringsten Vorteil zu bringen vermag, Leid, Qual und Tod auf sich zu nehmen.

Schnitzler

Mut ist nur daran zu messen: wen man und wen man nicht auf seiner Seite hat.

Ludwig Marcuse

Mut ist eine Sache der behutsamen Balance.

Edel

Mut ist wissender Widerstand gegen das überall bedrohende Leben.

Thieß

Mut ist ein dritter Arm.

Unbekannt

Mut ist das Wagnis, mehr zu können, als man kann.

Wiesner

Mut: Abfallprodukt der Angst.

Rudolf Rolfs

Man kann ebenso sagen, die Mystik sei eine Dialektik des Herzens, als die Dialektik sei eine Mystik des Verstandes. Mystik ist Denken in Gefühlen.

Lohberger

MUTLOSIGKEIT

Mutlosigkeit ist nur die Verzweiflung der beleidigten Eigenliebe.

Fénelon

MYSTIK

Echte Mystik ist Moral in der höchsten Dignität.

Friedrich Schlegel

Mystik ... entsteht immer dann, wenn wir etwas anderes tun als nur uns wiederholen!

Valéry

Die nationale Mystik ist Bespiegelung des Selbst in einem Totem verlegt.

Hofmannsthal

Mythisch ist alles Erdichtete, woran du als Lebender Anteil hast. Im Mythischen ist jedes Ding durch einen Doppelsinn, der sein Gegensinn ist, getragen: Tod = Leben, Schlangenkampf = Liebesumarmung. Darum ist im Mythischen alles im Gleichgewicht.

Hofmannsthal

MYTHOLOGIE

Mythologie = Luxe de croyance.

Goethe

MYTHOS

Mythos ist Wahrsagung auf höherer Ebene.

Diettrich

N

NACHAHMUNG

Nachahmung ist die aufrichtigste Form der Schmeichelei.

Colton

Nachahmung ist die aufrichtigste Form einer Beleidigung.

Hubbard

NACHBARN

Die Nachbarn sind die Prüfungsaufgaben, die uns das Leben stellt.

Achard

NACHEIFERN

Nacheifern ist beneiden.

Lessing

NACHGIEBIGKEIT

Echte Nachgiebigkeit basiert nicht auf einem Minus an Selbstbehauptung, sondern auf einem Plus an Menschenkenntnis.

Edel

NACHSICHT

Nachsicht ist die höflichste Form der Gleichgültigkeit.

Bonnard

Nachsicht ist ein Teil der Gerechtigkeit.

Joubert

Nachsicht ist das Wissen, wann auf einen Vorteil zu verzichten ist.

Disraeli

Nachsichtig sein heißt: einem Feinde vergeben, der seiner Macht beraubt wurde.

Hubbard

NÄCHSTENLIEBE

Den Nächsten lieben, heißt Gott in seinem Bilde lieben.

von Cues

Nächstenliebe ist Drang nach neuem Eigentum.

Nietzsche

Nächstenliebe ist eine Sache, die daheim beginnt; und gewöhnlich auch dort bleibt.

Hubbard

Das ist der Witz ihrer Nächstenliebe: nie den zu lieben, der da ist, sondern immer nur den Nächsten, der kommen soll.

Kessel

NAIV

Naiv ist, was bis zur Ironie oder bis zum steten Wechsel von Selbstschöpfung und Selbstvernichtung natürlich, individuell oder klassisch ist oder scheint. Ist es bloß Instinkt, so ist's kindlich, kindisch oder albern; ist's bloß Absicht, so entsteht Affektation. Das schöne, poetische, ideale Naive muß zugleich Absicht und Instinkt sein. Das Wesen der Absicht in diesem Sinne ist die Freiheit.

Friedrich Schlegel

Naiv ist ein Wort, das jeden zutreffend beschreibt, der glaubt, daß es dich interessiert, wenn du ihn fragst, wie es ihm geht.

Unbekannt

NAME

Name ist Begrenzung. Daß die olympischen Götter Namen hatten, trug zu ihrem Untergang bei. »Gott« lebt von seiner Anonymität.

Kudszus

Was ist ein Name? Was uns Rose heißt, wie es auch hieße, würde lieblich duften.

Shakespeare

Ehrlicher Name! Wahrhaftig eine reichhaltige Münze, mit der sich meisterlich schachern läßt, wer's versteht, sie gut auszugeben.

Schiller

NARKOSE

Narkose: Wunden ohne Schmerzen, Neurasthenie: Schmerzen ohne Wunden.

Karl Kraus

NARR

Was ist ein Narr? Vielleicht nichts als ein bescheidener Geist, der mit Wenigem zufrieden ist. Könnte es sein, daß ein Narr wirklich weise ist?

Valéry

Der Narr ist ein Mensch, der erwartet, daß Dinge geschehen, die nie geschehen.

George Eliot

Der größte Narr ist der, der in seinem Leben noch nie eine Torheit begangen hat.

de Unamuno

NARRHEIT

Die Narrheit ist eine Schutzhülle gegen die Umwelt.

Bamm

Vieles, was Dummheit scheint, ist Narrheit, die gemeiner ist, als man denkt. Narrheit ist absolute Verkehrtheit der Tendenz, gänzlicher Mangel an historischem Geist.

Friedrich Schlegel

Narrheit ist die direkte Jagd nach Glück und Schönheit.

Shaw

NASE

Nase: der äußerste Vorposten des Gesichts. Man hat beobachtet, daß die Nase niemals glücklicher ist, als wenn sie in anderer Leute Angelegenheiten steckt – daraus haben einige Physiologen geschlossen, daß ihr der Geruchssinn fehle.

Bierce

NATION

Eine Nation ist die Einheit eines Volkes. König und Parlament machen die Einheit sichtbar.

Coleridge

Die Nation ist eine militärische Schöpfung.

Renan

Nation? Ein Schlager, heute hübsch zu tanzen, morgen ein Marsch, weit zu marschieren.

Hans Kasper

Die Nation ist ein tägliches Plebiszit.

Renan

Die Existenz einer Nation besteht aus einer Volksabstimmung, die alle Tage stattfindet.

Renan

NATIONAL

National sein heißt nicht, seine Nation mehr lieben als eine andere, sondern innerhalb seiner Kreise zu arbeiten und unbewußt seine Nation zu fördern.

Schnitzler

NATIONALISMUS

Nationalismus ... so nennen wir die Freiheitsbegierde der Völker, ihr Mühen um sich, ihr Verlangen nach Selbsterkundung und Selbstvollendung.

Thomas Mann

Der Nationalismus ist ein Sprudel, in dem jeder andere Gedanke versintert.

Karl Kraus

Nationalismus, zweifellos ein Kind der Romantik, ist aus der Ordnung geratenes, hysterisch gewordenes Nationalgefühl. Eine Nation entsteht durch gemeinsame Ideale ...

von Radecki

Was ist Nationalismus? Das ist ein Patriotismus, der seine Vornehmheit verloren hat.

Albert Schweitzer

Nationalismus – eine von Sammelnamen besoffene Welt.

Heimito von Doderer

... alle Nationalismen sind Sackgassen. Sie führen nirgendwo hin.

Ortega y Gasset

Der Nationalismus ist ... ein ganz extremes Beispiel für den inbrünstigen Glauben, den die Menschen fragwürdigen Sachen schenken.

Bertrand Russell

NATIONALISTISCH

Nationalistisch: wenn ich die Forderung, die meine Nation an mich stellt, allen anderen Forderungen überordne und einen anderen Maßstab als den Vorteil meiner Sippe nicht anerkenne.

Max Frisch

NATIONALÖKONOMIE

Nationalökonomie ist, wenn die Leute sich wundern, warum sie kein Geld haben. Das hat mehrere Gründe, die feinsten sind die wissenschaftlichen.

Tucholsky

Die Gesetze der Nationalökonomie sind Aussagen über Tendenzen – ausgedrückt in der Wirklichkeitsform – und keine ethischen Vorschriften in der Befehlsform.

Marshall

Die Nationalökonomie ist die Metaphysik des Pokerspielers.

Tucholsky

Nationalökonomie: die trübe Wissenschaft.

Carlyle

NATÜRLICH

Natürlich sein heißt allzu verständlich sein. Und allzu verständlich sein heißt unkünstlerisch sein.

Wilde

NATUR

Die Natur ist das einzige Buch, das auf allen Blättern großen Inhalt bietet.

Goethe

Die Natur ist eine Bibel ohne Boden.

Eschmann

Die Natur ist ein unendlich geteilter Gott.

Schiller

Natur ist nur der Name für eine Wirkung, deren Ursache Gott ist.

Cowper

NATURALISMUS

Naturalismus: Wirklichkeit, gesehen durch kein Temperament.

Ludwig Marcuse

NATURLEHRE

Die Naturlehre ist, für mich wenigstens, eine Art Tilgungsfonds für die Religion, wenn die vorwitzige Vernunft Schulden macht.

Lichtenberg

NEBEL

Nebel ist sichtbare Luft.

Nahr

NEID

Der Neid ist die aufrichtigste Form der Anerkennung.

Wiggins

Neid ist eine Art Lob.

Gay

Neid ist eigentlich Bewunderung: Lob, das anderen gibt und das sich selbst quält. So ist der Neid die Form der Bewunderung, die diese annimmt, wenn sie anderen gelten muß.

Lohberger

Der Neid ist die Seele des überall florierenden, stillschweigend und ohne Verabredung zusammenkommenden Bundes aller Mittelmäßigen, gegen den einzelnen Ausgezeichneten, in jeder Gattung.

Schopenhauer

Neid: den bescheidensten Fähigkeiten angepaßter Wetteifer.

Bierce

Neid ist die frevlerische Sorge um das Wohl deines Nachbarn.

de la Salle

Neid ist nichts anderes als Haß gegenüber den Vorzügen der andern.

Mantegazza

Neid ist die Grundlage der Demokratie.

Bertrand Russell

Neid ist die Sorge der Narren.

Sprichwort

Der Neid der Menschen zeigt an, wie unglücklich sie sich fühlen, und ihre beständige Aufmerksamkeit auf fremdes Tun und Lassen, wie sehr sie sich langweilen.

Schopenhauer

Neid ist der Ärger über den Mangel an Gelegenheit zur Schadenfreude.

Unbekannt

Neid und Eifersucht sind die Schamteile der Seele.

Nietzsche

Neid ist ein kleines, kriechendes Laster, das keine andere Befriedigung kennt als das gänzliche Verderben seines Gegenstandes.

Lessing

Neid ist das einzige Laster, das zu jeder Zeit und an jedem Ort auftauchen kann; die einzige Leidenschaft, die nie wegen mangelnder Reizung ruhig liegen kann.

Samuel Johnson

Neid ist eine Erfindung des Spiegels.

Kudszus

Neid vergleicht, setzt gleich, ist Bescheidenheit.

Nietzsche

NEOPOSITIVISMUS

Der Neopositivismus in den Geisteswissenschaften: Feuilleton-Positivismus.

Arntzen

NEU

Neu – das ist in der Regel nur, was einer Generation neu vorkommt.

Ludwig Marcuse

NEUGIER

Neugier ist nichts als Eitelkeit. Meist will man nur wissen, um davon reden zu können.

Pascal

Neugier ist Entzücken.

Charleton

Neugier ist der Trieb des Gehirns.

Hans Kasper

Es gibt zweierlei Arten von Neugier: die eine aus Eigennutz, die uns antreibt zu erfahren, was uns vielleicht nützen kann; die andere aus Stolz, die dem Trieb entspringt, zu wissen, was andere nicht wissen.

La Rochefoucauld

Neugier ist eine Tochter der Eifersucht.

Molière

NEUTRALITÄT

Neutralität ist: es mit den Siegenden zu halten.

Piet Hein

NICHTS

Nichts: die vollkommene Ehe aller Gegensätze der Welt, das erhabenste Sakrament.

Hilsbecher

NÖRGLER

Nörgler: ein Mensch, der – wenn er kein Haar in der Suppe findet – so lange den Kopf schüttelt, bis eins hineinfällt.

Steffen

Nörgler: jemand, der unsere Arbeit kritisiert.

Bierce

NONKONFORMISMUS

Nonkonformismus um jeden Preis ist die maulende Abhängigkeit von herrschenden Thesen.

Hans Kasper

NORMERFÜLLUNG

Normerfüllung: (sozialistische Sprachform) entspricht »kapitalistischer Ausbeutung«.

Schiff

NOT

Not ist der Vorwand eines jeden Bruchs der menschlichen Freiheit. Sie ist das Argument der Tyrannen und der Glaube der Sklaven.

Pitt

Die Not ist die Mutter der Künste, aber auch die Großmutter der Laster.

Jean Paul

Die Not ist die Mutter des Lasters!

Michel

Wenn die Not die Mutter des Fleißes oder der Erfindung ist, so ist es eine Frage, wer der Vater ist, oder die Großmutter, oder die Mutter der Not ist.

Lichtenberg

Not ist Existenz wider Willen.

Nahr

Not ist der Ansporn des Genius.

Balzac

NOTEN

Noten zu einem Gedicht sind wie anatomische Vorlesungen zu einem Braten.

Friedrich Schlegel

NOTSTANDSGESETZE

Notstandsgesetze? Das Bemühen, die Freiheit in einer Flasche zu verkorken!

Rudolf Rolfs

NOVELLE

Die Novelle ist ein Gleichnis, der Roman ein Beispiel, das Drama ein Urteil.

Stössl

NULL

Die Null ist der große Stellvertreter und Platzanweiser der Ziffern.

von Radecki

O

OASE

Oase: Gasthaus in der Wüste.

Flaubert

OBERBAYER

Der Oberbayer ist ein Wilderer mit Ehrfurcht vor dem Gesetz.

Niederreuther

OBJEKT

Objekt ist, was wir allseitig und umfassend sehen können: das sind wir demnach nicht selbst. Es ist nirgends mehr an uns angewachsen.

Heimito von Doderer

OBJEKTIVITÄT

Objektivität ist das, wovon wir uns wünschen, daß andere Leute es anderen Leuten gegenüber an den Tag legen.

Laub

Objektivität ist die Subjektivität der oberen Zehntausend.

Niederreuther

ÖFFENTLICHES LEBEN

Alles öffentliche Leben ist wenig mehr als ein Schauspiel, das der Geist von vorgestern gibt, mit dem Anspruch, der Geist von heute zu sein.

Morgenstern

ÖFFENTLICHE MEINUNG

Die öffentliche Meinung ist die unsichtbare Rüstung des Volkes.

Börne

Die öffentliche Meinung ist die unorganische Weise, wie sich das, was ein Volk will und meint, zu erkennen gibt.

Hegel

Die öffentliche Meinung ist eine Gerichtsbarkeit, die ein vernünftiger Mensch nie anerkennen, aber auch nie ganz ablehnen soll.

Chamfort

Der Druck der öffentlichen Meinung ist wie der atmosphärische Druck; man kann ihn nicht sehen, aber nichtsdestoweniger beträgt er 16 Pfund je Quadratzoll.

Lowell

Die öffentliche Meinung ist jene politische Macht, die in der Demokratie sicherlich das Schlimmste verhindert. Mit derselben Sicherheit verhindert sie das Beste.

Nahr

Die öffentliche Meinung ist eine Mischung aus Torheit, Schwäche, falscher und richtiger Meinungen, Eigensinn und Zeitungsartikel.

Peel

Die öffentliche Meinung, auf die die Zeitungen sich berufen, ist die Meinung derer, die sie aus den Zeitungen beziehen.

Arntzen

Die öffentliche Meinung ist ein Eisberg: der sichtbaren Oberflächengestalt hängt steuernd eine vielfache Masse in unkontrollierbarer Tiefe an.

Hans Kasper

Öffentliche Meinung ist nicht mehr als das, was Leute glauben, daß andere Leute glauben.

Austin

Denn was ist zumeist die »öffentliche Meinung«? Nichts als ein verworrenes Geräusch, das aus dem Zusammenstoß der so oder anders angestrichenen Bretter entsteht, welche die Menschen vor ihren Stirnen tragen.

Scherr

Die öffentliche Meinung ist die Dirne unter den Meinungen.

Ebner-Eschenbach

Die öffentliche Meinung ist die größte Lüge der Welt.

Carlyle

OHR

Das Ohr ist der Weg zum Herzen.

de Scudéry

OHRENSCHMALZ

Ohrenschmalz: »Menschenwachs«. Man entferne es nicht; es vereitelt das Eindringen von Insekten in das Gehör.

Flaubert

OHRFEIGE

Eine Ohrfeige ist der Schlagschatten des Zornes.

Aus den »Fliegenden Blättern«

OPER

Die Oper ist eine Zauberszene, die erfunden wurde, Auge und Ohr zu schmeicheln – auf Kosten des Verstandes.

Chesterfield

Die Voraussetzung der Oper ist der Glaube, daß jeder empfindende Mensch ein Künstler sei.

Nietzsche

Was ist eine Oper? Wenn jemand in den Rücken gestochen wird und wenn er dann, statt zu bluten, singt.

Gardner

OPERATION

Die Operation ist der Versuch, eine Maschine zu reparieren, ohne den Motor anzuhalten.

Unbekannt

OPPONIEREN

Opponieren: durch Behinderung und Mißbilligung Beihilfe leisten.

Bierce

OPPORTUNISMUS

Opportunismus: Treue zur Macht.

Schiff

Opportunismus: Sieg der Heuchelei auf ganzer Schlangenlinie.

Rudolf Rolfs

OPPORTUNIST

Opportunisten: Raubvögel, die kriechen.

Rudolf Rolfs

Was ist ein Opportunist? Es ist ein Mann, der die günstigste Gelegenheit benutzt, um das durchzuführen, was er für nützlich und zweckmäßig hält; und das ist ja eben die Aufgabe der ganzen Diplomatie.

Bismarck

Opportunist = Jenachdemer.

Wilhelm Busch

OPPOSITION

Opposition ist jener erkenntnisfördernde Zustand, in dem eine Partei zur Einsicht kommt, daß Mißstände, die während ihrer eigenen Regierungszeit klein und unbedeutend waren, nun wirklich überhandnehmen.

Nahr

Opposition: in der Politik: jene Partei, die die Regierung vor dem Amoklaufen bewahrt, indem sie ihr die Sehnen durchschneidet.

Bierce

OPTIMISMUS

Optimismus: die Lehre oder der Glaube, daß alles schön sei, das Häßliche eingeschlossen; daß alles gut sei, besonders das Schlechte; daß alles richtig sei, auch das Verkehrte. Am zähesten halten jene daran fest, die am meisten Enttäuschung und Not gewöhnt sind, und am glaubwürdigsten wird er mit einem Grinsen erklärt, das ein Lächeln nachäfft. Als blinder Glaube ist er dem Lichte der Widerlegung unzugänglich – eine intellektuelle Krankheit, die jeder Behandlung trotzt und die nur der Tod heilt. Er ist vererblich, aber glücklicherweise nicht ansteckend.

Bierce

Der Grund, warum wir alle so gern von andern gut denken, ist der, daß wir uns vor uns selber fürchten. Optimismus beruht einzig auf Angst.

Wilde

Kranke Leute sind stets optimistisch. Vielleicht ist Optimismus selbst eine Krankheit.

de Gourmont

Optimismus ist die Torheit, zu behaupten, daß alles gut sei, wenn es schlecht ist.

Voltaire

Optimismus ist der Instinkt zu lügen.

Hubbard

Optimismus ist Intelligenzverfettung.

Hubbard

Optimismus: das einzige, was man vom Leben noch haben kann.

Laub

Die große Mode ist jetzt pessimistischer Optimismus: Es ist zwar alles heilbar, aber nichts heil.

Ludwig Marcuse

OPTIMIST

Optimist: ein Mensch, der die Dinge nicht so tragisch nimmt, wie sie sind.

Karl Valentin

Ein Optimist ist in der Regel ein Zeitgenosse, der ungenügend informiert ist.

Priestley

Optimist: ein Anhänger der Lehre, daß schwarz gleich weiß ist.

Bierce

Er ist ein Optimist. Er glaubt, daß es von ihm abhängt, wann er Selbstmord begehen will.

Laub

Der Optimist ist ein Mann, der sich nicht darum schert, was geschieht, solange es nicht ihn betrifft.

Hubbard

Der Optimist ist einer, der immer die schönen Seiten der Schwierigkeiten anderer zu sehen vermag.

Benoff

Der Optimist ist ein Mensch, der glaubt, daß eine Stubenfliege einen Weg nach draußen sucht.

George Jean Nathan

Optimist: ein anderes Wort für Dummkopf.

Flaubert

Optimist: Anti-Skeptiker.

Unbekannt

Der Optimist erklärt, daß wir in der besten aller möglichen Welten leben, und der Pessimist fürchtet, daß dies wahr ist.

Cabell

Der Optimist ist ein Mensch, der überall grünes Licht sieht, während der Pessimist nur das rote Stopplicht erblickt ... Aber der wirklich Weise ist farbenblind.

Unbekannt

ORDEN

Orden sind Wechselbriefe, gezogen auf die öffentliche Meinung. Ihr Wert beruht auf dem Kredit des Ausstellers.

Schopenhauer

Orden: eine kleine Metallscheibe, die zum Lohn für mehr oder weniger echte Tugenden, Leistungen oder Dienst vergeben wird.

Bierce

Der Orden ist eine Belohnung für das Retten oder Zerstören menschlichen Lebens.

Unbekannt

Orden sind Spielzeug für große Kinder.

Unbekannt

ORDNUNG

Ordnung ist die Verbindung des Vielen nach einer Regel.

Kant

Das erste Bedürfnis der Seele, das am meisten mit ihrer ewigen Bestimmung zusammenhängt, ist die Ordnung, das heißt ein derart beschaffenes Gewebe sozialer Verhältnisse, daß niemand gezwungen ist, unabdingbare Verpflichtungen zu verletzen, um anderen Verpflichtungen nachzukommen.

Simone Weil

Die Weltgeschichte illustriert auf Schritt und Tritt den Satz, da nur in den seltensten Fällen sich die Pläne verwirklichen, mit denen die Politik an die Ordnung einer verworrenen Lage herangeht. Die »Ordnung« ist ein immanenter Prozeß, der sich in dauernder Korrektur dieser Pläne vollzieht.

Thieß

Die Ordnung ist nichts, als das in den Rohren, Adern und Kapillaren steigende Lebenswasser; füllt es sie prall, so bilden sie das schönste Geäst und Geflecht. Fällt es zurück, dann mag man sie aufbinden und glattstreichen wie man will, sie hangen und liegen unordentlich ineinander.

Heimito von Doderer

Ordnung ist das erste Gesetz des Himmels.

Pope

Ordnung ist Macht.

Amiel

Zeiten der Ordnung sind die Atempausen des Chaos.

Hilsbecher

Ordnung ist die Grundlage der Erziehung.

Joubert

Die Ordnung stellt für das Kind einen Anreiz, eine Aufforderung zum Handeln dar.

Montessori

Die Ordnung ist die Lust der Vernunft, aber die Unordnung ist die Wonne der Phantasie.

Claudel

Was die Welt Originalität nennt, ist nur eine ungewohnte Art, sie zu kitzeln.

Shaw

ORIGINALITÄT

Was ist Originalität? Etwas sehen, das noch keinen Namen trägt, noch nicht genannt werden kann, ob es gleich vor aller Augen liegt. Wie die Menschen gewöhnlich sind, macht ihnen erst der Name ein Ding überhaupt sichtbar.

Nietzsche

Originalität ist ein Zwischengebiet, wo sich das Talent gerne aufhält, bevor es zur Dezision gebracht wird. Kommt es zu dieser nicht, dann kommt wohl ein Original zustande, aber kein Autor.

Heimito von Doderer

Originalität ist, etwas ganz Allgemeines zu produzieren.

Hegel

ORTHOGRAPHIE

Orthographie ist das Haxl, bei dem die Schullehrer das Schreiben erwischt zu haben meinen, und es also da festhalten; es hinkt dann freilich bei ihnen auf den drei übrigen Beinchen.

Heimito von Doderer

OSTEOPATH

Ein Osteopath (Knochenkundler) ist ein Mensch, der die Ansicht vertritt, daß alle menschlichen Krankheiten durch den Druck der harten Knochen auf weiche Substanz verursacht werden. Der Beweis für diese Theorie findet sich in den Köpfen derer, die das glauben.

Mencken

P

PÄDAGOGIK

Die Pädagogik ist die Probe auf die Ethik.

Schleiermacher

Die Pädagogik ist die Kunst, die Menschen sittlich zu machen.

Hegel

Ein Hauptzug aller Pädagogik: unbemerkt führen.

Morgenstern

PAGE

Pagen sind Edelleute, die den Damen, wenn sie die Schloßtreppe hinaufgehen, die Röcke hochheben.

Definition eines Kindes

PANIK

Panik ist ein Gerücht, das brennt.

Unbekannt

Jede Panik ist im Grunde ein blitzschnelles Wechseln des Maßes, ein Abreißen der historischen Kontinuität des Lebens.

Heimito von Doderer

Panik ist Treulosigkeit als Katastrophe, konzentriert auf ein winziges Zeitstück, darin alle nur mögliche Untreue eines ganzen Lebens zusammenschießt und präsent wird.

Heimito von Doderer

Jede Panik ist ein Kleinbild jener Verfassung, in welcher etwa ein sogenannter Freigeist das Jüngste Gericht erleben würde.

Heimito von Doderer

PANTOMIME

Pantomime: ein Stück, dessen Geschichte erzählt wird, ohne der Sprache Gewalt anzutun. Die am wenigsten unerfreuliche Form dramatischer Handlung.

Bierce

PAPIERKORB

Der Papierkorb ist der Spucknapf des Geistes.

Aus den »Fliegenden Blättern«

PARADIES

»Paradies«: die existentielle Landschaft, in der wir nicht mehr nach ihm zu suchen brauchen.

Kudszus

Zur Definition des Paradieses: daß man es wieder verlassen kann.

Eschmann

PARADOX

Paradox ist, wenn man erst etwas auf den Kopf stellen muß, um es aufrecht zu erhalten.

Beutelrock

PARADOXON

Das Paradoxon ist eine Revolte der Vernunft gegen ihre eigene Ohnmacht.

Kudszus

Ein Paradoxon entsteht, wenn eine frühreife Erkenntnis mit dem Unsinn ihrer Zeit zusammenprallt.

Karl Kraus

Die Paradoxe von heute sind die Vorurteile von morgen.

Proust

Der Weg des Paradoxes ist der Weg zur Wahrheit.

Wilde

PARODIE

Die Parodie ist die aggressivste Form der Nachahmung.

Koestler

Die Parodie ist eine vornehme Verwandte der Karikatur.

Kaiser

PARKWÄCHTER

Parkwächter dienen dem Zweck, einem für 50 Pfennig eine »Gute Fahrt!« zu wünschen.

Rudolf Rolfs

PARLAMENT

Parlamente sind die Feigenblätter der Diktaturen.

Rudolf Rolfs

PARLAMENTARISMUS

Der Parlamentarismus ist die Kasernierung der politischen Prostitution.

Karl Kraus

PARTEI

Partei ist organisierte Meinung.

Disraeli

Die Partei ist der Wahn vieler zum Nutzen weniger.

Pope

Die Parteien sind das, was die Individuen sind, die sie verkörpern und billigen.

Croce

Die Partei ist das historische Organ, durch das die Klasse klassenbewußt wird.

Trotzky

Die beste Partei ist nichts als eine Art von Verschwörung gegen den Rest der Nation ... Unwissenheit läßt Menschen in eine Partei eintreten, und Scham hält sie davon ab, die Partei wieder zu verlassen.

Halifax

Die Partei ist die Kampfgemeinschaft von Intimfeinden.

Nahr

Eine Partei kann immer nur ein Mittel sein. Und immer gibt es nur einen einzigen Zweck: die Macht.

Sartre

Alle Parteien sind, wenn sie nach Macht streben, ausnahmslos Abarten des Absolutismus.

Proudhon

Die Partei ist nichts als ein Staat im Staate.

Stirner

Es ist die Natur der Parteien, ihre ursprünglichen Feindschaften weit fester zu bewahren als ihre ursprünglichen Grundsätze.

Macaulay

PARTEIGEIST

Der Parteigeist ist ein Prokrustes, der die Wahrheit schlecht bettet.

Heine

PARTEILOSER

Parteiloser: in der Politik einer, der an Selbstachtung leidet und dem Laster der Unabhängigkeit frönt.

Bierce

PATHOLOGISCH

Das Pathologische ist nichts als ein »wandernder Akzent« (Gütersloh), welcher über dem Allzu-Individuellen steckengeblieben ist.

Heimito von Doderer

PATHOS

Pathos ist Faulheit der Logik.

Hans Kasper

Das Pathos ist die hätschelnde Amme des Heldenkindes.

Kuhlmann

PATRIOT

Patriot: jemand, für den die Interessen eines Teils höher stehen als die Interessen des Ganzen. Das Opfer der Politiker und das Werkzeug der Eroberer.

Bierce

PATRIOTISMUS

Patriotismus kann definiert werden als ein parteiischer Solidaritätssinn im Hinblick auf Prestige.

Veblen

Patriotismus ist geographische Loyalität.

Unbekannt

Patriotismus ist oft nichts anderes als Grund und Boden höher schätzen als Prinzipien.

George Jean Nathan

Patriotismus: leicht entflammbarer Müll, gebrauchsfertig für die Fackel jedes Ehrgeizigen, der seinen Namen leuchten lassen will.

Bierce

Patriotismus, öffentliche Meinung, Elternpflichten, Disziplin, Religion, Sittlichkeit sind nur schöne Namen für Einschüchterung.

Shaw

Patriotismus ist die Bereitschaft, wegen unbedeutender Gründe zu töten und getötet zu werden.

Bertrand Russell

Patriotismus ist eine Art von Religion; er ist ein Ei, von dem Kriege ausgebrütet werden.

Maupassant

Was mir »Patriotismus« ist?
Ein Gefühl, das zehn andre frißt.

Morgenstern

Patriotismus? – Eine Mischung von Eigenliebe und Vorurteil.

Voltaire

Patriotismus ist nichts als ein Gefühl der Wohlfahrt; und die Furcht, daß sie gestört werden könnte.

Leszcynski

Was ist Patriotismus anderes als die Liebe zu den guten Dingen, die wir in unserer Kindheit gegessen haben?

Lin Yutang

Patriotismus heißt, für sich selbst sorgen indem man für sein Land sorgt.

Coolidge

Der Patriotismus ist die mächtigste Offenbarung der Seele einer Rasse. Er repräsentiert einen kollektiven Beharrungsinstinkt, der sich im Falle nationaler Gefahr an die Stelle des individuellen Erhaltungsinstinktes setzt.

Le Bon

Ich wage zu sagen, daß Patriotismus nicht ein kurzer und wütender Ausbruch des Gefühls ist, sondern stille und unerschütterliche Hingabe während des ganzen Lebens.

Adlai Stevenson

PAZIFIST

Der Pazifist ist ein Mensch, der gegen alle kämpft, ausgenommen gegen seine Feinde.

Unbekannt

PEDANTERIE

Pedanterie ist ein Zustand, an dem sich entweder der Mangel entschädigt oder die Fülle beruhigt. Wie Perversität ein Minus oder ein Plus ist. Hinter dem Pedanten steht zuweilen ein Phantast, der Stützpunkte sucht, um es so recht sein zu können. Pedant ist nicht nur, wer im Außen lebt, sondern auch einer, der sich außen schützt, um sich besser zu verlieren.

Karl Kraus

PERSÖNLICHKEIT

Eine Persönlichkeit ist der Ausgangs- und Fluchtpunkt alles dessen, was gesagt wird und dessen, wie es gesagt wird.

Musil

Persönlichkeit ist vom Geiste gebundene Seele.

Klages

Persönlichkeit ist, was übrig bleibt, wenn man Ämter, Orden und Titel von einer Person abzieht.

Herbst

PERVERS

Pervers: was dem andern mißfällt.

Thieß

PESSIMISMUS

Pessimismus ist nur der Name, den Menschen mit schwachen Nerven ihrer Weisheit geben.

de Voto

Pessimismus: eine Weltanschauung, die dem Beobachter durch das entmutigende Überhandnehmen der Optimisten mit ihrer Vogelscheuchen-Hoffnung und ihrem unausstehlichen Lächeln aufgezwungen wird.

Bierce

Pessimismus ist der Mangel an Talent und Ausdauer, über falsche Voraussetzungen zum Erfolg zu gelangen.

Herbst

Jeder große Pessimismus war Ablehnung einer Zuversicht.

Ludwig Marcuse

Wie entsteht Pessimismus? Wenn zwei Optimismen aufeinanderprallen.

Lec

Die Ursprünge des Pessimismus waren seit je: die Hinfälligkeit des Körpers in Schmerz, Siechtum und Tod; die unerfüllte Sehnsucht nach Liebe ... und die unerfüllte Sehnsucht nach der Wahrheit über allen Wahrheiten.

Ludwig Marcuse

Pessimismus: aus dem Bankrott eine Weltanschauung machen; Optimismus: aus der Bilanzverschleierung eine Weltanschauung machen.

Krailsheimer

PESSIMIST

Der Pessimist ist jemand, der vorzeitig die Wahrheit erzählt.

de Bergerac

Der Pessimist ist ein Mensch, der nicht glücklich ist, außer, wenn er sich unglücklich fühlt, und selbst dann ist er noch nicht zufrieden.

Unbekannt

Der Pessimist ist ein Mensch, dem es schlecht geht, wenn es ihm gut geht – aus Furcht, daß es ihm schlechter gehen könnte, wenn es ihm besser ginge.

Robinson

Der Pessimist ist jemand, der glaubt, daß jeder Mensch so widerwärtig sei wie er selbst, und der die Menschen dafür haßt.

Shaw

Der Pessimist ist ein kurierter Optimist.

Unbekannt

Der Pessimist ist einer, der zu lachen vergißt, während der Optimist lacht, um zu vergessen.

Unbekannt

Pessimist oder Optimist ist einer, je nachdem ob er in seinen Erwartungen regelmäßig Besorgnisse oder Verheißungen erblickt.

Wiggins

Der Pessimist glaubt, was er fürchtet, der Optimist glaubt, was er hofft.

Aus den »Fliegenden Blättern«

Der Pessimist bezeichnet den Glauben des Optimisten als grobe Fahrlässigkeit.

Wiesner

Pessimist: ein Mann, der glaubt, daß alle Frauen unmoralisch seien. Ein Optimist hofft es nur.

Unbekannt

PFAU

Der Pfau ist ein blühendes Huhn.

Definition eines Kindes
Zitiert nach H. Hoving
»Der Pfau ist ein blühendes Huhn«

PFERDEVERSTAND

Pferdeverstand ist das, was Pferde davon abhält, auf künftiges Verhalten der Menschen zu wetten.

Wilde

PFLANZE

Die Pflanze ist ein passiv gewordenes Tier.

Lohberger

PFLICHT

Pflicht heißt die Handlung, die mehr Gutes in der Welt hervorzubringen vermag als jeder andere Entschluß.

Moore

Pflicht ist die Notwendigkeit einer Handlung aus Achtung fürs Gesetz.

Kant

Unsere Pflichten – das sind die Rechte anderer auf uns.

Nietzsche

Die Pflicht gegen sich selbst besteht darin, daß der Mensch die Würde der Menschheit in seiner eigenen Person bewahre.

Kant

Was aber ist deine Pflicht? Die Forderung des Tages.

Goethe

Was aber ist deine Pflicht? Die Forderung des Tages, antwortet Goethe.
Dein Recht aber? Die Forderung des vorigen.
Und deine Ehre? Die Forderung des nächsten.

Schnitzler

Pflicht ist eine Handlung, die schlechthin geboten, d. i. durch die Vernunft unbedingt notwendig gemacht wird.

Kant

Pflicht ist, was man von andern verlangt, nicht was man selbst tut.

Wilde

Pflichten entstehen daraus, daß man nicht beizeiten nein sagt.

Herbst

Pflicht: das, was uns unerbittlich auf dem Weg unserer Wünsche dem Vorteil entgegentreibt.

Bierce

PHÄNOMEN

Ein Phänomen ist etwas, das man erklären kann, oder das man, wenn man mehr wüßte, erklären könnte, oder das wenigstens den Wunsch weckt, man könnte es erklären.

Dahl

PHANTASIE

Phantasie ist die Fähigkeit, in Bildern zu denken.

Hohenemser

Die Phantasie ist ein ewiger Frühling.

Schiller

Phantasie ist das eigentlich Schöpferische im Menschen, der Überfluß, der die Schönheit des Lebens ausmacht.

Muschg

Phantasie ist erweiterte Vernunft.

Lohberger

Phantasie ist der Goldglanz, der über dem Dasein liegt, und es über das Grau des Alltags erhebt.

Lindenberg

Phantasie bedeutet eine bescheidene Teilhabe an der Art, wie der liebe Gott die Welt sieht: von oben her und frei!

Spranger

Die Phantasie ist das Vermögen der Freiheit im Menschen.

Ortega y Gasset

Phantasie ist schauende Kraft.

Muschg

Phantasie ist die Möglichkeit, sich die phantastischen Möglichkeiten der Wirklichkeit vorzustellen.

Anita

Phantasie ist jene Kunst, die den Gedanken Körper schafft.

Lohberger

Phantasie haben heißt nicht, sich etwas ausdenken; es heißt, sich aus den Dingen etwas machen.

Thomas Mann

Wirklichkeit nennen wir das, was zu unserem Maulwurfshügel gehört. Darüber hinaus heißt es Phantasie, damit das Gefühl des festen Bodens gewahrt wird. Aber auch der Maulwurfshügel ist voller Myriaden Wunder. Wir sind nur übereingekommen, uns innerhalb gewisser Parzellen nicht zu wundern.

Anita

Phantasie ist Erinnerung.

Kerr

Was die Phantasie ergreift, sind Erlebnisse.

Musil

Phantasie ist sublimierte Ausschweifung.

Lohberger

Die Phantasie ist der mächtigste Despot.

Auerbach

Die Phantasie ist die schönste Tochter der Wahrheit, nur etwas lebhafter als die Mama.

Spitteler

Phantasie ist das natürliche Make-up des schönen Geschlechts.

Kierkegaard

Phantasie ist etwas, was sich manche Leute gar nicht vorstellen können.

Laub

PHANTASIELOSIGKEIT

Phantasielosigkeit: Bleisohle des Fortschritts.

Rudolf Rolfs

PHANTASIEVOLL

Die Phantasievollen sind Krankenpfleger der Langsamen.

Rudolf Rolfs

PHANTAST

Phantasten sagt man oft von Menschen, deren Uhr vorgeht. Sie sehen alles ein bißchen früher.

Anita

PHANTASTISCH

Phantastisch ist wieder das, was wir allzu lange für selbstverständlich und prosaisch hielten.

Anita

PHILANTHROPIE

Philantropie, so scheint mir, ist einfach die Zuflucht derer, die ihre Mitmenschen ärgern wollen.

Wilde

PHILATELIST

Ein Philatelist ist jemand, der Briefmarken um ihrer selbst willen liebt.

Unbekannt

PHILISTER

Jeder Mensch, der von der Ansicht ausgeht, daß die Gesetze, die für ihn gut sind, auch für andere gelten müssen, ist ein Philister.

Friedell

Was ist ein Philister? Ein hohler Darm, mit Furcht und Hoffnung ausgefüllt, daß Gott erbarm!

Goethe

PHILOLOGE

Der Philologe ist ein Mann, der, auf dem Grimmschen Gesetze reitend, eine flüchtende Silbe über Umlaute und Ablaute hinweg bis in die von einem schwachen Echo widerhallenden Schluchten des Himalaja hinein verfolgt.

Richard Grant White

Der Philologe unserer Zeit ist das Echo des klassischen Biographen.

Ortega y Gasset

Unsere Philologen gleichen meist den Winzern, die den Wein bauen und keltern, aber nicht selbst trinken.

Karl Julius Weber

Philologie ist die Kunst des richtigen Lesens.

Nietzsche

Philologie ist die Ersetzung der Texte durch Texte.

Unbekannter Philologe

Die Tempelhallen aufzuschließen
Dem frisch erblühenden Geschlecht,
Wo sie die hohen Helden grüßen,
Die einst gekämpft für Licht und Recht,
Ist unser Teil!
D'rum leb' und blüh'
Und wachse die Philologie.

E. Hermann

PHILOSOPH

Ein Philosoph ist ein Mensch, der beständig außerordentliche Dinge erlebt, argwöhnt, hofft.

Nietzsche

Der Philosoph ist ein Mensch, der nicht glauben will, was er sieht, weil er zu sehr damit beschäftigt ist, darüber nachzudenken, was er nicht sieht.

de Fontanelle

Philosophen sind die Diener der Nachwelt.

Bacon

Philosoph sein heißt: sich in seinem Denken nach Möglichkeit vom Zwange der Sprache freimachen. Es erscheint dann vieles ganz anders – aber *wie* läßt sich nicht sagen, ohne in den Zwang der Sprache zurückzufallen.

Reininger

Die Philosophen sind mächtige Naturen, die für die Erkenntnis noch nicht urbar sind.

Nietzsche

Unsere bisherigen Philosophen sind nichts als mediatisierte, durch den abstrakten Begriff vermittelte Theologen.

Ludwig Feuerbach

Der Philosoph ist der Steuermann der Natur.

Shaw

Der Philosoph sucht den Gesamtklang der Welt in sich nachtönen zu lassen und ihn aus sich herauszustellen in Begriffen.

Nietzsche

Zum Philosophen wird ein Mensch, der ein ernstes und nachhaltiges Bedürfnis fühlt, sich über sich, die Welt und seine Stellung zu ihr Rechenschaft zu geben, für den also das Leben seine fraglose Selbstverständlichkeit verloren hat.

Reininger

Philosophen sind erwachsene Kinder, die sich mit ihrem eigenen »Warum« auf die Nerven fallen.

Herbst

Der Philosoph ist einer, der denkt, um zu glauben; einer, der seine Vorurteile klarlegt und seine Unwissenheit in ein System bringt.

Hubbard

Der Philosoph kriecht mit dem Denken hinter sein eigenes Denken und denkt nun hinter seinem Denken mit dem Denken über das Denken nach. Das ist philosophisches Denken. Ebenso falsch ist die gewöhnliche Vorstellung von der Sprache der Philosophen. Sie ist nicht etwa tiefsinnig und dunkel, sondern sie ist nebelregennaßnächtern, sie hantiert mit vertrockneten, ihres Inhaltes künstlich entleerten Worten, den sogenannten Begriffen, die kaum mehr Leben besitzen als Zahlen.

Spitteler

Philosophen sind Wiederkäuer des Geistes.

Aus den »Fliegenden Blättern«

Philosophen sind, entgegen einem weitverbreiteten Urteil, nicht Feuerwehrleute zur Löschung »brennender« Probleme, sondern Brandstifter.

Kudszus

Der Philosoph ist der adligste Typus des Reaktionärs: Er schreitet zurück zu den Ursprüngen.

Kudszus

Philosophen sind die ABC-Schützen des Weltgeistes.

Aus den »Fliegenden Blättern«

Alle sind Irre; aber wer seinen Wahn zu analysieren versteht, wird Philosoph genannt.

Bierce

Die Philosophen sind eher Anatomen als Ärzte; sie zerlegen und heilen nicht.

Rivarol

Ein Philosoph ist, unter anderem, auch ein Mann, der nie um Argumente verlegen ist.

Ludwig Marcuse

PHILOSOPHIE

Die Philosophie kann nicht definiert werden, da sie die Suche nach dem Undefinierbaren ist.

Runes

An erster Stelle müßte gesagt werden, daß sich die Philosophie als Erkenntnis des Universums definieren läßt.

Ortega y Gasset

Die Philosophie ist keine Lehre, sondern eine Tätigkeit. Ein philosophisches Werk besteht wesentlich aus Erläuterungen.

Wittgenstein

Philosophie ist für den Menschen Bestrebung zur Weisheit, die jederzeit unvollendet ist.

Kant

Die Philosophie ist etwas, dem man nicht ausweichen kann.

Ortega y Gasset

Philosophie ist die Idee einer vollkommenen Weisheit, die uns die letzten Zwecke der menschlichen Vernunft zeigt.

Kant

Philosophie ist das denkende Vergewissern eigentlichen Seins.

Jaspers

Die Philosophie ist das kleine, nur äußerst Wenigen zugängliche Fleckchen auf der Welt, wo die stets und überall gehaßte Wahrheit einmal alles Druckes und Zwanges ledig sein, gleichsam ihre Saturnalien, die ja auch dem Sklaven freie Rede gestatten, feiern, ja sogar die Prärogative und das große Wort haben, absolut allein herrschen und kein anderes neben sich gelten lassen soll.

Schopenhauer

Philosophie ist oft nicht mehr als der Mut, in einen Irrgarten einzutreten. Wer aber dann auch die Eingangspforte vergißt, kann leicht in den Ruf eines selbständigen Denkers kommen.

Karl Kraus

Philosophieren ist die Annäherung an eine Offenbarung, die nie stattfindet. Der Weg dahin ist voll von den scharfsinnigsten Weisheiten.

Ludwig Marcuse

Philosophie ist das Mikroskop des Denkens.

Victor Hugo

Was ist Philosophie? Es ist das allgemeine, geschmeidige, nicht durch einen Zweck gefesselte Denken, das immer neue Erfahrungen sammelt, sich nach allen Dimensionen wendet und sich unaufhörlich selber berichtigt.

Eschmann

Auch die Philosophie ist das Resultat zweier streitender Kräfte, der Poesie und Praxis. Wo diese sich ganz durchdringen und in eins schmelzen, da entsteht Philosophie; wenn sie sich wieder zersetzt, wird sie Mythologie oder wirft sich ins Leben zurück.

Friedrich Schlegel

Philosophie: ein Kreuzungspunkt vieler Straßen, die von nirgendwoher nach nirgendwohin führen.

Bierce

Philosophie ist der Versuch, die Natur und den Grund der Dinge zu offenbaren.

Whitehead

Die Philosophie ist die einzige Wissenschaft, die das Problem so wie es ist aufgreift, ohne es vorher gewaltsam zu domestizieren.

Ortega y Gasset

Philosophie ist weniger ein Wissen als eine Stimmung: eine Stimmung der Stille, der Demut, des Staunens, der Ehrfurcht.

Margolius

Philosophie: der Geist gibt sich Rechenschaft über die Verfassung der Welt.

Emerson

Philosophie: ein langes Gespräch mit uns selbst.

Lohberger

Die Erkenntnis inneren Lebens nach außen gebracht: Philosophie.

Lohberger

Philosophie ist abstrakte Geschichte.

Lohberger

Philosophie ist liebevoller Umgang mit der Weisheit.

Dante

Die Philosophie: der Kuß der Weisheit.

Lohberger

Philosophie: das All, geschaut im Spiegel eines Geistes.

Lohberger

Philosophien sind Schwimmgürtel, gefügt aus dem Kork der Sprache.

Morgenstern

Genau besehen, ist alle Philosophie nur der Menschenverstand in amphigurischer Sprache.

Goethe

Philosophie ist gesunder Menschenverstand im Frack.

Braston

Philosophie ist der gesunde Menschenverstand des nächsten Jahrhunderts.

Henry Ward Beecher

Philosophie ist gesunder Menschenverstand. Wenn es nicht gesunder Menschenverstand ist, so ist es nicht Philosophie.

Howe

Philosophie: unverständliche Antworten auf unlösbare Probleme.

Henry Adams

Was ist Philosophie? Die systematische Verdrehung einer eigens zu diesem Zweck erfundenen Terminologie.

Aus den »Fliegenden Blättern«

Die Philosophie ist eine höhere Pathologie.

Hebbel

»Philosophie«, die Liebe zur Weisheit, ist im tiefsten Grunde die Abwehr des Unbegreiflichen.

Spengler

Die Philosophie ist eine Ellipse. Das eine Zentrum, dem wir jetzt näher sind, ist das Selbstgesetz der Vernunft. Das andere ist die Idee des Universums, und in diesem berührt sich die Philosophie mit der Religion.

Friedrich Schlegel

Wissen um unser Wissen ist Philosophie; Ergebenheit und Voraussetzung, wo wir zu wissen aufhören, Religion.

Rahel Varnhagen von Ense

Was bin ich? Was soll ich tun? Was kann ich glauben und hoffen? Hierauf reduziert sich alles in der Philosophie.

Lichtenberg

Philosophie ist die doppelte Buchführung, deren es bedarf, damit die Geschäfte, Anliegen und Dinge, auf die der Mensch sein Leben verwendet, nicht in allzu großem Maße Illusion seien, sondern damit ein jedes von ihnen, am Prüfstein der radikalen Realität gemessen, den Wirklichkeitsgrad behalte, der ihm zukommt.

Ortega y Gasset

Die Philosophie behandelt weder allein die Wahrheit noch bloß die Sittlichkeit, noch bloß die Schönheit, sondern das Gemeinsame aller und leitet sie aus einem Urquell her.

Schelling

Philosophie ist Geschichte der Philosophie, d. h. Geschichte der fehlgeschlagenen Versuche, die Probleme der Philosophie zu lösen.

Reè

Die Philosophie ist eigentlich Heimweh, ein Trieb, überall zu Hause zu sein.

Novalis

Philosophie sind Gedanken, die zu Ende gedacht sind. Das ist oft langweilig. Aber der Mensch hat nur die Wahl, sich von zu Ende gedachten Gedanken beeinflussen zu lassen oder von nicht zu Ende gedachten. Das letztere nennt man Kultur und Aufklärung.

Chesterton

Die Philosophie ist die Richterin eines Zeitalters; es steht schlimm, wenn sie statt dessen sein Ausdruck ist.

Pannwitz

Karl Emanuel behauptete, alle Philosophie bestehe eigentlich darin, zugemachte Türen nicht aufzumachen, wogegen Karl Nathanael versicherte, die höchste Maxime der Staatsweisheit sei, alte Tonnen und Kasten von innen vorzuschieben, wenn Schloß und Riegel nicht mehr halten wollen.

Immermann

Auch die Philosophie hat ihre Blüten. Das sind die Gedanken, von denen man nicht immer weiß, ob man sie schön oder witzig nennen soll.

Friedrich Schlegel

Die Grenzen der menschlichen Vernunft begreifen – das erst ist wahrhaft Philosophie.

Nietzsche

Ein bescheidenes Eingeständnis der Unwissenheit ist die reifste und letzte Errungenschaft der Philosophie.

Roswell Dwight Hitchcock

Der erste Schritt zur Philosophie ist der Unglaube.

Diderot

Jede große Philosophie sagt immer nur: lerne aus dem Bild deines Lebens den Sinn deines Lebens!

Nietzsche

Der Trübsal süße Milch – Philosophie.

Shakespeare

Die Philosophie von heute ergibt die Weltanschauung von morgen.

Wenzl

Die Philosophie kann auch als die Wissenschaft der Freiheit betrachtet werden; weil in ihr die Fremdartigkeit der Gegenstände und damit die Endlichkeit des Bewußtseins verschwindet, so fällt allein in ihr die Zufälligkeit, Naturnotwendigkeit und das Verhältnis zu einer Äußerlichkeit überhaupt, hiermit Abhängigkeit, Sehnsucht und Furcht hinweg; nur in der Philosophie ist die Vernunft durchaus bei sich selbst.

Hegel

Philosophie ist eine Geschichte der Unwahrheit.

Strindberg

Die Philosophie ist eine Art Rache an der Wirklichkeit.

Nietzsche

Das ganze Wesen der Welt abstrakt, allgemein und deutlich in Begriffen zu wiederholen und so als reflektiertes Abbild in bleibenden und stets bereitliegenden Begriffen der Vernunft niederzulegen: dieses und nichts anderes ist die Philosophie.

Schopenhauer

Das Geschäft der Philosophie ist das Aussondern und systematische Zusammenstellen dessen, was sich von selbst versteht und wodurch alles andere muß verstanden werden.

Jacobi

Das Feld der Philosophie in dieser weltbürgerlichen Bedeutung läßt sich auf folgende Fragen bringen:

1. Was kann ich wissen?
2. Was soll ich tun?
3. Was darf ich hoffen?
4. Was ist der Mensch?

Die erste Frage beantwortet die Metaphysik, die zweite die Moral, die dritte die Religion und die vierte die Anthropologie. Im Grunde könnte man aber alles dieses zur Anthropologie rechnen, weil sich die drei ersten Fragen auf die letzte beziehen.

Der Philosoph muß also bestimmen können:

1. die Quellen des menschlichen Wissens,
2. den Umfang des Wissens und endlich
3. die Grenzen der Vernunft.

Das letztere ist das nötigste, aber auch das schwerste, um das sich aber der Philodox nicht bekümmert.

Kant

Das Resultat der Philosophie sind nicht »philosophische Sätze«, sondern das Klarwerden von Sätzen.

Wittgenstein

Die Philosophie hingegen ist die erschreckende, trostlose, einsame Wahrheit der Dinge.

Ortega y Gasset

Die Ergebnisse der Philosophie sind die Entdeckung irgendeines schlichten Unsinns und Beulen, die sich der Verstand beim Anrennen an die Grenze der Sprache geholt hat. Sie, die Beulen, lassen uns den Wert jener Entdeckung erkennen.

Wittgenstein

Studiere und raste nie!
Du kommst nicht weit mit Deinen Schlüssen.
Das ist das Ende der Philosophie,
zu wissen, daß wir glauben müssen.

Geibel

PHILOSOPHIEREN

Philosophieren heißt die Allwissenheit gemeinschaftlich suchen.

Friedrich Schlegel

Philosophieren heißt, die Gesamtheit dessen, was begegnet, auf ihre letztgründige Bedeutung hin bedenken.

Pieper

Philosophieren heißt eigentlich nicht leben, leben heißt eigentlich nicht philosophieren.

Ortega y Gasset

Philosophieren: Das Erste ist der Mensch, der doch mit sich selbst als dem Sein sich niemals abfinden kann, sondern über sich hinausdrängt.

Jaspers

Philosophieren ist die Annäherung an eine Offenbarung, die nie stattfindet. Der Weg dahin ist voll von den scharfsinnigsten menschlichen Weisheiten.

Ludwig Marcuse

Alles Philosophieren ist nur ein weiteres Ergründen der Spracherfindung.

Jacobi

Philosophieren ist zweifeln.

Montaigne

Die Geburt des Philosophierens: Sich-Wundern.

Ludwig Marcuse

Philosophieren heißt sterben lernen.

Montaigne

PHILOSOPHISCH

Philosophisch ist alles, was zur Realisierung des logischen Ideals beiträgt und wissenschaftliche Bildung hat.

Friedrich Schlegel

PHILOSOPHISCHE PRAXIS

Philosophische Praxis: Erkenntnisse in Taten umsetzen.

Michel

PHILOSOPHISCHES SYSTEM

Ein philosophisches System ist immer der Versuch einer begrifflichen Neuschöpfung des Kosmos.

Ortega y Gasset

PHRASE

Die Phrase ist die Toilette des Geistes.

Aus den »Fliegenden Blättern«

Phrase: die Lüge in einer Salonausgabe.

Zitiert nach Robert Lembke
»Zynisches Wörterbuch«

Die schönsten Phrasen der jüngsten Neuzeit: etwas aus der Tiefe seiner historischen Bedeutung erhellen, etwas aus abendländischem Geist verantworten, etwas von der politischen auf die humanitäre Ebene verschieben, etwas an die Wurzeln seiner Substanz zurückführen, etwas verstehend interpretieren, etwas für die Erhaltung der nationalen Selbstachtung tun, etwas im Interesse der Sache ausdiskutieren, etwas zum Gemeinwohl konzertieren, etwas aus der pluralistischen Sicht der Gesellschaft betrachten, für etwas eine gültige neue Ausdeutung finden, etwas aus seiner Zeit heraus begreifend verstehen, etwas zu endgültigem Durchbruch verhelfen, etwas transparent machen und-so-weiter (kleine Auswahl).

Herbst

Phrasen: was im Filter der Vernunft hängen bleibt.

Rudolf Rolfs

Die Phrase ist das gestärkte Vorhemd vor einer Normalgesinnung, die nie gewechselt wird.

Karl Kraus

PHYSIKER

Physiker: jemand, der jeden technischen Defekt erklären, aber nicht reparieren kann.

Schiff

PIER

Pier: eine im Stich gelassene Brücke.

Unbekannt

PIRAT

Pirat: ein Politiker der Meere.

Bierce

Pirat: Räuber zu Schiff.

Unbekannt

Pirat: Salzwasserdieb

Shakespeare

PLÄNE

Pläne sind die Träume des Verständigen.

Feuchtersleben

Pläne sind Versprechungen, welche die Phantasie dem Verstande macht.

Unbekannt

PLATONISCHE LIEBE

Platonische Liebe: die Zeit zwischen der Vorstellung und dem ersten Kuß.

Unbekannt

Platonische Liebe kommt mir vor wie ein ewiges Zielen und Niemals-Losdrücken.

Wilhelm Busch

Die »platonische Liebe«: Skizze der geschlechtlichen Liebe, der nicht ausgespielte Geschlechtsakt, die Autarkie des Vorspiels.

Hilsbecher

Platonische Liebe: Sex oberhalb der Ohren.

Winslow

PLEONASMUS

Pleonasmus: eine Armee von Worten, die einem Gedankenunteroffizier das Geleit geben.

Bierce

Pleonasmus: beim Betrachten so mancher Sexbombe gerät auch ein Zirkel in Neid.

Hans Arndt

PLUNDER

Plunder ist alles, was seine Brauchbarkeit eingebüßt hat.

Herford

PLURALISMUS

»Pluralismus« ist heute ein Plural von Konformismus.

Ludwig Marcuse

PÖBEL

Pöbel: in der Republik Inhaber der höchsten Gewalt, gemäßigt durch Wahlbetrug. Der Pöbel ist allmächtig unter der Bedingung, daß er nichts tut. (Das Wort kommt aus dem Aristokratischen und hat in unserer Sprache keine genaue Entsprechung, bedeutet jedoch soviel wie »ehrgeiziges Schwein«.)

Bierce

POESIE

Poesie möchte ich als den erlesenen Ausdruck erlesener Eindrücke definieren.

Roux

Die Poesie der Alten war die des Besitzes, die unsrige ist die der Sehnsucht.

August Wilhelm Schlegel

Poesie ist Dynamit für alle Ordnungen dieser Welt.

Böll

Als die einfachste und richtigste Definition der Poesie möchte ich diese aufstellen, daß sie die Kunst ist, durch Worte die Einbildungskraft ins Spiel zu versetzen.

Schopenhauer

Der Kern der Poesie ist Erfindung; eine Erfindung, die etwas Unerwartetes, Überraschendes, Entzückendes schafft.

Samuel Johnson

Die Poesie ist dem Gedanken, was für den Körper die Seele bedeutet.

Vinet

Die Poesie hat ihren Ursprung in einem Gefühl, dessen man sich in Ruhe erinnert.

Wordsworth

Poesie ist Darstellung des Gemüts – der innern Welt in ihrer Gesamtheit.

Novalis

Poesie ist gewiß mehr als gesunder Menschenverstand, aber sie muß auf jeden Fall auch gesunder Menschenverstand sein, so wie ein Palast auch mehr als ein Haus sein muß, aber doch schließlich auch ein Haus.

Coleridge

Poesie ist die Geschichte der besten und glücklichsten Augenblicke in den glücklichsten und besten Geistern.

Shelley

Die Poesie ist Gold; ein weniges vom holden Metall, mit Kunst gedehnt, reicht, Welten zu vergolden.

Rückert

Die Poesie als Kontrollfigur alles dessen, was auf Erden mit Ernst auftritt.

Eschmann

Poesie ist die Kunst, die Denksymbole in solch einer Weise auswählt und ordnet, daß die Phantasie am stärksten entzückt wird.

Bryant

Poesie ist im Grunde eine Lebenskritik.

Matthew Arnold

Die Poesie ist der Nachhall jenes Wortes, das Gott am ersten Schöpfungstage sprach: »Es werde Licht!«

Aus den »Fliegenden Blättern«

Die Poesie ist Musik für das innere Ohr und Malerei für das innere Auge; aber gedämpfte Musik, aber verschwebende Malerei.

Friedrich Schlegel

Poesie ist die Muttersprache des menschlichen Geschlechts.

Hamann

Poesie besteht nicht darin, alles zu sagen, sondern über alles nachdenken machen.

Sainte-Beuve

Die Poesie ist die einzige Welt, in der nur das Notwendige leben kann.

la Cour

Poesie ist das Öffnen und Schließen einer Tür und sie läßt jene, die hindurchblickten, darüber grübeln, was sie einen Augenblick lang gesehen haben.

Sandburg

Poesie und Philosophie sind, je nachdem man es nimmt, verschiedene Sphären, verschiedene Formen, oder auch die Faktoren der Religion. Denn versucht es nur, beide wirklich zu verbinden, und ihr werdet nichts anders erhalten als Religion.

Friedrich Schlegel

Das Wesen der Poesie wie aller Kunst besteht im Auffassen der Platonischen Idee, das heißt des Wesentlichen und daher der ganzen Art Gemeinsamen, in jedem einzelnen, wodurch jedes Ding als Repräsentant seiner Gattung auftritt und ein Fall für tausend gilt.

Schopenhauer

»Poesie«, sagt Emilia, »scheint wie Reden auf Zehenspitzen«.

Meredith

Die Poesie ist das echt absolut Reelle. Dies ist der Kern meiner Philosophie. Je poetischer, je wahrer.

Novalis

Eine Definition der Poesie kann nur bestimmen, was sie sein soll, nicht was sie in der Wirklichkeit war und ist; sonst würde sie am kürzesten so lauten: Poesie ist, was man zu irgendeiner Zeit, an irgendeinem Ort so genannt hat.

Friedrich Schlegel

Poesie ist einfach die schönste, eindrucksvollste und wirksamste Art, etwas zu sagen; von daher allein kommt ihre Bedeutung.

Sandburg

Poesie ist ein wundervolles Spiel mit Worten.

Grisson

Poesie ist die Sprache, die uns durch eine mehr oder minder gefühlsbetonte Reaktion etwas sagt, was nicht gesagt werden kann.

Robinson

Poesie ist die Sprache, in welcher der Mensch sein Erstaunen erforscht.

Fry

Poesie ist Sprache, die sich selbst besingt.

Unbekannt

Poetischer Schein ist Spiel der Vorstellungen, und Spiel ist Schein von Handlungen.

Friedrich Schlegel

Die Poesie ist die Schminke des Lebens, die Kunst, uns über unsere Armut zu täuschen.

Hebbel

Die Poesie will der ungeschminkte Ausdruck der Wahrheit sein.

Nietzsche

Ich möchte die Poesie der Worte als die in Reime gefaßte Schönheit definieren. Ihr alleiniger Schiedsrichter ist der Geschmack.

Poe

Die Poesie ist der Tanzschritt der Worte.

Lohberger

Poesie ist Wahrheit, die in Schönheit wohnt.

Gilfillan

Poesie ist Wahrheit in Sonntagskleidern.

Roux

Poesie schließt die ganze Wahrheit ein, Philosophie drückt nur einen Teil von ihr aus.

Thoreau

Poetische Wahrheit ist die unwillkürliche Auslese und Verschmelzung vieler Wirklichkeiten mittels der Phantasie.

Isolde Kurz

Poesie ist Weisheit, die einem unsterblichen Vers angetraut ist.

Wordsworth

Poesie: eine dem Lande jenseits der Illustrierten eigene Ausdrucksform.

Bierce

POET

Was ist da viel zu definieren! Lebendiges Gefühl der Zustände und Fähigkeit, es auszudrücken, machen den Poeten.

Goethe

Der Poet ist ein armer Teufel, dem die Vorsehung die Gunst gewährt hat, seinen Hunger in Versen ausdrücken zu können.

Aus den »Fliegenden Blättern«

Poeten sind Isolatoren und Leiter des poetischen Stroms zugleich.

Novalis

POLEMIK

Wenn Verstand und Unverstand sich berühren, so gibt es einen elektrischen Schlag. Das nennt man Polemik.

Friedrich Schlegel

Was ist Polemik? Eine öffentliche moralische Balgerei zwischen zwei gebildeten Menschen, wobei statt Blut Tinte fließt.

Aus den »Fliegenden Blättern«

POLITIK

Die Politik ist ein Balanceakt zwischen den Leuten, die hinein wollen, und denen, die nicht heraus wollen.

de Bourbon-Busset

Die Politik ist eine Bühne, auf der die Souffleure manchmal lauter sprechen als die Darsteller.

Silone

Politik ist Bühnenwirkung. Wenn Shakespeare über die Szene ging, hat noch jedem Publikum der Waffenlärm die Gedanken übertönt. Die Größe Bismarcks, der den politischen Stoff schöpferisch gestaltet — und warum sollte einem Künstler nicht ein Erlebnis im Irdischesten zur Schöpfung erwachsen? –, wird mit dem Maß der theatralischen Handlung, des Effekts der Auftritte und Abgänge gemessen. Und wenn wir Deutschen Gott und sonst nichts in der Welt fürchten, so respektieren wir selbst ihn nicht um seiner Persönlichkeit willen, sondern wegen des Geräusches seiner Donner. Politik und Theater: Rhythmus ist alles, nichts die Bedeutung.

Karl Kraus

Die politische Debatte ist eine begeisterte Präsentation organisierter Gefühle.

Unbekannt

Die Debatte besteht aus Rede und Gegenrede, die politische Debatte aus Volksrede und Gegenvolksrede.

Nahr

Definition des politischen Dichters: Er arbeitet nicht im Material aus Fleisch und Blut; so ist er frei für jeden Höhenflug.

Ludwig Marcuse

Politik bedeutet für den Dichter nichts anderes als die ganze soziale, ökonomische und ästhetische Atmosphäre, in der wir leben.

Schnitzler

Der politische Dramatiker: es befreit ihn, das Unglück der Armen anklagend nachzubilden. Das politisch engagierte Publikum: es wird befreit, anläßlich der ungefährlichen Aktivierung von Mitleid und Zorn.

Ludwig Marcuse

Politik bedeutet ein starkes, langsames Durchbohren von harten Brettern mit Leidenschaft und Augenmaß zugleich.

Max Weber

Der gesamte politische Tageskampf stellt sich dar als eine einzige endlose Diskussion über die Gerechtigkeit.

Radbruch

Einfluß in der Politik: ein visionäres Quo gegen ein substanzielles Quid einhandeln.

Bierce

Unter politischer Entscheidung versteht man heute im allgemeinen den Anschluß an eine Gruppe.

Buber

Die politische Freiheit besteht darin, daß jeder seine Wohlfahrt nach seinen Begriffen suchen kann und auch nicht einmal als Mittel zum Zweck seiner eigenen Glückseligkeit von anderen und nach derer ihren Begriffen gebraucht werden kann, sondern bloß nach der seinigen.

Kant

Politik, das ist die Freistatt, wo Verbrechen, die sonst Gefängnis oder Tod zur unvermeidlichen Folge hätten, wo Verrätereien, die sonst zu flammender Empörung aufriefen, wo Lügen, die sonst im allgemeinen Hohngelächter untergingen, nicht nur von diesen sonst natürlichen Konsequenzen bewahrt zu bleiben pflegen, sondern wo all diese Verbrechen, Verrätereien und Lügen als durchaus natürliche, wenn nicht gar rühmenswerte Bestätigungen der menschlichen Natur angesehen werden. Das Schlimmste aber ist, daß nicht nur politische Gesinnungsgenossen, sondern daß die gesamte Öffentlichkeit, ja daß selbst die politische Gegnerschaft bei solchen Gelegenheiten eine so milde Auffassung walten läßt, wie man sie Menschen gegenüber niemals aufzubringen imstande ist, welche Schurken sind ohne politischen Vorwand, auf eigene Rechnung und Gefahr.

Schnitzler

Die politische Gewalt im eigentlichen Sinne ist die organisierte Gewalt einer Klasse zur Unterdrückung einer andern.

Karl Marx

Alles Politische ist ein Wechselspiel zwischen Gegenwartsbewußtsein und Erkenntnis geschichtsbildender Kräfte.

Kessel

Politik ist der Kampf um den Gesetzgeber.

Wiggins

Politik ist Geschichte in Aktion.

Butterfield

Politik ist, daß man Gottes Schritt durch die Weltgeschichte hört, dann zuspringt und versucht, einen Zipfel seines Mantels zu fassen.

Bismarck

Politik besteht darin, Gott so zu dienen, daß man den Teufel nicht verärgert.

Thomas Fuller

Die vollkommenste politische Gemeinschaft ist die, in der eine Mittelklasse herrscht, die den beiden anderen Klassen zahlenmäßig überlegen ist.

Aristoteles

Politik ist das Handeln, das orientiert ist an der Macht und an der Möglichkeit der Gewalt.

Jaspers

Alle große politische Aktion besteht in dem Aussprechen dessen, was ist, und beginnt damit. Alle politische Kleingeisterei besteht in dem Verschweigen und Bemänteln dessen, was ist.

Lassalle

Politik: es gibt keine Hoffnung, an die wir uns schließlich nicht doch gewöhnen könnten.

Brudziński

Die Politik ist ein Hund, sie beißt den Ängstlichen.

Hans Kasper

Alles Politisieren, auch bei den größten Staatsmännern, ist Improvisieren auf gut Glück.

Nietzsche

Politik ist der Versuch, inmitten des Konflikts der Weltmächte, der idealen sowohl wie der realen, die man nicht beherrschen kann, das eigene Interesse zu wahren und zu fördern.

Ranke

Politik ist ein Streit der Interessen, der sich als Wettstreit der Prinzipien maskiert hat.

Bierce

Die Politik ist ein Kampfplatz, auf dem das Ergebnis, das man erzielt, immer weit unter dem liegt, was man erreichen möchte.

Tocqueville

Politik ist die mehr oder minder erträgliche Anpassung widerstreitender Interessen in der Gesellschaft auf Kosten der Nichtorganisierten.

Renner

Eine politische Kampagne ist ein Krieg, in dem jeder von den Lippen schießt.

Moley

Politik ist unblutiger Krieg, und Krieg ist blutige Politik.

Mao Tse-tung

Politik ist das Bemühen, Antworten auf die sozialen Fragen der Gegenwart zu finden, ohne dabei während der Auseinandersetzung zwischen alten und neuen Interessen zu Gewaltmitteln Zuflucht zu nehmen.

Schmidt

In der Politik besteht die Klugheit nicht darin, auf Fragen zu antworten. Die Kunst besteht darin, sich keine Fragen stellen zu lassen.

Suarès

Grundlage der Politik ist das Kompromiß.

Gustav Freytag

Politik ist ein Kompromiß oder eine Schriftstellerei.

Ludwig Marcuse

Politik ist nicht die Kunst des Kompromisses, sondern die Kunst der Synthese. Kompromiß bedeutet Einigung, die Halbierung beider Positionen. Synthese heißt Einigung nach dem Prinzip der Vermehrung, sie komponiert aus zwei Positionen eine dritte. Der Kompromiß ist geometrisch gesehen der Punkt zwischen zwei Punkten, also auf der verbindenden Linie. Synthese setzt einen dritten Punkt außerhalb der Linie und schafft so Fläche, die nächsthöhere Dimension.

Hans Kasper

Die Politik ist die Kunst, sich der Leute zu bedienen.

Montherlant

Politik ist die Kunst, von den Reichen das Geld und von den Armen die Stimmen zu erhalten, beides unter dem Vorwand, die einen vor den anderen schützen zu wollen.

Unbekannt

Politik ist die Kunst, die Leute daran zu hindern, sich um das zu kümmern, was sie angeht.

Valéry

Politik ist die Kunst, die Menge zu leiten: nicht, wohin sie gehen will, sondern, wohin sie gehen soll.

Joubert

Politik ist Kunst des Umganges auf höherer Stufe.

Hofmannsthal

Politik: die Kunst, sich von den jeweiligen Umständen so ändern zu lassen, daß es aussieht, als ob man die Umstände geändert habe.

Herbst

Die Politik ist in der Demokratie die Kunst, das Volk glauben zu machen, daß es regiere.

Louis Latzarus

Politik ist eine halsbrecherische Kunst, geübt auf dem schmalen Grad zwischen zwei Abgründen: dort der sklavisch opportunischen Anpassung und die jeweilige Konstellation, hier der wirklichkeitsblinden Benommenheit durch illusionäre Wunschbilder.

Litt

Politik ist recht eigentlich die Kunst, sich auf den eigenen Vorteil ebenso gut als auf den des Nachbars zu verstehen und diesen für jenen auszunützen, indem man sich des Nachbars so bedient, daß er dabei meinen muß, man diene ihm.

Bahr

Die Politik ist die Kunst des Möglichen. Das ganze Leben ist Politik.

Pavese

Politik ist die Kunst, das Notwendige zu ermöglichen.

Valéry

Die ganze Kunst der Politik besteht darin, sich der Zeitumstände richtig zu bedienen.

Ludwig IV.

Politik ist die Kunst, stets neue Gründe für neue Steuern zu entdecken.

Nahr

Politik ist die Kunst, nach Schwierigkeiten Ausschau zu halten, sie überall zu finden, falsch zu beurteilen, und ungeeignete Mittel dagegen einzusetzen.

Ernest Benn

Politik ist die wichtigste Sache im Leben – für eine Zeitung.

Ibsen

Die politische Logik ist eine Logik, deren Aussagen von der Zahl der Stimmen abhängt, die dahinterstehen. Wenn zum Beispiel ein politisch unbekannter Nobelpreisträger sagt: $2 \times 2 = 4$ und wenn daraufhin der Chef eines mächtigen Verbandes erklärt: $2 \times 2 = 5$, so einigt sich das Kabinett vielleicht auf 4,8. Natürlich erst nach eingehenden und von Verantwortung gegenüber der Gesamtheit getragenen Beratungen.

Nahr

Politik ist eben an sich keine Logik und keine exakte Wissenschaft, sondern es ist die Fähigkeit, in jedem wechselndem Moment der Situation das am wenigsten Schädliche oder das Zweckmäßige zu wählen.

Bismarck

Politik ist Magie. Welcher die Mächte aufzurufen weiß, dem gehorchen sie.

Hofmannsthal

Politik ist die Gravitation der Massen gegeneinander.

Ortega y Gasset

Vom Geld abgesehen, stellt die Politik das wirksamste Mittel dar, um ein Land zu regieren.

Nahr

Politik ist heutzutage nichts weiter als ein Mittel, in der Welt vorwärtszukommen.

Samuel Johnson

Die Politik ist das nationale Schaugeschäft.

Nahr

Politik ist eine ewige Notsituation.

Roeder

Politik ist Natur, und Natur favorisiert Natur.

Hans Kasper

Praktische Politik besteht im Nichtbeachten der Tatsachen.

Henry Adams

Wer sich nicht mit Politik befaßt, hat die politische Parteinahme, die er sich sparen möchte, bereits vollzogen: er dient der herrschenden Partei.

Max Frisch

Was ist Politik anderes als die Öffentlichkeit überreden, dieses zu wählen und jenes zu unterstützen und das Eine auszuhalten für das Versprechen des anderen?

Highet

Politik: das Paradies zungenfertiger Schwätzer.

Shaw

Politik ist größtenteils Pillenschlukken.

Reed

Politik ist der allgemeine Pulsschlag, die Revolution der Fieberkrampf.

Phillips

Alle wahre Politik ist auf die Bedingung eingeschränkt, mit der Idee des öffentlichen Rechts zusammenzustimmen.

Kant

»Politik« ist ein Mittel zur Beförderung des Rechten, aber an und für sich kommt ihr kein Wert zu. Kein Schwert hat Wert an sich; es kommt immer darauf an, wie man es zückt und wofür es gezogen wird.

Langbehn

In der Politik handelt es sich niemals wirklich um Rechtsfragen: diese werden nur vorgeschoben als Stichwort für die Massen. In Schulbüchern aber steht es gewöhnlich umgekehrt; insofern sind sie Märchenbücher.

Hertslet

Die Politik ist das Schicksal.

Napoleon I.

Nicht Politik ist unser Schicksal, sondern die Wirtschaft.

Rathenau

Ob wir mitwirken oder nur zusehen oder wegsehen wollen, ob wir Rollen spielen, Statisten sind oder uns für Souffleure halten – die Politik ist unser Schicksal.

Reich-Ranicki

Der eigentliche Sinn der Politik ist die Errichtung, die dauernde Befestigung, die Selbstbehauptung der Freiheit in einer staatlichen Gestalt. Politik in diesem Sinne will Freiheit für alle.

Jaspers

Politik ist der Spielraum, den die Wirtschaft ihr läßt.

Hildebrandt
In einem Silvesterdirektprogramm 1969, anläßlich der Regierungsübernahme der SPD

Die Politik gleicht der Sphinx der Fabel: sie verschlingt alle, die ihre Rätsel nicht lösen.

Rivarol

Die ganze Synopse unserer Politik liegt in den zwei Versen von Bürger: »Du hast uns lange genug geknufft; man wird dich wieder knuffen, Schuft.«

Seume

Politik ist Stellvertretung.

Adolf Arndt

Politische Tugend ist das Wollen des an und für sich seienden gedachten Zweckes.

Hegel

Politik besteht nicht selten darin, einen simplen Tatbestand so zu komplizieren, daß alle nach einem neuen Vereinfacher rufen.

Guareschi

Die Triebfeder der Politik ist meist Eitelkeit, Ehrgeiz, Machtwille, nur selten Habsucht und noch seltener der uneigennützige Wille, einer Idee oder einer Menschengruppe zu dienen.

Coudenhove-Kalergi

Politik ist die Transformation sachlicher Forderungen in emotionale Appelle. Der entgegengesetzte Prozeß heißt Diplomatie.

Nahr

Hohe Politik heißt: täuschen und tauschen.

Aus den »Fliegenden Blättern«

Politisches Theater: auf einen Darsteller zehn Souffleure.

Brudziński

Politische Überzeugung? – Das ist oft nichts anderes, als die bequeme Larve, hinter der ein Lump seine widerliche Fratze verstecken möchte, um unter dem Schutz der Maskenfreiheit auf dem politischen Faschingsrummel, den wir am Aschermittwoch Weltgeschichte zu nennen lieben, ungestraft oder gar bejubelt sein feiges Unwesen zu treiben.

Schnitzler

Politik ist Umgang mit der Gewalt.

Jaspers

Politik ist nichts als gute Umgangsformen in der Öffentlichkeit.

Steffens

Das Politische ist die letzte und böseste Verflachung des Menschen.

Blei

Politik ist Verständigung über das Wirkliche.

Hofmannsthal

Politik: Leitung der öffentlichen Angelegenheiten zu privatem Vorteil.

Bierce

Politik: das Bemühen, den eigenen Vorteil zum Interesse aller zu machen.

Rudolf Rolfs

»Politik« ist der Versuch, einem Esel klarzumachen, daß er keiner ist.

Niederreuther

Politik: Wählern einzureden, daß politische Gläubigkeit politisches Denken sei.

Rudolf Rolfs

Politik: Wettrennen trojanischer Pferde.

Lec

Politik sehe ich als nichts anderes an, als die Wissenschaft von einer planmäßigen Entwicklung der Gesellschaft nach den Regeln größter Nützlichkeit und Annehmlichkeit für sie selbst.

Woodrow Wilson

Politik ist die Wissenschaft von den Erfordernissen.

Theodore Parker

Das Hauptproblem von Ethik und Politik besteht darin, auf irgendeine Weise die Erfordernisse des Gemeinschaftslebens mit den Wünschen und Begierden des Individuums in Einklang zu bringen.

Bertrand Russell

Politics: Who Gets What, When, How.

Titel eines Buches von Harold D. Lasswell

Politik ist die Wissenschaft davon, wie, wer, was, wann und warum bekommt.

Hillmann

Ich glaube, daß die Politik eine Wissenschaft ist. Sie ist eine wissenschaftliche Methode, Menschen zu behandeln.

Farley

Die Politik ist keine Wissenschaft, wie viele der Herren Professoren sich einbilden, sondern eine Kunst.

Bismarck

Tatsächlich und normalerweise gelten neun Zehntel der politischen Tätigkeit den wirtschaftlichen Aufgaben des Augenblicks, der Rest den wirtschaftlichen Aufgaben der Zukunft.

Rathenau

Politik ist Wirtschaftslehre in Aktion.

La Follette

Politik ist der Zeitvertreib unbedeutender Menschen, die, wenn sie dabei Erfolg haben, wichtig werden in den Augen der Menschen, die noch unbedeutender sind als sie.

George Jean Nathan

Politik ... ist nichts als der Zigarrenrauch eines Mannes.

Thoreau

POLITIKER

Politiker: ein Aal im Grundschlamm, auf dem sich der Überbau der organisierten Gesellschaft erhebt; wenn er sich windet, hält er die Ausschläge seines Schwanzes für das Erbeben des Gebäudes.

Bierce

Der Politiker ist ein Akrobat. Er hält das Gleichgewicht dadurch, daß er das Gegenteil von dem, was er tut, sagt.

Barrès

Ein Politiker ist jemand, der auf kleine Fragen große Antworten gibt. Manche Politiker meinen sogar, die höchste politische Kunst bestehe darin, sich überhaupt keine Fragen stellen zu lassen.

Wiggins

Der Politiker ist ein Mann, der besonders oft der Alternative begegnet, entweder seine Ansichten oder seine Freunde zu wechseln.

Nahr

Politiker sind Menschen, die irgendwann einmal einen Kompromiß mit ihrer Ehre abgeschlossen haben, und die nun entweder ihre Überzeugungen hinunterschlucken oder das anpreisen, was sie für falsch halten. Sie befinden sich in der Lage eines Chormädchens, das, um ihre bescheidene Stelle zu bekommen, dem Manager zu Willen sein muß.

Mencken

Politiker sind Menschen, die – im Namen des Gemeinwohls – gegebene Ungleichheiten bekämpfen oder verteidigen; sie sind Fanatisierungsredner oder Beschwichtigungsredner.

Wiggins

Der erfolgreichste Politiker ist derjenige, der das sagt, was alle denken, und der es am lautesten sagt.

Theodore Roosevelt

Ein Politiker ist ein Mensch, mit dessen Politik du nicht übereinstimmst; wenn du es tust, dann ist er ein Staatsmann.

Lloyd George

Der Politiker ist ein Mann, der genau die menschliche Neigung zur Fügsamkeit kennt und der sie systematisch für die Ziele ausbeutet, die er für richtig hält.

de Jouvenel

Der Politiker ist der natürliche Feind des kleinen Mannes.

Nahr

Gelehrten, welche Politiker werden, wird gewöhnlich die komische Rolle zugeteilt, das gute Gewissen einer Politik sein zu müssen.

Nietzsche

Der Politiker ist ein Händler in Versprechungen.

Chevallier

Politiker lieben nicht und hassen nicht. Das Interesse, nicht das Gefühl beherrscht sie.

Chesterfield

Politiker: die Kapitalisten der menschlichen Dummheit.

Lohberger

Die besondere Fertigkeit des Politikers besteht darin, daß er weiß, welche Leidenschaften am leichtesten zu erregen sind und wie sich, sobald sie erregt sind, verhindern läßt, daß sie ihm und seinen Anhängern schaden.

Bertrand Russell

Man kann sagen, daß drei Qualitäten vornehmlich entscheidend sind für den Politiker: Leidenschaft – Verantwortungsgefühl – Augenmaß.

Max Weber

Der Politiker ist der einzige Mensch, der dich um Hilfe bittet und der dir nachher die Rechnung schickt.

Unbekannt

Nicht wer Staatstheorie doziert, ein Politiker ist nur, wer im gegebenen Fall richtig das Mögliche schafft.

Geibel

Politiker ist einer, der Meinungen hat, der sich aber nicht zu fest darauf stützt.

Lowell

Man kann alle Leute eine Zeitlang zum Narren halten, und man kann auch einige Leute die ganze Zeit zum Narren halten; aber man kann nicht alle Leute die ganze Zeit zum Narren halten. So, das sagte Abraham Lincoln. Ein Politiker wäre demnach einer, der weiß, daß er nicht alle Leute die ganze Zeit hindurch zum Narren halten kann, der aber zufrieden ist mit der Mehrheit.

Unbekannt

Der Politiker ist einer, der vor der Wahl alle Leute zum Narren hält.

Unbekannt

Praktische Politiker sind Menschen, die die Kunst meistern, das Parlament dazu zu benützen, zu verhindern, daß irgend etwas fertiggebracht werde.

Shaw

Sine ira et studio, »ohne Zorn und Eingenommenheit«, soll der Beamte seines Amtes walten. Er soll also gerade das nicht tun, was der Politiker, der Führer sowohl wie seine Gefolgschaft, immer und notwendig tun muß: kämpfen. Denn Parteinahme, Kampf, Leidenschaft – ira et studium – sind das Element des Politikers. Und vor allem des politischen Führers.

Max Weber

Ein Politiker ist wie Quecksilber: wenn du deinen Finger auf ihn legen willst, so findest du nichts darunter.

O'Malley

Der Politiker, der ehemals lernen mußte, wie man Königen schmeichelt, muß jetzt lernen, wie man die Phantasie der Wähler bezaubert, unterhält, bestrickt, beschwindelt, erschreckt oder sonstwie verblüfft.

Shaw

Ein Politiker mit Sachverstand ist eo ipso eine Doppelbegabung.

Nahr

Der Politiker ist ein Mensch, der nie so schlecht ist wie ihn seine Feinde machen, und nie so gut, wie er durch das Weißwaschen seiner Freunde scheint.

Unbekannt

Der Staatsmann ist einer, der das Steuer führt, während der Politiker zufrieden ist, wenn er dahintreibt.

Clarke

Der Staatsmann schert die Schafe; der Politiker zieht ihnen das Fell über die Ohren.

O'Malley

Zwei Typen von Politikern besitzen wir in unerwünschtem Überfluß: Geschäftspolitiker und Traumpolitiker; aber unendlich schwer finden Führer und Geführte jene Mitte zwischen der Sucht nach dem schnell zerrinnenden Augenblicksgewinn und dem Hang zum Unerreichbaren.

Litt

Realpolitiker nennt sich ein Politiker, der sich anschickt, von anderen etwas zu verlangen, dessen er sich insgeheim schämt.

Haller

Der Politiker ist ein Mensch, der genug Vorurteile besitzt, um damit die Bedürfnisse seiner Mitmenschen zu befriedigen.

Unbekannt

Der Politiker ist ein Mensch, der seine Anhänger dadurch an sich zu binden sucht, daß er sie im Zustand des Verärgertseins auf andere erhält.

Unbekannt

Ein Politiker denkt an die nächste Wahl; ein Staatsmann an die nächste Generation.

Clarke

Ein Politiker denkt an die nächste Wahl; ein Staatsmann an die nächste Generation. Das sagt James Freeman Clarke. Bei uns ist das anders. Unsere Staatsmänner denken an die nächste Wahl, und unsere Politiker an die letzte Versammlung.

Nahr

Der Politiker ist ein Mensch, der den Klang seiner eigenen Stimme mit der unfehlbaren Stimme des Volkes gleichsetzt.

Unbekannt

Eine Zunge von drei Zoll: das ist des Politikers eiserne Schanze.

Japanisches Sprichwort

POLITISCHE ÖKONOMIE

Politische Ökonomie: Stimmenfang mit so wenig Geld wie möglich.

Unbekannt

Politische Ökonomie: Wissenschaft ohne Darm.

Flaubert

POLIZEI

Polizei: eine bewaffnete Truppe zum Schutz und zum Mitmachen.

Bierce

POLYGAMIE

Polygamie ist eine der vielen Methoden, aus einem verbotenen Vergnügen eine erlaubte Plage zu machen.

Nahr

POPULARITÄT

Popularität ist das Kleingeld des Ruhms.

Victor Hugo

Popularität: eine Menge uninteressanter Leute kennen.

Unbekannt

Die Popularität als Krankheit ist um so gefährlicher, je später im Leben sie den Patienten überfällt.

Ernst Jünger

PORTRÄT

Das Porträt ist für die meisten Menschen eine zensierte Mitteilung zum Nachverdienen.

Danneskiold-Samsøe

POSE

Ein bisserl Afferei, Geckerei, das gehört schon zum Wohlbefinden, zur guten Form: es ist ihr nicht ganz fertig gewordener äußerster Teil, ein Schwänzchen, das man ihr angehängt hat, weil es nimmer hat wachsen wollen: Pose ist eine Form-Prothese.

Heimito von Doderer

POSITIV

Positiv nennt man hier den, der richtige Fragen mit falschen Antworten zudeckt.

Arntzen

PRÄZEDENZFALL

Der Präzedenzfall ist ein Urteil, das ein Prinzip konserviert.

Disraeli

Präzedenzfall: eine Tradition beginnt zum ersten Mal.

Unbekannt

Präzedenzfall: ein Fußabdruck im Zement der Zeit.

Unbekannt

PRAHLEREI

Prahlerei ist die Signalflagge der Heuchelei.

Chapin

PRAXIS

Die Praxis ist das Haarfärbemittel für die graue Theorie.

Aus den »Fliegenden Blättern«

PREIS

Preis: Wert plus angemessener Aufschlag für den durch die Forderung eingetretenen Gewissensverschleiß.

Bierce

PRESSE

Die Presse ist das Mundstück des Volkes.

Unbekannt

Die Presse ist für mich Druckerschwärze auf Papier.

Bismarck

Presse: die Möglichkeit, Dinge zu verschweigen, indem man andere druckt.

Rudolf Rolfs

Freie Presse ist ein Oxymoron. Und das gehört in die Rhetorik.

Arntzen

PRESSEFREIHEIT

Pressefreiheit: das Volk erfährt alles, was die Zeitung bringt.

Rudolf Rolfs

Die Pressefreiheit besteht in dem Recht, drucken zu lassen, was du zu sagen hast, vorausgesetzt, daß du Druckmaschinen, Papier und Nachrichtendienste kaufen kannst.

Unbekannt

Die Pressefreiheit ist die Freiheit von 200 reichen Leuten, ihre Meinung zu verbreiten.

Sethe

Pressefreiheit: jeder Journalist darf schreiben, was er will. Das heißt noch nicht, daß es gedruckt wird.

Rudolf Rolfs

PRINZIPIEN

Prinzipien sind weißgewaschene und von einem Neonschein umgebene Vorurteile.

Unbekannt

PROBLEM

Das Problem ist eine Gelegenheit in Arbeitskleidung.

Henry J. Kaiser

PROFESSOR

Der Professor ist nicht einfach ein Weiser, sondern ein solcher mit Bestallung, Autorität, Auditorium, Examensgewalt und Pensionsberechtigung – kurz ein Weiser, gerüstet mit Macht.

von Radecki

Er handelte mit anderer Leute Meinungen. Er war Professor der Philosophie.

Lichtenberg

PROKLAMATION

Proklamation: die Grußkarte der Nation.

Unbekannt

PROMINENZ

Von Journalisten geförderte Prominenz: auf Goldkörner getrimmter Treibsand.

Rudolf Rolfs

Prominent: gut erreichbar für die Lanzen der Bosheit, der Verunglimpfung und des Neides.

Bierce

PROPAGANDA

Propaganda ist die Kunst, den Teufel mit zwei gesunden Füßen zu fotografieren.

Hans Kasper

Propaganda heißt, die Sache der anderen Seite so überzeugungskräftig darstellen, daß sie dich ärgert.

Unbekannt

Propaganda ist Werbung für einen bestimmten dogmatischen Glauben. Hervorstechend ist die plumpe Vertraulichkeit dieser Art politisch-weltanschaulicher Werbung. Sie läßt Mittel der Verlockung spielen – aber sie will auch einschüchtern. Versprechung eines schöneren Lebens und Bedrohung des Lebens sind unheimlich gemischt. Gerade diese Mischung wirkt auf viele faszinierend, magisch. So kam *Wystan Hugh Auden* zu einer Definition des Begriffes Propaganda: »Propaganda ist Anwendung von Magie durch Leute, die nichts mehr glauben, gegen Menschen, die noch Glauben haben.«

Rychner

Propaganda ist eine Lüge, die man einer Million Menschen erzählt.

Unbekannt

PROPAGANDIST

Ein Propagandist ist ein Fachmann, der Einstellungen und Meinungen verkauft.

Speier

PROPHETIE

Prophetie aber heißt die Findung einer solchen Metapher, die von der Grundbedeutung eingeholt und ausgefüllt werden muß.

Heimito von Doderer

PROSA

Prosa ist das geschrieben, wo alle Zeilen bis zum Rand laufen; Poesie ist, wo einige Zeilen noch vor dem Rand aufhören.

Bentham

Prosa – Worte in ihrer besten Ordnung; Poesie – die besten Worte in ihrer besten Ordnung.

Coleridge

PROSPEKT

Prospekt: illustrierte Vortäuschung von Informationen.

Nahr

PROSTITUTION

Die Prostitution ist nur eine Fata Morgana des Sexuellen für Wanderer in der Wüste der Entbehrung.

Heimito von Doderer

PROTESTE

Proteste sind wie Aktien. Ihren Kurs notiert die politische Börse danach, ob das Papier feste oder schwache Tendenz zeigt.

Hans Kasper

PROVINZ

Provinz: Kunstfaserglanzeffekte mit Dürer-Häschen über der Kommode.

Rudolf Rolfs

PROZESS

Prozeß: eine Maschine, in die man als Schwein eingeht und die man als Wurst verläßt.

Bierce

PROZESSPARTEI

Prozeßpartei: jemand, der bereit ist, seine Haut zu opfern in der Hoffnung, daß er seine Knochen behalten darf.

Bierce

PRÜDERIE

Prüderie ist die Heuchelei der Keuschheit.

Massias

Prüderie ist eine Nachahmung der Sittsamkeit. Die Prüderie beschränkt den Geist; sie verbirgt weder Alter noch Häßlichkeit – vielmehr sind diese oft ihre Vorbedingung.

La Bruyère

Prüderie: die Karikatur der Tugend.

Aus den »Fliegenden Blättern«

Prüderie ist Prätention auf Unschuld ohne Unschuld. Die Frauen müssen wohl prüde bleiben, solang Männer sentimental, dumm und schlecht genug sind, ewige Unschuld und Mangel an Bildung von ihnen zu fordern. Denn Unschuld ist das einzige, was Bildungslosigkeit adeln kann.

Friedrich Schlegel

Prüderie ist eine Art Geiz, der allerschlimmste.

Stendhal

Die Prüde ist eine, die über ihre unzarten Gedanken sittsam errötet und die der Versuchung ihrer Sehnsüchte tugendhaft entflieht.

Bierce

Die Prüde ist die Fanfare der Tugend.

Véron

Prüde: eine Unkeusche, die sich hinter dem Rücken ihres feinen Benehmens versteckt.

Bierce

PRÜGELN

Prügeln ist eine Strafe, die weniger Zeit braucht als die Vernunft und die früher den Sitz des Gedächtnisses erreicht.

Durant

PSYCHOANALYSE

Psychoanalyse ist jene Geisteskrankheit, für deren Therapie sie sich hält.

Karl Kraus

Eine gewisse Psychoanalyse ist die Beschäftigung geiler Rationalisten, die alles in der Welt auf sexuelle Ursachen zurückführen mit Ausnahme ihrer Beschäftigung.

Karl Kraus

Psychoanalyse: der Mensch will das formulieren, was er erlebt. Wenn er nicht formuliert, erfindet er Handlungen.

Saint-Exupéry

PSYCHOANALYTIKER

Der Psychoanalytiker ist ein Beichtvater, den es gelüstet, auch die Sünden der Väter abzuhören.

Karl Kraus

PSYCHOLOGE

Psychologen sind Durchschauer der Leere und Schwindler der Tiefe.

Karl Kraus

PSYCHOLOGIE

Psychologie ist der Omnibus, der ein Luftschiff begleitet.

Karl Kraus

Psychologie ist Ungeduld.

Kafka

Die wissenschaftliche Psychologie, wenn sie nicht bezogen wird auf die Entelechie des Menschen, kommt mir vor, wie die Betrachtung eines Pfeiles unter Absehen von der Spitze: da werden Schaft und Fiederung zu unbegreiflichen, ja fast monströsen Formen, und man gelangt am Ende vielleicht zu der Vermutung, das Ganze sei ein Werkzeug, um Schaum zu schlagen oder etwa, um sich am Rükken zu kratzen, wenn's juckt.

Heimito von Doderer

Die Psychologie befaßt sich mit den einzelnen Wellen des Baches. Aber hat ein Bach je aus Wellen bestanden?

Karl Kraus

Psychologie: die Naturwissenschaft der Seele.

Lohberger

Wenn ich auf einem Berge stehe und von dort aus einen entlegenen Punkt fixiere, so sagen die Resultate meiner Beobachtung von diesem Punkt nicht übermäßig viel aus, wohl aber sehr viel von meiner Sehkraft, der Art meines Standorts, der Atmosphäre, die mich umgibt. Mit anderen Worten: Psychologie und Geschichte sind die Wissenschaft von der Seele dessen, der sie betreibt.

Friedell

PUBLIZITÄT

Publizität ist die journalistische Dimension des Ruhmes.

Nahr

PURITANER

Der Puritaner ist einer, der gerechte Entrüstung in die falschen Dinge fließen läßt.

Chesterton

PURITANISMUS

Puritanismus ist die quälende Furcht, daß irgendwer irgendwo glücklich sein könnte.

Mencken

Q

QUERULANT

Querulanten sind Bürokraten, die es nicht geschafft haben.

Hans Kasper

Der Querulant sagt: Ich bin dagegen!
Der Kritiker: Dagegen bin ich . . .

Arntzen

R

RADIKALISMUS

Radikalismus: der Konservatismus von morgen als Einspritzung in die Angelegenheiten von heute.

Bierce

Radikalisten sind jene, die Stellen vorbereiten und befestigen, die Konservative ein wenig später einnehmen.

Unbekannt

Radikale sind Hetzer – im wahrsten Sinne des Wortes. Sie hetzen den Fortschritt, wollen ihn ohne Rücksicht auf Verluste beschleunigen. Sie sind so etwas wie Verkehrssünder der Geschichte, deren natürliche Geschwindigkeitsbegrenzungen sie überschreiten. Die Radikalen selbst halten dies übrigens für ein revolutionäres Kavaliersdelikt, obwohl die Todesfälle bei solcher Art Unfällen ungewöhnlich hoch sind.

Hans Kasper

Die Radikalität ist der Schneidbrenner der Geschichte.

Kessel

Der Radikalist ist einer, der mit beiden Beinen fest in die Luft gepflanzt ist.

Franklin D. Roosevelt

RARITÄT

Rarität ist die deutlichste Ausschweifung der Wesensart.

Henry Taylor

RAT

Rat: die kleinste Münze im Umlauf.

Bierce

Der Rat ist eine Droge auf dem Markt; das Angebot übersteigt immer die Nachfrage.

Josh Billings

Rat: die Vorschläge, die du einem Menschen machst, und von denen du hoffst, daß sie zu deinem Vorteil wirken werden.

Unbekannt

Der gute Rat ist eine der Beleidigungen, die ein guter Mensch – wenn möglich – vergeben und unter allen Umständen vergessen sollte.

Horace Smith

Rat erbitten: sich den eingeschlagenen Weg von einem anderen bestätigen lassen.

Bierce

Einen Rat befolgen heißt, die Verantwortung verschieben.

Urzidil

RATIONALISIERUNG

Rationalisierung ist die Selbstentschuldigung, die sich einstellt, wenn wir oder eine Gruppe glauben, daß man uns eines Mißverständnisses oder Irrtums anklagt.

Robinson

Rationalisierung: im Durcheinander den Schein der Ordnung erwecken. Darum sind die Pannen, die immer wieder passieren, keine Ausnahmen, sondern das Durchscheinen des wirklichen Chaos. Die Ausnahme ist in der Weise die Regel, wie der Ausnahmezustand der Normalzustand ist.

Arntzen

REAKTION

Reaktionen sind sich selbst bewußt gewordene Revolutionen. Revolutionen, die sich anpassen, die zeitgemäß werden und aus dem Zustand der Theorie in denjenigen der Praxis gelangen.

Lohberger

REAKTIONÄR

Der Reaktionär ist ein Nachtwandler, der rückwärts geht.

Franklin D. Roosevelt

REAL

Das Reale ist schlechthin eine Identität des Allgemeinen und Besonderen.

Hegel

REALISMUS

Realismus: die Kunst einer Naturdarstellung aus der Krötenschau; der Zauber einer Landschaft, wie sie ein Maulwurf malt; die Geschichte, wie sie eine Spannerlarve schreibt.

Bierce

Der »sozialistische Realismus« ist die Ästhetik, die verfügt: Wo Sozialismus, wie man ihn will, und Realität in Konflikt geraten, muß der Realismus weichen.

Ludwig Marcuse

REALIST

Wenn sich ein Mensch »Realist« zu nennen beginnt, so kann man sicher sein, daß er etwas vorhat, dessen er sich insgeheim schämt.

Harris

Die Leute, welche die Realität der ältesten und stärksten Sehnsüchte, etwa der Sehnsucht nach Frieden, übersehen, nennen sich stolz: Realisten.

Ludwig Marcuse

Der Realist ist ein Mann, der alle sichtbaren Faktoren einer gegebenen Situation erwogen hat und der nach der Feststellung, daß die Chancen gegen ihn sind, entscheidet, daß Kämpfen sinnlos ist.

de Sales

Wir sind Realisten, indem wir die Kunst für eine zweite Wirklichkeit halten, in der nicht die Dinge, wohl aber die Ideen dieser Dinge leben.

Klabund

REALITÄT

Realität: der Unterschied zwischen dem, was uns freut, und dem, womit wir uns trösten.

Laub

Realität ist nur das, was wir jeweils als unterste feste Standfläche mit dem Fuße ertasten – geschieht es auch im Dunklen, so ist uns doch immer genaue Kenntnis davon verliehen – und wo wir doppelten Boden wollen, um auf ihm über der Realität zu verweilen, dort wissen wir's auch genau, und erkennen sofort den hohlen Klang beim Auftritte. Wir sind in solchen Fällen zu Auftritten überhaupt geneigt, wir lieben es dann, fest aufzutreten, was den Ton des doppelten Bodens verstärkt.

Heimito von Doderer

REBELL

Rebell: Verfechter einer neuen Mißwirtschaft, die sich nicht hat durchsetzen können.

Bierce

Die Rebellen von gestern sind allzeit die Despoten von heute.

Scherr

RECHT

Ein Kandidat der Rechtswissenschaft, der auch nur einigermaßen auf sein Examen vorbereitet ist, wird ohne Schwierigkeit den Begriff des Eigentums definieren können. Doch je tiefer die Kenntnisse eines Juristen sind und je länger er sich dem Studium der Rechtswissenschaften widmet, um so stärker werden seine Hemmungen gegenüber der scheinbar so einfachen Frage: Was ist das Recht?

Pollock

Wenn wir versuchen, dem Begriff des Rechts auf den Leib zu rücken, entdecken wir gleich beim ersten Schritt in dieser Richtung eine überraschende und peinliche Tatsache: genau zu sagen, was Recht ist, gilt als unmöglich. Die Frage nach dem Begriff des Rechts ist die schwarze Katze im Sack der Jurisprudenz.

Seagle

Recht ist Erfahrung, entwickelt aus der Vernunft und angewandt, um die Erfahrung zu fördern.

Roscoe Pound

Das Recht ist die stärkste Schule der Einbildungskraft. Kein Dichter interpretiert die Natur so frei wie der Jurist die Wirklichkeit.

Giraudoux

Das Recht ist nichts anderes als das ethische Minimum.

Georg Jellinek

Das Recht hat die merkwürdige Eigenschaft, daß man es behalten kann, ohne es zu haben.

Unger

Die Idee des Rechts ist die Freiheit.

Hegel

Recht ist die Einschränkung der Freiheit eines jeden auf die Bedingung ihrer Zusammenstimmung mit der Freiheit von jedermann, insofern diese nach einem allgemeinen Gesetze möglich ist.

Kant

Im Recht ist der Inhalt die persönliche Freiheit.

Hegel

Rechtliche Freiheit: die Befugnis, keinen äußeren Gesetzen zu gehorchen als zu denen ich meine Bestimmung habe geben können.

Kant

Das Recht ist Dasein der Freiheit, Wirklichkeit des Selbstbewußten, die reale Seite und Weise des Geistes.

Hegel

Das Recht ist Inbegriff der Bedingungen, unter denen die Willkür des einen mit der Willkür des anderen nach einem allgemeinen Gesetz der Freiheit in Einklang gebracht werden kann.

Kant

Recht: Gewohnheiten und Denken der Gesellschaft nehmen eine feste Form an.

Woodrow Wilson

Das Recht ist der Geist der Gesellschaft. Alles bestehende Recht ist – fremdes Recht, ist Recht, das man mir »gibt«, mir »widerfahren läßt«.

Max Stirner

Schopenhauer vergleicht die menschliche Gesellschaft mit einer Gesellschaft von Stachelschweinen, die sich drängen, um sich einander zu erwärmen, aber doch voneinander ferne halten müssen, um einander nicht mit ihren Stacheln zu verletzen. Die mittlere Entfernung, die sie endlich herausfinden, ist bei Schopenhauer die menschliche Höflichkeit. Er hätte auch sagen können: das nach individualistischer Art gefundene Recht.

Radbruch

Rechtssätze: systematisierte Ungerechtigkeiten.

Lohberger

Das gesellschaftliche Recht ist daher ganz und gar kein sittliches Recht, sondern eine bloße Modifikation des tierischen.

Pestalozzi

Das Recht ist das Hinkebein der Gesellschaft.

Rudolf Rolfs

Das Recht ist nichts anderes als die in der staatlichen Gemeinschaft herrschende Ordnung, und eben dieses Recht ist es auch, das darüber entscheidet, was gerecht ist.

Aristoteles

Recht ist Wille zur Gerechtigkeit.

Radbruch

Das Recht ist der Aushängeschild, das goldene Zepter der Gewalt.

Lohberger

Das Recht ist eine Gewalt, die der Gewalt das Recht streitig macht.

Kudszus

Recht ist das, wogegen die öffentliche Meinung keinen nachhaltigen Widerspruch erhebt.

Wiggins

Die Rechtswissenschaft ist eine Magd der Gesetzgebung, aber eine Magd, die eine Herrscherkrone trägt.

Windscheid

Das Recht ist eine bodenlose Grube.

Arbuthnot

Die Grundsätze des Rechts sind: ehrbar zu leben, andere nicht zu verletzen und jedem das Seine zuzugestehen. Die Jurisprudenz ist die Kenntnis von göttlichen und menschlichen Dingen, die Wissenschaft vom Gerechten und Ungerechten.

Ulpianus

Des Menschen Recht heißt hungern, Freund, und leiden. (Rudolf II.)

Grillparzer

Das Fundament des Rechts ist die Humanität.

Albert Schweitzer

Der Bildungsprozeß des Rechts ist keine Sache der bloßen Erkenntnis wie bei der Wahrheit, sondern Sache des Kampfes der Interessen.

Ihering

Das Recht ist angewandte Macht.

Lohberger

Das Recht will nicht nur wertende Norm, sondern auch wirkende Macht sein, und eine Hauptpforte, durch die es aus dem Reiche der Idee in das Reich der Wirklichkeit eingeht.

Radbruch

Das Recht ist die Form der Macht. So begrenzt es die Macht, wie die Form ihren Inhalt.

Pannwitz

Das Recht ist lediglich der Ausdruck des Willens der Mächtigen einer Zeit. Deshalb haben Gesetze keine lange Dauer, sondern wechseln von Generation zu Generation.

Madison

Recht: der Wille, ein jeweiliges Machtverhältnis zu verewigen.

Nietzsche

Rechte: der Mächtigere stellt die Funktionäre gegeneinander fest.

Nietzsche

Das eigentliche Recht des Stärkeren besteht nur darin, daß er sich des Willen des minder Starken zu bemächtigen weiß. Es ist damit gerade so wie mit den herrschenden Gedanken und Empfindungen in unserer Seele.

Jacobi

Meine Rechte: das ist jener Teil meiner Macht, in welchem die anderen mich erhalten wollen.

Nietzsche

Recht ist der Schutz des Menschen vor dem Menschen durch den Menschen um Gottes willen.

Werfel

Es ist immer dasselbe: eingeräumte Rechte sind auferlegte Pflichten.

Lohberger

Recht ist das Ergebnis von Pflichten. Pflicht ist das Recht anderer auf uns.

Spengler

Unser Recht ist ein Recht auf die Möglichkeit der Pflichterfüllung, ein Recht, unsere Pflicht zu tun – und deshalb ist es umgekehrt Pflicht, unser Recht zu wahren.

Radbruch

Das Recht ist ein geläuterter politischer Grundsatz.

Niederreuther

Recht ist, was der proletarischen Klasse nützt.

Lenin

Das Recht als Anhäufung von Rechtssätzen definieren heißt, menschliches Denken als die Summe der Wörter eines Wörterbuches beschreiben.

Lévy-Ullmann

Recht ist, was keck behauptet und überzeugend verfochten wird.

Burr

»Recht« ist in dieser lieben Welt,
Was, wer's nicht hat, zuletzt behält.

Feuchtersleben

Recht ist ein System sozialer Beziehungen, das den Interessen der herrschenden Klassen dient und daher von ihrer organisierten Macht, das ist dem Staate, geschützt wird.

Artikel 590 des Strafgesetzbuches der UdSSR

Das Recht hat seine Selbständigkeit und Eigengesetzlichkeit fortschreitend eingebüßt, es hat die Güte in sich aufgenommen, sich in den Dienst der Wohlfahrt, der Sittlichkeit, der Kultur gestellt – es ist zum sozialen Recht geworden.

Radbruch

Das Recht ist die Maske des Unrechts am Karneval der Weltgeschichte.

Lohberger

Das Recht hat sein Dasein in dem gemeinsamen Volksgeist, also in dem Gesamtwillen, der insofern auch der Wille jedes einzelnen ist.

von Savigny

Recht ist domestizierte Staatsgewalt.

Hofmann

Recht: die Summe der in einem Staate geltenden Zwangsregeln.

von Ihering

Recht: Zwangsregeln, welche die Öffentlichkeit verlangt, respektiert, in Kauf nimmt, duldet oder erträgt.

Wiggins

RECHTSSTAAT

Rechtsstaat ist für uns nicht nur ein politischer, sondern ein kultureller Begriff. Er bedeutet die Wahrung der Freiheit gegen die Ordnung, des Lebens gegen den Verstand, des Zufalls gegen die Regel, der Fülle gegen das Schema, kurz dessen, was Zweck und Wert ist, gegen das, was nur zweckmäßig und nur insoweit wertvoll ist.

Radbruch

Demokratie ist gewiß ein preisenswertes Gut, Rechtsstaat ist aber wie das tägliche Brot, wie Wasser zum Trinken und wie Luft zum Atmen, und das Beste an der Demokratie gerade dieses, daß nur sie geeignet ist, den Rechtsstaat zu sichern.

Radbruch

Das Unrecht, das einem anderen Bürger angetan wird, wird mir angetan. Ein freier Rechtsstaat ... ist nur dort, wo dieser Satz sich verwirklicht.

Jaspers

REDAKTEUR

Guter Redakteur: ein Mann, der fremden Geschmack hat.

Brudziński

REDE

Die Rede ist die Kunst, Glauben zu erwecken.

Aristoteles

Eine Rede ist ein monologes Drama.

Novalis

Was ist unsere Rede anders als eine unsichtbare Hand, wunderbar und vielfach gefingert, mit welcher wir fahren über unserer Mitmenschen Gemüter.

Gotthelf

Jede Rede gleicht der Belagerung der Seele des Hörers.

Chrysostomus

Rede heißt die Anstrengung eines Sprechers, der eine Versammlung dazu bringen will, das Kompliment seiner Anwesenheit durch die Annahme seiner Ideen zu erwidern.

Unbekannt

REDEN

Reden ist Silber. Schweigen ist Gold.

Sprichwort

Reden ist Silber, aber das Flußgold wird gerade durch Gewäsch gewonnen.

Aus den »Fliegenden Blättern«

REDENSART

Jede Redensart ist die Fratze eigener Gedanken, ein »Mitesser« im Zellengewebe des Denkers.

Morgenstern

REDLICHKEIT

Redlichkeit ist die Tugend, gut zu sein, ohne beobachtet zu werden.

Unbekannt

REDNER

Der Redner ist einer, der bewirkt, daß die Menschen mit den Ohren zu sehen vermögen.

Arabisches Sprichwort

Festredner sind Männer mit Kopf. Mit Kehlkopf.

Wiesner

Mit Rednern ist es häufig wie mit dem Sekt: Die größten Flaschen sind auch die lautesten.

Finck

REFLEKTIEREN

Reflektieren überhaupt ist das Fortgehen zu mehreren Bestimmungen eines Gegenstandes und das dadurch zustande kommende Zusammenfassen derselben in einer Einheit.

Hegel

REFORM

Jede große Reform hat nicht darin bestanden, etwas Neues zu tun, sondern etwas Altes abzuschaffen. Die wertvollsten Gesetze sind die Abschaffungen früherer Gesetze gewesen, und die besten Gesetze, die gegeben worden sind, waren die, welche alte Gesetze aufhoben.

Buckle

Die Reform ist die Korrektur von Mißständen, die Revolution ist ein Übergang der Macht.

Bulwer-Lytton

Reform: eine Sache, die hauptsächlich Reformer befriedigt, die gegen eine Besserung sind.

Bierce

Sie nennen den Austausch eines Aktenregals aus Holz gegen eines aus Stahl: Reform.

Rudolf Rolfs

REFORMER

Der Reformer ist jemand, der darauf besteht, daß sein Gewissen dein Führer sei.

Millar

Der Reformer ist einer, der durch einen Abwasserkanal in einem Boot mit gläsernem Boden fährt.

Walker

Der Reformer ist jemand, der seinen Mitmenschen die Vergnügungen verleidet.

Unbekannt

REGEN

Regen: Ist das hienieden ein Jammertal! Auch der Himmel weint, wenn er auf die Erde kommt.

Hille

REGENBOGEN

Regenbogen: Gottes illuminiertes Versprechen.

Longfellow

REGIEREN

Regieren, das heißt vorausschauen.

de Girardin

Regieren heißt, Gerechtigkeit für alle gleich wägen.

Franklin D. Roosevelt

Regieren ist die Kunst, Probleme zu schaffen, mit deren Lösung man das Volk in Atem hält.

Ezra Pound

Regieren hieß vor hundert Jahren verwalten; das ist: eine meinungslose und bildungslose Menge mit oder gegen ihren Willen befrieden, schlichten, lenken, erziehen und schützen.
Heute heißt regieren: Gesetze durchführen, Ziele schaffen und Geschäfte machen.

Rathenau

Regieren ist die Kunst, Menschen zu einem Leben in Frieden und maßvollem Glück zu führen.

Frankfurter

Regiert sein, das heißt unter polizeilicher Überwachung stehen, inspiziert, spioniert, dirigiert, mit Gesetzen überschüttet, reglementiert, eingepfercht, belehrt, bepredigt, kontrolliert, eingeschätzt, abgeschätzt, zensiert, kommandiert zu werden durch Leute, die weder das Recht noch das Wissen noch die Kraft dazu haben ... Regiert sein heißt, bei jeder Handlung, bei jedem Geschäft, bei jeder Bewegung notiert, registriert, erfaßt, taxiert, gestempelt, vermessen, bewertet, versteuert, patentiert, lizensiert, autorisiert, befürwortet, ermahnt, behindert, reformiert, ausgerichtet, bestraft zu werden. Das heißt, unter dem Vorwand der öffentlichen Nützlichkeit und im Namen des Allgemeininteresses ausgenutzt, verwaltet, geprellt, ausgebeutet, monopolisiert, hintergangen, ausgepreßt, getäuscht, bestohlen zu werden; schließlich, bei dem geringsten Widerstand, beim ersten Wort der Klage unterdrückt, bestraft, heruntergemacht, beleidigt, verfolgt, mißhandelt, zu Boden geschlagen, entwaffnet, geknebelt, eingesperrt, füsiliert, beschossen, verurteilt, verdammt, deportiert, geopfert, verkauft, verraten und obendrein verhöhnt, gehänselt, beschimpft und entehrt zu werden. Das ist die Regierung, das ist ihre Gerechtigkeit, das ist ihre Moral ... O Persönlichkeit des Menschen!

Proudhon

REGIERUNG

Die Regierung ist eine Erfindung der menschlichen Weisheit zur Befriedigung menschlicher Bedürfnisse.

Edmund Burke

Die Aufgabe jeder Regierung liegt im Schutze der Gesellschaft; und die Gesellschaft kann und konnte seit ihren Anfängen kein anderes Ziel haben, als Sicherheit und Eigentum zu gewährleisten. Diese klare, scharfe und umfassende Definition hätte jeden Widerspruch ausgeschlossen, hätte man ihr nicht ungeschickterweise als Pleonasmus das zweideutige und umstrittene Wort *Freiheit* hinzugefügt.

Rivarol

Die Regierung ist zuerst formelle Ausübung der Gesetze und Aufrechterhaltung derselben; nach außen hin verfolgt sie den Staatszweck, welcher die Selbständigkeit der Nation als einer Individualität gegen andre ist, endlich nach innen hat sie das Wohl des Staates und aller seiner Klassen zu besorgen und ist Verwaltung.

Hegel

Die Regierung ist eine Maschine: für die Unzufriedenen eine »Besteuerungsmaschine«, für die Zufriedenen eine »Maschine zur Sicherung des Eigentums«.

Carlyle

Die Regierung ist hauptsächlich eine kostspielige Organisation, die sich mit Übeltätern abgibt, und die Leute besteuert, die sich ordentlich aufführen: die Regierung tut für die anständigen Menschen ziemlich wenig, abgesehen davon, daß sie sie ärgert.

Howe

Die Regierung besteht aus einer Gruppe von Menschen, die den Einwohnern eines begrenzten Gebietes zu Monopolpreisen Schutz verkaufen.

Anderson

Die Regierung ist keine Almosenverteilerin für das Volk, sondern ein Mittel, die Sache des Volkes nach Geschäftsgrundsätzen zu führen.

Stephen Grover Cleveland

Eine gute Regierung ist wie eine geregelte Verdauung. Solange sie funktioniert, merkt man von ihr kaum etwas.

Caldwell

Welche Regierung die beste sei? – Diejenige, die uns lehrt, uns selbst zu regieren.

Goethe

Diejenige Regierung ist die beste, die sich überflüssig macht.

Humboldt

Das beste Regierungssystem besteht darin, daß eine Partei regiert und die andere aufpaßt.

Reed

Regierungen sind Segel, das Volk ist Wind, der Staat ist Schiff, die Zeit ist See.

Börne

Das Recht verkörpert die Anstrengung der Menschen, die Gesellschaft zu ordnen; die Regierung verkörpert die Anstrengung der Selbstsucht, die Freiheit zu vernichten.

Henry Ward Beecher

Regierung ist nicht Vernunft, nicht Beredsamkeit – sondern Gewalt.

George Washington

Die Regierung ist der allgemeine Teil der Verfassung.

Hegel

Grundlage der freien Regierung ist das Mißtrauen ... Mißtrauen läßt uns Sicherungsvorschriften in die Verfassung aufnehmen, die jene bindet, denen wir verpflichtet sind, Macht anzuvertrauen.

Thomas Jefferson

Das Wesen einer freien Regierung besteht in einer wirksamen Kontrolle der Rivalitäten.

John Adams

Unsere Regierung ist eine Regierung der politischen Parteien unter dem bestimmenden Einfluß der öffentlichen Meinung. Es scheint keine andere Methode zu geben, nach der eine Republik funktionieren kann.

Calvin Coolidge

Parlamentarische Regierung ist Regierung durch die Rede.

Macaulay

Eine konservative Regierung ist eine organisierte Heuchelei.

Disraeli

REGIERUNGSKUNST

Regierungskunst ist die Kunst des Auswählens.

de Girardin

Die Kunst der Regierung ist, die Menschen nicht schal werden zu lassen.

Napoleon I.

Die Regierungskunst besteht darin, so viel Geld wie möglich einer Klasse von Bürgern zu nehmen und es einer anderen zu geben.

Voltaire

REICH

Ein Mann ist reich im Verhältnis zur Zahl der Dinge, auf die er verzichten kann.

Thoreau

Reich ist, wer weder schmeicheln noch borgen muß.

Sprichwort

Reich ist auch der, der nicht weiß, wie arm er ist.

Theo Herbst

REICHTUM

Reichtum sind die Ersparnisse Vieler in den Händen eines einzigen.

Debs

Der Reichtum ist das Gepäck des Glücks.

Howell

Reichtum ist das Produkt der Arbeit.

Locke

Der Reichtum besteht nicht im Besitz von Schätzen, sondern in der Anwendung, die man von ihnen zu machen versteht.

Napoleon I.

Was ist Reichtum? Für jemanden ist ein altes Hemd schon Reichtum. Ein anderer ist mit zehn Millionen arm. Reichtum ist etwas ganz Relatives und Unbefriedigendes. Im Grunde ist es nur eine besondere Situation. Reichtum bedeutet eine Abhängigkeit von Dingen, die man besitzt und die man durch neuen Besitz, durch neue Abhängigkeiten vor dem Dahinschwinden schützen muß. Es ist nur eine materialisierte Unsicherheit.

Kafka

Der sicherste Reichtum ist die Armut an Bedürfnissen.

Werfel

REIFE

Reif ist, wer auf sich selbst nicht mehr hereinfällt. Genauer: Reif ist, wer die phantasmagorischen Prämissen seines Handelns oder Verhaltens ein ganzes Leben entlang erkannt hat.

Heimito von Doderer

Der Reifegrad einer Gemeinschaft zeigt sich darin, wie sie mit Fehltritten in den eigenen Reihen fertig wird.

Edel

Reife des Mannes: das heißt den Ernst wiedergefunden haben, den man als Kind hatte, beim Spiel.

Nietzsche

Reife ist doppelte Jugend.

Pannwitz

Reif sein heißt, in einer Isolierung leben, die sich selbst genügt.

Pavese

REISEFÜHRER

Ein Reiseführer ist ein Reiseleiter, den man in die Tasche stecken kann.

von Radecki

REISEN

Reisen? Dieser Augenzwang!

Valéry

Nur Reisen ist Leben, wie umgekehrt das Leben Reisen ist.

Jean Paul

Die Reise gleicht einem Spiel; es ist immer Gewinn und Verlust dabei und meist von der unerwarteten Seite.

Goethe

Reisen zu zweit, das heißt einer Frau die Welt erobern.

Bamm

REIZ

Reiz ist Schönheit in Bewegung, und eben darum dem Maler weniger bequem als dem Dichter.

Lessing

REIZBAR

Ein reizbarer Mensch ist wie ein verkehrt eingerollter Igel, der sich mit seinen eigenen Stacheln peinigt.

Lebensweisheit

RELIGION

Religion ist die Erkenntnis aller unserer Pflichten als göttliche Gebote.

Kant

Was ist Religion? Sich in alle Ewigkeit weiter und höher entwickeln wollen.

Morgenstern

Religion ist das als eine Lebensnotwendigkeit tief empfundene Gefühl der Abhängigkeit.

Gutzkow

Die Religionen sind ein Besonderes, das auf ein Allgemeines zielt. Sie sind nicht das Allgemeine selbst: etwas, was notwendig Teil ist, kann nicht das Ganze umschließen.

Eschmann

Religion ist Ehrfurcht – die Ehrfurcht zuerst vor dem Geheimnis, das der Mensch ist.

Thomas Mann

Sollte ich bestimmen, was ich persönlich unter Religiosität verstehe, so würde ich sagen: sie ist Aufmerksamkeit und Gehorsam; Aufmerksamkeit auf innere Veränderungen der Welt, auf den Wechsel im Bilde der Wahrheit und des Rechten; Gehorsam, der nicht säumt, Leben und Wirklichkeit diesen Veränderungen, diesem Wechsel anzupassen und so dem Geiste gerecht zu werden.

Thomas Mann

»Religion« heißt jede, wie auch immer geartete Beziehung des einzelnen oder einer Gemeinschaft zum Göttlichen. Es ist ein reiner Formalbegriff und inhaltlich unbestimmt.

Seidel

Religionen sind Philosophien um Gott.

Wiesner

Religion ist Bewußtsein der Rückverbundenheit des Menschen in Gott.

Spann

Religion ist das unaufhörliche Zwiegespräch der Menschheit mit Gott. Kunst ist ihr Selbstgespräch.

Werfel

Religion ist eine Angelegenheit des Herzens, nicht des Kopfes.

Wieland

Religion haben heißt, sich einem Bilde, einem Gedanken unbedingt ergeben; und wer das kann oder muß, wem es gelingt, der hat unstreitig einen großen Halt und Trost.

Karl August Varnhagen von Ense

Die Religion ist die höchste Humanität des Menschen.

Herder

Religionen sind die ethischen Arbeitshypothesen der Menschheit.

Lohberger

Religion ist Jubel, Leidenschaft, die Löcher in unser Wesen reißt, daß wir bald das Gewand der Höhe ertragen können, das sonst, ein Nessusgewand, dem Unfertigen die Haut vom Leibe reiße, in der schmerzlichen Flamme des Giftes.

Hille

Die Religion ist nichts als der Schatten, den das Universum auf die menschliche Intelligenz wirft.

Victor Hugo

Das Göttliche ist das idealisierte Beste im Menschen, und Religion ist der Kult, den eine Hälfte des Menschen seiner anderen erweist, der niedrige und träge Teil dem starken und kühnen.

Ortega y Gasset

Liebe der Liebe – Summe der Religion.

Lavater

Religion ist Liebe und Versöhnung. Schon im Worte liegt es: Sie verbindet wieder, was getrennt war.

Börne

Die Religionen sind der Ausdruck des ewigen und unzerstörbaren metaphysischen Bedürfnisses der Menschennatur.

Burckhardt

Was ist das Wesen der Religion? Es ist Mut, also das Gegenteil von Furcht. Ein religiöser Mensch enthält sich aller kränklichen, weichlichen, trübseligen Eingezogenheit und tritt freudig hervor für das Wohl der Gesamtheit. Es ist Freiheit, also das Gegenteil von allem Knechtsinn.

Schleiermacher

Die Religion ist der Seufzer der bedrängten Kreatur, das Gemüt einer herzlosen Welt, die der Geist geistloser Zustände ist. Sie ist das Opium des Volkes ...

Karl Marx

Religion ist Opium für das Volk, eine Art geistiges Getränk, in dem die Sklaven des Kapitalismus ihre Menschlichkeit und ihr Sehnen nach einer anständigen Lebensform ertränken sollen.

Lenin

Nicht die Religion, die Revolution ist Opium für das Volk.

Simone Weil

Religion ist die Poesie der unpoetischen Menschen.

Grillparzer

Religion ist Bejahung alles Seienden trotz alledem.

Radbruch

Die Religion ist die allbelebende Weltseele der Bildung, das vierte unsichtbare Element zur Philosophie, Moral und Poesie, welches gleich dem Feuer, wo es gebunden ist, in der Stille allgegenwärtig wohltut und nur durch Gewalt und Reiz von außen in furchtbare Zerstörung ausbricht.

Friedrich Schlegel

Religion ist ein Prisma, von dessen sieben Farben sich jeder seine Lieblingsfarbe wählen mag; alle aber rühren nur von einem Sonnenstrahl.

Karl Julius Weber

Die Religion ist eine Krücke für schlechte Staatsverfassungen.

Schopenhauer

Die großen Religionen sind Theorien – über eine universelle Staatsverfassung.

Niederreuther

Religion und Theologie sind grundverschiedene Dinge, eine künstliche Leiter zum Himmel die, jene die angebor'ne Schwinge.

Geibel

Die Theologie der alten Religionen: Strukturmutter künftigen Seins.

Eschmann

Was aber ist denn das Religiöse? Der Gedanke an den Tod.

Thomas Mann

Die Aufgabe der Religion: die Menschheit zu trösten, die zum Galgen geht; die Aufgabe der Politik: sie lebensüberdrüssig zu machen; die Aufgabe der Humanität: ihr die Galgenfrist abzukürzen und gleich die Henkersmahlzeit zu vergiften.

Karl Kraus

Religionen sind oft Kinder der Unwissenheit, die ihre Mutter nicht lange überleben.

Schopenhauer

Religion ist Sinn und Geschmack fürs Unendliche.

Schleiermacher

Die Religion ist der Idealismus des Volkes.

Scherr

Religion ist der Glaube an das Bestehen der Werte.

Höffding

Wissen um unser Wissen ist Philosophie; Ergebenheit und Voraussetzung, wo wir zu wissen aufhören, Religion.

Rahel Varnhagen von Ense

Die Religion ist das letzte Ziel, wohin alle unsre Gedanken und Handlungen gehen müssen.

Klopstock

Niemand schaden, allen Hilfe leisten,
Jedermann ein heiliger Altar sein,
Ist Religion. Und diese Freundin
Geht mit uns, wenn alles einst zurückbleibt.

Herder

Die Religionen sind die ausgedehntesten Sozialtheorien, die es bisher gegeben hat.

Lohberger

Religion ist für die meisten etwas, woran man glaubt, weil man glaubt, daß der andere daran glaubt.

Söderberg

Faktisch ist die Religion nur ein Auskunftsmittel, weil keiner soviel Zeit hat, sich seine eigene Moral zu machen und sich mit dem Transzendentalen, was er gewissermaßen ahnt, auseinanderzusetzen.

Panizza

Die Religion ist eine Art geistiger Fusel, in dem die Sklaven des Kapitals ihre Menschenwürde und ihren Anspruch auf eine halbwegs menschenwürdige Existenz ersäufen.

Lenin

Religion ist der Weihrauch des Unverdauten.

Kessel

Der Mensch hat zwei Beine und zwei Überzeugungen: eine, wenn's ihm gut geht, und eine, wenn's ihm schlecht geht. Die letztere heißt Religion.

Tucholsky

Religion: Versicherung im Diesseits gegen Feuer im Jenseits

Zitiert nach Robert Lembke »Zynisches Wörterbuch«

REPORTER

Reporter: ein Schreiber, der den Weg zur Wahrheit errät und der ihn mit einem Wolkenbruch von Worten verschüttet.

Bierce

REPUBLIK

Republik: ein Volk, in dem Regierende und Regierte identisch sind; es gibt also nur eine geduldete Obrigkeit, um einen freiwilligen Gehorsam zu erzwingen.

Bierce

Republik: alle Tiere sind Untergebene, der Mensch ist Präsident, aber jeder Untertan darf nach ihm schnappen und es handelt sich darum, ob ihn mehr angreifen oder verteidigen.

Hebbel

Eine Republik ist eine Lotterie der Macht.

de Bonald

RESIGNATION

Resignation ist der Heroismus in Pantoffeln.

Aus den »Fliegenden Blättern«

Die Resignation: Achtungserfolg der Konservativen bei Denkenden.

Rudolf Rolfs

Resignation ist die sublimste Rache am Schicksal.

Kudszus

RESTAURANT

Restaurants sind Gelegenheiten, wo Wirte grüßen, Gäste bestellen und Kellner essen.

Karl Kraus

REUE

Reue ist Verstand, der zu spät kommt.

Feuchtersleben

Die Leidenschaften sind nur Natur, aber Nicht-Bereuen ist Verdorbenheit.

Joubert

Reue ist der Schmerz, getan zu haben, was man nicht getan haben möchte. Sie geht nicht auf die Vergangenheit, die abgeschlossen ist; sie entzündet sich nur dort, gräbt sich ins Gedächtnis ein und gehört zu den Mächten, welche Zukunft machen.

Ludwig Marcuse

Reue ist die Erwartung der Schmerzen, denen wir durch unser Vergehen ausgesetzt sind.

Helvétius

Die Reue ist die Reaktion der Liebe auf die Revolution des Hasses.

Lohberger

Das Geständnis ist der erste Schritt zur Reue.

Gayton

Reue ist nicht so sehr Kummer über das Böse, das wir getan haben, wie Furcht vor dem, das uns daraus erwachsen kann.

Ebner-Eschenbach

Reue, die Qual aller Qualen, aller Bitternisse Inbegriff.

Ebner-Eschenbach

Was ist Reue? Eine große Trauer darüber, daß wir sind, wie wir sind.

Ebner-Eschenbach

Die Reue ist das Gefühl der Nichtübereinstimmung meines Tuns mit meiner Pflicht oder nur mit meinem Vorteil – in jedem Fall also – mit etwas An-und-für-sich-Bestimmten.

Hegel

Die Gesellschaft hat die Strafe erfunden, die Theologie die Hölle, und für die Fälle, in denen die irdische Sühne ausbleibt und der Glaube ans Jenseits versagt, hat unsere Feigheit die Reue erfunden.

Schnitzler

Reu' ist aller Sünden Tod; sie hilft dem Sünder aus der Not.

Freidank

Die Reue ist der Mai der Tugenden.

Chinesisches Sprichwort

Die Reue entspringt aus der Erkenntnis der Wahrheit.

Thomas Stearns Eliot

Reue ist verspätete Schlagfertigkeit.

Kollath

Die Reue ist das Bedauern darüber, daß man so lange gewartet hat, es zu tun.

Mencken

Reue ist der feste Vorsatz, beim nächsten Mal keine Fingerabdrücke zu hinterlassen.

Achard

Die Reue ist der Schmerz der Sünde.

Theodore Parker

Die Reue ist das Echo auf eine verlorene Tugend.

Bulwer-Lytton

REUIG

Reuig: Strafe erleidend oder erwartend.

Bierce

REVOLTE

Die Revolte ist eine Kettenreaktion auf Ketten.

Unbekannt

Revolte: eine fehlgeschlagene Revolution. Der gescheiterte Versuch der Unzufriedenen, eine schlechte Regierung durch Mißwirtschaft zu ersetzen.

Bierce

REVOLUTION

Die Krankheiten, die das Wachstum der Menschheit bezeichnen, nennt man Revolutionen.

Hebbel

Revolution ist nicht Auflehnung gegen die bestehende Ordnung, sondern Aufrichtung einer neuen, welche die überlieferte stürzt.

Ortega y Gasset

Die Abtrünnigkeit der Armee ist nicht eine der Ursachen der Revolution: sie ist die Revolution selbst.

Rivarol

Eine Revolution ist eine Meinung, die auf Bajonette trifft.

Napoleon I.

Es ist schade, daß das Wort Revolution zwei Bedeutungen hat: einmal bedeutet es einen Aufstand, eine blutige Revolte gegen die bestehende Macht – und das andere Mal einen krassen und grundlegenden Wandel in den Ideen und Einrichtungen, welche den Rahmen menschlichen Daseins bilden.

Julian Sorell Huxley

Revolutionen werden immer nur bedingt durch Mißwirtschaft und Fehler des Systems verursacht, diese lösen sie vielmehr nur aus: ihr eigentliches Wesen ist der Ausbruch der Todesangst einer zu Ende gehenden Epoche.

Le Fort

Eine jede Revolution hat ihre Geburtsstunde in dem Augenblick, wo irgendein öffentliches Unrecht in irgendeiner menschlichen Seele sich in Erkenntnis verwandelt.

Friedell

Revolution ist nicht Barrikade, Revolution ist ein Geisteszustand.

Ortega y Gasset

Die Revolution ist keine Abendgesellschaft, kein literarisches Kunstwerk, kein Gemälde und keine Stickerei. Sie kann nicht so vornehm sein, so gelassen und maßvoll, sie ist weder wohlausgewogen noch milde, sie ist nicht freundlich, ehrerbietig, mäßig und nachgiebig. Die Revolution ist ein Akt der Gewalt, sie ist die gewalttätige Handlung einer Klasse, die die andere stürzt.

Mao Tse-tung

Die Revolution ist eine Krankheit des Volkes; aber eine solche, an der die Könige sterben.

Hebbel

Revolution ist Lebensmüdigkeit.

Heimito von Doderer

Revolution heißt, eine Regierung einsetzen, die . . . Liebe übt.

Torres

Die Revolution ist der Übergang von einer alten Ordnung, die stirbt, zu einer neuen Ordnung, die sich bildet.

Littré

Nach Ansicht der Philosophen handelt es sich nicht um eine Auseinandersetzung zwischen Menschen, um einen Streit der Leidenschaften und Parteien, sondern um einen großen Vorgang im Menschengeist. Man sollte sie beim Wort nehmen. Dann wäre die Revolution ein großes Experiment der Philosophie, bei dem sie ihren Prozeß gegen die Politik verliert. Revolution kommt von »revolvere«, was gleichbedeutend mit »das Obere nach unten kehren« ist.

Rivarol

Revolution: in der Politik ist dies ein plötzlicher Wechsel in der Form der Mißregierung.

Bierce

Die meisten Revolutionen sind nur Rasuren.

Rudolf Rolfs

Die Revolution ist die erfolgreiche Anstrengung, eine schlechte Regierung loszuwerden und eine schlechtere zu errichten.

Wilde

Symbol der Revolution: Katzen drehen Wollkugeln um, ohne zu wissen, was sie da machen.

Lichtenberg

In allen Revolutionen war die Utopie, die Phantasie von einer glücklichen Gesellschaft, immer die stärkste Kraft.

Ludwig Marcuse

Die Revolution ist Notwehr des Volkes, das in seinen heiligsten Rechten gekränkt ist.

Bucher

Revolutionen sind Völkerwanderungen der Seelen, Seelenwanderungen der Völker.

Lohberger

Die große Ursache der Revolutionen ist die, daß, während die Völker fortschreiten, die Verfassungen stille stehen.

Macaulay

Die Verfassung unseres Landes zu realisieren, hieße eine Revolution zu entfachen.

Rudolf Rolfs

Jede Revolution ist viel weniger Bauplatz der Zukunft als Auktion der Vergangenheit.

Heimito von Doderer

Revolutionen sind jene skandalösen Zeitabschnitte, in denen die Wahrheit nackt über die Straße geht, ohne daß die Polizei einzuschreiten wagt.

Laub

Revolution, das ist eine Unternehmung, in der einige hundert oder tausend Unschuldige oder wenigstens Unrichtige umgebracht werden, damit irgendein Schuldiger oder wenigstens ein Unrichtiger zur Macht gelangt.

Schnitzler

Revolutionsregel: Die Masse ist Wasser. Gieß sie in einen Topf und mach Feuer drunter. Das Zeug kocht.

Hans Kasper

Revolutionen sind Zeiten, in denen der Arme seiner Rechtschaffenheit, der Reiche seines Reichtums und der Unschuldige seines Lebens nicht sicher ist.

Joubert

Die Revolution ist das Feuer, an dem die einen verbrennen und die anderen ihre Suppe kochen.
Die Revolution ist die große Idee, für die jedes Opfer gerechtfertigt erscheint.
Die Revolution ist das eiskalt vorauskalkulierte Attentat des bezahlten Berufskillers.

Carrick

Die Revolution ist die Larve der Zivilisation.

Victor Hugo

REVOLUTIONÄR

Die gründlichsten Revolutionäre sind die Menschenfresser. Sie sind nicht nur theoretisch intolerant und nur teilweise, sondern in praxi und radikal.

Ludwig Marcuse

Dubiose Tugend aller Revolutionäre: So viele Gefühle für die Menschheit, daß keines mehr bleibt für den Menschen.

Hans Kasper

Schwacher Trost: Schließlich sind auch die Revolutionäre von heute nichts als die Konservativen von morgen.

Hans Kasper

REZENSENT

Ein Rezensent, siehst du, das ist ein Mann, der alles weiß und gar nichts kann!

Wildenbruch

Viele Rezensenten und Journalisten sind wie Kakadus; sie ziehen die Klauen ein, wenn sie gefüttert werden, und drücken ein Auge zu, wenn sie zu trinken bekommen.

Saphir

Rezensenten gleichen den Torschreibern, die arme Teufel streng visitieren, große Herren aber passieren lassen unter tiefen Bücklingen.

Karl Julius Weber

REZENSION

Eine Rezension ist eine angewandte und anwendende Charakteristik, mit Rücksicht auf den gegenwärtigen Zustand der Literatur und des Publikums. Übersichten, literarische Annalen sind Summen oder Reihen von Charakteristiken. Parallelen sind kritische Gruppen. Aus der Verknüpfung beider entspringt die Auswahl der Klassiker, das kritische Weltsystem für eine gegebene Sphäre der Philosophie oder der Poesie.

Friedrich Schlegel

Die echte Rezension sollte die Auflösung einer kritischen Gleichung, das Resultat und die Darstellung eines philologischen Experiments und einer literarischen Recherche sein.

Friedrich Schlegel

RICHTER

Der Richter ist das sprechende Gesetz.

Whichcote

Der Richter ist ein Jurastudent, der seine eigenen Prüfungsarbeiten zensiert.

Mencken

RISIKO

Risiko ist die Bugwelle des Erfolges.

Amery

RITTERLICHKEIT

Ritterlichkeit: Herumlaufen und schöne Mädchen aus den Schlössern anderer Männer befreien und sie ins eigene Schloß bringen.

Nevinson

ROHEIT

Roheit ist nichts anderes als das schamlos ausgeübte Recht des Stärkeren.

Ebner-Eschenbach

ROMAN

Die Kunst des Romans besteht darin, außervernünftige Zusammenhänge entdecken zu können, welche schließlich auch das Vernünftige mit einschließen. Von daher muß der Roman durchaus »verständlich« sein, mindestens aber einer großen Zahl von Lesern so erscheinen, die ihn gar nicht verstehen.

Heimito von Doderer

Der totale Roman ist der geometrische Ort aller Punkte, die sich gleich weit entfernt befinden von der Kunst, der Wissenschaft und vom Leben tel qu'il est.

Heimito von Doderer

ROMANTIK

Romantik ist die nach rückwärts gewandte revolutionäre Dummheit, welche in dieser Dimension sehr wertvolle Bundesgenossen antrifft: nämlich die reaktionären Horntiere.

Heimito von Doderer

Das Wesen der Romantik ist die Ungewißheit.

Wilde

Die kommende Romantik ist ... ein Stück Eis, in dem eine Flamme brennt.

Kandinsky

ROSE

Die Rose ist das gute Gewissen ihrer Dornen.

Kudszus

RÜSTUNG

Rüstung: die Kleidung eines Mannes, dessen Schneider ein Schmied ist.

Bierce

RUHE

Ruhe ist das »Ich bin« des Schöpfers im Gegensatz zu dem »Ich werde« alles Geschaffenen.

Ruskin

Die Ruhe ist die natürliche Stimmung eines wohlgeregelten, mit sich einigen Herzens.

Humboldt

RUHM

Ruhm ist der Geist eines Menschen, der im Denken anderer Menschen weiterlebt.

Hazlitt

Ruhm ist nichts als der Atem der Menschen – und der ist oft ungesund.

Thomas Fuller

Ruhm ist eine Perle, die sich unter einem Meer von Tränen versteckt.

Henley

Wenn die Dankbarkeit vieler gegen einen alle Scham wegwirft, so entsteht der Ruhm.

Nietzsche

Der Ruhm der kleinen Leute heißt Erfolg.

Ebner-Eschenbach

Den Erfolg der Mittelmäßigen nennt man nationalen Ruhm.

Nowaczyński

Der Ruhm ist gewöhnlich das Grab der Ehre und die Ehre selten der Weg zum Ruhm. Aber wer den Ruhm und die Macht in Beschlag nimmt, stempelt die Ehre nach Gutdünken und macht Goldmünze aus Glockenspeise.

Seume

Der Ruhm ist wie ein Fluß, der leichte und aufgedunsene Dinge hochspült, und der schwere und feste Dinge untergehen läßt.

Bacon

Ruhm ist nichts als eine Grabinschrift.

Unbekannt

Ruhm ist der Beweis, daß die Menschen leichtgläubig sind.

Emerson

Der Ruhm ist Schatten nur der Tat,
und steht kein Ding im Sonnenlicht,
sieht man gewiß den Schatten nicht.

Hebbel

Ruhm ist der Schatten, der den Erfolg begleitet.

Guerrazzi

Der Ruhm ist der Schatten, den große Männer hinter sich werfen, die gegen die Sonne hinwandern.

Stehr

Der Ruhm ist der Schatten der Tugend; er folgt ihr auch ungeheißen.

Seneca

Der Ruhm ist die Sonne des Todes.

Balzac

Der Ruhm ist der Schönheitssalon der Toten.

Decasseres

Ruhm: der Vorzug, denen bekannt zu sein, die uns nicht kennen.

Chamfort

Ruhm ist Unsterblichkeit.

Muschg

Sag etwas, das sich von selbst versteht, zum erstenmal, und du bist unsterblich.

Ebner-Eschenbach

Ruhm ist ein Vergrößerungsglas.

Thomas Fuller

Ruhm ist: mitgedacht werden, wenn an ein ganzes Volk gedacht wird.

Raabe

Ein Zirkel nur im Wasser ist der Ruhm,
der niemals aufhört, selbst sich zu erweitern,
bis die Verbreitung ihn in Nichts zerstreut. (Pucelle)

Shakespeare

RUNZELN

Runzeln – Schützengräben der Haut.

Tucholsky

S

SACHFRAGE

Sachfrage: die Frage, wer welchen Posten besetzt.

Nahr

SADIST

Ein Sadist ist einer, der gut zu Masochisten ist.

McHugh

SAMMLER

Sammler sind Leute, die Seltenes zusammentragen in der Hoffnung, daß es noch seltener wird.

von Radecki

SANFTMUT

Sanftmut: ungewöhnliche Geduld beim Planen einer wirklich lohnenden Rache.

Bierce

SATIRE

Satire ist Utopie ex negativo.

Arntzen

Die Satire ist eine Verbindung von Salz und Quecksilber; und es kommt ganz auf die verschiedenartige Aufbereitung und Mischung der Teile an, ob daraus eine vortreffliche Arznei oder ein starkes Gift entsteht.

Jeffrey

Satire: überholte Literaturgattung, worin der Verfasser die Laster und Torheiten seiner Feinde mit unvollkommenem Zartgefühl beschreibt.

Bierce

Satire: Publikum mit der Mitteilung, daß $1 + 1 = 2$ sei, zu erheitern.

Rudolf Rolfs

Die feinste Satire ist unstreitig die, deren Spott mit so weniger Bosheit, und so vieler Überzeugung verbunden ist, daß er selbst diejenigen zum Lächeln nötigt, die er trifft.

Lichtenberg

Der Humor nimmt – im Subjekt – die Versöhnung vorweg und verhindert die reale. Die Satire entdeckt jene als Schwindel und beläßt die Hoffnung auf diese.

Arntzen

Große Satire begnügt sich nie damit darzustellen, was, sondern macht sichtbar, warum es miserabel ist. Das gerade stört ja die Dummen, die darum Humor fordern.

Arntzen

Satire ist nicht negativ, sondern die Darstellung des Negativen, und zwar so, daß es selbst seine Negation postuliert.

Arntzen

Die Satire erkennt das Lächerliche, die Ironie erfindet es.

Arntzen

Die Satire ist eine Art Spiegel: wer hineinblickt, sieht im allgemeinen das Gesicht eines jeden, nur nicht das eigene.

Swift

Satire: Clown im Minenfeld.

Rudolf Rolfs

Die Satire ist für Ausübende Vorstufe zu Revolution oder Internierungslager.

Rudolf Rolfs

SATIRIKER

Satiriker: ein Moralist, der aus rückwärtiger Stellung angreift.

Brudziński

Der Satiriker ist ein gekränkter Idealist.

Tucholsky

Der Satiriker ist ein Mann, der seines Lebens nicht sicher ist, weil er die Wahrheit zur Schau trägt.

Vulpius

Der rechte Satiriker zieht, was er ins Lächerliche zieht, mit dem gleichen Griff auch ins Ernsteste.

Polgar

Ein Satiriker ist ein Irrer, der dem Elefanten Mausefallen stellt.

Nowaczyński

SATZ

Der Satz ist ein Auswuchs der Idee.

Gide

Jeder Satz ist der Schatten eines Gedankens, jeder Gedanke der Schatten eines Hintergedankens.

Hilsbecher

Prägnante Sätze sind wie scharfe Nägel, welche die Wahrheit in unser Gedächtnis hineinzwingen.

Diderot

Sch

SCHACH

Das Schachbrett ist die Welt. Die Steine sind die Erscheinungen im Weltall, und die Spielregeln heißen Naturgesetze. Unser Gegenspieler bleibt uns verborgen. Wir wissen nur, daß sein Spiel immer zweckmäßig, geduldig und korrekt ist. Wir wissen auch, daß er zu unseren Gunsten niemals einen Fehler übersieht oder gar das geringste Zugeständnis an unsere Unkenntnis machen wird. Dem Menschen, der gut spielt und seine Stellung am besten ausnützt, wird mit einer Art überschwenglicher Großmut der Lohn für seine Gewandtheit zuteil. Derjenige aber, der Fehler und Fehler häuft, wird erbarmungslos mattgesetzt – ohne Eile, aber auch ohne Schonung.

Thomas Henry Huxley

Das Schachspiel ist ein See, in welchem eine Mücke baden und ein Elefant ertrinken kann.

Aus Indien

SCHADENFREUDE

Schadenfreude: Ansatzpunkt für eigenes Wohlbehagen.

Rudolf Rolfs

Schadenfreude ist die Erfahrung, daß Frauen schneller altern als unsere Träume.

Nahr

Schadenfreude ist der gemeinste Ausdruck über den Sieg und die Wiederherstellung der Gleichheit; erst seit Begründung der Gesellschaft gibt es Schadenfreude.

Nietzsche

SCHALL

Der Schall: das Fleisch der Sprache.

Heimito von Doderer

SCHAM

Scham ist die innere Grenze gegen die Sünde.

Hebbel

Die Scham entsteht, wo Triebe verdrängt werden: Embrionalform des Schuldgefühls.

Lohberger

SCHARFSINN

Scharfsinn ist Genius in Kleinigkeiten.

Unbekannt

Schlaues Mißtrauen ist der Scharfsinn normaler Menschen.

Nowaczyński

SCHAUSPIELER

Schauspieler: der einzige ehrliche Heuchler.

Hazlitt

Schauspieler: soziale Rolle als Nichtrolle.

Schlosser

Der Schauspieler ist ein Bildhauer, der in Schnee meißelt.

Barrett

Die Schauspieler sind der Spiegel und die abgekürzte Chronik des Zeitalters. (Hamlet)

Shakespeare

Die Schauspielerin ist die potenzierte Frau, der Schauspieler der radizierte Mann.

Karl Kraus

SCHENKEN

Schenken ist ein Brückenschlag über den Abgrund deiner Einsamkeit.

Saint-Exupéry

SCHICKSAL

Was Schicksal ist, läßt sich nicht definieren, nur sehend erleben.

Spengler

Nicht, was wir erleben, sondern wie wir empfinden, was wir erleben, macht unser Schicksal aus.

Ebner-Eschenbach

Das Schicksal ist die Idee der Welt.

Hebbel

Das Schicksal ist eine Probe auf die Standhaftigkeit unserer Sehnsüchte und Wünsche.

Kessel

Schicksale sind Unbegreiflichkeiten.

Michel

... was ist Schicksal, als Gott selbst, Gott mit Weisheit und Liebe?

Lavater

Das Schicksal ist die Zeit in ihrer beschleunigten Form.

Giraudoux

Das Schicksal ist die satirische Antwort auf unser Hoffen, Planen und Wünschen.

Kessel

Was die Leute gemeiniglich das Schicksal nennen, sind meistens nur ihre eigenen dummen Streiche.

Schopenhauer

Das Schicksal des Menschen ist der Mensch.

Brecht

Dem Schicksal ist die Welt ein Schachbrett nur, und wir sind Steine in des Schicksals Faust.

Shaw

Schicksal: eines Tyrannen Ermächtigung zu Schandtaten und eines Narren Entschuldigung für sein Versagen.

Bierce

SCHLACHT

Schlacht: eine Methode, einen politischen Knoten mit den Zähnen zu lösen, weil er der Zunge nicht nachgeben wollte.

Bierce

SCHLAF

Schlaf ist ein Hineinkriechen des Menschen in sich selbst.

Hebbel

Schlaf ist das einzige Glück, das man erst recht genießt, wenn es vorbei ist.

Polgar

Schlaf ist Vertrauen in die Nacht. Also Gnade. Oder das Abenteuer aller Abenteuer.

Kudszus

Der Schlaf ist unser nächtliches Brot.

Aus den »Fliegenden Blättern«

Der Schlaf ist die Nabelschnur, durch die das Individuum mit dem Weltall zusammenhängt.

Hebbel

Der Schlaf ist das Bild des Todes.

Cicero

Schlaf ist genossener Tod.

Hebbel

Der Schlaf ist für den ganzen Menschen, was das Aufziehen für die Uhr.

Schopenhauer

Schlaf ist Zurücksinken ins Chaos.

Hebbel

Der Schlaf ist der Waffenstillstand im Kampf ums Dasein.

Aus den »Fliegenden Blättern«

Ein schlafender Mensch: immer wieder der Inbegriff ewiger Distanz.

Anita

Schlaflosigkeit – Krankheit einer Epoche, in der man den Menschen befiehlt, vor vielen Tatsachen die Augen zu schließen.

Lec

SCHLAGFERTIGKEIT

Schlagfertigkeit: Erwiderung in Form einer vorsichtigen Beleidigung.

Bierce

Schlagfertigkeit ist eine Beleidigung im Frack.

Unbekannt

Schlagfertigkeit ist die schnellste Bestätigung des Selbstgefühls.

Hans Arndt

Schlagfertig ist jede Antwort, die so klug ist, daß der Zuhörer wünscht, er hätte sie gegeben.

Hubbard

Schlagfertigkeit ist der höchste Grad des Verstandes, denn er läßt auf die rascheste und kühlste Weise Genius in einem Augenblick sichtbar werden, da die Leidenschaften erhitzt sind.

Colton

Schlagfertigkeit liefert Denken als Fertigprodukt.

Wiesner

Schlagfertigkeit ist etwas, worauf du erst 24 Stunden später kommst.

Mark Twain

Schlagfertigkeit ist das, was du gerne gesagt haben möchtest.

Broun

Schlagfertigkeit ist das, was dir auf dem Nachhauseweg einfällt.

Unbekannt

SCHLAGWORT

Das Schlagwort ist eine Idee auf dem Wege zur Phrase.

Haller

Ein Schlagwort ist immer eine heruntergekommene Idee.

Silone

Schlagwörter sind keine Argumente, sondern nur zur Faust geballte Gedanken.

Wildner

Was ist das Bleibende der großen Denker von heute? Die Schlagworte von morgen.

Krailsheimer

Schlagworte sind Kommandos der Dummheit.

Lohberger

Schlagwort: der spektakuläre Auftritt einer wahrhaft gemeinten Lüge, die so vieldeutig ist, daß man sie nicht erfaßt, und so kurz, daß man sie nicht vergißt.

Herbst

Das gute Schlagwort ist – um im Bilde zu bleiben, der Hammerhieb auf den Nagelkopf, er sitzt, prachtvoll, just da, wo er hingehört, prägt sich unlöslich ein, gibt einer ganzen langen Ansprache die belebenden Lichter und dem Hörer Halt und Ruhepunkt in der Erscheinungen Flucht.

Gustav Hermann

Schlagwort: der Buchstabe als Fetisch.

Lohberger

SCHLAUHEIT

Schlauheit ist der Zwerg der Weisheit.

Alger

Schlauheit: die Eigenschaft, durch die sich schwache Tiere oder Menschen von starken unterscheiden. Sie bringt ihrem Besitzer viel geistige Befriedigung und große materielle Nachteile. Ein italienisches Sprichwort sagt: »Der Kürschner bekommt mehr Fuchs- als Eselsfelle.«

Bierce

Schlauheit ist die Kunst, eigene Fehler zu verbergen und die Schwächen anderer bloßzulegen.

Hazlitt

Weisheit und Lüge ergeben die Schlauheit.

Lohberger

Schlauheit ist der Stimulans der mürbe Gewordenen.

Diettrich

SCHLECHT

Wen nennst du schlecht? – Den, der immer beschämen will.

Nietzsche

SCHLEIER

Der Schleier ist ein Vorhang, durch den die Vorstellungskraft die Natur verbessern soll.

Unbekannt

SCHLOSS UND RIEGEL

Schloß und Riegel: kennzeichnendes Werkzeug von Zivilisation und Aufklärung.

Bierce

SCHMEICHELEI

Schmeichelei: dem anderen sagen, was er schon selbst von sich hält.

Wilshire

Die Schmeichelei ist etwas Angenehmes, das jemand über dich erzählt, und wovon du wünschst, es möge wahr sein.

Malester

Schmeichelei ist eine Huldigung, die das Laster der Tugend darbringt.

La Rochefoucauld

Schmeichelei ist Aggression auf Knien.

Branstner

Die Schmeichelei ist die Macht des Kleinen.

Aus den »Fliegenden Blättern«

Schmeichelei ist eine falsche Münze, die ihren Kurswert nur durch unsere Eitelkeit erhält.

La Rochefoucauld

Schmeicheleien sind wie Falschgeld, sie machen denjenigen ärmer, der sie empfängt.

Herbert George Wells

Gerechtes Lob ist lediglich eine Schuld; die Schmeichelei aber ist ein Geschenk.

Samuel Johnson

Die Schmeichelei ist wie Kölnischwasser: zum Riechen, nicht zum Schlukken.

Josh Billings

Schmeichelei ist der Diebesschlüssel zum Herzen.

Sprichwort

Schmeicheln: das Fundament für einen Oberbau der Übervorteilung legen.

Bierce

SCHMEICHLER

Der Schmeichler ist jemand, der dir ins Gesicht sagt, was er nicht hinter deinem Rücken sagen würde.

Millington

Der Schmeichler ist ein Mensch, der seiner Meinung nach deine Fähigkeiten außerordentlich übertreibt, so daß sie näher an deine eigene Vorstellung von ihnen herankommen.

Wilde

Die Schmeichler sind geschickte Gedankenleser; sie sagen dir genau – was du denkst.

Aus den »Fliegenden Blättern«

Ein Schmeichler ist ein Freund, der dir unterlegen ist oder vorgibt, es zu sein.

Aristoteles

Schmeichler sind wie Sonnenblumen, blicken nach dem Himmel hin, wurzeln aber in der Erde, suchen Vorteil und Gewinn.

von Logau

SCHMERZ

Der Schmerz ist ein Hilfsmittel der Schöpfung.

Bloy

Schmerz: eine unbehagliche Stimmung, die entweder eine physische Ursache hat, wenn dem Körper etwas zustößt, oder die rein psychischer Art ist, wenn sie durch das Glück anderer hervorgerufen wird.

Bierce

Der Schmerz ist das, was wir als das uns Eigenste und als das Fremdeste empfinden.

Valéry

Der Schmerz ist das Glück der Seligen. Am meisten lebt, wer am meisten leidet.

Börne

Schmerz ist der Vater und Liebe die Mutter der Weisheit.

Börne

Der Schmerz ist der geheime Gruß, durch den die Seelen sich verstehn.

Hebbel

Der Schmerz ist der große Lehrer der Menschen. Unter seinem Hauche entfalten sich die Seelen.

Ebner-Eschenbach

SCHMOLLEN

Das Schmollen ist eigentlich das Aufprotzen der weiblichen Artillerie; wer bereits öfter beschossen wurde, fühlt sich schon versucht, bei der bloßen Veranstaltung die weiße Fahne auszustecken.

Benzel-Sternau

SCHMUTZ

Schmutz ist das Schmutzigste auf den saubersten Stellen.

Bohn

SCHNUPFTABAKHERSTELLER

Ein Schnupftabakhersteller ist ein Mann, der sein Geschäft in fremder Leute Nasen steckt.

Quinn

SCHÖN

Das Schöne ist ein Schein der zeitlichen Wirklichkeit.

Strindberg

Der Qualität nach ist das Schöne der Gegenstand eines reinen uninteressierten Wohlgefallens.

Kant

Was ist das Schöne? Eine reiche Idee, dargestellt mit Zweckmäßigkeit, Klarheit, gelungener Absicht.

Gottfried Keller

Das Schöne ist das Scheinen der Idee durch ein sinnliches Medium (Stein, Farbe, Ton, gebundene Rede), die Wirklichkeit der Idee in der Form begrenzter Erscheinung.

Hegel

Schön ist, was zugleich reizend und erhaben ist.

August Wilhelm Schlegel

Etwas schön finden, heißt ja wahrscheinlich vor allem: es finden.

Musil

Schön ist eigentlich alles, was man mit Liebe betrachtet.

Morgenstern

Schön ist, was uns an die Natur erinnert und also das Gefühl der unendlichen Lebensfülle anregt. Die Natur ist organisch und die höchste Schönheit daher ewig und immer vegetabilisch, und das gleiche gilt auch von der Moral und der Liebe.

Friedrich Schlegel

Die Form des Schönen ist nur ein freier Vortrag der Wahrheit, der Zweckmäßigkeit, der Vollkommenheit.

Schiller

SCHÖNHEIT

Schönheit ist selektive Präsentation des Angenehmen.

Nahr

Schönheit ist schweigende Beredsamkeit.

Französisches Sprichwort

Schönheit ohne Anmut ist ein Angelhaken ohne Köder.

de Lenclos

Schönheit ist ein offener Empfehlungsbrief, der die Herzen zum voraus für uns gewinnt.

Schopenhauer

Schönheit ist das von uns erblickte Spiegelbild einer außerordentlichen Freude der Natur.

Nietzsche

Schönheit ist Tiefe der Fläche.

Hebbel

Die Schönheit ist das Gebet der Götter.

Lohberger

Wirkliche Schönheit endet dort, wo der geistige Ausdruck beginnt.

Wilde

Schönheit ist eine Form des Genius – eine höhere Form sogar als Genius, denn sie braucht keine Erklärung.

Wilde

Schönheit ist Gesetzmäßigkeit. Schönheit erscheint, solange die Gesetzmäßigkeit empfunden wird. Sie schwindet, wenn unsere Sinne die Gesetzmäßigkeit nicht mehr erkennen.

Rathenau

Die Schönheit ist nichts als das Versprechen des Glücks.

Stendhal

Man hat gesagt, die Schönheit sei ein Versprechen des Glücks. Es ist nicht gesagt worden, daß das Versprechen gehalten wird.

Toulet

Wirkliche Schönheit kann ohne Güte nicht existieren, denn es sind nicht die Züge allein, sondern der Ausdruck, der den Zügen ihren übernatürlichen Reiz gibt.

Strindberg

Schönheit ist immer etwas Hinzugekommenes, und wir wissen nicht was.

Rilke

Schönheit ist die Natur in der Kunstmäßigkeit. – Schönheit ist durch sich selbst gebändigte Kraft, Beschränkung aus Kraft.

Schiller

Liebe durch Schönheit ist Geschmack. Das Schaffen von Schönheit ist Kunst.

Emerson

Schönheit ist das Kind der Liebe.

Henry Havelot Ellis

Schönheit ist das Geschenk des Liebenden.

Congreve

Schönheit ist Logik, die wir als Vergnügen empfinden.

de Gourmont

Was ist Schönheit anderes als eine Quelle der Lust? Das Lustgefühl ist individuell verschieden und bei verschiedenen Menschen geradezu entgegengesetzt; daher erklärt es sich, daß einer etwas für schön hält, was dem anderen häßlich vorkommt.

Stendhal

Schönheit: die Macht, womit eine Frau einen Liebhaber bezaubert und einen Ehegatten in Schrecken hält.

Bierce

Schönheit ist Macht; ein Lächeln ist ihr Schwert.

Reade

Schönheit: eine Melodie, die stumm geworden ist.

Lohberger

Schönheit ist wie eine Leibrente; wenn die Schönheit stirbt, so hört die Zahlung auf, und sie stirbt immer jung.

Kotzebue

Schönheit ist empfundener Rhythmus.

Morgenstern

Die Schönheit hat so viele Bedeutungen, wie der Mensch Stimmungen hat. Die Schönheit ist das Symbol der Symbole. Die Schönheit offenbart alles, weil sie nichts ausdrückt. Zeigt sie sich selbst, so zeigt sie die ganze Welt in ihren Feuerfarben.

Wilde

Schönheit ist Tat gewordenes Leiden, Tat gewordene Traurigkeit.

Lohberger

Die wahre Schönheit ist nicht die, die man mit Vergnügen betrachtet, sondern diejenige, vor der man die Augen schließen muß.

Rey

Die Schönheit der Welt ist die Mitwirkung der göttlichen Weisheit bei der Schöpfung.

Simone Weil

Schönheit ist der Sinn der Welt. Schönheit genießen, heißt die Welt verstehn.

Bierbaum

Schönheit ist eines der seltenen Wunder, die unsere Zweifel an Gott verstummen lassen.

Anouilh

Eine Definition des Schönen ist: Zweckdienlichkeit.

Ezra Pound

Schönheit ist das von uns erblickte Spiegelbild einer außerordentlichen Freude der Natur.

Nietzsche

SCHÖPFUNG

Die Schöpfung ist die Schnürbrust der Gottheit.

Hebbel

SCHREIBEN

Schreiben heißt einen Gedanken in Starrkrampf versetzen. Lesen heißt den Starrkrampf lösen.

Kudszus

Schreiben: Über dem Abgrunde schweben, gehalten nur von der Grammatik.

Heimito von Doderer

Schreiben ist, wie mir scheint, Kraftüberschuß.

Tucholsky

Schreiben ist geschäftiger Müßiggang.

Goethe

Wer präzis schreiben will, muß unter- oder übertreiben. Profile sind Dichtungen.

Kudszus

SCHREIBTISCH

Schreibtisch: Papierkorb mit Schubläden.

Unbekannt

SCHRIFTEN

Schriften sind die Gedanken des Staates, die Archive sein Gedächtnis.

Novalis

SCHRIFTSTELLER

Ein großer Schriftsteller ist einer, der unvergeßliche Sätze schreibt.

Montherlant

Großer Schriftsteller: ein Autor, aus dessen Anmerkungen sich en passant Bücher machen lassen.

Lichtenberg

Ein Schriftsteller ist ein Mensch, dessen Sprache der Welt entsagt hat, dessen Person in ihren Netzen verstrickt bleibt.

Heimito von Doderer

Was eigentlich den Schriftsteller für den Menschen ausmacht, ist, beständig zu sagen, was der größte Teil der Menschen denkt oder fühlt, *ohne es zu wissen*. Der mittelmäßige Schriftsteller sagt nur, was jeder würde gesagt haben.

Lichtenberg

Die echten Schriftsteller sind die Gewissensbisse der Menschheit.

Ludwig Feuerbach

Die Definition des Schriftstellers: er ist der Sündenbock der Menschheit, er erlaubt den Menschen, eine Sünde schuldlos zu genießen, fast schuldlos.

Kafka

Schriftsteller ist derjenige, der es ablehnt – mehr! dem's unmöglich geworden ist – irgendwas anders zu begreifen als durch ein Organ der Grammatik.

Heimito von Doderer

Ein Schriftsteller ist im Grunde ein Mensch, der seinen Schatten verloren hat. Überlebt er sich und wird zu einer alten, Worte zerkleinernden Mühle, so ist er, richtiger gesagt, ein Schatten, der seinen Menschen verlor.

Mauriac

Der Schriftsteller hat Einblick, der Dichter Einsicht.

Frenzel

Schriftsteller wird man, wenn man alle Dinge beim Wort nimmt.

Kudszus

Was sind die gewöhnlichen Schriftsteller anderes als Anschlagsäulen, die sich dem Publikum in den Weg pflanzen, mit den Bulletins des Tages an sich – Vergnügungen, verlorenen Hunden und Geldbeuteln usw. usw.?

Raabe

Heutzutage machen drei Pointen und eine Lüge einen Schriftsteller.

Lichtenberg

Ein Schriftsteller ist arriviert, wenn alles, was er schreibt, gedruckt wird. Ein Schriftsteller ist berühmt, wenn alles, was von ihm gedruckt wird, gelobt wird.

Laub

Schriftsteller: einer, der Leuten Vergnügen liefert, die selbst nicht genug Witz haben, sich zu unterhalten.

Shaw

Romanschriftsteller: einer, der aus Feigheit seine Gedanken in fremden Köpfen versteckt.

Lec

»Ein Schriftsteller ist ein Mann, dem das Schreiben schwerfällt« (Thomas Mann).
Kommentar: Sagen wir: aber nicht zu schwer.

Ludwig Marcuse

SCHRIFTSTELLEREI

Die Schriftstellerei ist, je nachdem man sie treibt, eine Infamie, eine Ausschweifung, eine Tagelöhnerei, ein Handwerk, eine Kunst, eine Tugend.

Friedrich Schlegel

SCHÜCHTERNHEIT

Schüchternheit ist eine Form der Aufrichtigkeit.

Christina von Schweden

Schüchternheit ist eine Art Furcht vor sich selbst.

Hilsbecher

SCHULE

Schule: Mit Zivilismus getarnte Minderjährigenkaserne.

Rudolf Rolfs

SCHULPSYCHOLOGE

Schulpsychologe: ein Psychologe, der nicht von Freud allein lebt.

Steffen

SCHURKE

Schurke: ein Mensch, dessen Qualitäten wie Beeren in einer Kiste auf dem Markt zur Schau lagen – die schönsten obenauf –, der aber auf der falschen Seite geöffnet wurde: ein umgestülpter Gentleman.

Bierce

SCHWEIGEN

Schweigen ist die Stimme der Menschen, die überzeugt sind; Lautheit ist die Stimme derer, die sich selbst eine Überzeugung schaffen wollen.

Runes

Schweigen ist nie Leere, sondern bis zum äußersten pralle Latenz.

Heimito von Doderer

Schweigen, wenn nichts gesagt zu werden braucht, ist die Beredsamkeit der Diskretion.

Bovee

Schweigen ist die ärgste oder die bescheidenste Form der Kritik.

Reverdy

Schweigen ist der vollkommenste Ausdruck der Verachtung.

Shaw

Schweigen ist die unerträglichste Erwiderung.

Chesterton

Schweigen ist eines der am schwierigsten zu widerlegenden Argumente.

Josh Billings

Schweigen ist die zweckmäßigste Haltung für den, der sich seiner selbst nicht sicher fühlt.

La Rochefoucauld

Schweigen ist halbe Einwilligung.

Afrikanisches Sprichwort

Schweigen heißt, nichts zu sagen haben. und es sagen.

Unbekannt

Schweigen heißt: nicht sagen, was man sagen kann.

Ortega y Gasset

Schweigen ist das Gold der Armen.

Lohberger

Schweigen ist die Mutter der Wahrheit.

Disraeli

Schweigen sei Gold? Das Gold ist eine Hure.

Rudolf Rolfs

Schweigen sei Gold, Reden aber nur Silber ist die Maxime derer, die, damit sie Blech reden können, den Befehl ergehen lassen: Schnauze halten!

Arntzen

Schweigsamkeit besteht nicht im Mundhalten sondern gerade darin, daß einer seinen Mund gar nicht mehr zu halten nötig hat. In dem Augenblicke, wo man im Gespräch bemerkt, daß man noch etwas sagen will und zu Wort kommen möchte, darf man durchaus gar nichts mehr sagen.

Heimito von Doderer

SCHWEIN

Das Schwein ist das Nonplusultra von Glück.

Hebbel

SCHWEISS

Der Schweiß ist die Träne der Arbeit.

Spruchweisheit

SCIENCE FICTION

Science fiction ist eine Art Archäologie der Zukunft.

Fadiman

SEELE

Die Seele ist jene Welt, die wir uns selber erschaffen.

Lohberger

Die Seele ist ein und dasselbe Wasser, das in uns allen enthalten ist; sie wechselt Form und Farbe, je nach der Form und Farbe der Flaschen.

Cocteau

Die Seele ist die Offenbarung des Körpers.

Lohberger

Jede Seele ist eine Brücke: wer über sie schreiten will, muß sich selbst überwinden.

Lohberger

Die Seele der Menschen ist der Pfad der Götter.

Lohberger

Was nennst du eine schöne Seele? Eine schöne Seele nennst du, die das Bessere schnell gewahr wird, rein heraushebt, unbeweglich festhält.

Jacobi

SEHEN

Sehen, das heißt glauben; aber fühlen, das heißt sicher sein.

Ray

Das wirkliche Sehen drückt ein Objekt zusammen und damit zurück – in der Art einer Harmonika – und schafft so noch mehr Distanz, zu jener hinzu, welche es schon zur Voraussetzung hatte.

Heimito von Doderer

SEHNSUCHT

Sehnsucht ist die Sucht, sich zu sehnen – der Fluch des Menschen seit seiner Vertreibung aus dem Paradies.

Anita

Vielleicht ist Sehnsucht die einzige stabile Form von Glück.

Anita

Sehnsucht ist kein Schicksal, Sehnsucht ist vielmehr, wenn man sich dem Schicksal verweigert, Sehnsucht ist, wenn man das Schicksal nicht annimmt.

Le Fort

Sehnsucht ist: vom geborgenen Winkel aus in die uferlose Weite blicken.
Sehnsucht ist: von uferloser Weite her an den geborgenen Winkel denken.

Anita

Der leere Wunsch, die Zeit zwischen dem Begehren und Erwerben des Begehrten vernichten zu können, ist Sehnsucht.

Kant

Sehnsucht: der Wunsch nach der Ferne, um zur Nähe zu gelangen.

Anita

SEIN

Das Sein ist eine aus lauter Knoten bestehende Linie.

Hebbel

Das Sein ist eine leere Fiktion.

Nietzsche

SELBSTACHTUNG

Selbstachtung: eine falsche Einschätzung.

Bierce

SELBSTAUFOPFERUNG

Selbstaufopferung ist das wirkliche Wunder, aus dem alle anderen Wunder entspringen.

Emerson

Selbstaufopferung ist eine Sache, welche die Menschen demoralisiert, für die wir uns aufopfern.

Wilde

Selbstaufopferung befähigt uns, andere Menschen zu opfern, ohne zu erröten.

Shaw

Selbstaufopferung ist ein Überbleibsel jener Selbstverstümmelung der Wilden, ein Stück jener Anbetung des Schmerzes, die in der Weltgeschichte eine so schlimme Rolle spielt und jetzt noch ihre Opfer fordert.

Wilde

SELBSTBEHERRSCHUNG

Das Festhalten und Befolgen der Grundsätze, den ihnen entgegenwirkenden Motiven zum Trotz, ist Selbstbeherrschung.

Schopenhauer

SELBSTGEFÄLLIGKEIT

Selbstgefälligkeit ist das Gefühl der Menschen, die der glücklichen Überzeugung sind, daß sie nicht so sind wie die anderen.

Allingham

Selbstgefälligkeit ist Gottes Geschenk an kleine Menschen.

Barton

SELBSTLIEBE

Selbstliebe ist die Quelle, der Ursprung und das Prinzip aller unserer Leidenschaften; sie allein entsteht mit dem Menschen und verläßt ihn nie, so lange er lebt.

Rousseau

SELBSTLOS

Selbstlosigkeit ist Eigenliebe, die sich schämt.

Lohberger

Der Selbstlose ist der Selbstgefällige ohne »Gefallen«.

Frithiof Brandt

Selbstlosigkeit ist ausgereifter Egoismus.

Herbert Spencer

SELBSTMORD

Selbstmord ist das größte Kompliment, das man der Gesellschaft machen kann.

Wilde

Sich umbringen ist eine verdammt echte Lebensäußerung.

Niederreuther

SELBSTSÜCHTIG

Selbstsüchtig: ohne Rücksicht auf die Selbstsucht anderer.

Bierce

SELBSTSUCHT

Selbstsucht liegt nicht darin, daß man nach eigenem Gutdünken lebt, sondern darin, daß man von anderen jene Lebensführung verlangt, die man sich selbst gesetzt hat.

Wilde

Selbstsucht ist ein Labyrinth.

Ortega y Gasset

SELBSTÜBERWINDUNG

Es gibt eine schöne Form der Verstellung, die Selbstüberwindung, und eine schöne Form des Egoismus, die Liebe.

Ebner-Eschenbach

SELBSTVERLEUGNUNG

Selbstverleugnung: einer Verzichtsneigung frönen.

Bierce

Selbstverleugnung ist einfach eine Methode, durch die der Mensch seine Weiterentwicklung hemmt.

Wilde

Selbstverleugnung ist keine Tugend, sondern nur die Wirkung der Vorsicht auf die Schurkerei.

Shaw

SELBSTVERSTÄNDLICH

Selbstverständlich: mir selbst verständlich und keinem anderen sonst.

Bierce

Selbstverständlichkeiten sind Ungeheuer, die so reglos und so lang schon neben uns schlafen, daß wir sie nicht als solche mehr wahrnehmen können.

Heimito von Doderer

SELBSTVERTRAUEN

Selbstvertrauen ist der Name, den wir dem Egoismus der Erfolgreichen beilegen.

Hubbard

Selbstvertrauen ist die Quelle des Vertrauens zu anderen.

La Rochefoucauld

SELIG

Selig ist, wer sich seine Welt ganz mit der zweiten organisch verbunden und durchdrungen hat: Die Wüste des Lebens zeigt ihm über den heißen Sandkörnern des Tages die kühlenden Sterne größer und blitzender jede Nacht.

Jean Paul

SENSATION

Sensation ist Ersatz-Spannung. Sie entsteht durch Abschnürung einer schlaffgewordenen Ader vom Blutkreislaufe des Lebens, so daß in dem isolierten Teil jetzt unnatürlich erhöhte Kraft pocht.

Heimito von Doderer

SENTENZ

Eine Sentenz ist eine Anmaßung oder eine Vorsicht.

Nietzsche

SENTIMENTALITÄT

Sentimentalität – nennen wir das Gefühl, das wir nicht teilen.

Greene

Ein Sentimentalist ist einfach ein Mensch, der den Luxus eines Gefühls begehrt, ohne dafür zahlen zu wollen.

Wilde

Was ist Sentimentalität? Nichts als die Unfähigkeit, Abschied nehmen zu können, ein Zuviel an Syrup im Blute.

Thieß

Sentimentalität ist der Irrtum, zu glauben, daß in moralischen Konflikten Pardon gegeben oder genommen werden kann.

Shaw

Die Verfälschung des Gefühls zu demjenigen Seelenzustand, den wir Sentimentalität nennen, geht in einer dreifachen Steigerung vor sich: im ersten Grade schwächt sich das Gefühl ab durch das allzu klare Wissen darum, im zweiten Grade wird es getrübt durch die Unfähigkeit, dieses Wissen zu verbergen, im dritten wird es überdies entwürdigt durch den Stolz auf diese Unfähigkeit – womit es endgültig das Recht verwirkt hat, Gefühl zu heißen.

Schnitzler

SICH SELBST KENNEN ...

Sich selbst kennen, heißt darauf merken, daß wir nicht von uns selbst sind und die Wahrheit nicht in und an uns selbst haben, sondern daß wir sie woanders her empfangen müssen, daß wir sie zu Lehen tragen.

Jacobi

SEX

Sex ist Werbung mit sich selbst.

Unbekannt

SICHERHEIT

»Innere Sicherheit?« Der Schutz der Regierung vor der Demokratie!

Rudolf Rolfs

SICHTBAR

Alles Sichtbare ist nur die äußere Gestalt, in die sich ein Unsichtbares hüllt.

Le Fort

SIE

Sie: ein appetitanregendes Fürwort.

Niederreuther

SINN

Sinn ist das am Sein verwirklichte Sollen, der in der Wirklichkeit erscheinende Wert.

Radbruch

SINNGEDICHT

Was ist ein Sinngedicht? Wie Mann und Weib verbunden
Ein Zeilenpaar, das sich vereint, im Reim empfunden.

Rückert

SINNLICHKEIT

Sinnlichkeit ist trauliche Vorhandenheit ohne Gespräche.

Hille

Sinnlichkeit: Symbolik unstillbarer geistiger Bedürfnisse.

Hebbel

SITTE

Die Sitte ist die Vereinigung des Angenehmen und Nützlichen.

Nietzsche

SITTLICHKEIT

Was ist Sittlichkeit? Verinnerlichte Sinnlichkeit.

Hille

Sittlichkeit ist das, was ohne unzüchtig zu sein mein Schamgefühl gröblich verletzt.

Karl Kraus

SKELETT

Skelett: übertriebener Striptease.

Unbekannt

SKEPSIS

Die Skepsis ist die Eleganz der Angst.

Cioran

Skepsis ist das Zeichen – und sogar die Pose – des gebildeten Verstandes.

Dewey

Skepsis: Wettstreit der Gedanken.

Lohberger

Skepsis ist der erste Schritt auf dem Wege zur Philosophie.

Diderot

Die Skepsis ist das Reizmittel der jungen Zivilisationen und die Scham der alten.

Cioran

Skepsis bedeutet nicht intellektueller Zweifel allein, sondern moralischer Zweifel.

Carlyle

Die Skepsis, die nicht zur Zerrüttung unserer Gesundheit beiträgt, ist nur ein intellektuelles Exerzitium.

Cioran

Skepsis ist die Wurzel aller »Demütigkeit« (wie man einst sagte), ein herrliches Gegengift. Man zeige sie am besten nicht in der Öffentlichkeit, weil sie mit Recht unter dem Verdacht steht, maskierter Stolz zu sein.

Ludwig Marcuse

Die Skeptiker sind – müssen es sein – Politiker des Denkens.
Es gibt eine solche Politik des Denkens, ein Gemisch aus: sich ihm keineswegs restlos anzuvertrauen und ihm dennoch auf den Grund gehen. Weder darüber hinweggleiten, noch steckenbleiben.

Valéry

Der Skeptizismus ist der Anfang des Glaubens.

Wilde

SKLAVE

Sklaven: das waren Menschen, die einen bestimmten Preis hatten.

Laub

Niemand ist mehr Sklave als ein – Freier.

Aus den »Fliegenden Blättern«

Die glücklichen Sklaven sind die erbittertsten Feinde der Freiheit.

Ebner-Eschenbach

SKLAVEREI

Die Regierung des Menschen über den Menschen ist die Sklaverei.

Proudhon

Sklaverei ist kein Rechts-, sondern ein Geisteszustand.

Laub

Sklaverei: das Anwerben von Arbeitskräften auf Versorgungsbasis; heute auf die Form der Ehe beschränkt.

Unbekannt

SKURRILITÄT

Skurrilität ist ein noch immer kontrollierter Kompromiß zwischen der Narrenzelle und einer apperceptiv-offenen Form der Existenz.

Heimito von Doderer

SLANG

Slang ist eine Sprache, die den Rock ablegt, sich in die Hände spuckt und an die Arbeit geht.

Sandburg

Slang ist die Sprache, die ihre Lehrlingszeit abdient.

Buckle

Slang: die Redeweise dessen, der mit der Zunge ausdrückt, was er mit dem Ohr denkt, und den sein Papageienkunststück mit Schöpferstolz erfüllt. Ein Mittel, sich ohne ein Kapital an Verstand als geistreicher Mensch zu erweisen.

Bierce

SLOGAN

Slogan ist das Wort, das die Konkurrenz schlägt.

Korn

SNOB

Der Snob ist ein Mensch, der scheinbare Selbsterhöhung auf dem Wege tatsächlicher Selbsterniedrigung anstrebt. Er ist im eigentlichen Sinne der Masochist der Gesellschaftsordnung.

Schnitzler

Snob: ein Mann, der sich, wenn er ein Buch lesen will, selbst eins schreibt.

Robert Lembke

SNOBISMUS

Der Snobismus folgt keinem Muster; er ist ein Mischmasch von Bezugssystemen, die Anwendung der Regeln eines Spiels auf ein anderes: Werte werden nach falschen Skalen bestimmt – Schönheit mit dem Thermometer, Gewicht mit der Uhr . . .

Koestler

Snobismus . . . die Sehnsucht . . . zu einer Art von Menschen gerechnet zu werden, die irgendeine Eigenschaft höher ausgebildet besitzen als wir.

Schnitzler

Der Snobismus ist die Demut der Reichen.

Eschmann

SONNE

Die Sonne ist die Universalarznei aus der Himmelsapotheke.

Kotzebue

SORGE

Sorgen sind die scharfen Zacken der Nervensäge.

Reitz

Sorgen sind ein dünner Strom von Furcht, der den Verstand durchzieht. Werden sie ermuntert, so schneiden sie einen Kanal, in den alle anderen Gedanken hineinfließen.

Roche

Sorgen sind bezahlte Zinsen auf Schwierigkeiten, bevor sie eintreten.

William Ralph Inge

Die Sorge ist das Verhältnis zum Leben.

Kierkegaard

Sorgen sind die Obertöne jeder Freude.

Hubbard

Sorge ist gebremste Sorglosigkeit.

Hilsbecher

SOZIALES DREIECK

Das soziale Dreieck wird gebildet durch Kunst, Wissenschaft und Geld.

Balzac

SOZIALES GLEICHGEWICHT

Es ist wohl zweckmäßig, einen Ausdruck zu prägen, der ein befriedigendes Verhältnis zwischen dem Angebot privatwirtschaftlicher Güter und Dienste und dem Angebot öffentlicher Dienste kennzeichnet: Nennen wir ihn *Soziales Gleichgewicht.*

Galbraith

SOZIALISMUS

Unter Sozialismus verstehen viele manches.

Rudolf Rolfs

Sozialismus ist nichts anderes als der pflichtgemäße Entschluß, den Kopf nicht mehr in den Sand himmlischer Dinge zu stecken, sondern sich auf die Seite derer zu schlagen, die der Erde einen Sinn geben. Menschensinn.

Thomas Mann

Der Sozialismus, der diese Übereinstimmung des monetären Gewinns und seines konkreten Sinns beschleunigte, ist vielleicht nichts anderes als das Erspüren, das In-Worte-Fassen eines natürlichen Verlaufs der Ereignisse, der auf zahlreiche, von Herrn Marx unabhängige Faktoren zurückgeht.

Saint-Exupéry

Der Sozialismus ist eine Reaktion gegen das Individuellwerden.

Nietzsche

Grundgedanke des Sozialismus ist, daß ein jedwedes Individuum den ganzen Staat in sich zu repräsentieren wünscht, während sonst der Mensch nur durch die Polizei mit dem Staate mehr oder weniger in Berührung gerät. Ich danke für die höhere Würde der Gesamtrepräsentation.

Raabe

Sozialismus ist der legitime Erbe des Liberalismus, nicht nur zeitlich, sondern auch geistig.

Eduard Bernstein

Sozialismus ist Teilung der Gewinne ohne Verantwortlichkeit für Verluste.

Hubbard

Was der Sozialismus will, ist nicht Eigentum aufheben, sondern im Gegenteil individuelles Eigentum, auf Arbeit gegründetes Eigentum erst einführen.

Lassalle

Die Schwäche des Sozialismus liegt darin, daß nicht das größte Wohl, sondern das geringste Übel erstrebt wird.

Poulet

Sozialismus: das Überleben der Schwachen.

Hubbard

Der Sozialismus ist die zu Ende gedachte Herdentiermoral.

Nietzsche

Sozialismus ist eine Frage der Macht, nicht des Rechts.

Nietzsche

Sozialismus nennt man einen ungeheuren Aufwand zum Wohle der Menschheit, welcher sich selbst so restlos konsumiert, daß am Ende tatsächlich jeder alles, nämlich das übriggebliebene Nichts hat.

Heimito von Doderer

Der Sozialismus zwingt die Menschen, froh zu werden, ohne zu bedenken, daß sie froh *sind*, wenn man sie nicht zwingt.

Lohberger

Dem Kapitalismus wohnt ein Laster inne: die ungleichmäßige Verteilung der Güter; dem Sozialismus hingegen wohnt eine Tugend inne: die gleichmäßige Verteilung des Elends.

Churchill

Sozialismus ist lediglich der degenerierte Kapitalismus zahlungsunfähiger Kapitalisten.

Mencken

Sozialismus: die Praxis der Philosophie des »als ob«.

Lohberger

Der Sozialismus ist bloß ein Agitationsmittel des Individualismus.

Nietzsche

SOZIALPOLITIK

Sozialpolitik ist der verzweifelte Entschluß, an einem Krebskranken eine Hühneraugenoperation vorzunehmen.

Karl Kraus

SOZIOLOGIE

Zeitgenössische Soziologie: am sechsten Tag vormittags schuf Gott die Gesellschaft; nachmittags, als er schon müde war, den Menschen nach ihrem Bilde.

Ludwig Marcuse

Soziologie ist die Kunst, zwischenmenschliche Probleme mit unscharfen Definitionen zu beleuchten.

Nahr

SPANNUNG

Spannung: das Leben einer Spinne.

Swift

SPAREN

Was man sparen nennt, heißt nur, einen Handel für die Zukunft abschließen.

Shaw

Sparen: die Steuergelder nur mit *einer* Hand zum Fenster hinauswerfen.

Nahr

SPARSAMKEIT

Die Sparsamkeit ist die Kunst, aus dem Leben so viel wie möglich herauszuschlagen.

Shaw

Die Sparsamkeit ist die Tochter der Vorsicht, die Schwester der Mäßigkeit und die Mutter der Freiheit.

Smiles

Sparsamkeit: ein Faß Whisky, das man nicht braucht, für den Preis einer Kuh kaufen, die man sich nicht leisten kann.

Bierce

SPEKULATION

Alle Spekulation, vielleicht alles Philosophieren ist nur ein Denken in Spiralen; wir kommen wohl höher, aber nicht eigentlich weiter, und dem Zentrum der Welt bleiben wir immer gleich fern.

Schnitzler

»Die Spekulation ist die betrunkene Philosophie«, sagt Feuerbach. Die Philosophie werde daher wieder nüchtern, dann wird sie dem Geiste sein, was das reine Quellwasser dem Leibe ist.

Büchner

SPEZIALISIERUNG

Spezialisierung ist Parzellierung der Verantwortung.

Hans Kasper

Spezialisierung – Kennwort aller Methoden unseres Jahrhunderts. Ihr verdanken wir es, daß ungezählte Menschen heute Scheuklappen vor den Augen tragen.

Thieß

SPEZIALIST

Spezialist ist jemand, der sich auf eine von ihm gewählte Form der Unwissenheit beschränkt hat.

Hubbard

Spezialisten sind Leute, die nur eine Saite auf ihrer Fiedel haben.

Henry Miller

Ein Spezialist ist ein Mann, der mehr und mehr über weniger und weniger weiß.

Mayo

SPIEL

Der Geist des Spiels nämlich ist, daß man auf alle Weise, durch jeden Streich und jeden Schlich, dem andern das Seinige abgewinne. Aber die Gewohnheit, im Spiel so zu verfahren, wurzelt ein, greift über in das praktische Leben, und man kommt allmählich dahin, in den Angelegenheiten des Mein und Dein es ebenso zu machen und jeden Vorteil, den man eben in der Hand hält, für erlaubt zu halten.

Schopenhauer

Spiele sind Volkskunst, kollektive gesellschaftliche Reaktionen auf die Haupttriebkräfte oder Wirkungsweisen einer Kultur. Spiele sind wie Institutionen, Ausweitungen des sozialen Menschen und der organisierten Gesellschaft, wie Techniken Ausweitungen des animalischen Organismus sind. Spiele wie Techniken sind Gegenreizmittel oder Möglichkeiten der Anpassung an den dauernden Druck der spezialisierten Handlungsweise, die in jeder Gemeinschaft üblich ist. Als Ausweitungen populärer Formen der Reizantwort auf die Belastung der Arbeitszeit werden Spiele zu naturgetreuen Modellen einer Kultur. Sie vereinigen beides, die Handlungsweise und die Reaktionsweise ganzer Völker in einem einzigen dynamischen Leitbild.

McLuhan

SPIELEN

Spielen ist Experimentieren mit dem Zufall.

Novalis

Spielen ist das dem Menschen innewohnende Prinzip.

Burke

Wollen heißt: den Mut haben, sich einer Unannehmlichkeit auszusetzen; sich dieser aussetzen, heißt: den Zufall wagen, also spielen.

Stendhal

SPITZFINDIGKEIT

Die Spitzfindigkeit ist eine Nadel ohne Faden.

Hans Kasper

SPONTANEITÄT

Spontaneität: Atem, der in die Statue fährt . . .

Hilsbecher

SPORT

Der Sport ist eine Tätigkeitsform des Glücks.

Kessel

Der Sport ist ein Sohn des Fortschritts, und er trägt schon auf eigene Faust zur Verdummung der Familie bei.

Karl Kraus

SPOTT

Spott ist der Dunst kleiner Herzen.

Tennyson

Spott ist das Wetterleuchten der Verleumdung.

Sprichwort

Spott ist die Waffe derer, die keine andere besitzen.

Pierlot

Spott ist oft Geistesarmut.

La Bruyère

Spott ist der Prüfstein der Eigenliebe.

Vauvenargues

Feiner Spott ist ein Dorn, der etwas von dem Duft der Blume konserviert hat.

d'Houdetot

SPRACHE

Die Sprache ist, wie Raum und Zeit, eine dem menschlichen Geist notwendige Anschauungsform, die uns die unsrer Fassungskraft fort und fort sich entziehenden Objekte dadurch näher bringt, daß sie sie bricht und zerbricht.

Hebbel

Sprache ist immer durchaus nur das, was den eigenen bisherigen Ausdruck als pseudologisch erscheinen läßt.

Heimito von Doderer

Die Sprache ist gleichsam der Leib des Denkens.

Hegel

Die Sprache ist äußeres Denken, das Denken innere Sprache.

Rivarol

Die Sprache ist die Sortiermaschine des Denkens. Leider programmiert sie sich auch weitgehend selbst.

Schlosser

Die Sprache ist nicht nur die Grundlage des gesamten Denkvermögens, sondern auch das Zentrum, von dem die durch sie verursachten Mißverständnisse der Vernunft ausgehen.

Hamann

Sprache ist unter anderem auch Expression, durchaus nicht immer Kommunikation.

Ludwig Marcuse

Die Sprache ist die Kleidung der Gedanken.

Samuel Johnson

Alle Sprache ist Bezeichnung der Gedanken.

Kant

Die Sprache ist die Mutter, nicht die Magd des Gedankens.

Karl Kraus

Die Sprache Mutter des Gedankens? Dieser kein Verdienst des Denkenden? O doch, er muß jene schwängern.

Karl Kraus

Eine Sprache mit Geschick handhaben heißt eine Art Beschwörungszauber treiben.

Baudelaire

Und wie ich's überdenke,
's bleibt eine wunderliche Sache:
Die Sprache ist Gottes Geschenk,
Und Gott ein Geschenk der Sprache.

von Bauernfeld

Wahrscheinlich ist die Sprache eine Folge der Fähigkeit zu lachen.

Herbst

Sprache: die Musik, mit der wir die Schlangen beschwören, die einen fremden Schatz bewachen.

Bierce

Zeichnung ist Sprache für die Augen, Sprache Malerei für das Ohr.

Joubert

Die Sprache ist die menschheitsbiographisch festgelegte Gesamtbeschreibung all dessen, was ist.

Edel

Die Sprache ist die Quelle der Mißverständnisse.

Saint-Exupéry

Sprache ist versteinerte Poesie.

Emerson

Die Sprache der Adeligkeit ist die Präzision.

Kuh

Die Sprache ist gleichsam die äußere Erscheinung des Geistes der Völker. Man kann sich beide nicht identisch genug denken.

Humboldt

Die Sprache ist ein unvollkommenes Werkzeug. Die Probleme des Lebens sprengen alle Formulierungen.

Saint-Exupéry

Sprache: Worte, die zeigen sollen, daß dem, auf den sie gemünzt sind, die charakterliche Würde fehlt, welche den auszeichnet, der sie ausspricht.

Bierce

Der Geist einer Sprache offenbart sich am deutlichsten in ihren unübersetzlichen Worten.

Ebner-Eschenbach

Die Sprache ist ein Zauberstab. Also kann sie auch zum Marterinstrument und zur Mordwaffe werden.

Diettrich

Die Zukunft der Sprache ist die Formel.

Ceram

Die ganz in Information verwandelte Sprache ist die gehärtete Spitze einer nicht gehärteten Masse.

Weizsäcker

SPRACHEN

Sprachen sind die Stammbäume der Nationen.

Samuel Johnson

Die alten Sprachen sind die Scheiden, darin das Messer des Geistes steckt.

Goethe

SPRECHEN

Sprechen, das heißt vor sich selbst hermarschieren.

Queneau

Sprechen heißt urteilen, Schweigen heißt geurteilt haben.

Lohberger

SPRICHWORT

Ein Sprichwort ist ein kurzer Satz, der sich auf lange Erfahrung gründet.

Cervantes

Das Sprichwort ist eines Menschen Witz und aller Menschen Weisheit.

John Russell

Sprichwörter sind die Philosophie der einfachen Leute.

Howell

Sprichwörter sind die Zufluchtsstätte der Intuition.

Lowell

Sprichwörter sind die Weisheit der Straßen.

Sprichwort

Das Sprichwort ist das Blatt, das man braucht, um ein Wort zu essen.

Afrikanisches Sprichwort

Sprichwörter sind die Spiegel der Denkart einer Nation.

Herder

Volkesstimme ist Gottesstimme. Und was sind Sprichwörter anderes als Gottesstimmen?

Howell

Sprichwörter sind kurzgefaßte Evangelien.

Spanisches Sprichwort

Ein Sprichwort ist eine allgemein bekannte Weisheit, an die sich niemand hält.

Herbst

Sprichwort: entbeinte Weisheit für schwache Zähne.

Bierce

St

STAAT

Der moderne Staat ist das sichtbarste und bekannteste Erzeugnis der Zivilisation.

Ortega y Gasset

Der Staat ist die Einheit eines Systems von Normen, die regeln, unter welchen Bedingungen ein bestimmter Zwang von Mensch zu Mensch geübt werden soll.

Kelsen

Der Staat ist eben auch nur ein Menschengebilde – und kann verlangen, daß wir ein bißchen nachsichtig mit ihm sind.

Ludwig Marcuse

Der Staat ist eine Maschine zur Aufrechterhaltung der Herrschaft einer Klasse über eine andere.

Lenin

Der Staat ist eine Institution, die immer mehr Geld ausgibt als sie einnimmt. In Zeiten guter Konjunktur geschieht dies, um sie zu erhalten, in Zeiten schlechter Konjunktur geschieht dies, um sie zu erzielen.

Nahr

Der Staat ist eine Gesellschaft mit beschränkter Haftung – die ihre Geschäftsführer von Zeit zu Zeit aufhängt.

Niederreuther

Die Wohltat des Staates besteht darin, daß er der Hort des Rechts ist.

Burckhardt

Eine Staatsform und eine Wanzenjagd sind nah miteinander verwandt: das Ungeziefer kommt immer wieder; aber es ist doch einstweilen dafür gesorgt, daß es den Menschen nicht bei lebendigem Leibe auffrißt.

Hebbel

Die soziale Ordnung kommt nicht von der Natur. Sie gründet sich auf Verträge.

Rousseau

Die Natur des Staats liegt nicht im Vertragsverhältnis.

Hegel

Die Not führt die Menschen zusammen und vereinigt sie; dieses zufällige Flickwerk nimmt dann gesetzliche Formen an.

Montaigne

Die Staatswissenschaft ist die Darstellung der Organisation, die ein Volk als ein in sich lebendiges organisches Ganzes hat.

Hegel

Der einzig und allein gerechte und einzig und allein zu rechtfertigende Endzweck des Staates ist: das größte Glück der größten Zahl.

Bentham

Der Staat ist sich selbst Zweck wie alles Lebendige: denn wer darf leugnen, daß der Staat ein ebenso wirkliches Leben führt wie jeder seiner Bürger?

Treitschke

Der Staat gehört zu den verquickten, vieldeutigen Begriffen, an die man sich gewöhnen muß: im Grunde kennen wir keine anderen. Der Mensch ist ohne den Boden nicht denkbar, der Staat nicht ohne den Boden und den Menschen dazu. Der Reiter kann nicht ohne das Pferd gedacht werden, und der Begriff der Reitkunst schließt Pferd und Reiter ein. Die Form des Zügels wird durch die Maße des Menschen und des Pferdes bestimmt, wie die Regierungsform durch das Verhältnis von Territorium und Bevölkerung.

Rivarol

Der Staat ist die eiserne Klammer, die der Gesellschaftsprozeß erzwingt.

Nietzsche

Staat ist diejenige menschliche Gemeinschaft, welche innerhalb eines bestimmten Gebietes das Monopol legitimer physischer Gewaltsamkeit für sich (mit Erfolg) beansprucht.

Max Weber

Der Staat ist eine kluge Veranstaltung zum Schutze der Individuen gegeneinander.

Nietzsche

Der Staat ist die Wirklichkeit der sittlichen Idee.

Hegel

Staaten sind Gedanken Gottes.

Ranke

Der Staat ist eine Allianz der vorangegangenen Generationen mit den nachfolgenden und umgekehrt.

Adam Müller

Das Fundament aller Staatskünste besteht darin, die Menschen zu täuschen über das, was ihr eigner Vorteil ist.

Mohr

Staatskunst besteht darin, eine Nation, von dem, was sie ist, in das, was sie sein könnte, umzuwandeln.

Alger

Der Staat hat immer nur den Zweck, den einzelnen zu beschränken, zu bändigen, zu subordinieren, ihn irgendeinem allgemeinen untertan zu machen ...

Stirner

Der Staat – eine Abstraktion, die das Leben des Volkes verschlingt, ein unermeßlicher Friedhof, auf dem ... alle wahren Hoffnungen, alle Lebenskräfte eines Landes großzügig und andächtig sich haben hinschlachten und begraben lassen.

Bakunin

Jeder Staat ist eine Despotie, sei nun einer oder viele der Despot.

Stirner

Der Staat ist immer – welches auch seine Verfassung sei, ob primitiv, mittelalterlich oder modern – die Einladung, die eine Gruppe von Menschen an andere menschliche Gruppen zur gemeinsamen Ausführung eines Unternehmens ergehen läßt. Dieses Unternehmen besteht letzten Endes – wie immer seine Zwischenstufen seien – darin, eine gewisse Art des Gemeinschaftslebens zu schaffen. Die verschiedenen Staatsformen entstehen aus den verschiedenen Arten, nach denen die *Unternehmensgruppe* die Zusammenarbeit mit *den anderen* einrichtet.

Ortega y Gasset

Staat: Unwirtschaftlich geführtes Großunternehmen.

Schiff

Der Staat ist ein gutes oder schlechtes Haus, an dem wir dauernd bauen, aber wir können von einem Hause nicht erwarten, daß es unser Glück verbürge. Dennoch behaupten alle Parteien, es sei möglich, den Menschen durch den Staat von seinen eigenen Unzuträglichkeiten zu befreien. Mit diesem Selbstbetrug machen sie den Staat zu einem falschen Gott, auf dessen Altar sie das Opfer ihrer Vernunft bringen, um dafür ein Wunder zu erwarten.

Thieß

Der Staat ist eine Notordnung gegen das Chaos.

Heinemann

Der Staat ist die organisierte Unmoralität – inwendig: als Polizei, Strafrecht, Stände, Handel, Familie; auswendig: als Wille zur Macht, zum Kriege, zur Eroberung, zur Rache.

Nietzsche

Zweck des Staates ist, daß ein Volk nicht als solches Aggregat zur Existenz, zur Gewalt und Handlung komme.

Hegel

Der Zweck des Staates ist das Glück seiner Bürger.

Unbekannt

Der Staat ist die vernünftige und sich objektiv wissende und für sich seiende Freiheit.

Hegel

Der Staat ist die Wirklichkeit des substantiellen Willens.

Hegel

Der Staat ist die große Fiktion, mit deren Hilfe sich alle bemühen, auf Kosten aller zu leben.

Bastiat

Der Staat ist eine historische Übergangserscheinung, eine vergängliche Form der Gesellschaft.

Bakunin

Zwischen Staat und Recht ist vielleicht kein Unterschied; denn die Idee des Staates entspringt aus dem Gedanken der Selbständigkeit, welche ohne entsprechende Macht nie behauptet werden könnte.

Ranke

Was sind denn die Staaten mit aller ihrer künstlichen, nach außen und nach innen gerichteten Maschinerie und ihren Gewaltmitteln anders als Vorkehrungen, der grenzenlosen Ungerechtigkeit der Menschen Schranken zu setzen?

Schopenhauer

Der Staat beruht so wenig auf einem bloßen Vertrag als der Mensch.

Hebbel

Der Staat ist die Wirklichkeit der konkreten Freiheit.

Hegel

Der Staat ist der Herr der Gesellschaft, indem er ihr dient.

Haller

Der Staat, wie er auch sei, ist der Beamte der Gesellschaft.

Maurras

Ist der Staat ein Mensch? Offensichtlich nicht. Und Ludwig der Vierzehnte war in einer schweren Illusion befangen, wenn er glaubte, er sei der Staat, in einer Illusion, die so unheilvoll war, daß sie seinen Enkel den Kopf gekostet hat.

Ortega y Gasset

Der Staat ist ein Volk, das sich selbst beherrscht.

Kant

STAATSMANN

Ein Staatsmann ist im allgemeinen ein Mann mit gewöhnlichen Meinungen und außergewöhnlichen Fähigkeiten.

Bagehot

Der Staatsmann ist jemand, der glaubt, er gehöre dem Staate, während der Politiker meint, der Staat gehöre ihm.

Unbekannt

Der Politiker wird zum Staatsmann dadurch, an welche Antriebe im Volk er sich wendet. Er ruft aus der Tiefe nicht den Wahn und die Wildheit, nicht die Dummheit und Verführbarkeit, sondern die Vernunft der Völker. Er gibt den Interessen ihr Teil, aber begrenzt ihre Ansprüche.

Jaspers

Ein wahrer Staatsmann ist der, der sich als Schiedsrichter zwischen seinen Ehrgeiz und das allgemeine Interesse stellt.

van den Bosch

Der Politiker sagt: »Ich werde dir geben, was du wünschst.« Der Staatsmann sagt: »Was du zu wünschen glaubst, ist dies. Was für dich möglich ist, zu bekommen, ist jenes. Was du deshalb wirklich wünschst, ist das folgende...«

Lippmann

Der Staatsmann ist ein Politiker, der aufrecht erhalten wird durch gleichen Druck von allen Seiten.

Johnston

Ein Staatsmann ist ein Politiker, der seit zehn oder fünfzehn Jahren tot ist.

Truman

Alter Staatsmann: einer, der alt genug ist, seine Meinung zu haben, und der darüber schweigt.

Baruch

Staatsmännische Kunst ist der weise Einsatz individueller Unzulänglichkeit für das Gemeinwohl.

Abraham Lincoln

STAMMTISCH

Ein Stammtisch ist in einem bestimmten Lokal ein bestimmter Tisch in einem bestimmten Winkel, an dem zur bestimmten Stunde bestimmte Gäste auf ihrem bestimmten Platz sich niederlassen, um bei Vertilgung einer bestimmten Menge eines bestimmten Getränks aus bestimmten Gläsern über bestimmte Themen zu sprechen und dann zur bestimmten Stunde aufzubrechen, weil man zur bestimmten Zeit zu Hause bestimmt erwartet wird.

Aus den »Fliegenden Blättern«

STANDESBEWUSSTSEIN

Standesbewußtsein: Damit bezeichnen wir eine streng umschriebene Gruppe von Vorurteilen, von denen jedes einzelne nicht nur auf sich selbst, sondern auf die übrigen stolz ist, und die einander gegenseitig automatisch zu hoch zu steigern pflegen, daß daraus eine partielle Unzurechnungsfähigkeit der Standesbewußten und Gefahr für die Umgebung resultiert.

Schnitzler

STARK

Stark ist, wer Kraft – bändigt.

Lohberger

STATISTIK

Die Statistik ist das Märchen der Vernunft.

Kessel

Statistik: verlogene Wahrheiten.

Strachey

Statistik: sichtbar gemachte Assoziation.

Lohberger

Statistik ist ein Verfahren, welches gestattet, geschätzte Größen mit der Genauigkeit von Hundertstelprozent auszudrücken.

Nahr

STATUS SEEKERS

Status seekers sind Leute, die sich dauernd anstrengen, um sich mit dem sichtbaren Beweis des höheren Ranges zu umgeben, den sie beanspruchen.

Vance Packard

STAUNEN

Staunen ist unfreiwilliges Lob.

Edward Young

Staunen, das ist der Same des Wissens.

Bacon

Staunen ist der erste Grund der Philosophie.

Aristoteles

STECKENPFERD

Das Steckenpferd ist das einzige Pferd, welches über jeden Abgrund trägt.

Hebbel

STEIN

Jeder Stein ist eine Welt ungeborener Funken.

Kudszus

STERBEN

Sterben heißt, dem Leben unerträglich werden.

Kudszus

Sterben: einwintern.

Wilhelm Busch

STERNE

Sterne sind Gottestänzer.

Hille

Sterne sind die Vergißmeinnicht der Engel.

Longfellow

Die Sterne sind der blitzende Tau auf den Fluren der Ewigkeit.

Aus den »Fliegenden Blättern«

Sternbilder, die sichtbaren Akkorde des Himmels.

Lohberger

STEUERGERECHTIGKEIT

Steuergerechtigkeit ist das Gleichgewicht der Lobbies.

Nahr

STEUERN

Steuern sind ohne Zweifel die in der Gesellschaft bekannteste und einfachste Hebelkraft, um soziale Impulse zu lenken.

Morris L. West

Steuern sind nicht das Mittel zur Versorgung der Gemeinschaft mit den erforderlichen Diensten, sondern ein Fond, der unter die verschiedenen Interessen verteilt wird, die sich mit politischen Forderungen an den Staat wenden.

Chamberlain

Steuern sind die andere Gewißheit.

Unbekannt

Steuern einheben heißt, die Gans so zu rupfen, daß man möglichst viele Federn mit möglichst wenig Gezische bekommt.

Colbert

STIL

Der Stil ist die Physiognomie des Geistes.

Schopenhauer

Dein Stil – daß deine Augen siebenhundert Male sehen und im Grunde nur das eine.

Björling

Stil ist die Kleidung der Gedanken.

Chesterfield

Unter Stil verstehe ich die Fähigkeit, komplizierte Dinge einfach zu sagen – nicht umgekehrt.

Cocteau

Den Stil verbessern, das heißt den Gedanken verbessern.

Nietzsche

Stil haben: daß heißt die Worte so setzen, daß die Gedanken spazieren können.

Lohberger

Stil ist richtiges Weglassen des Unwesentlichen.

Anselm Feuerbach

Der Stil ist ein gefährlicher Nebel, aus dem stammelnde Metaphern undeutlich herausragen.

Ricks

Der Stil ist der Mensch selbst.

Buffon

Le style c'est l'homme: dieses Wort ist so wahr, daß der Schreibende sich am sichersten dort zu verraten pflegt, wo er sich am ängstlichsten zu verstellen trachtete.

Schnitzler

Wer es versteht, an sich Zweideutiges so auszudrücken, daß es nur eindeutig ausgelegt werden kann, ist ein Meister des Stils.

Vauvenargues

Jedes Wort hat fließende Grenzen; diese Tatsache zu ästhetischer Wirkung auszunützen ist das Geheimnis des Stils.

Schnitzler

Stilmodelle: der Fluch, das Telegramm und der Grabspruch.

Cioran

STILLE

Die Stille ist das Atemholen der Welt.

Kuhlmann

STOLPERN

Stolpern ist die Beschleunigung des Ganges.

Afrikanisches Sprichwort

STOLZ

Der Stolz ist das Rückgrat des Menschen, und die Eitelkeit ist das Schwänzchen daran.

Aus den »Fliegenden Blättern«

Demnach ist Stolz die von innen ausgehende, folglich direkte Hochschätzung seiner selbst, hingegen Eitelkeit das Streben, solche von außen her, also indirekt zu erlangen. Dementsprechend macht die Eitelkeit gesprächig, der Stolz schweigsam.

Schopenhauer

Der Stolz ist eine Art Vergnügen, daß jeder selbst erzeugt, der zu gut von sich denkt.

Spinoza

Stolz ist Selbstgefühl, ist Vergnügen an der eigenen Identität.

Kesten

Stolz ist sein eig'ner Spiegel, seine eig'ne Trompete, seine eigene Chronik. (Agamemnon)

Shakespeare

Stolz ist schlechtes Gewissen dem Schicksal gegenüber.

Lohberger

Stolz, der Luxus Unterdrückter.

Rudolf Rolfs

Der Stolz ist die Tugend des Unglücks.

Châteaubriand

STOSSEN

Stoßen: eines der beiden Dinge, die meist zum Erfolg führen – besonders in der Politik. Das andere ist Ziehen.

Bierce

STRAFE

Strafe ist Gerechtigkeit für die Ungerechten.

Augustinus

Die Strafe ist die Gerechtigkeit, welche die Schuldigen an die austeilen, die gefaßt werden.

Hubbard

Die Strafe ist der Preis für etwas, das nicht zu verkaufen war.

Unbekannt

Der Sinn der Strafe ist: jemanden in der gesellschaftlichen Ordnung niedriger zu setzen.

Nietzsche

Strafen heißt, absichtlich ein Übel zufügen. Wer in diesem Sinne strafen will, muß sich eines höheren Auftrags zuversichtlich bewußt sein.

Radbruch

Die Strafe, die züchtigt, ohne zu verhüten, heißt Rache.

Camus

Die Strafe ist auch ein Recht für den Übertretenden.

Nietzsche

Die Strafe ist eine hoheitliche Trotzreaktion.

Nahr

STRATEGIE

Die Strategie ist eine Ökonomie der Kräfte.

Clausewitz

Strategie ist ein System von Notbehelfen.

Moltke

Strategie ist die Wissenschaft des Gebrauchs von Zeit und Raum.

Gneisenau

STRAUSS

Strauß: das einzige Tier, das einen offiziell anerkannten Sinn für Politik hat.

Daninos

STUDENTEN

Die Studenten sind das Fieberthermometer der Gesellschaft.

Moravia

STUDIUM

Das Studium ist das Brot der Seele.

Mazzini

STUNDE

Die Stunde ist das Kleingeld des Lebens.

Lohberger

SUBJEKTIVITÄT

Subjektivität ist Wahrheit.

Kierkegaard

Subjektivität: eine Sonnenuhr mit Hilfe einer Taschenlampe ablesen.

Piet Hein

SUBVENTIONEN

Subventionen sind politische Beschwichtigungsmittel.

Wiggins

Subventionen: wirtschaftspolitischer Denkmalschutz.

Nahr

Subvention: ein »Allheilmittel«, welches ein Kurpfuscher dem falschen Patienten verschreibt.

Wittrich

SUCHEN

Suchen heißt eine noch nicht vorhandene Realität vorwegnehmen, für ihr Erscheinen Vorsorge treffen.

Ortega y Gasset

SÜNDE

Die Sünde ist eben dies, was man seiner Art nach nicht mit dem ganzen Wesen tun kann: es ist möglich, den Widerspruch in der Seele zum Schweigen zu bringen, aber es ist nicht möglich, ihn auszutilgen.

Buber

Die Sünde ist eine religiöse Vorstellung, die Schuld eine moralische.

Kesten

Die Sünden sind die Pfeiler der Religion.

Lohberger

Was man die Sünde nennt, ist ein wesentliches Glied in der Kette des Fortschritts. Ohne sie würde die Welt zum Sumpfe, würde sie alt und farblos. Durch ihre Einzigkeit schon vermehrt die Sünde die Erfahrung einer Rasse. Durch die starke Betonung der Individualität rettet sie uns vor der Einförmigkeit des Typus.

Wilde

Sünde: ein Bruch des Gleichgewichtes.

Pavese

Sünde ist Gegenverkehr auf moralischer Einbahnstraße.

Rudolf Rolfs

SYMBOL

Symbole: das sind die Ideen im Reiche der Kunst.

Lohberger

SYMPATHIE

Sympathie ist eine Allegorie der Seele.

Michel

Sympathische Menschen sind Leute, die von uns eine hohe Meinung haben.

Unbekannt

SYSTEM

System: ein Platz für alles und alles auf seinem Platz.

Smiles

T

TAG

Der Tag ist eine Miniaturewigkeit.

Emerson

Tag: eine Folge von 24 meist übel angewendeten Stunden.

Bierce

Daß der Tag des Inkognito des »Ewigen« ist, verleiht dem Journalisten einen priesterlichen Zug.

Kudszus

TAGEBUCH

Tagebuch: ein täglicher Bericht über jenen Teil des Lebens, den man sich ohne zu erröten eingestehen kann.

Bierce

TAKT

Takt ist der Verstand des Herzens.

Gutzkow

Takt ist die Fähigkeit, andere so darzustellen, wie sie sich selbst gern sehen.

Abraham Lincoln

Takt ist das Wort, die Bewegung, das Schweigen an richtiger Stelle.

Anita

Takt ist der ungesagte Teil dessen, was du denkst.

Henry van Dyke

Heucheln, das Wort klingt schlecht, drum nennt man's Takt.

Spitteler

Takt ist die Fähigkeit, Rat annehmbar zu machen.

Unbekannt

Takt ist die Fähigkeit, einem anderen auf die Beine zu helfen, ohne ihm dabei auf die Zehen zu treten.

Curt Goetz

Takt ist eine Geschicklichkeit, die den Menschen besser als Talent und Wissen über alle Schwierigkeiten fortführt.

Smiles

Takt kann man nie erlernen – nur gute Manieren. Für Takt gibt es keine Präzedenzfälle. Es ist der »flair« für die Luft im Raum, für die Strahlen, die von den Menschen und Dingen ausgehen.

Anita

Takt ist der auf das Benehmen angewandte gute Geschmack.

Chamfort

Takt besteht darin, daß man weiß, wieweit man zu weit gehen darf.

Cocteau

Takt ist die Musik der Seele.

Anita

Takt ist das absolute Gehör des Herzens.

Unbekannt

TAKTIK

Die Taktik ist die Lehre vom Gebrauch der Streitkräfte im Gefecht, die Strategie die Lehre vom Gebrauch der Gefechte zum Zwecke des Krieges.

Clausewitz

Taktik ist ein Modewort für Hinterlist.

Rudolf Rolfs

Taktik: sie ließen ihn steigen, um ihn besser treffen zu können.

Brudziński

TALENT

Was ist Talent? Ruhmvoll offenbar gewordene Vernunft.

de Chénier

Talent ist das, was in eines Menschen Macht steht; Genius – in wessen Macht der Mensch steht.

Lowell

Leicht tun können, was schwierig für andere ist – das ist Talent; tun können, was für das Talent unmöglich ist – das ist Genie.

Amiel

Talent ist spezifische, Genie allgemeine Befähigung, welche der Mensch sich nicht nur durch eigene selbstbewußte Tätigkeit zu geben die Macht hat.

Hegel

Das Talent weiß, was zu tun ist; der Takt weiß, wie es zu tun ist.

Unbekannt

Talente sind Genies, die von außen her befruchtet werden, Genies Talente, die aus sich selbst Früchte tragen.

Lohberger

Talent ist Form, Genie Stoff.

Gutzkow

Das Talent ist ein aufgeweckter Junge. Die Persönlichkeit schläft lange, erwacht von selbst und gedeiht darum besser.

Karl Kraus

Was die Epoche besitzt, das verkündigen hundert Talente;
Aber der Genius bringt ahnend hervor, was ihr fehlt.

Geibel

Talent ist oft ein Charakterdefekt.

Karl Kraus

Das Talent ist die Eins, aber das Genie setzt die Nullen hinzu.

Seunig

Man kann Talent nicht definieren? Allenfalls kann man ein Gewächshaus einrichten und warten, ob etwas wächst.

Steven

TANZ

Tanzen ist die Poesie des Fußes.

Dryden

... Tanz ist die einzige Kunst, in der wir selbst der Stoff sind, aus dem sie gemacht ist.

Schnabel

Tanzen ist eine wundervolle Übung für die Mädchen. Sie lernen dabei am ehesten vermuten, was der Mann tun wird, bevor er es wirklich tut.

Christopher Darlington Morley

TAPFERKEIT

Tapferkeit ist stets ein Widerspruch in sich. Sie ist der mächtige Wille, am Leben zu bleiben, gekleidet in die Bereitschaft zu sterben.

Chesterton

Tapferkeit ist die letzte Waffe, die die Natur dem Menschen gelassen hat, gegen die Leiden des Lebens und des Sterbens.

Coudenhove-Kalergi

Vollendete Tapferkeit besteht darin, ohne Zeugen zu tun, was man vor aller Welt zu tun vermöchte.

La Rochefoucauld

TASCHENDIEB

Taschendiebe nennt man diejenigen Mitglieder der menschlichen Gesellschaft, die die weitverbreitete Kunst, dem anderen Geld aus der Tasche zu ziehen, nur manuell ausüben.

Hans Kasper

Der Taschendieb ist ein Optimist in der Menge.

Unbekannt

TAT

Eine Tat ist ein in die Wirklichkeit umgesetztes Bekenntnis.

Kessel

Tat heißt eine Handlung, sofern sie unter Gesetzen der Verbindlichkeit steht.

Kant

Die Tat ist nicht das Leben, sondern die Livree des Lebens.

Suarès

Jede Tat ist ein Schicksal, verkleidet in ein Wollen.

Spengler

Tat ist Trägheit mal Wille.

Heckmann

TATSACHEN

Eine Tatsache ist in der Wissenschaft nicht eine bloße Tatsache, sondern ein Beispiel.

Bertrand Russell

Tatsachen sind eigensinnige Dinge.

Smollett

Tatsachen sind die wilden Bestien im intellektuellen Gelände.

Holmes

TECHNIK

Technik heißt Götzendienst der Mittelmäßigen am Mittel. Der Zweck wird außer acht gelassen.

Lohberger

Technik: das sind auch die aufgespeicherten Resultate der langen Kämpfe gegen die Feinde der Menschen. Insofern ist sie zu preisen.

Ludwig Marcuse

Die Technik ist unsere Uniform.

Ernst Jünger

Die Technik ist jene Waffe, die die Kultur der Natur gegenüber mißbraucht.

Lohberger

Kunst und Technologie sind Erweiterungen des Menschen. Heutzutage hat der Mensch Erweiterungen für praktisch alles entwickelt, was er zuvor mit dem Körper auszuführen pflegte; die Steinaxt für die Hand; das Rad für den Fuß; Brillen für die Augen; das Radio für Stimme und Ohren; Geld ist eine Form der Energiespeicherung.

Culkin

Als die Technik noch eine Seele besaß, hieß sie Kunst. Seit die Kunst keine Seele mehr hat, ist sie Technik.

Lohberger

Modelländerungen sind die Trippelschritte der Technik.

Nahr

TECHNIKER

Einen Techniker nennt man jedes Individuum, das den Versuch, unser Leben durch Kniffe und eine gewisse Fallenstellerei für die Naturkräfte gründlich zu verändern, für eine erstrangige Sache hält.

Heimito von Doderer

TECHNOKRATIE

Technokratie ist, wenn Probleme gelöst statt zerredet werden.

Nahr

Technokratie: Sozialismus mit Rechenschieber.

Unbekannt

Technokratie: Kommunismus mit Gamaschen.

Stevens

TECHNOLOGIE

Technologie ist die systematische Anwendung wissenschaftlicher Erkenntnisse bei praktischen Aufgaben.

Galbraith

TEILNAHME

Die Teilnahme vieler Menschen dokumentiert sich darin, daß jeder seinen Teil nimmt.

Aus den »Fliegenden Blättern«

Teilnahme ist der goldene Schlüssel, der die Herzen anderer öffnet.

Smiles

THEATER

Das Theater ist die tätige Reflektion des Menschen über sich selbst.

Novalis

Das Theater besteht nur aus verwirklichten Träumen.

Max Reinhardt

THEKE

Die Theke ist der Rangierbahnhof der menschlichen Seele, ein Bebra des Gemüts auf der Fahrt von des Tages Mühe in den Frieden der Nacht.

Bamm

Die Theke ist die Stätte zweier alter Freiheiten, der Freiheit zu reden und der Freiheit zu schweigen ... Die Freiheit zu reden macht die Theke zur Agora unseres Zeitalters.

Bamm

THEOLOGIE

Die Theologie ist immer eine mystisch verkleidete Anthropologie.

Gardavský

Die Theologie ist Anthropologie, d. h. in dem Gegenstande der Religion, den wir griechisch Theos, deutsch Gott nennen, spricht sich nichts andres aus als das Wesen des Menschen.

Ludwig Feuerbach

Die Theologie ist ein intellektuelles Instrument für einen kultivierten Glauben; sie ist der artikulierte, gedanklich und geistig bewältigte Glaube an Gott. Insofern ist sie genauso wie die Kunst oder die Philosophie ein Gebilde der Kultur.

Gardavský

THEORIE

Eine Theorie ist nichts als die Haut der Wahrheit – gestützt und ausgestopft.

Henry Ward Beecher

Die Theorie ist eine Vermutung mit Hochschulbildung.

Carter

Die Theorie sollte nie vergessen, daß sie nichts weiter ist als angewandte Praxis.

Laub

Die Theorie ist ein Zusammenhang von Begriffen – und zwar im strengen Sinne des Wortes Begriff.

Ortega y Gasset

Theorien sind gewöhnlich Übereilungen eines ungeduldigen Verstandes, der die Phänomene gern los sein möchte und an ihrer Stelle deswegen Bilder, Begriffe, ja oft nur Worte einschiebt.

Goethe

Was ist eine Theorie anderes als eine unvollkommene Verallgemeinerung, die von einer Prädisposition eingeholt wurde?

Froude

Theorie: ein unbegrenzter Zitatenschatz für alle Gelegenheiten.

Laub

TIEFE

»Tiefe«: das ist Verwundbarkeit. Einer ist so »tief«, wie die Wunder der Welt ihn verwunden, wie er sie in sich eindringen läßt.

Hilsbecher

TITEL

Titel sind tiefe Gräben um die Festung Mensch.

Hans Arndt

TOD

Tod ist die Voraus-Erfahrung von der Auflösung eines Alls, das Ich zu sich sagt. Die Erfahrung des Todes ist gebunden an die Erfahrung des Ich: seine Universalität und Inselhaftigkeit.

Ludwig Marcuse

Was wir Tod nennen, ist lediglich das Bersten einer Zelle.

Reade

Tod: atemberaubende Erfahrung.

Unbekannt

Tod ist ewiger Schlaf.

Spruchweisheit

Der Tod ist die Geisteskrankheit, die alle durchmachen müssen: schon als Schlaf.

Lohberger

Der Tod ist ein Schlaf, in welchem die Individualität vergessen wird: alles andere erwacht wieder, oder vielmehr ist wach geblieben.

Schopenhauer

Der Tod ist die mildeste Form des Lebens, der ewigen Liebe Meisterstück.

Gerhart Hauptmann

Der Tod ist das romantisierende Prinzip unseres Lebens. Der Tod ist – das Leben. Durch den Tod wird das Leben verstärkt.

Novalis

Der Tod ist der Preis des Lebens.

Giraudoux

Tod, das ist nicht das gelebte, sondern das kommende Leben.

Lohberger

Der Tod ist die Fähigkeit, sich nichts vorzustellen.

Lohberger

Tod ist erkanntes Ende.

Spengler

Der Tod ist der Dernier cri des Lebens.

Kudszus

Der Tod ist kein Ereignis des Lebens. Den Tod erlebt man nicht.

Wittgenstein

Den Tod fürchten, das heißt dem Leben viel Ehre erweisen.

Jouffroy

Der Tod ist die Erlösung von allen Schmerzen und völliges Aufhören; über ihn gehen unsere Leiden nicht hinaus; er versetzt uns wieder in den Zustand der Ruhe, in dem wir uns befanden, ehe wir geboren wurden. Bedauert jemand die Gestorbenen, so muß er auch die Ungeborenen bedauern. Der Tod ist weder ein Gut noch ein Übel; denn ein Gut oder ein Übel kann nur etwas wirklich Vorhandenes sein; aber was selbst nichts ist und alles in ein Nichts verwandelt, das gibt uns gar keinem Schicksal preis.

Seneca

Der Tod ist ein Opfer, das jeder Mensch der Idee bringt.

Hebbel

Der Tod ist eine Selbstbesiegung – die, wie alle Selbstüberwindung, eine neue leichtere Existenz verschafft.

Novalis

Der Tod ist die Ruhe, aber der Gedanke an den Tod ist der Störer jeglicher Ruhe.

Pavese

Tod: Verewigung des Augenblicks. Besinnung der Seele auf den Geist.

Lohberger

Der natürliche Tod ist eine gelungene Flucht vor dem Selbstmord.

Kudszus

Der Tod ist die sozialste Fortschrittspartei. Er setzt alle gleich. Tief.

Wiesner

Der Tod ist der Gerichtsvollzieher der Ewigkeit.

Aus den »Fliegenden Blättern«

Der Tod ist der siegreiche Wurm.

Poe

Der Tod ist der Beginn der Unsterblichkeit.

Robespierre

TÖTEN

Töten: einen freien Platz schaffen, ohne einen Nachfolger zu ernennen.

Bierce

TOLERANZ

Toleranz ist ein Beweis des Mißtrauens gegen ein eigenes Ideal.

Nietzsche

Toleranz ist das unbehagliche Gefühl, der andere könne am Ende vielleicht doch recht haben.

Frost

Voraussetzung der Toleranz (sofern es sie geben kann) ist das Bewußtsein, das kaum erträgliche, daß unser Denken stets ein bedingtes ist.

Max Frisch

Toleranz ist die Tugend des Mannes, der keine Überzeugungen hat.

Chesterton

Toleranz ist ein anderes Wort für Gleichgültigkeit.

Maugham

Toleranz heißt: die Fehler der anderen entschuldigen. Takt heißt: sie nicht bemerken.

Schnitzler

Toleranz ist immer das Zeichen, daß sich eine Herrschaft als gesichert betrachtet; wo sie sich gefährdet sieht, erhebt sich immer auch der Anspruch, unbedingt zu sein, also die Verlogenheit, das Gottesgnadentum meines Vorteils, die Inquisition.

Max Frisch

TRADITION

Tradition ist gesiebte Vernunft des gesamten Volkes aus einem Jahrhundert in das andere.

Ricarda Huch

Tradition heißt Weitergabe.

Kuhlmann

Tradition ist die Behauptung, daß das Gesetz bereits seit uralten Zeiten bestanden habe.

Nietzsche

Die Dogmen der Bequemlichkeit: genannt Traditionen.

Lohberger

Traditionen sind Bleisohlen.

Rudolf Rolfs

Tradition: Erbadel des Plagiats.

Lec

Tradition ist die sublimste Form der Nekrophilie.

Kudszus

Es ist doch klar, daß Tradition nichts anderes ist als eine über die Zeit sich hinstreckende Demokratie. Sie ist die Bevorzugung einer Stimmenmehrheit vor der einzelnen und willkürlichen Stimme.

Chesterton

Tradition ist die gewaltsame Fortsetzung einer abgeschlossenen Geschichte.

Herbst

Die Tradition ist eine Ausdehnung des Wahlrechts. Tradition heißt, der unbekanntesten aller Klassen – unseren Vorfahren – Stimmen zu geben. Tradition ist die Demokratie der Toten.

Chesterton

TRÄGHEIT

Die Trägheit ist eine Art Ewigkeits-Drang.

Hilsbecher

Trägheit ist Pseudologie, die noch kein Gebiet gewählt hat, sich zu benennen.

Heimito von Doderer

Die Trägheit ist das Zentralhaus im weitläufigen Gebäudekomplex der Dummheit.

Heimito von Doderer

TRÄNE

Tränen sind die vornehme Sprache der Augen.

Herrick

Tränen sind die schweigende Sprache des Kummers.

Voltaire

Die Träne ist die Sprache der Seele und die Stimme des Gefühls.

Pananti

Die Träne – das edelste Kunstprodukt.

Hebbel

TRAGISCH

Tragisch ist jede Erscheinung im Leben, die zwischen zwei sittliche Prinzipe gestellt, das eine nur durch die Vernichtung des anderen erreichen kann.

Thieß

TRAGÖDIE

Die Tragödie des Menschen: durch immer feinere Siebe gerüttelt zu werden, bis nichts als Staub übrigbleibt.

Diettrich

Tragödie: keinen einzigen eigenen Gedanken zu haben und als Intellektueller verfolgt zu werden.

Laub

TRANSPARENZ

Transparenz: Das Wort so sublimieren, daß es durchsichtig wird für »die Sache selbst«.

Hilsbecher

TRÄUMEN

Träumen, das heißt schlafen mit Illustrationen im Text.

d'Ors

Das Träumen ist der Sonntag des Denkens.

Amiel

TRAUM

Der Traum: Gottes vergessene, nun langsam wieder auftönende Sprache an den Menschen.

Eschmann

Träume sind immer Gleichnisse, und Religionen auch.

Lohberger

Traum ist Bann; man ist, während man träumt, gebannt in einer eigentümlichen Weise durch sich selbst in sich selbst.

Struve

Träume sind Gedanken in vielen Richtungen und Zusammenhängen zugleich.

Lohberger

Der Traum ist der Wächter des Schlafes, nicht sein Störer.

Freud

Träume sind Wirklichkeiten, die nicht enden wollen, und Wirklichkeiten sind Träume, die zu Ende sind.

Lohberger

Der Traum ist eine Wirklichkeit erster Ordnung; alle übrigen Realitäten sind aus zweiter Hand.

Herbst

Traum: die Wirklichkeit des Unbewußten.

Lohberger

Träume sind Schäume.

Sprichwort

TRAUMDEUTUNG

Traumdeutung kann nichts anderes sein als die glücklich benützte Möglichkeit, welche der Anblick vollends aufgedeckter innerer Mechanik bietet: nämlich daraus auf die Mechanik des äußeren Lebens zu schließen.

Heimito von Doderer

Geglückte Traumdeutung ist die Brükke zwischen Innen und Außen: die wiederhergestellte Wirklichkeit.

Heimito von Doderer

TRAUER

Die Trauer ist nicht eine Folgeerscheinung unseres Schmerzes, sondern bereits ein Heilmittel gegen diesen.

Lohberger

TREUE

Treue ist die dauernde Hinwendung zur Seele eines anderen, um in ihr oder mit ihr konstant gewollte Lebenswerte zu verwirklichen.

Spranger

Die Leute, die nur einmal im Leben wirklich lieben, sind die wirklich Oberflächlichen. Was sie ihre Treue nennen, nenne ich entweder die erschlaffende Wirkung, der Gewohnheit oder einen Mangel an Einbildungskraft. Treue ist für das Leben der Gefühle dasselbe wie Konsequenz für das Leben des Intellekts – nämlich das Eingeständnis des Mißerfolgs.

Wilde

Die Treue ist dem Mann ein Kapitel der Metaphysik, der Frau ein Paragraph der Taktik.

Kudszus

Die Treue ist der längere oder kürzere, mitunter fast wehmütige Nachhall der Liebe.

Heimito von Doderer

Treue ist, meist nur noch, die zur Moral erstarrte Liebe von gestern.

Lohberger

Treue üben ist Tugend, Treue erfahren ist Glück.

Ebner-Eschenbach

Lieben können ist Gnade. Treu sein können ist Gnade, die der Gnade widerfährt.

Ludwig Strauß

Treue – auch einer der Wege zum Verrat.

Japanisches Sprichwort

Treue: eine Tugend, welche jenen eigentümlich ist, die wissen, daß sie bald betrogen werden.

Bierce

TRIUMPH

Triumph ist der Gegenausschlag zur Angst. Die zittert mit im Triumph.

Hilsbecher

TROST

Trost: das Wissen, daß ein besserer Mensch unglücklicher ist als du.

Bierce

Trost und Rat sind oft die Abwehr eines Nichtbetroffenen gegen das Leid eines Betroffenen.

Ludwig Marcuse

Trost und Rat sind, neben anderem, auch eine Maske der Distanz.

Ludwig Marcuse

TROTZ

Der Trotz ist die einzige Stärke des Schwachen – und eine Schwäche mehr.

Schnitzler

TRUNKENHEIT

Trunkenheit ist ein zeitweiliger Selbstmord; das Glück, das sie bringt, ist lediglich negativ: ein vorübergehendes Aufhören des Kummers.

Bertrand Russell

TUGEND

Tugend ist die Gesundheit der Seele.

Joubert

Tugend ist zur Energie gewordene Vernunft.

Friedrich Schlegel

Tugend ist die moralische Stärke in Befolgung seiner Pflicht, die niemals zur Gewohnheit werden, sondern immer ganz neu und ursprünglich aus der Denkungsart hervorgehen soll.

Kant

Insofern die Erfüllung der Pflichten mehr als subjektives Eigentum des Individuums erscheint und mehr seinem natürlichen Charakter angehört, ist sie Tugend.

Hegel

Die Tugend ist eine Fackel, welche nicht nur die Menschen beleuchtet, die sie tragen, sondern alle, die sie betrachten.

de Méré

Man kann die Tugend nach meiner Ansicht kurz und gut definieren als die rechte Ordnung der Liebe.

Augustinus

Die Tugend besteht nicht im Verzicht auf das Laster, sondern darin, daß man es nicht begehrt.

Shaw

Tugend besteht nicht in der Abwesenheit der Leidenschaften, sondern in deren Kontrolle.

Josh Billings

Die negative Tugend: der Gefrierpunkt des Ich.

Hebbel

Die Tugend ist bei einigen Furcht vor der Gerechtigkeit, bei vielen Schwäche, bei anderen Berechnung.

de Nerval

Tugend erregt keinen Neid; vielleicht deshalb, weil sie oft nur Furcht vor übler Nachrede ist.

Wiggins

Tugenden sind meist nur verkleidete Laster.

La Rochefoucauld

Tugenden sind meist nur aus Feigheit verschwiegene Laster.

Lohberger

Viele Menschen sehen die Tugend mehr im Bereuen der Fehler als im Vermeiden.

Lichtenberg

Tugenden nennt man insgeheim diejenigen Charaktereigenschaften, von denen andere den meisten Vorteil haben.

Aus den »Fliegenden Blättern«

Die Tugend ist eine Eigenschaft, die nie so angesehen war wie das Geld.

Mark Twain

Was ist die Tugend denn anderes als die Gewerkschaftsbewegung der Verheirateten?

Shaw

Tugenden: gewisse Enthaltsamkeiten.

Bierce

TYRANN

Der Tyrann ist ein Gemisch aus Feigheit, Borniertheit, Willkür, Unverantwortlichkeit und Selbstgefälligkeit. Er repräsentiert also wirklich die Majorität.

Laub

Tyrannen sind in unseren Tagen die gefährlichsten Freiheitsprediger.

Börne

Der Wille zum Überleben ist der Tyrann aller Tyrannen.

Ludwig Marcuse

TYRANNIS

Wo das Recht endet, beginnt Tyrannis.

Pitt d. Ä.

Schlechte Gesetze sind die schlimmste Form der Tyrannis.

Burke

Besteuerung ohne Repräsentation ist Tyrannis.

Otis

U

ÜBERFLÜSSIG

Das Überflüssige ist das zutiefst Notwendige, weil es der Wunsch der Freiheit ist.

Eschmann

ÜBERLEGEN

Überlegen: Wahrscheinlichkeiten auf der Waagschale der Wünsche wiegen.

Bierce

ÜBERSETZER

Übersetzer sind als geschäftige Kuppler anzusehen, die uns eine halbverschleierte Schöne als höchst liebenswürdig anpreisen: Sie erregen eine unwiderstehliche Neigung nach dem Original.

Goethe

ÜBERSETZUNG

Die Übersetzung ist günstigstenfalls ein Echo.

Borrow

ÜBERTREIBUNG

Die Übertreibung ist eine Wahrheit, welche die Ruhe verloren hat.

Kahlil Gibran

Die Übertreibung ist der Betrug der ehrlichen Leute.

de Maistre

Die Übertreibung ist lediglich ein bestätigendes Detail, das einer sonst schmucklosen und wenig überzeugenden Schilderung Ansehen verleihen soll.

Gilbert

Übertreibungen sind ein Vergrößerungsglas des Geistes, durch welches man die objektive Glätte an der betrachteten Stelle wieder in ihre rauhen Fasern auflöst.

Heimito von Doderer

ÜBERZEUGUNG

Überzeugung ist das Gewissen des Geistes.

Ward

Überzeugungen sind Hypotheken auf den Verstand.

Unbekannt

Die Überzeugung ist der Glaube, in irgendeinem Punkt der Erkenntnis im Besitz der Wahrheit zu sein.

Nietzsche

Überzeugungen sind Meinungen, die durch die Umstände zeitweilig gestützt werden.

Haskins

Überzeugungen sind die Arrogierung einer Form, ohne daß man dabei einer Verwandlung unterliegen würde.

Heimito von Doderer

Überzeugung heißt der Standpunkt, den du vertreten kannst, ohne ärgerlich zu werden. Gegensatz: Vorurteil.

Unbekannt

Überzeugungen sind oft die gefährlichsten Feinde der Wahrheit.

Nietzsche

Überzeugungen sind das Gegenteil von Eigenschaften.

Heimito von Doderer

Überzeugungen sind Gefängnisse.

Nietzsche

Überzeugt: aus voller Kehle im Irrtum.

Bierce

ULTIMATUM

Ultimatum in der Diplomatie: eine letzte Forderung, bevor man seine Zuflucht zu Konzessionen nimmt.

Bierce

UMGANGSFORMEN

Umgangsformen sind Ausdruck der Statusbeziehungen – ein symbolisches

Gebärdenspiel von Herrschaft und Unterwerfung.

Veblen

Umgangsformen: Verhaltensweisen, die nicht durch Grundsätze, sondern durch Erziehung bestimmt sind.

Bierce

UMSTÜRZLER

Umstürzler ist jeder, der die bestehende soziale Ordnung abschaffen und eine andere erproben will.

Shaw

UNABHÄNGIGKEIT

Unabhängigkeit ist die Form der Entsagung, welche der Herrschsüchtige endlich annimmt.

Nietzsche

UNAUFRICHTIGKEIT

Unaufrichtigkeit ist lediglich eine Methode, durch die wir unser Wesen vervielfältigen können.

Wilde

UNBEDINGT

Unbedingt – das heißt eigentlich: nicht durch Dinge eingeschränkt: dinglos.

Struve

UNBESCHEIDEN

Unbescheiden: ein starkes Gefühl für eigene Verdienste und ein schwaches Gefühl für die anderer.

Bierce

UNBESONNEN

Unbesonnen: unempfänglich für den Wert unserer Ratschläge.

Bierce

UNDANKBARKEIT

Die Undankbarkeit ist eine Tochter des Stolzes.

Cervantes

Der Undankbare ist ein Mensch, der etwas für nichts bekommen hat, und der zu denselben Bedingungen mehr haben will.

Hubbard

Undankbarer: jemand, der von einem anderen eine Wohltat empfängt oder sonstwie Gegenstand der Nächstenliebe ist.

Bierce

UNENDLICH

Das Unendliche ist dort, wo Dinge geschehen, die es nicht gibt.

Definition eines Schülers

UNGEDULD

Ungeduld ist Warten in Eile.

Unbekannt

Ungeduld ist die Vergangenheit von Liebenswürdigkeit.

Unbekannt

Ungeduld ist die einzige Eigenschaft der Jugend, deren Verlust man im Alter nicht beklagt.

Thieß

Ungeduld ist Angst, ist nicht Vertrauen.

Zweig

UNGEHORSAM

Ungehorsam: ein Silberstreifen am Horizont der Knechtschaft.

Bierce

UNGERECHTIGKEIT

Ungerechtigkeit: eine Last, welche von allen, die wir anderen aufbürden oder selber tragen, in der Hand am leichtesten und auf dem Rücken am schwersten ist.

Bierce

UNGLÜCK

Unglück ist versäumtes Glück.

Lohberger

Unglück ist: keine Pflichten zu haben.

Eichbaum

Unglück ist der Diamantenstaub, mit dem der Himmel seine Juwelen schleift.

Leighton

Unglück: so heißt die Schule der Menschenkenntnis.

Lohberger

Unglück: der erste Weg zur Wahrheit.

Byron

Das Unglück ist der Prüfstein des Charakters.

Smiles

Unglück ist ein vollkommener Spiegel, in dem wir uns sehen und erkennen.

Davenant

Fast immer ist das Unglück Anzeichen einer Fehlinterpretation des Lebens.

Montherlant

Unglück: eine derbe und unmißverständliche Erinnerung, daß die Dinge des Lebens nicht nach unserem Willen laufen. – Es gibt Unglück in zweierlei Form: das Unglück, das uns selber zustößt, und das Glück, das andere haben.

Bierce

UNGLÜCKLICH

Wenn ein Mensch nichts mehr zu bauen oder zu zerstören hat, ist er sehr unglücklich.

Alain

Unglücklich sind die, die gerade so viel Verstand haben, um ihre Dummheiten einzusehen.

Aus den »Fliegenden Blättern«

Unglücklich ist nicht, wer etwas auf Befehl tut, sondern wer es widerwillig tut. Wir sollten daher die innere Einstellung gewinnen, daß wir wollen, was die Umstände von uns verlangen.

Seneca

UNHÖFLICHKEIT

Unhöflichkeit ist häufig das Merkmal einer ungeschickten Bescheidenheit.

Nietzsche

UNIVERSALITÄT

Wahre Universalität besteht nicht darin, daß man vieles weiß, sondern daß man vieles liebt.

Burckhardt

UNIVERSITÄT

Universität: ein Ort, an dem man keinen Schritt tun kann, ohne jemandem auf die Zehen zu treten. Oder ist das eine Definition des Universums?

Kenneth Burke

Die wahre Universität dieser Tage ist eine Sammlung von Büchern.

Carlyle

Eine Universität ist ein Ort, wo Kieselsteine geschliffen und Diamanten getrübt werden.

Ingersoll

Die Universität ist ihrer Natur nach eine Oligarchie ihrer Fakultäten.

Galbraith

UNKRAUT

Unkraut ist eine Pflanze, deren Tugenden noch nicht entdeckt wurden.

Emerson

UNMORAL

Unmoral ist die Moral derer, die sich amüsieren.

Mencken

UNPARTEIISCH

Unparteiisch: unfähig einzusehen, inwiefern es einen persönlichen Vorteil verheißt, wenn man sich in einem Streit auf eine der beiden Seiten schlägt oder wenn man sich zu einer der widerstreitenden Meinungen bekennt.

Bierce

UNRECHT

Alle auf das Recht anderer Menschen bezogene Handlungen, deren Maxime sich nicht mit der Publizität verträgt, sind unrecht.

Kant

Das Recht des Stärkeren ist das stärkste Unrecht.

Ebner-Eschenbach

Das Unrecht ist um so viel älter als das Recht, wie der Angriff älter ist als die Verteidigung, und wie jeder Verteidigung durch den Angriff, so wird dem Recht durch das Unrecht die Weise seines Verhaltens unentrinnbar vorgeschrieben.

Radbruch

UNRUHE

Ständige Unruhe ist Trägheit.

Hilsbecher

Unruhig sein, heißt seinen Mittelpunkt suchen.

Gabriel Marcel

UNSACHLICHKEIT

Unsachlichkeit ist die Rache der Vornehmheit.

Adeling

UNSCHULD

Unschuld ist erwachende Sinnlichkeit, die sich selbst nicht versteht.

Hebbel

Es ist deine Unschuld, nicht zu wissen, was Unschuld ist.

Nietzsche

Die Unschuld eines Wesens ist die vollkommene Angepaßtheit an seine Welt.

Giraudoux

Unschuld – eine nicht greifbare Stille.

Björling

Unschuld ist moralischer Instinkt.

Novalis

Die Unschuld ist Unempfindlichkeit oder die Liebe, die niemanden verdächtigt. Das Gefühl vollständiger Ebenbürtigkeit, das Gefühl der seelischen und physischen Gemeinschaft mit allen Rassen und Arten, das ist Unschuld.

Giraudoux

Unschuld heißt willenlos sein, ohne böse und eben damit ohne gut zu sein.

Hegel

Die Unschuld des Mannes heißt Ehre; die Ehre der Frau heißt Unschuld.

Ebner-Eschenbach

UNSTERBLICHKEIT

Unsterblichkeit ist die Größe unseres Seins.

Simmons

Unsterblichkeit, das heißt an einem ewigen Werk arbeiten.

Renan

Unsterblichkeit heißt: ein Mensch stirbt und seine Worte leben.

Chinesisches Sprichwort

Jeder Unsterbliche ist ein unverdauter Stein im Magen der Menschheit.

Hebbel

UNTERGEBENER

Untergebener: einer, der sich kurzfassen muß.

Brudziński

UNTERHALTUNG

Die gute Unterhaltung besteht nicht darin, daß man selbst etwas Gescheites sagt, sondern daß man etwas Dummes anhören kann.

Wilhelm Busch

UNTERTAN

Untertanen sind Verschwender. Sie verschenken ihre Macht.

Rudolf Rolfs

UNTREUE

Untreue ist oft nichts als ein Mangel an Phantasie.

Krailsheimer

Untreue: nichts dem Ehegatten zu sagen haben, weil man schon alles jemand anderem gesagt hat.

Sagan

UNVERSTAND

Der Unverstand ist die unbesiegbarste Macht auf der Erde.

Anselm Feuerbach

UNWISSENHEIT

Unwissenheit ist freiwilliges Unglück.

Ling

Unwissenheit ist die Amme des Vorurteils.

Josh Billings

Unwissenheit ist das, was uns ein ewiges Verbundensein mit Vorurteilen verschafft und beständigem Irrtum.

Hall

Unwissenheit ist die Nacht des Geistes, eine Nacht ohne Mond und Sterne.

Konfuzius

Unwissenheit ist ein Nebenprodukt der Erziehung.

Unbekannt

Unwissenheit ist die Mutter der Bewunderung.

Chapman

Unwissenheit ist eine Sache, die eine Menge interessanter Argumente verursacht.

Unbekannt

Die Unwissenheit ist eine Situation, die den Menschen ebenso hermetisch abschließt wie ein Gefängnis.

de Beauvoir

Unwissen ist die Vorbedingung, ich sage nicht zum Glück, sondern zum Leben selbst. Wenn wir alles wüßten, könnten wir das Leben nicht eine Stunde ertragen.

France

UNWAHRHEIT

Die gefährlichsten Unwahrheiten sind Wahrheiten, mäßig entstellt.

Lichtenberg

URGEMEINSAMKEIT

Urgemeinsamkeit: die Gemeinsamkeit der Vorurteile.

Brudziński

URSACHE UND WIRKUNG

Ursache ist alles das, was ohne sie keine Wirkung geben und was mit ihr die Wirkung ergeben muß.

Bradlaugh

Ursache und Wirkung sind zwei Seiten einer einzigen Tatsache.

Emerson

»Ursache und Wirkung« ist nur die populäre Verallgemeinerung von »Mittel und Zweck«, der nichts in der Wirklichkeit entspricht.

Nietzsche

URTEIL

Ein Urteil ist die Vorstellung der Einheit des Bewußtseins verschiedener Vorstellungen, oder die Vorstellungen des Verhältnisses derselben, sofern sie einen Begriff ausmachen.

Kant

Das Urteil ist die am Begriffe selbst gesetzte Bestimmtheit desselben.

Hegel

Das Urteil – das ist der Glaube: »Dies und dies ist so.« Also steckt im Urteil das Geständnis, einem »identischen Fall« begegnet zu sein: es setzt also Vergleichung voraus, mit Hilfe des Gedächtnisses.

Nietzsche

Die Wahrheit des Urteils ist der Schluß.

Hegel

Alle Urteile, die wir – auch über andere – fällen, sind eigentlich immer nur Schmeicheleien, die wir uns selber sagen.

Lohberger

URTEILEN

Das Urteilen ist das Beziehen eines einzelnen auf den Begriff.

Hegel

Etwas als ein Merkmal mit einem Dinge vergleichen heißt urteilen.

Kant

Das eigentliche Urteilen über einen Gegenstand ist das Vergleichen seiner Natur oder wahren Allgemeinheit mit seiner Einzelheit oder mit der Beschaffenheit seines Daseins; das Vergleichen dessen, was er ist, mit dem, was er sein soll.

Hegel

Urteilskraft: das Vermögen, unter Regeln zu subsumieren, d. i. zu unterscheiden, ob etwas unter einer gegebenen Regel stehe oder nicht.

Kant

Die Urteilsweise der meisten Menschen besteht einfach darin, daß sie ihre eigenen Ausdünstungen generalisieren.

Heimito von Doderer

Über Personen urteilen heißt groteske Bilder von ihnen zeichnen.

Pavese

USW

Usw. ist ein Zeichen, das verwendet wird, um den Leuten glauben zu machen, daß man mehr wüßte als man ihnen erzählt.

Unbekannt

UTOPIE

Die Utopie besteht im Erfinden einer Gemeinschaftsform.

Saint-Exupéry

Die utopistischen Träume sind oft nur vorzeitige Wahrheiten.

Lamartine

UTOPIST

Ein Utopist kann ein Mann sein, der zu wollen wagt, was noch keinen Präzedenzfall gehabt hat. Aber auch ein Mann, der es sich leistet, alles auszuklammern, was der Utopie im Wege steht.

Ludwig Marcuse

Der Utopismus ist heute die »Moral« militanter Soziologen. Sie würden die Untersuchung ihres Lebens für kleinbürgerlich halten.

Ludwig Marcuse

V

VAGABUND

Die Vagabunden sind das Salz der Erde.

Spielhagen

VATERLAND

Vaterland nennt sich der Staat immer dann, wenn er sich anschickt, auf Menschenmord auszugehen.

Dürrenmatt

Vaterland ist da, wo viel allen gehört; wo was allen gehört, jedwedem viel Genuß und Freude verschafft; wo folglich niemand etwas Erhebliches für sich tun kann, ohne zugleich etwas Erhebliches für alle zu tun.

Jacobi

VATERLANDSLIEBE

Vaterlandsliebe ist erweiterte Familienliebe.

Ebner-Eschenbach

VEGETARIER

Der Vegetarier ist ein Mensch, der kein tierisches Leben ißt, das man ohne Mikroskop sehen kann.

Unbekannt

VERABSOLUTIEREN

Jedes Verabsolutieren ist ein eiserner Lukendeckel, den der Mensch, wieder in seinen Bau hinabsteigend, dem Himmel und allen Göttern vor der Nase zuwirft.

Heimito von Doderer

VERACHTUNG

Verachtung ist schlechtgelaunter Egoismus.

Coleridge

Verachtung: das Gefühl eines vorsichtigen Mannes für einen Feind, der zu mächtig ist, als daß man ihm gefahrlos entgegentreten könnte.

Bierce

Verachtung ist der schärfste Tadel.

Bohn

Verachtung ist Würde als Ersatz von Geist.

Unbekannt

Die Verachtung ist das Gegenteil von Aufmerksamkeit.

Simone Weil

VERALLGEMEINERUNG

Eine Verallgemeinerung ist ein Plateau, auf dem sich ein müder Geist ausruht.

Zitiert nach »Das Beste« 1968

VERANTWORTUNG

Verantwortung ist der Preis der Größe.

Churchill

VERBIETEN

Uns etwas verbieten heißt uns danach lüstern machen.

Montaigne

VERBRECHEN

Verbrechen: Muse der Prediger und der Moralisten.

Lec

Verbrechen ist lediglich der Name für die offenkundigsten und äußersten Formen des Abweichens von der Norm der Sitte und der Gewohnheit.

Henry Havelock Ellis

Bei einem großen Teil derjenigen afrikanischen Völker der Gegenwart, die sich einer Bantusprache bedienen, wird der Sachverhalt *»Verbrechen«* mit einem Worte ausgedrückt, das soviel bedeutet wie »Dinge, die dem Stamme verhaßt sind«, will sagen, der öffentlichen Meinung zuwiderlaufen.

Ortega y Gasset

Verbrechen ist, was das Recht als Verbrechen ansieht; das Recht aber repräsentiert den Willen der herrschenden Klasse.

Roginskij/Kamitzkij

VERDACHT

Verdacht ist die Freundschaft, die eine Schauspielerin für die andere empfindet.

Duse

VEREHRUNG

Verehrung ist tiefgekühlte Liebe.

Sagan

VEREINE

Vereine bieten die Möglichkeit, sich mit anderen Menschen zu schmücken.

Rudolf Rolfs

Vereine fördern die Bestrebungen ihrer Mitglieder und stören die der anderen.

Musil

Das Vereinswesen ist die Festung der Mittelmäßigkeit. Von dem Vereinswesen geht der Verdammungsklatsch gegen das Talent aus.

Anselm Feuerbach

VERERBUNG

Vererbung ist ein Autobus, in dem alle unsere Vorfahren sind, und aus dem ab und zu einer von ihnen den Kopf heraussteckt und uns außer Fassung bringt.

Holmes

Vererbung ist das, woran Eltern glauben, die ein kluges Kind haben.

Unbekannt

Vererbung ist nichts als gespeicherte Umwelt.

Burbank

Vererbung ist eine Therorie, die besagt, daß wir unsere schlechtesten Eigenschaften von den Vorfahren haben.

Unbekannt

VERFASSUNG

Die Verfassung ist ein Mittel, das sicherstellen soll, daß die Herrschenden ihre Macht nicht mißbrauchen.

Mill

Unter Verfassung muß die Bestimmung der Rechte, das ist der Freiheiten überhaupt, und die Organisation der Verwirklichung derselben verstanden werden, und die politische Freiheit kann auf jeden Fall nur einen Teil derselben ausmachen.

Hegel

Die Konstitution als Mittelding von Monarchie und Republik ist nichts als eine ungeheure offene Lüge, und hat eine historische Berechtigung eben nur als Übergangsformation und politische Schule der Völker.

Hartmann

Die Verfassung ist in erster Linie ein Wirtschaftsdokument, das vom Grundrecht des Privateigentums ausgeht, das vor dem Staate existiert, und das deshalb außerhalb des Zugriffs der Mehrheiten liegt.

Beard

Die politische Verfassung einer Gesellschaft ist zugleich Ausdruck und Anerkennung ihrer Wirtschaftsverfassung.

Kropotkin

VERGANGENHEIT

Alles, was man gemeinhin Vergangenheit nennt, ist im Grunde nur eine leiser und dunkler gewordene Art von Gegenwart.

Le Fort

In schweren Zeiten besteht die Vergangenheit aus einer Kette von Paradiesen.

Anita

Sich seiner Vergangenheit bewußt zu sein, heißt Zukunft haben.

Lohberger

VERGEBEN

Vergeben und vergessen heißt kostbare Erfahrungen zum Fenster hinauswerfen.

Schopenhauer

VERGELTUNG

Vergeltung ist eine Art wilder Gerechtigkeit.

Bacon

Vergeltung: der natürliche Fels, auf dem der Tempel des Rechts errichtet ist.

Bierce

VERGESSEN

Das Vergessen ist eine Wahl, dank der allein das Wesentliche übrigbleibt.

Green

Etwas vergessen kann heißen: es verlieren – aber auch: es so völlig sich aneignen, daß es mit dem eigenen Sein ununterscheidbar eins wird.

Ludwig Strauß

Jemanden vergessen wollen heißt an ihn denken.

La Bruyère

Vergessen, das ist die Kunst, Bewußtes unbewußt zu machen.

Hans Lohberger

Vergessen können: es ist mehr ein Glück als eine Kunst.

Gracian

VERGNÜGEN

Vergnügen: die am wenigsten hassenswerte Form der Niedergeschlagenheit.

Bierce

Vergnügen: die Belohnung einer Erwartung an der Schwelle einer Enttäuschung.

Unbekannt

Das Vergnügen besteht in der Harmonie zwischen der besonderen Erregbarkeit eines lebenden Geschöpfes und den ihm genehmen erregenden Anlässen.

Coleridge

Vergnügen ist ein billiger Ersatz für Glück.

Unbekannt

Das Vergnügen ist ein Prüfstein der Natur, ein Zeichen ihrer Zustimmung. Wenn wir glücklich sind, sind wir immer gut. Aber nicht jeder, der gut ist, ist glücklich.

Wilde

Manches Vergnügen besteht darin, daß man mit Vergnügen darauf verzichtet.

Rosegger

Das größte Vergnügen im Leben besteht darin, das zu tun, von dem die Leute sagen, du könntest es nicht.

Bagehot

VERHÄLTNIS

Das Verhältnis ist die kleinste Form gesellschaftlicher Verhältnisse. Es hat kein öffentliches Recht, obschon sich die Öffentlichkeit das Recht nimmt, es zu beurteilen. Das Urteil ist aber unverhältnismäßig, weil nur urteilt, wem jegliches Verhältnis zu einem Verhältnis fehlt.

Bayr

VERLEUMDEN

Verleumden: Lügen über einen anderen verbreiten. Die Wahrheit über einen anderen verbreiten.

Bierce

VERLEUMDUNG

Was ist Verleumdung? Ein Schuldspruch, der in Abwesenheit des Angeklagten hinter verschlossenen Türen, ohne Verteidigungs- oder Berufungsrecht, von einem voreingenommenen Richter verkündet wird.

Roux

Verleumdungen sind Krankheiten anderer, die an deinem Leibe ausbrechen.

Nietzsche

Verleumdung ist die Erleichterung der Bösartigkeit.

Joubert

Verleumdung ist der schlechte Atem der Feigheit. Die meisten denunzieren nicht aus Haß, sondern aus Furcht, selbst denunziert zu werden.

Thieß

VERLIEBT

Die Verliebtheit ist in erster Linie ein Phänomen der Aufmerksamkeit.

Ortega y Gasset

Alle Verliebtheit, wie ätherisch sie sich auch gebärden mag, wurzelt allein im Geschlechtstriebe, ja ist durchaus nur ein näher bestimmter, spezialisierter, wohl gar im strengsten Sinne individualisierter Geschlechtstrieb.

Schopenhauer

Ein Verliebter ist, der liebenswerter sein will als er ist; darum sind fast alle Verliebten lächerlich.

Chamfort

Eine verliebte Frau ist eine Sklavin, die ihre Ketten von ihrem Geliebten tragen läßt.

Rey

VERLOGENHEIT

Verlogenheit ist die Fähigkeit, auf schizophrene, also wenigstens ehrliche Weise unehrlich zu sein.

Ludwig Marcuse

VERNÜNFTIG

Vernünftig: frei von allen Selbsttäuschungen, außer den im Beobachten, Erfahren und Denken enthaltenen.

Bierce

Was vernünftig ist, das ist wirklich; und was wirklich ist, das ist vernünftig.

Hegel

Es gibt Fälle, in denen vernünftig sein feige sein heißt.

Ebner-Eschenbach

VERNUNFT

Die Vernunft ist die Arithmetik der Gefühle.

Hubbard

Vernunft ist die sanfte Gewalt, die allem, und selbst der Gewalt, Grenze und Maß setzt.

Jaspers

Vernunft ist das Bewußtsein des Geistes.

Jacobi

Die Vernunft ist das Gleichgewichtsorgan des Geistes.

Lohberger

Vernunft ist ein Verhältniszustand verschiedener Leidenschaften und Begehrungen.

Nietzsche

Die Vernunft ist Historikerin, während die Leidenschaften Schauspielerinnen sind.

Rivarol

Die Vernunft ist der Eichstrich der Leidenschaft.

Aus den »Fliegenden Blättern«

Die Vernunft ist gleichsam der Ort, an dem und von dem her wir leben, wenn wir zu uns selbst kommen.

Jaspers

Die Vernunft gleicht einer unbeschriebenen Tafel.

Alexander von Aphrodisias

Wir glauben an die Vernunft: diese aber ist die Philosophie der grauen Begriffe.

Nietzsche

Leidenschaft und Vorurteil regieren die Welt – unter dem Namen Vernunft.

Wesley

Die reine Vernunft ist das sich selbst überlassene Verstehen, das ganz aus eigener Kraft wunderbare Gebilde von hoher Genauigkeit und Strenge hervorbringt.

Ortega y Gasset

Die Vernunft ist die höchste Vereinigung des Bewußtseins und des Selbstbewußtseins oder des Wissens von einem Gegenstande und des Wissens von sich.

Hegel

Von Vernunft ist die Wurzel Vernehmen. – Reine Vernunft ist ein Vernehmen, das nur sich selbst vernimmt. Oder die reine Vernunft vernimmt nur sich.

Jacobi

Der Kampf der Vernunft besteht darin, dasjenige, was der Verstand fixiert hat, zu überwinden.

Hegel

Die Vernunft ist nur der durch die Phantasie erweiterte Verstand.

Grillparzer

Das Vermögen, welches die Verbindung der Wahrheiten untereinander einsieht, heißt im eigentlichen Sinne die Vernunft.

Leibniz

Vernunft: das Vermögen, von dem Allgemeinen das Besondere abzuleiten und dieses letztere also nach Prinzipien und als notwendig vorzustellen.

Kant

Die Vernunft umfaßt die Wahrheiten, die man aussprechen, und solche, die man verschweigen muß.

Rivarol

Die Vernunft ist die Gardedame des Herzens.

Aus den »Fliegenden Blättern«

Die Vernunft ist der Ofenschirm für das Herz.

Aus den »Fliegenden Blättern«

Was ist Vernunft? Der Wahnsinn aller.
Was ist Wahnsinn? Die Vernunft des einzelnen
Was nennt ihr Wahrheit? Die Täuschung, die Jahrhunderte alt geworden.
Was Täuschung? Die Wahrheit, die nur eine Minute gelebt.

Spinoza

Vernunft: Hang zum Vorurteil.

Bierce

Die Vernunft ist nur als Kleingeld zu werten. Sie ist brauchbar im Tagesverkehr, aber sie vermag den Karren der Geschichte nicht zu ziehen.

Thieß

VERÖFFENTLICHEN

Veröffentlichen: in der Literatur das Grundelement einer Pyramide von Kritiken zu werden.

Bierce

VERSCHROBEN

Verschroben: hartnäckig und eifrig einer Meinung anhängend, die du nicht teilst.

Bierce

VERSE

Wer Verse schreibt, baut seinen Ruhmestempel in Granit.

Bulwer-Lytton

Einen Band Verse veröffentlichen heißt: ein Rosenblatt in den Grand Canon hinab fallen lassen und auf ein Echo warten.

Don Marquis

VERSICHERUNG

Versicherung: ein geniales modernes Glücksspiel, bei dem sich der Spieler der angenehmen Überzeugung hingeben darf, den Mann, der die Bank hält, zu schlagen.

Bierce

VERSTÄNDIG

Verständig: anfällig für die Anstekkung durch unsere eigenen Meinungen. Empfänglich für Überredung, Warnungen und Ausflüchte.

Bierce

VERSTAND

Der Verstand ist ein Hemmungsapparat gegen das Sofortreagieren auf das Instinkturteil.

Nietzsche

Der Verstand ist das nächstliegende Werkzeug, mit dem der Mensch rechnen kann.

Ortega y Gasset

Das Denken, nur endliche Bestimmungen hervorbringend und in solchen sich bewegend, heißt Verstand.

Hegel

Verstand: das Vermögen der Verknüpfungen der Vorstellungen mit Bewußtsein.

Kant

Verstand ist die Erkenntnis des Allgemeinen. Urteilskraft ist die Anwendung des Allgemeinen auf das Besondere. Vernunft ist das Vermögen, die Verknüpfung des Allgemeinen mit dem Besonderen einzusehen.

Kant

Der Verstand ist eine Warnung, in den Konsequenzen des Lebens die letzte Weisheit zu sehen oder die letzte Rettung.

Kessel

Der Verstand ist das denkende Bestimmen überhaupt und das Festhalten in gedachten Bestimmungen.

Hegel

Verstand ist mechanischer, Witz ist chemischer, Genie ist organischer Geist.

Friedrich Schlegel

Der Verstand ist der Träger des Glaubens.

Jüdische Lebensweisheit

Unser Verstand ist ein Beweis für den Humor des lieben Gottes.

Niederreuther

Der Verstand erfaßt, wie etwas gewollt, das Herz vernimmt, wie etwas gemeint ist.

Kessel

Ein gewöhnlicher Verstand ist wie ein schlechter Jagdhund, der die Fährte eines Gedankens schnell annimmt und schnell wieder verliert.

Hofmannsthal

Was liefert der Verstand? Die Gesetze der Logik? Verständig ist auch die rechte Anwendung der Erfahrungen auf den besonderen Fall! Was kann der Verstand nicht? Erfahrungen schaffen, Fakten geben.

Ludwig Marcuse

Etwas sich durch Begriffe, d. i. im allgemeinen vorstellen, heißt denken, und das Vermögen zu denken: der Verstand.

Kant

Durch Verstand sind wir imstande zu erlernen (das ist Regeln zu erfassen), durch Urteilskraft vom Erlernten Gebrauch zu machen (Regeln in concreto anzuwenden), durch Vernunft zu erfinden, Prinzipien für mannigfaltige Regeln auszudenken.

Kant

Was will ich? (fragt der Verstand).
Worauf kommt es an? (fragt die Urteilskraft).
Was kommt heraus? (fragt die Vernunft).
Der Verstand ist positiv und vertreibt die Finsternis der Unwissenheit – die Urteilskraft mehr negativ zur Verhütung der Irrtümer aus dem dämmernden Licht, darin die Gegenstände erscheinen. – Die Vernunft verstopft die Quelle der Irrtümer (die Vorurteile) und sichert hiermit den Verstand durch die Allgemeinheit der Prinzipien.

Kant

Verstand sieht jeden Unsinn, Vernunft rät, manches davon zu übersehen.

Brudziński

Verstand, der das Gefühl unterschätzt, und Gefühl, das keinen Verstand hat – diese im Mangel verwandten Brüder Intellekt und Sentimentalität.

Hans Kasper

VERSTEHEN

Verstehen heißt, eine Sache so bestimmt als möglich sich auf uns abgrenzen zu lassen.

Nietzsche

Das Verstehen ist eine Laterne, der von einer Hand die Richtung gewiesen werden muß, und die Hand muß ihrerseits von einem Drang in Bewegung gesetzt werden, der im voraus auf diese oder jene Gattung möglicher Dinge zielt.

Ortega y Gasset

Verstehen heißt, sich eine Frage stellen, die durch das, was man versteht, genau beantwortet wird.

Gide

»Verstehen«, das heißt: etwas Neues ausdrücken können in der Sprache von etwas Altem.

Nietzsche

Verstehen ist der Anfang von Gutheißen. Um mit Überzeugung etwas abzulehnen, darf man das, was man ablehnt, nie angesehen haben.

Gide

Verstehen, das heißt verzeihen.

Madame de Staël

Alles verstehen heißt alles verzeihen; – das wäre sehr edel gedacht und gesagt. Nur schade, daß das Verzeihen neunundneunzig Mal unter hundert aus Bequemlichkeit und höchstens einmal aus Güte geschieht; und daß die Güte unter hundert Fällen neunundneunzig Mal keineswegs in Reichtümern des Herzens, sondern vielmehr in Mängeln des Verstandes ihre Ursache zu haben pflegt.

Schnitzler

VERSUCHUNG

Die Versuchung ist eine unwiderstehliche Macht, die auf einen beweglichen Körper einwirkt.

Mencken

Versuchung, das ist: versucht werden, die eigene Suchspur zu verlassen, Versuch eines andern Prinzips, uns auf *seine* Spuren zu lenken.

Hilsbecher

VERTRAG

Der Vertrag ist eine Vereinbarung, etwas zu tun, wenn nichts geschieht, was es vereitelt.

Unbekannt

Der Vertrag ist ein System, unter dem die Treuen immer gebunden, die Treulosen immer frei sind.

Vansittart

VERTRAUEN

Vertrauen ist das Gefühl, einem Menschen sogar dann glauben zu können, wenn man weiß, daß man an seiner Stelle lügen würde.

Mencken

Vertrauen ist Mut, und Treue ist Kraft.

Ebner-Eschenbach

Vertrauen ist die größte Selbstaufopferung.

Hebbel

VERUNGLIMPFUNG

Verunglimpfung: Satire, wie Dummköpfe und alle anderen Geistesbehinderten sie verstehen.

Bierce

VERWALTUNG

Verwaltung: Zwangsinterpretation der Bürgerrechte.

Faber

Regierungstätigkeit ist Politik en gros; Verwaltungstätigkeit ist Politik en détail.

Wiggins

Verwaltung: eine geniale Abstraktion in der Politik, dazu bestimmt, die Schläge und Stöße auszuhalten, die dem Premierminister oder Präsidenten gebühren. Ein Strohmann, dem faule Eier und Tomaten nichts anhaben können.

Bierce

VERWANDTE

Verwandte sind einfach eine Gesellschaft von Leuten, die weder im geringsten ahnen, wie man leben soll, noch den Takt besitzen, im rechten Augenblick zu sterben.

Wilde

VERWÖHNTHEIT

Verwöhntheit ist die Fähigkeit, einer Versuchung in der Hoffnung widerstehen zu können, daß später eine bessere kommen werde.

John A. Lincoln

Verwöhntheit ist nur eine andere Form des Egoismus.

Lowell

VERWUNDERUNG

Verwunderung: ein Anstoß des Gemüts an der Unvereinbarkeit einer Vorstellung und der durch sie gegebenen Regel mit den schon in ihm zu Grunde liegenden Prinzipien, welcher also einen Zweifel, ob man auch recht gesehen oder geurteilt habe, hervorbringt.

Kant

VERZEIHUNG

Verzeihung bedeutet, daß alles vorbei ist.

Sagan

VERZICHTEN

Verzichten: einer Ehre um eines Vorteils willen entsagen; einen Vorteil eines größeren Vorteils wegen aufgeben.

Bierce

Der Verzicht ist die Bereitschaft zu einem anderen Verhältnis.

Heidegger

VERZWEIFLUNG

Die Verzweiflung ist die Hoffart des Unglücks, eine Form der Herausforderung, eine Philosophie für indiskrete Epochen.

Cioran

Verzweiflung ist die Schlußfolgerung der Narren.

Disraeli

Die Verzweiflung ist eine Hyäne, die sich von der Leiche des Glaubens nährt.

Thieß

Verzweiflung ist der größte unserer Irrtümer.

Vauvenargues

Verzweiflung ist der absolut gewordene Mangel an Eschatologie.

Edel

Verzweiflung ist auch Mangel an Dankbarkeit.

Kudszus

VIELLEICHT

»Vielleicht« ist ein schlauer Krebs, der vor- und rückwärts gehen kann.

Wilhelm Busch

Das Wörtchen »vielleicht« ist die Visitenkarte der Hoffnung.

Aus den »Fliegenden Blättern«

»Vielleicht«: das ist eine prekäre Position auf der Grenze zwischen leichtsinniger Gewißheit und verzagtem Unglauben.

Ludwig Marcuse

VITAMINE

Vitamine: kleine, bekömmliche Tiere, die am Salat entlangklettern.

Definition eines Schülers

VÖLKERBUND

Der Völkerbund ist eine Liebeserklärung ohne Heiratsversprechen.

von Tirpitz

VOGEL

Vogel in der Hand: schlechte Tischsitten.

Unbekannt

Vogelgezwitscher: losgelassene Radiotöne.

Arntzen

VOLK

Das Volk, insofern mit diesem Worte ein besonderer Teil der Mitglieder eines Staates bezeichnet ist, drückt den Teil aus, der nicht weiß, was er will.

Hegel

Völker sind Herden auf einer stets zu kargen Weide.

Niederreuther

Das Volk ist eine Idee. Wir sollen ein Volk werden. Ein vollkommener Mensch ist ein kleines Volk. Echte Popularität ist das höchste Ziel des Menschen.

Novalis

Was die Völker groß macht, sind in erster Linie nicht ihre großen Männer, es ist die Höhe des Mittelmäßigen.

Ortega y Gasset

VOLLKOMMENHEIT

Vollkommenheit ist die Norm des Himmels; Vollkommenes wollen die Norm des Menschen.

Goethe

Vollkommenheit ist schon da, wenn das Notwendige geleistet wird. Schönheit, wenn das Notwendige geleistet, doch verborgen ist.

Goethe

VORAUSSAGEN

Voraussagen heißt beobachten, was geschehen ist, und vermuten, daß es wieder geschehen wird.

Hubbard

VORBILD

Vor-Bild sein, heißt in erster Linie vor-leiden können.

Kudszus

VORLIEBE

Vorliebe: das Vorbereitungsstadium einer Enttäuschung.

Bierce

VORNEHMHEIT

Vornehmheit ist Entsagen.

Rathenau

Zeichen der Vornehmheit: nie daran denken, unsre Pflichten zu Pflichten für jedermann herabzusetzen.

Nietzsche

Vornehmheit ist nichts als alter Reichtum.

Gay

Das wahre Kennzeichen moderner Vornehmheit ist Schmarotzertum.

Shaw

VORSÄTZE

Gute Vorsätze sind Schecks, auf eine Bank gezogen, bei der man kein Konto hat.

Wilde

VORSICHT

Vorsicht ist die Spionin des Eigennutzes.

Woodrow Wilson

Vorsicht ist die Einstellung, die das Leben sicher macht, aber selten glücklich.

Samuel Johnson

Vorsicht ist das, was wir bei anderen Feigheit nennen.

Wilde

VORTRAG

Der Vortrag ist gewissermaßen die Beredsamkeit des Körpers.

Cicero

VORURTEIL

Ein Vorurteil ist eine vagabundierende Meinung ohne ersichtliche Mittel der Unterstützung.

Bierce

Das Vorurteil sieht, was gefällt, und sieht nicht, was offenkundig ist.

de Vere

Vorurteile sind die Stützen der Zivilisation.

Gide

Das Vorurteil ist ein Floß, an das sich der schiffbrüchige Geist klammert und ins Sichere rudert.

Hecht

Das Vorurteil ist ein unentbehrlicher Hausknecht, der lästige Eindrücke von der Schwelle weist. Nur darf man sich von seinem Hausknecht nicht selber hinauswerfen lassen.

Karl Kraus

Die Vorurteile sind so zu reden die Kunsttriebe der Menschen; sie tun dadurch vieles, das ihnen zu schwer werden würde, bis zum Entschluß durchzudenken, ohne alle Mühe.

Lichtenberg

Vorurteil: eine Meinung, die einen Menschen hat.

Unbekannt

Vorurteile, Freund, sind die Könige des Vulgären.

Voltaire

Vorurteil: ein Grundsatz aus subjektiven Ursachen der Sinnlichkeit, welcher fälschlich für objektive Gründe des Verstandes gehalten werden.

Kant

Der Glaube an Vorurteile gilt in der Welt als gesunder Menschenverstand.

Helvétius

Vorurteile sind Hindernisse auf der Rennbahn des Lebens.

Aus den »Fliegenden Blättern«

Vorurteile sind die Strickleitern, auf denen sich Menschen niederer Herkunft nach oben turnen.

Lohberger

Die menschlichen Vorurteile sind wie jene bissigen Hunde, die nur den Furchtsamen angreifen.

Isolde Kurz

Das Vorurteil ist das Kind der Unwissenheit.

Hazlitt

Ererbtes Urteil: Vorurteil.

Spitteler

Vorurteil: Abwägen der Tatsachen – mit dem Daumen auf der Waagschale.

Unbekannt

Vorurteile sind die Vernunft der Narren.

Voltaire

Vorurteile: vorläufige Urteile, insofern sie als Grundsätze angenommen werden.

Kant

Vorurteile ablegen, heißt vereinsamen.

Wertheimer

Das Vorurteil ist die hochnäsige Empfangsdame im Vorzimmer der Vernunft.

Waggerl

W

WAFFE

Die gefährlichste Waffe sind die Menschen kleinen Kalibers.

Brudziński

WAGEMUT

Wagemut: eine der auffälligsten Eigenschaften eines Menschen in Sicherheit.

Bierce

WÄHLER

Wähler: einer, der sich des geheiligten Privilegs erfreut, für den Mann stimmen zu dürfen, den ein anderer für ihn ausgewählt hat.

Bierce

WAHL

Eine ehrliche Wahl ist ein Akt der Unschuld, den es in der Geschichte einer Nation nicht mehr als einmal gibt.

Robles

Die Wahl ist eine Entscheidung für das vermeintlich geringere Übel.

Unbekannt

Totalitäre Scheinwahlen: Das schlechte Gewissen sammelt Autogramme der Furcht.

Hans Kasper

WAHLBETRUG

Wahlbetrug: verbotene Beeinflussung des Wahlergebnisses nach der Wahl. Gegensatz: Wahlversprechen.

Haller

WAHLGESCHENK

Wahlgeschenke sind äußere Zeichen des heroischen Kampfes, den die Parteien führen, um das Hohe Haus gegen Einwirkungen der Wählerschaft abzuschirmen.

Nahr

WAHLREDNER

Wahlredner sind die Sturmtruppe der Parteien.

Nahr

Wahlredner: einer, der es allen recht zu machen verspricht.

Haller

Wahlredner: einer, der weiß, daß jedes Ding zwei Seiten hat, und der gewöhnlich für beide ist.

Renner

WAHLSYSTEM

Das allgemeine Wahlsystem in einem gleichgültigen Land läuft immer darauf hinaus, die Macht in die Hände deklassierter Schwätzer zu legen.

Taine

WAHLVERSPRECHEN

Wahlversprechen: Versprechen eines Politikers, Steuergelder in Subventionen umwandeln zu wollen.

Haller

WAHRHAFTIG

Wahrhaft ist nur der Mensch, der nicht lügt, nicht wer die Wahrheit sagt.

Fürst von Ligue

WAHRHEIT

Die Wahrheit ist ein Wanderpokal.

Hans Kasper

Die Wahrheit ist Geschäftsgeheimnis.

Nahr

Die Wahrheit ist der Amboß, der viele Hämmer überdauert hat.

Sprichwort

Die Wahrheit ist die Tochter der Zeit.

Unbekannt

Wahrheit ist nicht nur eine Angelegenheit der Argumente – sie ist eine Angelegenheit der Attraktion oder der Anziehung.

Gombrowicz

Die Wahrheit ist ein schlichtes, rotwangiges Bürgermädchen, das im Salon über die Achsel angesehen wird.

Aus den »Fliegenden Blättern«

Die Wahrheit suchen, ist das Leben des Denkens; sie finden: sein Tod.

Kudszus

Als Wahrheit gibt sich nur zu oft die am besten gelungene Eigenschmeichelei aus.

Lohberger

Wahrheit besteht nicht in Beweisen, sie besteht im Zurückführen auf die letzte Einfachheit.

Saint-Exupéry

Die Wahrheit ist einfach, der Irrtum vielfältig: aber wehe dem, der meint, mit dem Einfachen beginnen zu können.

Arntzen

Das Wahre ist eine Fackel, aber eine ungeheure; deswegen suchen wir alle nur blinzelnd, so daran vorbeizukommen, in Furcht sogar, uns zu verbrennen.

Goethe

Wahrheit ist ein Ausgleich von Gegensätzen.

Bahr

Was die Wahrheit sei? –
Näher kommt ihr das Gegenteil dessen, das man für sie hält.

Arntzen

Die Wahrheit ist Übereinstimmung des Begriffs mit seiner Gegenständlichkeit. Im Urteil fängt diese Darstellung des Begriffs und seiner Gegenständlichkeit, somit das Gebiet der Wahrheit, an.

Hegel

Wahrheit ist die Sonne des Geistes.

Vauvenargues

Die Wahrheit, die in einen Gerichtssaal gelangt, ist nicht die nackte Wahrheit, sondern die Wahrheit in Gerichtskleidung, die alle ihre weniger anständigen Teile verhüllt.

Bertrand Russell

Die Wahrheit ist das Auge der Geschichte.

Polybios

Was die Menschen Wahrheit nennen, ist zu fest in ihre Gewohnheiten eingefilzt.

Giraudoux

Wahrheit ist der Punkt, wo Glaube und Wissen einander neutralisieren.

Hebbel

Ich verstehe unter dem Wahren etwas, was vor und außer dem Wissen ist, was dem Wissen und dem Vermögen des Wissens, der Vernunft, erst einen Wert gibt.

Jacobi

Wahrheit ist innere Harmonie.

Rathenau

Wahrheit ist ein Hund, der ins Loch muß und hinausgepeitscht wird, während Madame Schoßhündin am Feuer stehen und stinken darf.

Shakespeare

Das Wahre erreicht haben, heißt an jenem Punkte sein, jenseits dessen man nur noch irren kann. Jede Bewegung stieße einen ins Leere, und doch wird man sich zwangsläufig bewegen müssen.

Valéry

Die Wahrheit ist eine gedachte Linie, die den Irrtum in zwei Teile teilt.

Hubbard

Wahrheit ist die Art von Irrtum, ohne welche eine bestimmte Art von lebendigen Wesen nicht leben könnte.

Nietzsche

»Wahrheit« ist nur der zweckmäßigste Irrtum. Es ist ein Irrtum zu meinen, daß eine absolute Wahrheit zu finden sei, oder ein absoluter Maßstab von Wissen und Handeln: das höhere Leben beruht auf edlen Täuschungen.

Vaihinger

Der Irrtum ist die Regel; die Wahrheit ist der Zufall des Irrtums.

Duhamel

Die Wahrheiten des Menschen sind die unwiderlegbaren Irrtümer.

Nietzsche

Niemand spricht eine Wahrheit aus, die er nicht mit einem Irrtum verzollen müßte.

Hebbel

Zu jeder Zeit liegen einige große Wahrheiten in der Luft. Sie bilden die geistige Atmosphäre des Jahrhunderts.

Ebner-Eschenbach

Die Wahrheit ist das Kind der Zeit, nicht der Autorität.

Brecht

Wahrheit ist ein Tuch zum Kleiden, zwar das allerbeste, aber nicht auf alle Tage, nur auf hohe Feste.

Logau

Die Wahrheit ist ein Kleinod, darum will sie mancher nicht alle Tage zur Schau tragen.

Sprichwort

Man entdeckt nicht die Wahrheit; man erschafft sie. Die Wahrheit ist das, was man in aller Klarheit ausdrückt (ja, aber eure Klarheit entsteht aus der begrifflichen Fruchtbarkeit).

Saint-Exupéry

Die Wahrheit ist das, was jeder Mensch zum Leben braucht und doch von niemand bekommen oder erstehen kann. Jeder Mensch muß sie aus dem eigenen Innern immer wieder produzieren, sonst vergeht er. Leben ohne Wahrheit ist unmöglich. Die Wahrheit ist vielleicht das Leben selbst.

Kafka

Die Wahrheit sagen heißt mit Liebe reden.

Thoreau

Die Wahrheit, die überlebt, ist lediglich die Lüge, die am angenehmsten zu glauben ist.

Mencken

Die Wahrheit ist die Meinung, die immer überlebt.

Hubbard

Die Wahrheit stellt das für den Menschen dar, was ihn zum Menschen macht.

Saint-Exupéry

Die Wahrheit ist das Herz der Moral.

Thomas Henry Huxley

Die Wahrheit ist das Geheimnis der Beredsamkeit, die Grundlage moralischer Autorität, der höchste Gipfel der Kunst und des Lebens.

Amiel

Die Wahrheit ist nicht eine ausgeprägte Münze, die fertig gegeben und so eingestrichen werden kann.

Hegel

Unter Wahrheit versteht man zunächst, daß man wisse, wie etwas ist. Dies ist jedoch die Wahrheit nur in Beziehung auf das Bewußtsein oder die formelle Wahrheit, die bloße Richtigkeit. Dahingegen besteht die Wahrheit im tieferen Sinn darin, daß die Objektivität mit dem Begriff identisch ist.

Hegel

Die Wahrheit ist ein Polarstern.

Kessel

Die Wahrheit ist immer das Rechte.

Sophokles

Was ist Wahrheit? In Sachen der Religion: die Meinung, die überlebte Meinung. In den Dingen der Wissenschaft: die letzte Entdeckung. In der Kunst: unsere letzte Stimmung.

Wilde

Das Wahre ist das Seiende selber.

Thomas von Aquin

Wahrheit ist der Gipfel des Seins. Gerechtigkeit ist ihre Anwendung auf die Praxis des Lebens.

Emerson

Wahrheit ist Selbsterkenntnis.

Lohberger

Die Wahrheit ist eine Halluzination, zu der sich die Mehrheit bekennt.

Unbekannt

Wahrheit ist eine Sprache, die Allgültiges sagt.

Saint-Exupéry

Die Wahrheit ist keine Dirne, die sich denen an den Hals wirft, welche ihrer nicht begehren: vielmehr ist sie eine so spröde Schöne, daß selbst, wer ihr alles opfert, noch nicht ihrer Gunst gewiß sein darf.

Schopenhauer

Zwei Elemente braucht man für eine Wahrheit: eine Tatsache und eine Abstraktion.

de Gourmant

Was nennt ihr Wahrheit? Die Täuschung, die Jahrhunderte alt geworden. Was Täuschung? Die Wahrheit, die nur eine Minute gelebt.

Spinoza

Die Wahrheit ist das erste Opfer des Krieges.

Carter

Die Wahrheit ist das, wofür sich die Menschen töten.

Read

Die Wahrheit ist nur eine gut maskierte Unwahrheit.

Farquhar

Die Wahrheit ist ein Verdacht, der andauert.

Campoamor

»Wahrheit« ist Wille, Herr zu werden über das Vielerlei der Sensationen.

Nietzsche

Die Wahrheit ist der offenbarende Glanz der Wirklichkeit.

Simone Weil

Wahrheit heißt Übereinstimmung des Begriffs mit seiner Wirklichkeit.

Hegel

Die Wahrheit ist nicht das mehr oder weniger gut Nachgewiesene, sondern das in seiner Wirklichkeitsfunktion mehr oder weniger Wirksame.

Saint-Exupéry

Die Wahrheit ist die Grundlage allen Wissens und der Zement aller Gesellschaften.

Dryden

Wahrheit: eine kunstvolle Verbindung von Wunsch und Schein. Das Finden der Wahrheit ist der einzige Zweck der Philosophie, der ältesten Beschäftigung des Menschengeistes, die gute Aussichten hat, mit wachsender Betriebsamkeit bis zum Ende aller Zeiten fortzubestehen.

Bierce

WANKELMUT

Wankelmut: die wiederholte Sättigung einer unternehmungslustigen Neigung.

Bierce

WARTEN

Warten heißt: durch das Sekunden-Geticke der mathematisch-physikalischen Zeit den freien Bewußtseins-Raum mortifizieren, der so von seiner psychologischen nicht erfüllt werden kann, die allein Stunden in Minuten zu verwandeln vermag.

Heimito von Doderer

WEHMUT

Wehmut ist das Zittern des Laubs, das vor dem Herbste zagt und vor dem ewig blauen Himmel dahinter aufgerissen.

Heimito von Doderer

WEIB

Das Weib ist ein vernünftiges Märchen.

Hille

Weiber sind Bilder, Männer sind Probleme. Wenn Sie wissen wollen, was ein Weib wirklich meint – was, nebenbei bemerkt, stets eine sehr gefährliche Sache ist –, so sehen Sie sie an, aber hören Sie ihr nicht zu.

Wilde

Ein Weib ist ein Komma, ein Mann ein Punkt; hier weißt du, woran du bist, dort lies weiter!

von Hippel

Das Weib ist ein Herrgottsschnitzer.

Unbekannt

Das Weib ist nicht das passive, sondern das abwartende Geschlecht.

Lohberger

Die Politik der Weiblichkeit besteht darin, daß sie jederzeit und sofort ans Mögliche denkt.

Kessel

Die Geschichte der Weiber ist die Geschichte der ärgsten Tyrannei, die die Welt gekannt hat. Nämlich der Tyrannei der Schwachen über die Starken.

Wilde

WEIGERUNG

Weigerung: etwas Begehrtes abschlagen. Weigerungen werden in einer absteigenden Stufenfolge der Endgültigkeit folgendermaßen unterschieden: die absolute Weigerung, die bedingte Weigerung, die vorläufige Weigerung und die weibliche Weigerung. Letztere bezeichnen manche Spitzfindige als zustimmende Weigerung.

Bierce

WEIN

Wein ist der Glättstein des Trübsinns,
Der Wetzstein des Stumpfsinns, der Brettstein des Siegers im Schach,
Ja, Wein ist der Meister der Menschen und Geister,
Der Feige macht dreister und stärker, was schwach.
Der Krankes gesund macht, Blaßwangiges bunt macht,
Verborgenes kund macht und Morgen aus Nacht!

Rückert

Der Wein ist die Milch der Alten.

Spruchweisheit

WEISE

Weise sein heißt: sich nicht darüber schämen, daß man nichts weiß; sich nicht davor fürchten, daß man nichts weiß und nicht darauf stolz sein, daß man nichts weiß.

Krailsheimer

Der Weise ist der ins Geheimnis der Welt Entrückte.

Kessel

WEISHEIT

Weisheit ist ein besonderes Wissen, das über alles bisher Gewußte hinausgeht.

Bierce

Weisheit kennzeichnet das Streben nach den besten Zielen mit den besten Mitteln.

Hutcheson

Weisheit: Zusammenstimmung des Willens eines Wesens zum Endzweck.

Kant

Den Augenblick zu nützen, bei jedem Schritt auf dem Wege an den Abend zu denken, die größtmögliche Zahl glücklicher Stunden zu verleben, das ist Weisheit.

Emerson

Die Weisheit eines Menschen mißt man nicht nach seiner Erfahrung, sondern nach seiner Fähigkeit, Erfahrungen zu machen.

Shaw

Weisheit ist nicht so sehr das Wissen darum, was schließlich zu tun ist, sondern darum, was zunächst getan werden soll.

Hoover

Die Kunst der Weisheit besteht darin, zu wissen, was man übersehen muß.

William James

Der hat die Weisheit erfaßt, der ebenso sorglos stirbt, wie er geboren wurde.

Seneca

Weisheit ist Harmonie.

Novalis

Die Weisheit ist ein Quell, je mehr man aus ihr trinkt,
Je mehr und mächtiger sie wieder treibt und springt.

Angelus Silesius

Die Weisheit ist nur der Schnee des Alters.

Thieß

Es gibt nur ein Anzeichen für Weisheit: gute Laune, die anhält.

Montaigne

Weisheit besteht oft darin, Öl auf die Wogen der Wahrheit zu gießen.

Hans Kasper

Weisheit ist der rechte Gebrauch des Wissens.

Spurgeon

Weisheit: die Idee vom gesetzmäßigen vollkommenen Gebrauch der Vernunft.

Kant

Die Unerschütterlichkeit der Weisen ist nichts als die Kunst, Stürme im Herzen verschlossen zu halten.

La Rochefoucauld

Weisheit ist der Hirte der Geheimnisse, Klugheit der Jäger der Rätsel.

Kudszus

Die Weisheit ist eine Göttin, die Klugheit eine gute Hausfrau.

Aus den »Fliegenden Blättern«

Das ist der Weisheit letzter Schluß:
Nur der verdient sich Freiheit wie das Leben,
Der täglich sie erobern muß.

Goethe

Alle Weisheit ist im Kern ein Vorliebnehmen.

Krailsheimer

WEISSBÜCHER

Weißbücher: des Politikers Wasser des Pilatus.

Rudolf Rolfs

WELT

Die Welt ist ein Datendorf.

Aus einer SPIEGEL-Anzeige der Firma MDS-Deutschland GmbH, Köln

Welt: eine Dichtung in Taten.

Hille

Die Welt ist nichts als Eitelkeit, die in verschiedene Formen geschnitten ist.

Halifax

Die Welt ist eine Bühne, aber die Rollen sind schlecht verteilt.

Wilde

Die Welt ist ein großes Schauspielhaus, in welchem auf die ersten Plätze immer abonniert ist.

Aus den »Fliegenden Blättern«

Die Welt ist ein Gefängnis.

Goethe

Die Welt ist ein Gefängnis, in dem Einzelhaft vorzuziehen ist.

Karl Kraus

Die Herrlichkeit der Welt ist immer adäquat der Herrlichkeit des Geistes, der sie betrachtet.

Heine

Die Welt ist eine Glocke, die einen Riß hat: Sie klappert, aber klingt nicht.

Goethe

Vielleicht ist ein Gedanke der Grund aller Bewegung in der Welt; und die Philosophen, welche gelehrt haben, daß die Welt ein Tier sei, sind vielleicht durch diesen Weg darauf gekommen; sie haben sich vielleicht nur nicht so eigentlich ausgedrückt, wie sie vielleicht hätten tun sollen. Unsere ganze Welt ist nichts als die Wirkung eines Gedankens von Gott auf die Materie.

Lichtenberg

Die Welt Gottes ist lebendiges Abbild!

Campanella

Die Welt ist eine Privatangelegenheit Gottes.

Morgenstern

Die Welt ist Gottes Sündenfall.

Hebbel

Die Welt: die große Wunde Gottes.

Hebbel

Die Welt kennen, heißt wissen, daß man nicht viel auf derselben bedeutet, glauben, daß kein philosophischer Traum darin realisiert werden kann, und hoffen, daß sie nie anders werden wird, höchstens nur etwas dünner.

Friedrich Schlegel

Die ganze Welt besteht aus Machenschaften und Plänen, von denen die einen den anderen entgegengesetzt sind.

Cervantes

Die Welt ist wie Brei. Zieht man den Löffel heraus, und wär's der größte, gleich klappt die Geschichte wieder zusammen, als ob gar nichts passiert wäre.

Wilhelm Busch

Für den Dialektiker ist die Welt ein Begriff, für den Schöngeist ein Bild, für den Schwärmer ein Traum, für den Forscher Wahrheit.

Büchner

Die Welt ist ein Sardellensalat;
Er schmeckt uns früh, er schmeckt uns spat.

Goethe

Die Welt ist ein Schachspiel, tag- und nachtgeschrägt,
Wo das Schicksal Menschen hin und her bewegt,
Sie durcheinander schiebt,
Schach bietet, schlägt
Und nacheinander in die Schachtel legt.

Omar Chajjam

Die Welt ist ein Schauplatz: Du kommst, siehst, gehst vorüber.

Claudius

Die Welt ist eine Schlange, und ihre
Haut das Jahr;
Die neue, wenn sie wechselt, wird wie
die alte war.

Ephraim Moses Kuh

Die Welt ist das Werden des Guten durch das Böse, das Werden der Zwecke aus dem Zufalle.

Nietzsche

Die Welt in ihrer Tiefe verstehen, heißt den Widerspruch verstehen.

Nietzsche

Die Welt ist nichts als eine immerwährende Schaukel.

Montaigne

»Die Welt ist ein Schnitt durch das Nichts«, sagte M., »eine Wunde, grau vor Verlangen nach endlicher Heilung.«

Hilsbecher

Die Welt ist für uns nur ein Zusammenfassen von Relationen unter einem Maße.

Nietzsche

Die Welt ist die Summe des Vergangenen.

Novalis

WELTALL

Das Weltall ist ein Kreis, dessen Mittelpunkt überall und dessen Umfang nirgendwo ist.

Pascal

WELTANSCHAUUNG

Weltanschauung ist zeitgemäß gewordene Philosophie.

Lohberger

Weltanschauungen sind nichts weniger als Anschauungswelten, nichts mehr als Begriffswelten.

Kudszus

Der ganzen modernen Weltanschauung liegt die Täuschung zugrunde, daß die sogenannten Naturgesetze, die Erklärungen der Naturerscheinungen seien.

Wittgenstein

Weltanschauung ist nicht selten Mangel an Anschauung.

Ludwig Marcuse

WELTGESCHICHTE

Weltgeschichte, dieser lächerlich kleine Ausschnitt des menschlichen Daseins, im Grunde ein Lärm um die letzten Neuigkeiten.

Nietzsche

Die Weltgeschichte ist die Summe dessen, was vermeidbar gewesen wäre.

Bertrand Russell

Die Weltgeschichte: Ein Hemd, das nicht gewaschen wird, sondern nur gewendet.

Niederreuther

Andere Definition der Weltgeschichte: ein Wechsel von Irrtümern und Erholungen.

Eschmann

Die ganze Weltgeschichte verdichtet sich in die Lebensgeschichte weniger und ernster Menschen.

Emerson

Die Weltgeschichte ist nichts anderes als das Verschweigen großer – guter – schöner Menschen.

Nowaczyński

Die Weltgeschichte ist das Weltgericht.

Schiller

Die Weltgeschichte ist nicht das Weltgericht, sondern ein Produkt des Zufalls und das Resultat der Gewalt.

Panizza

Die Weltgeschichte ist die Zucht von der Unbändigkeit des natürlichen Willens zum Allgemeinen, zur subjektiven Freiheit.

Hegel

Die ganze Weltgeschichte scheint mir oft nichts andres zu sein als ein Bilderbuch, das die heftigste und blindeste Sehnsucht der Menschen spiegelt: die Sehnsucht nach Vergessen. Tilgt da nicht jede Generation mit den Mitteln des Verbotes, des Totschweigens, des Spottes immer gerade das aus, was der vorigen Generation das Wichtigste schien?

Hesse

Weltgeschichte ist das Bild der lebendigen Welt, in das der Mensch sich durch seine Geburt, durch Vorfahren und Nachkommen hineinverwebt sieht und das er aus seinem Weltgefühl heraus zu begreifen sucht.

Spengler

Die Weltgeschichte ist eine Schrekkenskammer, ein Meer von Blut und Tränen, in dem die wenigen ruhigen und friedlichen Zeiten wie einsame Inseln schwimmen.

Thieß

Die Weltgeschichte ist eine Verschwörung der Diplomaten gegen den gesunden Menschenverstand.

Schnitzler

Die Weltgeschichte ist der Fortschritt im Bewußtsein der Freiheit.

Hegel

WELTMANN

Der vollkommene Weltmann wäre der, welcher nie in Unschlüssigkeit stockte und nie in Übereilung geriete.

Schopenhauer

WELTSCHMERZ

Der Weltschmerz ist die Gicht des Geistes. Aber man spürt es wenigstens, wenn das schlechte Wetter kommt.

Karl Kraus

WERBEFUNK

Der Werbefunk: Startloch der Träume!

Rudolf Rolfs

WERBUNG

Die Werbung besteht aus einer Anzahl stiller Aufmerksamkeiten, die weder so stark hervortreten, daß sie alarmieren, noch so vage sind, daß sie nicht verstanden werden können.

Sterne

Die Werbung ist in der Volkswirtschaft das, was das Wachen gegenüber dem Schlaf ist. Sie hebt den Menschen aus einem bloßen Bedürfnis in das aufmerksame, geistig bestimmte Handeln.

Boll

Werbung: jene Wissenschaft, welche die Aufmerksamkeit des menschlichen Verstandes lange genug erregt, um Geld herauszuschlagen.

Leacock

Werbung ist die Mystik des 21. Jahrhunderts.

Niederreuther

Die Werbung möchte uns einreden, daß man ohne Kopf weiter komme als ohne Krawatte.

Rudolf Rolfs

WERTURTEIL

Wert-Urteile sind nie Wahrheiten, sondern Wünsche, die wahrgemacht werden sollen.

Ludwig Marcuse

WICHTIGTUER

Wichtigtuer: Kurzsichtige, die andern Sand in die Augen streuen wollen.

Anita

WIDERSPRUCH

Widersprüche sind Quellpunkte.

Lohberger

Der Widerspruch ist die Probe auf die Notwendigkeit.

Simone Weil

WIDERSTAND

Der Widerstand ist die Rechtfertigung jeder Kraft vor sich selbst.

Lohberger

WIDERWÄRTIG

Widerwärtig nennen wir das Traurige, dem es nicht vergönnt ist, sich auf irgendeine Weise in Schönheit aufzulösen.

Schnitzler

Widerwärtigkeiten sind Pillen, die man schlucken muß und nicht kauen.

Lichtenberg

WILLE

Wille ist nichts als magisches, kräftiges Denkvermögen.

Novalis

Der Wille wird als Vermögen gedacht, die Vorstellung gewisser Gesetze gemäß sich selbst zum Handeln zu bestimmen.

Kant

Der Wille ist Charakter in Aktion.

Unbekannt

In Wahrheit heißt etwas wollen ein Experiment machen, um zu erfahren, was wir können.

Nietzsche

Unser Wille selbst ist Macht. Die Macht des Willens mißt sich an der Macht des Schicksals.

Lohberger

Des Menschen Wille, das ist sein Glück.

Schiller

Wille ist geformtes Temperament.

Lohberger

Was wir Willen nennen, ist der in Vergessenheit geratene Befehl unserer Existenz.

Hans Kasper

WILLENSFREIHEIT

Die Willensfreiheit besteht darin, daß zukünftige Handlungen jetzt nicht gewußt werden können. Nur dann könnten wir sie wissen, wenn die Kausalität eine *innere* Notwendigkeit wäre.

Wittgenstein

WIRKLICHKEIT

Das Sichtbare ist ein Sekundärvorgang, die Wirklichkeit ist ein Nachzügler.

Hans Kasper

Das Wirkliche ist das sich herausstellende Anwesende.

Heidegger

Wirklichkeit ist die Fable convenue der Philister.

Hofmannsthal

Die Wirklichkeit ist ein fader Abklatsch unserer Träume.

Nahr

WIRKUNG

Wirkung ist die Vergeltung der Ursache.

Japanisches Sprichwort

Wirkung ist die zweite von zwei Erscheinungen, die immer in derselben Aufeinanderfolge vorkommen. Von der ersten, Ursache genannt, sagt man, sie bringt die zweite hervor – was nicht vernünftiger ist, als würde jemand ein Kaninchen für die Ursache des Hundes halten, nur weil er noch nie einen Hund anders als bei der Verfolgung eines Kaninchens gesehen hatte.

Bierce

Die Wirkung beseitigen, heißt die Ursache aufstacheln.

Lohberger

WIRTSCHAFT

Jede Wirtschaft beruht auf dem Kreditsystem, das heißt auf der irrtümlichen Annahme, der andre werde gepumptes Geld zurückzahlen.

Tucholsky

Wirtschaften ist nichts anderes als die fortgesetzte Wahl zwischen verschiedenen Möglichkeiten, und die Nationalökonomie im Grunde nichts anderes als die Lehre von den Alternativen.

Röpke

WISSENSCHAFTLER

Wissenschaftler ist jemand, dessen Einsichten größer sind als seine Wirkungsmöglichkeiten. Gegenteil: Politiker.

Nahr

WISSEN

Wissen: das Bedeutende der Erfahrung, das immer ins Allgemeine hinweist.

Goethe

Die gewöhnlichste Form des Wissens ist die ohne Bewußtheit. Bewußtheit ist Wissen um ein Wissen.

Nietzsche

Wissen ist das Erkennen von etwas Abwesendem; Wissen ist ein Gruß, nicht eine Umarmung.

Santayana

Wissen: Fürwahrhalten aus einem Erkenntnisgrunde, der sowohl objektiv als subjektiv zureichend ist.

Kant

Alles Wissen ist Erinnerung.

Hobbes

Wissen gibt es in zweierlei Form: Wir kennen den Gegenstand selbst oder wir wissen, wo wir Information über ihn erlangen.

Samuel Johnson

Wissen sind die aufgespeicherten Gedanken und Erfahrungen unzähliger Geister.

Emerson

Alles wahre Wissen widerspricht dem gesunden Menschenverstand.

Creighton

Wissen ist: Zweifel auf harten Wegen in Glauben verwandeln.

Anita

Alles Wissen geht aus einem Zweifel hervor und endigt in einem Glauben.

Ebner-Eschenbach

Alles Wissen endigt und fängt im Glauben an. Vor- und Rückerweiterung des Wissens ist Hinausschiebung, Erweiterung des Glaubensgebietes. Ein vollkommen vernünftiges Wesen kann nicht einmal gedacht werden – ohne um diesen Gedanken zu wissen und ihn mit zu bestimmen.

Novalis

Wissen ist sehr oft Instinkt allein. Bildung allein ist kein Wissen.

Anita

Nach Wissen verlangen heißt im tiefsten Grunde immer: nach einem Sinn des Lebens suchen.

Margolius

Wissen ist Macht.

Bacon

Wissen ist der einzige Produktionsfaktor, der nicht unter das Gesetz des abnehmenden Ertrags fällt.

Clark

Wissen ist ein Schatz, der seinen Besitzer überallhin begleitet.

Chinesisches Sprichwort

Wissen nennen wir jenen kleinen Teil der Unwissenheit, den wir geordnet und klassifiziert haben.

Bierce

Viel Wissen: der weite Weg, der zur Erkenntnis der Unwissenheit zurückführt.

Anita

Wissen ist eine verzweigte Schichtung von Vermutungen.

Unbekannt

Unser Wissen ist Vermutung und unser Tun ist Streben.

Hippel

Wissen ist eine Vorratskammer, ein Vorrat; Wissen ist ein geistiges Haben. Durch Wissen ist man überzeugt: Liebe ist Überzeugung.

Rahel Varnhagen von Ense

Wenn die Neugier sich auf ernsthafte Dinge richtet, dann nennt man sie Wissensdrang.

Ebner-Eschenbach

Das Wissen beruht auf der Kenntnis des zu Unterscheidenden, die Wissenschaft auf der Anerkennung des nicht zu Unterscheidenden. Das Wissen wird durch das Gewahrwerden seiner Lücken, durch das Gefühl seiner Mängel zur Wissenschaft geführt, welche vor, mit und nach allem Wissen besteht.

Goethe

Das Wesen des Wissens besteht in der Identität des Allgemeinen und Besonderen, oder des unter der Form des Denkens und des Seins Gesetzten, und Wissenschaft ist ihrem Inhalte nach eine Verkörperung jener vernünftigen Identität und von ihrer formalen Seite eine beständige Wiederholung derselben.

Hegel

Auf Vergleichen, Gleichen läßt sich wohl alles Erkennen, Wissen zurückführen.

Novalis

Wissen ist die niederste Art nicht vereinigten Wissens; Wissenschaft ist teilweise vereinigtes, Philosophie völlig vereinigtes Wissen.

Spencer

Sinn des Wissens ist die Vorausschau, Sinn der Vorausschau die Ermöglichung der Tat.

Ortega y Gasset

WISSENSCHAFT

Wissenschaft ist organisiertes Wissen.

Spencer

Die Bestimmung der Wissenschaft, das Dasein als begreiflich und damit als gerechtfertigt erscheinen zu machen.

Nietzsche

Die Aufgabe der Wissenschaft besteht darin, Erscheinungen durch Tatsachen und Einwirkungen durch Beweise zu ersetzen.

Ruskin

Die Wissenschaft hat die Einsicht in den Wahn und Irrtum als eine Bedingung des erkennenden und empfindenden Daseins gegeben.

Nietzsche

Die Wissenschaft überbrückt nicht die Abgründe des Denkens, sie steht bloß als Warnungstafel davor. Die Zuwiderhandelnden haben es sich selbst zuzuschreiben.

Karl Kraus

Wissenschaft steht im Dienste eines Ideals oder im Dienste einer herrschenden Gruppe.

Ludwig Marcuse

Wissenschaft ist die systematische Klassifizierung der Erfahrung.

Lewes

Schließlich und endlich ist Wissenschaft nichts anderes als die Anstrengung, die wir machen, um etwas zu begreifen.

Ortega y Gasset

Wissenschaft: statt vieler kleiner X macht man *ein* großes.

Lohberger

Ich halte dafür, daß das einzige Ziel der Wissenschaft darin besteht, die Mühseligkeit der menschlichen Existenz zu erleichtern.

Brecht

Die Grade des Falschen festzustellen, ist die Aufgabe der Wissenschaft.

Nietzsche

Wissenschaft ist nichts als geordneter und erprobter gesunder Menschenverstand.

Thomas Henry Huxley

Die Wissenschaft stellt auf, worin der Mensch fest geworden ist.

Nietzsche

Wissenschaftliche Wahrheiten entstehen nur durch das Ausschalten störender und widerstreitender Faktoren und das Erkennen grundlegender Faktoren.

Spencer

Wissenschaft ist die Kenntnis von den Wirkungen und von der Abhängigkeit eines Faktums von einem anderen.

Hobbes

Wissenschaft ist nur möglich, wo ein Gesetz existiert, das aufgedeckt werden kann.

Ortega y Gasset

Alles wissenschaftliche Arbeiten ist nichts anderes, als immer neuen Stoff in allgemeine Gesetze zu bringen.

Humboldt

Die Geschichte der Wissenschaften ist eine große Fuge, in der die Stimmen der Völker nach und nach zum Vorschein kommen.

Goethe

Der *Glaube* an die Abwendbarkeit des Schicksals heißt Wissenschaft.

Lohberger

Wissenschaft ist nur eine Hälfte. Glauben ist die andere.

Novalis

Die Wissenschaft wär bisher die Beseitigung der Verworrenheit der Dinge durch Hypothesen.

Nietzsche

Wissenschaft geht aus der Entdeckung der Identität unter der Verschiedenheit hervor.

Jevons

Wissenschaft ist ein Friedhof toter Ideen.

Unamuno

Das allein nenne ich Wissenschaft: die Kenntnis der Pässe in ein Jenseits im Diesseits, der Saumpfade unserer Intelligenz.

Heimito von Doderer

Die Wissenschaft nötigt uns, den Glauben an einfache Kausalitäten aufzugeben.

Nietzsche

Die Wissenschaft ist nur eine Art kürzester Beschreibung des Geschehens.

Nietzsche

Sie sagen Wissenschaft und meinen Leere mit Anmerkungen.

Arntzen

Eine jede Lehre, wenn sie ein System, d. i. ein nach Prinzipien geordnetes Ganzes der Erkenntnis sein soll, heißt Wissenschaft.

Kant

Die Wissenschaft ist ein erstklassiges Möbelstück für das Oberstübchen eines Mannes, der gesunden Menschenverstand im Erdgeschoß hat.

Holmes

Wissenschaft ist Macht.

Bacon

Wissenschaft: die Nachahmung der Natur in Begriffen.

Lohberger

Die Wissenschaft ist darauf aus, die Sklaverei der Natur herbeizuführen.

Nietzsche

Die Wissenschaft ist die Geschichte toter Religionen.

Wilde

Unsere moderne Wissenschaft ist eine eigentliche Wirklichkeits-Philosophie.

Nietzsche

Die Wissenschaft ist die Methode, viele kleine Unklarheiten auf ein einziges großes Rätsel, dem man einen Namen gibt, zurückzuführen.

Lohberger

Wissenschaft ist eine Sammlung erfolgreicher Rezepte.

Valéry

Jede menschliche Wissenschaft ist nichts als ein Zuwachs des Sehvermögens.

Fiske

Die Wissenschaft, die heute gemacht wird, ist der magische Spiegel, in den wir zu blicken haben, wollen wir ein Bild des Zukünftigen erhaschen.

Ortega y Gasset

Wissenschaft ist Spektralanalyse. Kunst ist Lichtsynthese.

Karl Kraus

Die Tragödie der Wissenschaft – das Erschlagen einer schönen Hypothese durch eine häßliche Tatsache.

Thomas Henry Huxley

Die Wissenschaft ist die Ortsbeschreibung der Unwissenheit.

Holmes

Wissenschaft: das selbstbewußteste aller Vorurteile.

Lohberger

Der Endzweck der Wissenschaft ist: Wahrheit; der Endzweck der Künste hingegen ist: Vergnügen.

Lessing

Das Wiederfinden dessen, was der Mensch in die Dinge gesteckt hat, heißt sich Wissenschaft.

Nietzsche

Die Wissenschaft ist die Voraussicht von Wiederholungen.

Saint-Exupéry

Das Problem der Wissenschaft ist: die Welt zu erklären, ohne zu Empfindungen als Ursache zu greifen.

Nietzsche

Wissenschaft ist die jüngste Welt-Religion, die erste, die wirklich die ganze Welt umfaßt.

Ludwig Marcuse

Wissenschaft ist nichts als entwickeltes Wahrnehmungsvermögen.

Santayana

Der Wissenschaftler ist ein Mann, der lieber zählt als vermutet.

Unbekannt

»Er ist kein Wissenschaftler. Ihm fehlt das rechte Desinteresse am Gegenstand.«

Arntzen

WISSENSCHAFTLICHKEIT

Wissenschaftlichkeit: ein Geräusch machen wie ein Wissenschaftler.

Mead

WITWE

Witwe: die finanziellen Überbleibsel einer Liebesgeschichte.

George Jean Nathan

WITZ

Witz ist eine Explosion von gebundenem Geist.

Friedrich Schlegel

Witz ist Wissen um die Ähnlichkeit verschiedener Dinge und die Verschiedenheit ähnlicher Dinge.

Madame de Staël

Der Witz ist ein brillanter Emporkömmling von zweifelhafter Abstammung.

Ebner-Eschenbach

Der Witz ist das Epigramm auf den Tod eines Gefühls.

Nietzsche

Der Witz: das Epigramm auf die französische Seele.

Lohberger

Der Witz ist das einzige Ding, was um so weniger gefunden wird, je eifriger man es sucht.

Hebbel

Der Witz ist ein zündender Funken, mit dem sich schon mancher die Finger verbrannt hat.

Aus den »Fliegenden Blättern«

Witz: Es gibt davon auch eine rohe Form. Die ist physiologisch, ein Jukken des Geistes.

Hille

Der Witz ist die Krätze des Geistes. Er juckt sich heraus. Wo ein fester Körper ist, kann eine gute Krätze wohl eine Letalkrankheit kurieren – wenn sie ordentlich behandelt wird, kann aber auch ein Körperchen aufzehren und zerstören, wenn man sie vernachlässigt. So kann es der Seele mit dem Witze gehen. Ein Witzbold setzt die Tafel ins Pferdelachen, aber hält selten die ernstere Sonde.

Seume

Wer den Witz erfunden haben mag? Jede zur Besinnung gebrachte Eigenschaft, Handlungsweise unseres Geistes ist im eigentlichen Sinn eine neuentdeckte Welt.

Novalis

Witz ist die Erscheinung, der äußere Blitz der Phantasie. Daher seine Göttlichkeit und das Witzähnliche der Mystik.

Friedrich Schlegel

Der Witz ist eine Form blitzschneller Kalkulation: Humor – die Ausbeutung eines Mißverhältnisses.

Green

Witz ist glitzernder Schaum der Oberfläche. Humor ist die Perle aus der Tiefe.

Sirius

Witz ist Intellekt auf dem Bummel.

Wilde

Was ist Witz? Verschmitzt ausgedrückte Vernunft.

de Chénier

Ein guter Witz muß den Schein des Unabsichtlichen haben. Er gibt sich nicht dafür, aber siehe da, der Scharfsinn des Hörers entdeckt ihn, entdeckt den geistreichen Gedanken in der Maske eines schlichten Wortes. Ein guter Witz reist inkognito.

Ebner-Eschenbach

Der Witz ist der verkleidete Priester, der jedes Paar traut.

Jean Paul

Witz ist die plötzliche Hochzeit zweier Ideen, vor deren Verbindung keiner geglaubt hat, daß sie Beziehungen zueinander hätten.

Unbekannt

Der Witz ist ein überlisteter Schmerz.

Kessel

Der Witz ist das Salz der Unterhaltung, nicht die Nahrung.

Hazlitt

Der Witz ist ein spielendes Urteil.

Fischer

Ein Witz ist nur ein Hüpfen der Seele, ein Tanzschritt des Geistes, ein Kurzschluß der Melancholie, nur die Kehrseite der Verzweiflung.

Kesten

Witz ist nichts als amüsant gemachte Wahrheit.

Bulwer-Lytton

Witzige Einfälle sind die Sprichwörter der gebildeten Menschen.

Friedrich Schlegel

Der Witzling ist der Bettler im Reich der Geister; er lebt von Almosen, die das Glück ihm zuwirft – von Einfällen.

Ebner-Eschenbach

WOHLSTAND

Wohlstand ist das Durchgangsstadium von der Armut und Unzufriedenheit.

Nahr

WOHLTÄTER

Wohltäter: einer, der Undank in großen Mengen einkauft, ohne jedoch den Preis wesentlich in die Höhe zu treiben. Undank bleibt für jedermann erschwinglich.

Bierce

Wohltäter: der einzige Täter, der sich gern entdecken läßt.

Unbekannt

Ein Wohltäter hat immer etwas von einem Gläubiger.

Hebbel

WOLLEN

Wollen heißt Widersprüche wecken.

Camus

Wollen ist soviel wie Stärker-werden-Wollen.

Nietzsche

Was ist Wollen! – Wir lachen über den, welcher aus seiner Kammer tritt in der Minute, da die Sonne aus der ihren tritt, und sagt: »Ich will, daß die Sonne aufgehe!«; und über den, welcher ein Rad nicht aufhalten kann und sagt: »Ich will, daß es rolle!«; und über den, welcher im Ringkampf niedergeworfen wird und sagt: »Hier liege ich, aber ich will hier liegen!« Aber, trotz allem Gelächter: machen wir es denn jemals anders als einer von diesen Dreien, wenn wir das Wort gebrauchen: »Ich will«!?

Nietzsche

Wollen heißt: den Mut haben, sich einer Unannehmlichkeit auszusetzen; sich dieser aussetzen heißt: den Zufall wagen, also spielen.

Stendhal

WOLLUST

Die Wollust ist die Prämie der Natur für die Mühen von Zeugung und Geburt.

Freud

Wollust – Wohl-Lust – *wohl* Lust! Tiefsinnige Wortbildung.

Hebbel

WORT

Jedes Wort ist ein Wort der Beschwörung. Welcher Geist ruft – ein solcher erscheint.

Novalis

Worte sind Brücken.

Ebner

Worte: die Eisenspäne im Magnetfeld der Sprache.

Lohberger

Worte sind die mächtigste Droge, welche die Menschheit benutzt.

Kipling

Das Wort ist Medium der Erinnerung.

Ebner

Worte sind die einzigen Dinge, die ewig währen.

Hazlitt

Das Wort ist ein Fächer! Zwischen den Stäben
blicken ein Paar schöne Augen hervor.
Der Fächer ist nur ein lieblicher Flor;
er verdeckt mir zwar das Gesicht,
aber das Mädchen verbirgt er nicht,
weil das Schönste, was sie besitzt,
das Auge mir ins Auge blitzt.

Goethe

Jedes ausgesprochene Wort ist die Kapitulation eines Gefühles vor einem Gedanken.

Lohberger

Worte sind die Kleider, welche die Gedanken tragen – nur die Kleider.

Samuel Butler

Worte sind oft nur Vorhänge der Gedanken.

Plutarch

Das Wort ist nur ein Zeichen für den Gedanken.

Nietzsche

Die Worte sind die Galgen der Gedanken.

Lohberger

Die Worte sind Gewalten.

Weyrauch

Worte sind Gegenstände: man kann sich an ihnen stoßen.

Herbst

Das Wort ist der Hammer, der aus dem Bergwerk des Geistes Edelsteine schlägt.

Michel

Das Wort ist das Band zwischen dem Ich und Du.

Ebner

Worte sind Werkzeuge, die von selbst Ideen aus der Erfahrung herausschnitzen.

Julian Sorell Huxley

Wir würden viel weniger Streit in der Welt haben, nähme man die Worte für das, was sie sind – lediglich die Zeichen unserer Ideen und nicht die Dinge selbst.

Locke

Worte sind Lichtträger der Wahrheit. Wehe, wenn diese Lichtträger straucheln.

Diettrich

Wörter sind Laternen: steckt ein Licht hinein, und sie geben einen guten Schein.

Hebbel

Das Wort ist der Widerhall der Dinge in dem Lichte einer inneren Sonne.

Pannwitz

Ein Wort ist die Abbildung eines Nervenreizes in Lauten.

Nietzsche

Worte sind Taschen, in die bald dies, bald jenes, bald mehreres auf einmal hineingesteckt worden ist.

Nietzsche

Wörtlichkeit ist Schutz der Wirklichkeit.

Heimito von Doderer

Worte sind Taten des Geistes.

Ebner

Unsere Worte sind Trümmer von einem Tempelbau, der nie zum Abschluß kam.

Diettrich

Worte sind die leichten, feenhaften Kolibris der Vorstellungskraft.

Hubbard

Jedes Wort ist ein Vorurteil ...

Nietzsche

Worte sind Zwerge, Beispiele sind Riesen.

Sprichwort

WORTKLAUBEREI

Wortklauberei: ein Krieg, in dem Worte Waffen sind und die Wunden Einstiche in die Schwimmblase des Selbstgefühls – ein Wettstreit, bei dem der Besiegte seiner Niederlage nicht bewußt wird und der Sieger um den Lohn seines Erfolges kommt.

Bierce

WORTSPIEL

Wortspiel: Sprache auf Ferien.

Christopher Darlington Morley

Das Wortspiel ist eine der kleineren Vortrefflichkeiten einer lebendigen Unterhaltung.

Boswell

Wortspiel: ein Witz, der sich auf die Gebrechlichkeiten der Sprache stützt.

Unbekannt

Die Fähigkeit zum Wortspiel ist ein Talent, das keiner verachtet, ausgenommen der, welcher es nicht besitzt.

Swift

WORTVERDREHER

Wortverdreher: ein Lügner im Larvenstadium.

Bierce

WÜRDE

Würde ist die Verstellungsform derer, welche im Grunde furchtsam sind.

Nietzsche

Vielleicht besteht die einzige Würde des Menschen in seiner Fähigkeit, sich achten zu können.

Santayana

Die Würde ist ein Schleier zwischen uns und der wirklichen Wahrheit der Dinge.

Whipple

Beherrschung der Triebe durch die moralische Kraft ist Geistesfreiheit, und Würde heißt ihr Ausdruck in der Erscheinung.

Schiller

»Würde« ist die konditionale Form von dem, was einer ist.

Karl Kraus

Würde ist eine körperliche Kunst, erfunden, um die Mängel des Geistes zu verbergen.

La Rochefoucauld

Die Würde ist ein Mantel, welcher die Dummheit am besten verbirgt.

Aus den »Fliegenden Blättern«

Die Würde des Menschen besteht in der Wahl.

Max Frisch

WÜSTLING

Wüstling: einer, der dem Vergnügen so eifrig nachjagte, daß er es unglücklicherweise überholte.

Bierce

Was ist ein Wüstling? Einer, der auch dort noch Geist hat, wo andere nur Körper haben.

Karl Kraus

WUNDER

Ein Wunder ist eine Wirkung, welche die für sie eingesetzten natürlichen Mittel übersteigt.

Pascal

Wunder: eine Begebenheit, deren Grund nicht in der Natur zu finden ist.

Kant

Wunder. Die Kausalität zerbricht sich den Kopf.

Wiesner

Das Wunder ist nicht ein Widerspruch zu den Naturgesetzen, sondern ein Widerspruch zu dem, was wir von diesen Gesetzen wissen.

Augustin

Das Wunder ist die Substanz, von der das Leben zehrt.

Ernst Jünger

Wunder sind Erfolge durch die Macht des Geistes über den natürlichen Zusammenhang, ein Eingreifen in den Gang und in die ewigen Gesetze der Natur.

Hegel

Das große unzerstörbare Wunder ist der Menschenglaube an Wunder.

Jean Paul

Das Wunder ist des Glaubens liebstes Kind.

Goethe

Ein Wunder ist ein Ereignis, das Glauben schafft. Das ist der Zweck und die Natur der Wunder. Sie mögen den

Leuten, die ihnen beiwohnen, sehr wunderbar erscheinen und sehr einfach denen, die sie vollbringen. Das ist einerlei. Wenn sie Glauben festigen oder schaffen, sind es echte Wunder.

Shaw

Wunder sind Gehirnurlaub.

Rudolf Rolfs

WUNSCH

Der Wunsch ist ein Wille, der sich selbst nicht ganz ernst nimmt.

Musil

Der Wunsch ist der Traum der Wachen.

Wiggins

Unsere Wünsche sind Vorgefühle der Fähigkeiten, die in uns liegen, Vorboten desjenigen, was wir zu leisten imstande sein werden.

Goethe

Wünsche sind das Rauschen in den Kronen der Träume.

Kessel

Wünschen ist ein Anzeichen von Genesung oder Besserung.

Nietzsche

Z

ZÄRTLICHKEIT

Zärtlichkeit ist das Ruhen der Leidenschaft.

Joubert

Zärtlichkeit ist zielgehemmte Erotik.

Lohberger

ZAHL

Die Zahl ist das Wesen aller Dinge.

Pythagoras

Zahlen sind Symbole des Vergänglichen.

Spengler

Die Zahlwörter sind heute die eigentlichen Adjektive.

Arntzen

ZANK

Zank ist Rauch der Liebe.

Börne

ZAUBERER

Wahnsinn und Bezauberung haben viel Ähnlichkeit. Ein Zauberer ist ein Künstler des Wahnsinns.

Novalis

ZEIT

Die unheimlichste Erscheinung des Lebens ist die Zeit: undefinierbar, unerkennbar, unmeßbar. Eines Tages kommt man dahinter, daß sie nicht einmal existent ist.

Thieß

Die Zeit ist Bewegung im Raum.

Joubert

Bewußtsein der Zeit: Attentat auf die Zeit . . .

Cioran

Zeit ist eindimensionale Ewigkeit.

Lohberger

Die Zeit ist die Larve der Ewigkeit.

Jean Paul

Die Zeit ist die Arznei der Seele.

Unbekannt

Die Zeit ist eine geräuschlose Feile.

Italienisches Sprichwort

Die Zeit, die sich ausbreitet, ist die Zeit der Geschichte. Die Zeit, die hinzufügt, ist die Zeit des Lebens. Und die beiden haben nichts gemeinsam, aber man muß die eine nutzen können wie die andere.

Saint-Exupéry

Zeit ist Geld. Aber nur, wenn man keine Zeit hat.

Frenzel

Zeit ist Geldverschwendung.

Wilde

Zeit ist Leid, Zeit ist Hoffnung, Zeit ist Einkehr. Aber nicht mehr: Geld.

Anita

Die Zeit ist das kostbarste Gut: Man kann sie für Geld nicht kaufen.

Jüdische Lebensweisheit

Unsre Zeit ist eine Parodie aller vorhergehenden.

Hebbel

Zeit:
a) Reichtum der Armen
b) Armut der Reichen

Schiff

Zeit ist Rohware.

Rudolf Rolfs

Die Zeit ist die Seele der Welt.

Griechisches Sprichwort

Die Zeit ist eine Schneiderin, die sich auf Änderungen spezialisiert hat.

Baldwin

Die zwei größten Tyrannen der Erde: der Zufall und die Zeit.

Herder

Die Zeit ist eine Uhr ohne Ziffern.

Bloch

Die Zeit ist ein kostbares Geschenk, uns gegeben, damit wir in ihr klüger, besser, reifer, vollkommener werden. Sie ist der Friede selbst, und Krieg ist nichts als das wilde Verschmähen der Zeit, der Ausbruch aus ihr in sinnloser Ungeduld.

Thomas Mann

Die Zeit ist das schlechthin Unvollendete.

Hilsbecher

Die Zeit ist eine Vase. Es kommt darauf an, ob man Disteln oder Rosen hineinstellt.

Rudolf Rolfs

Denn Zeit ist wie ein Wirt nach
heut'ger Mode,
Der lau dem Gast die Hand drückt,
wenn er scheidet,
Doch ausgestreckten Arms, als wollt
er fliegen,
Umschlingt den, welcher eintritt.

Shakespeare

Die Zeit wäre jenes Bindemittel, das die Welt aus etwas Zusammenhanglosem zu etwas Stetigem werden läßt.

Saint-Exupéry

Zeit haben, heißt den Tod duzen.

Thieß

ZEITDRUCK

Zeitdruck ist der Druck, den wir gegen sie ausüben.

Herbst

ZEITKRANKHEIT

Zeitkrankheit: die Überfunktion der politischen Drüse.

Lec

ZEITSCHRIFT

Die Zeitschriften sind ... die Pißekken der Literatur, aber alle Annoncen sind dort angeschlagen.

Heine

ZEITUNG

Die Zeitung ist die Konserve der Zeit.

Karl Kraus

Die Zeitung ist eine Leihbibliothek mit hohem Blutdruck.

Baer

Zeitungen sind die Spiegel der Welt.

James Ellis

Die Zeitungen sind der Sekundenzeiger der Geschichte. Derselbe aber ist meistens nicht nur von unedlerem Metalle als die beiden andern, sondern geht auch selten richtig.

Schopenhauer

Eine Zeitung ist nicht nur ein kollektiver Propagandist und kollektiver Agitator; sie ist auch ein kollektiver Organisator.

Lenin

Zeitung: Politisches Druck-Erzeugnis.

Schiff

Zeitungen gleichen den Sparbüchern: daß sie vollgeschrieben sind, bedeutet noch nichts.

Laub

Bretter, die die Welt bedeuten – Blätter, die die Welt deuten: nur ein kleiner Druckfehler, und schon erscheint statt der Wirklichkeit die Zeitung.

Arntzen

ZENSOR

Ein Zensor ist ein menschgewordener Bleistift oder ein bleistiftgewordener Mensch.

Nestroy

ZENSUR

Die Zensur ist die jüngere von zwei schändlichen Schwestern, die ältere heißt Inquisition.

Nestroy

ZENTAUR

Zentaur: Angehöriger einer Rasse, die lebte, ehe die Arbeitsteilung eine so weitgehende Spezialisierung erreicht hatte, und die der einfachen ökonomischen Maxime folgte: »Jeder sein eigenes Pferd«.

Bierce

ZEREMONIE

Die Zeremonie ist das geistige Werk des Körpers.

Hofmannsthal

ZEUGEN

Zeugen: Entleerung des Individuums vom Weltstoff.

Hebbel

ZIEL

Ein Ziel ist: der ganze Weg zusammengerollt.

Eklund

Das Ziel finden, heißt den Ursprung wiederfinden.

Claudel

ZIGARETTE

Die Zigarette ist der vollendete Typus eines vollkommenen Genusses: sie ist köstlich und läßt uns unbefriedigt.

Wilde

ZITAT

Zitate in meiner Arbeit sind wie Räuber am Weg, die bewaffnet hervorbrechen und dem Müßiggänger die Überzeugung abnehmen.

Walter Benjamin

ZIVILISATION

Zivilisation ist nichts weiter als der Versuch, Gewalt auf die Stufe eines letzten Zufluchtsmittels herabzudrücken.

Ortega y Gasset

Was die Menschen Zivilisation nennen, ist der Zustand gegenwärtiger Sitten; was sie Barberei nennen, das sind die Sitten der Vergangenheit.

France

Zivilisation ist einfach eine Reihe von Siegen über die Natur.

Harvey

Zivilisation ist eine Bewegung und kein Zustand, eine Reise und kein Hafen.

Toynbee

Zivilisation ist die unablässige Vermehrung unnötiger Notwendigkeiten.

Mark Twain

Zivilisation: die Eskimos bekommen warme Wohnungen und müssen arbeiten, um Geld für Kühlschränke zu verdienen.

Laub

Zivilisation: der Osten verliert sein Östliches, der Westen sein Westliches: beide ihr Köstliches!

Gerhart Hauptmann

Zivilisation ist nicht durch sich selbst Kultur, sondern nur ein Instrument der Kultur.

Christensen

Zivilisation ist der Apparat der Kultur.

Lohberger

Die Zivilisation ist eine Krankheit, die durch die Gepflogenheit, Gesellschaften mit verdorbenem Material aufzubauen, hervorgerufen wird.

Shaw

Erster Satz der Zivilisation: jede Sitte ist besser als keine Sitte.

Nietzsche

Die wahre Zivilisation ist da, wo jeder seinem Mitmenschen jedes Recht gibt, das er selbst beansprucht.

Ingersoll

Zivilisation ist das Fortschreiten von einer unbestimmbaren zusammenhanglosen Gleichartigkeit zu einer bestimmbaren zusammenhängenden Ungleichartigkeit.

Spencer

Die technokratische Zivilisation ist das moderne Matriarchat.

Lohberger

Zivilisation ist erzwungene Tierzähmung des Menschen.

Nietzsche

ZOLL

Zoll: eine gestaffelte Einfuhrsteuer, die dazu bestimmt ist, den heimischen Erzeuger vor der Gier seiner Käufer zu schützen.

Bierce

ZORN

Zorn: ein Schreck, der zugleich die Kräfte zum Widerstand gegen das Übel schnell rege macht.

Kant

Zorn ist eine impulsive Form des Eigentrostes.

Lohberger

Der Zorn ist ein kurzer Wahnsinn.

Horaz

Das Aufbrausen ist die Lebensäußerung des Zorns und zugleich sein Tod.

Hebbel

Zorn: ein Windsturm, der die Lampe des Verstandes ausbläst.

Ingersoll

Zorn ist ein kostspieliger Luxus, den sich nur Menschen von einem bestimmten Einkommen an leisten können.

George William Curtis

Zorn. Eine in Fahrt geratene Verstimmung.

Wiesner

Der Zorn der Zahmen ist die Gereiztheit.

Schaukal

ZUCHT

Zucht heißt: in sich selber Ordnung verwirklichen.

Pieper

ZUCKER

Der Zucker ist ein weißer Stoff, der dem Kaffee einen schlechten Geschmack verleiht, wenn man vergißt, ihn hineinzutun.

Definition eines Schülers

ZUFALL

Zufall: ein unvermeidliches Ereignis, das auf unveränderlichen Naturgesetzen beruht.

Bierce

Zufall ist lebendiges Gesetz.

Lohberger

Die Zufälle sind die einzelnen Tatsachen; die Zusammenstellung der Zufälle, ihr Zusammentreffen ist nicht wieder Zufall, sondern Gesetz – Erfolg der tiefsinnigsten, planmäßigsten Weisheit.

Novalis

Der Zufall ist die in Schleier gehüllte Notwendigkeit.

Ebner-Eschenbach

Auch das Zufälligste ist nur ein auf entfernterem Wege herangekommenes Notwendiges.

Schopenhauer

Zufall ist ein Wort ohne Sinn; nichts kann ohne Ursache existieren.

Voltaire

Es gibt keinen Zufall; und was uns blindes Ohngefähr nur dünkt, gerade das steigt aus den tiefsten Quellen.

Schiller

Der Zufall ist der einzig legitime Herrscher des Universums.

Napoleon I.

Sofern eine Begebenheit nicht unter einer besonderen Regel ihrer Ursache geschieht, so ist's Zufall.

Kant

Was wir Zufall nennen, ist vielleicht die Logik Gottes?

Bernanos

Zufall ist der Spitzname für Vorsehung.

Chamfort

Zufall ist vielleicht das Pseudonym Gottes, wenn er nicht unterschreiben will.

France

Zufall ist erlebtes Schicksal.

Spengler

Der Zufall ist ein Rätsel, welches das Schicksal dem Menschen aufgibt.

Hebbel

Der sogenannte Zufall ist ein falsch errechnetes X aus der Gleichung zwischen Charakter und Schicksal.

Thieß

Zufall oder Schicksal sind zwei Worte für etwas, das wir nicht kennen.

Michel

Der Zufall ist das Schicksal des einzelnen, die Statistik das Schicksal der vielen, die Geschichtsphilosophie der Aberglaube an die Menschheit als ein Kontinuum.

Ludwig Marcuse

Der Zufall, das ist der Name, mit dem man die Verdienste des anderen bezeichnet.

Deval

ZUFRIEDENHEIT

Zufriedenheit ist das Gefühl der Übereinstimmung unserer einzelnen Subjektivität mit dem Zustande unseres bestimmten, uns gegebenen oder durch uns hervorgebrachten Zustandes.

Hegel

Zufriedenheit ist Glück.

Thomas Fuller

Zufriedenheit ist der Stein der Weisen: Zufriedenheit wandelt in Gold, was immer sie berührt.

Benjamin Franklin

Zufriedene sind Resignierende, ohne es zu wissen.

Rudolf Rolfs

ZUHÖRER

Der Zuhörer ist ein schweigender Schmeichler.

Unbekannt

Ein Zuhörer ist jemand, der nicht überall bekannt ist, der aber nach einer Weile etwas weiß.

Mizner

ZUKUNFT

Zukunft ist die Zeit, in der man die ganze Vergangenheit kennen wird. Solange man die Vergangenheit nur teilweise kennt, lebt man in der Gegenwart.

Laub

Die Gutwilligen sind Barfüßler, und die Zukunft ist ein Dornengestrüpp.

Hans Kasper

Zukunft, das heißt: nutzbarer Wert, bezeichnender Wert, Einzigartigkeit.

Valéry

Die Zukunft ist als Raum der Möglichkeiten der Raum unserer Freiheit.

Jaspers

ZUNEIGUNG

Die Zuneigung ist die listigste Form der Besitzgier.

Hilsbecher

Was man Zuneigung nennt, ist in Wirklichkeit nichts anderes als Gewohnheit gewordene Sympathie.

Swift

ZUNGE

Die Zunge ist ein Dolch aus Fleisch.

Spanisches Sprichwort

ZWANG

Zwang ist negativer Triumph der Freiheit.

Kudszus

Zwang: die Beredsamkeit der Macht.

Bierce

ZWECK

Der »Zweck« ist das Ersatzmittel der Gefühlslosigkeit.

Lohberger

Das Ideal des Materialisten heißt Zweck. Der Materilismus des Idealisten Mittel.

Lohberger

Der Zweck ist der Schöpfer des ganzen Rechts.

Ihering

ZWEIFEL

Des Glaubens Sonde ist der Zweifel.

Seume

Jeder Zweifel ist die Forderung nach einer Methode.

Ortega y Gasset

ZYNIKER

Ein Zyniker ist, wer niemals eine gute Eigenschaft eines Menschen sieht, wohl aber jede schlechte.

Henry Ward Beecher

Ein Zyniker ist ein Mensch, der von allen Dingen den Preis und von keinem den Wert weiß. Ein Sentimentaler ist ein Mensch, der allen Dingen einen lächerlichen Wert gibt und von keinem einzigen den Marktpreis kennt.

Wilde

Ein Zyniker ist jeder, der für den Bewußtseinszustand seiner Mitmenschen nur ein Achselzucken übrig hat.

Enzensberger

Zyniker: ein Schurke, dessen fehlerhafte Sicht die Dinge sieht, wie sie sind, und nicht, wie sie sein sollen.

Bierce

Ein Zyniker ist ein Mann, der die Welt durch das Monokel seines geistigen Auges betrachtet.

Carolyn Wells

Der Zyniker ist ein Mensch, der auf die, die über ihm stehen, verächtlich herabblickt.

Unbekannt

Zyniker: ein Mensch, der, wenn er Blumen riecht, nach einem Sarg Ausschau hält.

Mencken

Zyniker ist, wer alle menschlichen Handlungen in zwei Gruppen einteilt: offenkundig schlechte und verschleiert schlechte.

Henry Ward Beecher

Zyniker: so nennen wir Menschen, die laut sagen, was wir denken.

Daninos

ZYNISMUS

Zynismus ist Genuß an der letzten Konsequenz.

Kessel

Zynismus ... ist das Ergebnis einer Verbindung von Bequemlichkeit mit Machtlosigkeit.

Bertrand Russell

Zynismus kann ein Präludium echter Moral sein.

Ludwig Marcuse

Zynismus ist die Erwartung der historischen Perspektive.

Green

Zynismus ist die Fühllosigkeit der Gefühlvollen.

Wiesner

Zynismus: ein Ding zu betrachten, wie es wirklich ist, nicht wie es sein sollte.

Wilde

Zynismus ist beim intellektuell Minderbemittelten Ersatz für Intelligenz.

Lynes

Zynismus: Die trüben Aspekte des Menschen nicht nur kennen, sondern mit ihnen protzen.

Ludwig Marcuse

Zynismus: daß man von niemand *mehr* erwartet, als man selber ist.

Canetti

Der Zynismus der Zyniker besteht nicht darin, daß sie sagen, was sie denken, sondern darin, daß sie denken.

Laub

Zynismus ist der Triumph des Verstandes auf Kosten der Scham.

Kessel

ANHANG

Verzeichnis der Quellen

Im folgenden werden nur Werke noch lebender oder erst nach 1915 verstorbener Autoren aufgeführt.

A

Adler, Bill, Winston Churchills gesammelte Bosheiten. Englisch und deutsch. rororo-Taschenbuch 1002, Reinbek/Hamburg 1965

Adler, Hans Günther, Eine Reise. Bibliotheca Christiana, Bonn 1962

Adorno, Theodor W., Minima moralia. Suhrkamp Verlag, Frankfurt am Main 1964

Alain, Die Pflicht glücklich zu sein. Karl Rauch Verlag, Düsseldorf, 3. Aufl. 1965

Allen, Fred, Treadmill to Oblivion. Verlag Little Brown and Company, Boston 1954

Andreae, Daniel Johannes Edfelt, Paul Fröberg (Redaktion); *Citatboken.* Sjuttontusen citat fran trettio sprakomraden och fem artusenden. Bokförlaget natur och kultur, Stockholm 1967

Anita, Ein bißchen Liebe. Verlag Birkhäuser, Basel und Stuttgart 1957
– Ein bißchen Glück. Verlag Birkhäuser, Basel und Stuttgart 1953

Anouilh, Jean, Hermelin. Dichtungen VII. Verlag Langen-Müller/Herbig, München 1960

Arndt, Adolf, Geist der Politik. Reden. Literarisches Colloquium, Berlin 1965

Arndt, Hans, Im Visier. Verlag Langen-Müller/Herbig, München 1959

Arntzen, Helmut, Kurzer Prozeß. Aphorismen und Fabeln. Nymphenburger Verlagsbuchhandlung, München 1966

Aymé, Marcel, Clérambard. Grasset-Fasquelle, Paris o. J.

B

Bachmaier, H. K., Gehorsam als Grundlage der Menschenbildung. München 1964
- Die Pädagogik Josef Schrötelers. München 1964

Bachmann, Ingeborg, Die Zikaden (Hörspiel). Piper Verlag, München. Auch als dtv-Taschenbuch, Sonderreihe, Bd. 14

Bacmeister, Ernst, Essays. Bürger Verlag 1948

Bahr, Hermann, Liebe der Lebendigen. Bd. II und III. Verlag Otto Borgmeyer, Breslau 1927
- Der Zauberstab. Tagebücher 1924/1926. Verlag Otto Borgmeyer, Breslau 1927

von Balthasar, Hans Urs, Das Weizenkorn. Johannes Verlag, Einsiedeln 1953

Barrès, Maurice, Mes Cahiers, Bd. XII. Plon, Paris 1929–1957

Bayr, Rudolf, Brevier für Verliebte. Residenz Verlag, Salzburg 1967
- Brevier der Heiterkeit. Residenz Verlag, Salzburg 1969

Beauvoir, Simone, Der Lauf der Dinge. Rowohlt Verlag, Reinbek/Hamburg 1966

Beckett, Samuel, Werke. Suhrkamp Verlag, Frankfurt am Main

Benjamin, Walter, Einbahnstraße. Bibliothek Suhrkamp, Suhrkamp Verlag, Frankfurt am Main 1969

Benn, Gottfried, Werke I und IV. Limes Verlag, Wiesbaden 1961

Berdjajew, Nikolai, Existenzielle Dialektik des Göttlichen und Menschlichen. Verlag C. H. Beck, München 1961

Bergson, Henri, Denken und schöpferisches Werden. 4. Aufl. Verlag Anton Hain, Meisenheim am Glan 1944

Bernanos, Georges, Tagebuch eines Landpfarrers. Jakob Hegner Verlag, Köln 1952
- Die begnadete Angst. Jakob Hegner Verlag, Köln 1949
- La liberté pour quoi faire. Herausgegeben von A. Béguin. Editions Gallimard, Paris 1953

Bernstein, Eduard, Zur Geschichte und Theorie des Sozialismus. 3 Teile. Berlin 1900

Bertololy, Paul, Aphorismen. Pfälz. Verlags-Anstalt, Nürnberg 1949

Beutelrock, Friedl, Splitter und Späne. Drei-Fichten-Verlag, München 1948
- Neue Aphorismen. Gerlach'sche Verlagsbuchhandlung, München - Innsbruck - Zürich 1955

Bierce, Ambrose, The Devil's Dictionary. Dolphin Book C 225. Doubleday & Company, Inc., Garden City, New York
- The Devil's Dictionary. Dover Book T 487. Dover Publications, Inc., New York 1958 (1962). (Unaltered republication of the work originally published in 1911)
- Aus dem Wörterbuch des Teufels.

Insel Bücherei Nr. 890. Auswahl, Übersetzung und Nachwort von Dieter E. Zimmer. Insel Verlag, Frankfurt am Main 1966

Bierce, Ambrose, Aus dem Wörterbuch des Teufels. Mit Illustrationen von Willi Rieser und einem Nachwort von Hugo Loetscher. Sanssouci Verlag AG, Zürich 1964

Bloch, Ernst, Tübinger Einleitung zur Philosophie. Ges. Werke, Bd. 3. Suhrkamp Verlag, Frankfurt am Main 1970

Blondel, Maurice, Tagebuch vor Gott. Johannes Verlag, Einsiedeln 1964

Bloy, Léon, Pages de Léon Bloy, choisies par Raissa Maritain. Bernouard 1951

von Bodman, Emanuel, Tagebücher. Werke X., Phil. Reclam Verlag, Stuttgart 1960

Böll, Heinrich, Großeltern gesucht. Verlag Kiepenheuer & Witsch, Köln - Berlin
– Die Freiheit der Kunst. Dritte Wuppertaler Rede. Verlag Kiepenheuer & Witsch, Köln - Berlin

Boll, Christine, Gedanken tragen Zeiten. Aphoristische Randbemerkungen. J. Fink Verlag, Stuttgart 1964

Bollnow, Otto Friedrich, Die pädagogische Atmosphäre. Quelle & Meyer, Heidelberg 1964

Bonhoeffer, Dietrich, Bonhoeffer-Brevier. Christian Kaiser Verlag, 3. Aufl., München 1968

Boppel, Peter Max, Der Sinn des Lebens. Verlag Ars sacra Josef Müller, München 1931
– Von der Freundschaft. Waldemar Hoffmann Verlag, Berlin 1960
– Lob der Weisheit, Ausgew. Worte. Hrsg. v. Walter Gutkelch. Waldemar Hoffmann Verlag, Berlin 1963

Boros, Ladislaus, Erlöstes Dasein. Matthias Grünewald Verlag, Mainz 1966

van den Bosch, Firmin, Aphorismus du temps présent, Paris 1932

Bourget, Paul, Physiologie de l'amour moderne. Verlag Plon, Paris 1890

Branstner, Gerhard, Ist der Aphorismus ein verlorenes Kind? Aufbau Verlag, Berlin 1959

Brecht, Bertolt, Gesammelte Werke. Suhrkamp Verlag, Frankfurt am Main 1967

Breton, Valentin-Marie, Christen im Schiff. Ludgerus Verlag, Essen 1963

Brudziński, Wiesław, Katzenjammer, Aphorismen. edition suhrkamp 162, Suhrkamp Verlag, Frankfurt am Main 1966

Brunet, Jeanne, Le livre d'or de l'esprit français. Les Productions de Paris, Paris 1962

Buber, Martin, Einsichten. Insel Verlag, Frankfurt am Main 1953

Burke, Kenneth, The Complete Poems. 1915–1967. University of California Press, 1968

C

Camus, Albert, Der Belagerungszustand. Rowohlt Verlag, Reinbek/Hamburg 1960
– Caligula. Rowohlt Verlag, Reinbek/Hamburg 1960
– Fragen der Zeit. Rowohlt Verlag, Reinbek/Hamburg 1960
– Der Mythos von Sisyphos. Rowohlts deutsche Enzyklopädie, Bd. 90

Canetti, Elias, Aufzeichnungen 1942 bis 1948. Carl Hanser Verlag, München 1965

Carmen Sylva, Vom Amboß. Emil Strauß Verlag, Bonn 1890

Carrick, John, Der Geier. Kriminalroman. rororo thriller 2100, Rowohlt Taschenbuch Verlag, Reinbek/Hamburg 1966

Ceram, C. W., Provokatorische Notizen. Rowohlt Verlag, Reinbek/Hamburg 1960

Chamberlain, Neville, Grundlagen des 19. Jh.

Chaval, Cartoons. Diogenes Sonderband, Diogenes Verlag, Zürich 1969

Chesterton, Gilbert Keith, Ein Pfeil vom Himmel. Verlag Ludwig Auer, Donauwörth 1949
– Aphorismen und Paradoxa. Auswahl und Übertragung von Dr. Franz Simeth, mit einem Nachwort von Friedrich Knapp. Manz Verlag, München 1961

Christina von Schweden, Memoiren. Aphorismen. Winkler Verlag, München 1967

Cioran, E. M., Syllogismen der Bitterkeit. S. Fischer Verlag, Frankfurt am Main 1969

Claudel, Paul, Kritische Schriften. Gesammelte Werke in 6 Bänden. F. H. Kerle Verlag, Heidelberg 1958

Cocteau, Jean, Leben und Werk des Jean Cocteau. 2 Bde. Verlag Kurt Desch, München 1961

Colerus, Egmont, Vom Einmaleins zum Integral. Zsolnay Verlag, Hamburg - Wien 1934

Graf von Coudenhove-Kalergi, Richard, Gebote des Lebens. Paneuropa Verlag 1931

Crnčević, Brana, Staatsexamen. Aphorismen. edition suhrkamp 192, Suhrkamp Verlag, Frankfurt am Main 1966

Croce, Benedetto, Grundlagen der Politik. Verlag Meyer & Co., München 1924

D

Dahl, Jürgen, Mitteilungen eines Überlebenden. Langewiesche-Brandt Verlag, Ebenhausen bei München 1969

Daninos, Pierre, Bla-bla. 1000 Worte für Cocktailparties. Ein Buch der Arche im Ullstein Verlag. Berlin 1964 (Originalausgabe: Le jacassin. Noveau traité des idées reçues, folies bourgeoises et automatismes. Hachette, Paris 1962)

Dawson, Christopher, Gestaltungskräfte der Weltgeschichte. R. Oldenbourg Verlag, München 1959

Decasseres, Benjamin, Fantasis Impromtu. 1933

Delp, Alfred, Im Angesicht des Todes. Josef Knecht Verlag, 9. Aufl., Frankfurt am Main 1965

Diettrich, Fritz, Werke. Bd. III. Friedrich Wittig Verlag, Hamburg 1966

Dixon, William MacNeile, Die Situation des Menschen. Verlag C. H. Beck, München 1963

von Doderer, Heimito, Tangenten. Tagebuch eines Schriftstellers. 1940 bis 1950. Biederstein Verlag, München 1964
– Repertorium. Ein Begreifbuch von höheren und niederen Lebens-Sachen. Hrsg. von Dietrich Weber. Biederstein Verlag, München 1969

Donnay, Maurice, L'Esprit de Maurice Donnay. Cir. Léon Treich, Paris o. J.

Dos Passos, John, Die schönen Zeiten. Jahre mit Freunden und Fremden. Rowohlt Verlag, Hamburg/Reinbek 1969

Dürrenmatt, Friedrich, Komödien. Verlag Die Arche, Zürich 1966, 1970

Duhamel, Georges, Discours de Réception à l'Académie Française. Paris 1935

E

Ebner, Ferdinand, Fragmente, Aufsätze, Aphorismen. Kösel Verlag, München 1963

von Ebner-Eschenbach, Marie, Gesammelte Werke in drei Bänden: Nach dem Text der ersten Gesamtausgabe, Berlin 1893. Winkler Verlag, München

Edel, Gottfried, Mehr Tierliebe für die Menschen. Aphorismen. Relief-Verlag Eilers, München - Würzburg - Wien 1964

Eichbaum, Maximilian, Viel wissen ist viel fragen ... Hoffmann & Campe Verlag, Hamburg 1957

Eliot, Thomas Stearns, Ausgewählte Essays. 1917–1947. Suhrkamp Verlag, Frankfurt am Main 1950
– Ein verdienter Staatsmann. Suhrkamp Verlag, Frankfurt am Main 1962

vom Endt, Rudi, Liebe unter der Lupe. Droste Verlag, Düsseldorf 1957

Enzensberger, Hans Magnus, Einzelheiten I. Bewußtseins-Industrie. edition suhrkamp 63, Suhrkamp Verlag, Frankfurt am Main 1962

Ernst, Paul, Jugenderinnerungen. Verlag Langen-Müller/Herbig, München 1944

Eschmann, Ernst Wilhelm, Einträge. Notizen im Raum. Claassen Verlag, Hamburg und Düsseldorf 1967

Estang, Luc, Was ich glaube. F. H. Kerle Verlag, Heidelberg 1958

F

Faber, Gerhard, Persönliche Mitteilung. 1970

Fadiman, Clifton, The Selected Writings of Clifton Fadiman: The Reading Lamp. 1955
– Reading I've Liked, 1956
– Any Number can Play. World Publishing Company, Cleveland, Ohio 1957

Flake, Otto, Gedankengut. Dortmund 1948

France, Anatole, Ges. Werke. Verlag Hans Carl, Nürnberg 1948 ff.

Frenzel, Herbert A., Wenn der Groschen fällt. Aphorismen für den Hausgebrauch. Dietrich Reimer, Berlin 1953

Friedell, Egon, Wozu das Theater? Verlag C. H. Beck, München 1965
– Friedell-Brevier. Verlag Erwin Müller, Wien 1947
– Aphorismen zur Geschichte. Prachner Verlag, Wien 1955
– Aphorismen und Briefe, List Bücher 192, Paul List Verlag, München 1961

Frisch, Max, Tagebuch 1946–1950. Suhrkamp Verlag, Frankfurt am Main 1950

Frost, Robert, Zit. nach Reader's Digest, April 1960

Fry, Christopher, Zit. nach TIME vom 3. 4. 1950

Fussenegger, Gertrud, In deine Hände gegeben. Eugen Diederichs Verlag, Düsseldorf 1964

G

Galbraith, John Kenneth, Gesellschaft im Überfluß (The Affluent Society). Droemersche Verlagsanstalt Th. Knaur Nachf., München - Zürich 1959
– Wirtschaftliches Wachstum (Economic Development). Europäische Verlagsanstalt, Frankfurt am Main 1967
– Die moderne Industriegesellschaft (The New Industrial State). Droemersche Verlagsanstalt Th. Knaur Nachf., München - Zürich 1968

Gardavský, Vítêzslav, Gott ist nicht tot. Ein Marxist über Religion und Atheismus. Betrachtungen eines Marxisten über Bibel, Religion und Atheismus. Mit einer Einleitung von Jürgen Moltmann. Chr. Kaiser Verlag, München 1969

Gibran, Kahlil, Comité National de Gibran. Becherry, Libanon o. J.

Gide, André, Tagebuch 1889–1939. Bde. II und III. Deutsche Verlagsanstalt, Stuttgart 1954

Glass, Carter, Associated-Press-Interview vom 24. 9. 1938

Goetz, Curt, Dreimal täglich. Rezepte von Curt Goetz. Deutsche Verlagsanstalt, Stuttgart 1964
– Viermal täglich. Weitere Rezepte von Curt Goetz. Deutsche Verlagsanstalt, Stuttgart 1968

Gogarten, Friedrich, Der Mensch zwischen Gott und Welt. Verlag Lambert Schneider, Heidelberg 1952

Gombrowicz, Witold, Aus dem Tagebuch des –. Neske Verlag, Pfullingen 1961

Grass, Günter, Hundejahre. Hermann Luchterhand Verlag, Neuwied 1963

Grasset, Bernhard, Remarques sur l'Action. Editions Gallimard, Paris

Griffith, Thomas, The Waist-High Culture

Guardini, Romano, Briefe vom Comer See. Matthias Grünewald Verlag, Mainz 1927
– Sorge um den Menschen. Werkbund-Verlag, Würzburg

Guéhenno, Jean, Voyages. Editions Gallimard, Paris

Guérin, Daniel, Anarchismus. Begriff und Praxis. edition suhrkamp 240, Suhrkamp Verlag, Frankfurt am Main 1967

Gütersloh, Albert Paris, Der innere Erdteil. Aus den »Wörterbüchern«. Piper Verlag, München 1966

H

Hagemann, Carl, Aphorismen zur Liebesweisheit. Verlag Der Greif, Walther Gericke, Wiesbaden o. J.

Haller, Rolf, Definitionen. Unveröffentlichtes Manuskript. 1970

Hecht, Ben, A Guide for the Bedevilled. New York o. J.

Heidegger, Martin, Vorträge und Aufsätze. Neske Verlag, Pfullingen 1960

Heidegger, Martin, Unterwegs zur Sprache. Neske Verlag, Pfullingen 1960

von Heiseler, Henry, Marginalien. Verlag Lambert Schneider, Heidelberg 1965

Henriot, Emile, Au bord du temps. Plon, Paris o. J.

Herbst, Theo, Mit gezückter Feder. Stiasny Verlag, Graz 1955

Herbst, Wolfgang, Gedanken mbH. Aphorismen. Unveröffentlichtes Manuskript. 1969

Hesse, Hermann, Das Glasperlenspiel. Ges. Werke Bd. IV. Suhrkamp Verlag, Frankfurt am Main 1952
– Die Morgenlandfahrt. Ges. Werke Bd. IV. Suhrkamp Verlag, Frankfurt am Main 1952
– Bilderbuch. Ges. Werke Bd. III. Suhrkamp Verlag, Frankfurt am Main 1952

Highet, Gilbert, The Art of Persuasion. Vogue, Januar 1951

Hillmann, Sidney, Political Primer for All Americans. 1944

Hilsbecher, Walter, Sporaden. Aufzeichnungen aus zwanzig Jahren. Aus der Reihe »Versuche« 14. Ernst Klett Verlag, Stuttgart 1969

Höffding, Harald, Psychologiske Undersögelser, Kopenhagen 1889

von Hofmannsthal, Hugo, Buch der Freunde. Insel Verlag, Frankfurt am Main 1965

Hohenemser, Ernst, Aphorismen. o. P. Privatdruck 1961

Holthusen, Hans Egon, Der unbehauste Mensch. Piper Verlag, München 1964

Horatzuk, Michael, Frontwechsel zum Guten. Herold Druck- und Verlagsgesellschaft, Wien - München 1964

Horney, Walter, Handbuch für Lehrer. Bd. I, 3. Aufl., Bertelsmann Fachverlag, Gütersloh o. J.

Hoving, H., Der Pfau ist ein blühendes Huhn. Kinder sehen unsere Welt. Gustav Lübbe Verlag, Bergisch-Gladbach 1969

Huch, Ricarda, Gesammelte Schriften. Atlantis Verlag, Freiburg - Zürich 1964

Hughes, Langston, The Book of Negro Humor. o. J.

Huizinga, Johan, Geschichte und Kultur. Alfred Kröner Verlag, Stuttgart 1954

Huneker, James Gibbons, Iconoclasts. New York 1916

Huxley, Aldous Leonard, Die Graue Eminenz. Ein Leben zwischen Religion und Politik. Piper Verlag, München o. J.
– Die Pforten der Wahrnehmung. Piper-Bücherei, Bd. 207, München 1966
– Schöne neue Welt. Fischer-Bücherei 26, Frankfurt am Main 1969

Huxley, Julian Sorel, Demokratie marschiert. Europa Verlag, Zürich 1942
– Wunderbare Welt der Evolution. Verlag Herder, Freiburg i. Br. 1970

J

Jahnn, Hans Henny, Werke. Heinrich Heine Verlag, Frankfurt am Main o. J.

Jaspers, Karl, Philosophie. Bd. I. Springer Verlag, Berlin 1956
– Die Atombombe und die Zukunft des Menschen. Piper Verlag, München 1958
– Hoffnung und Sorge. Piper Verlag, München 1965
– Vom Ursprung und Ziel der Geschichte. Piper Verlag, München 1952

Jean-Charles, Die Knilche von der letzten Bank. Lothar Blanvalet Verlag, Berlin 1966

Jouhandeau, Marcel, Bausteine. Wancura Verlag, Wien 1958

Jüdische Aphorismen aus zwei Jahrtausenden. Eingeleitet von Egon Zeitlin. Ner-Tamid-Verlag, Frankfurt am Main 1963

Jüdische Weisheit aus drei Jahrtausenden. Gesammelt von Israel Steinberg. Ausgewählt und ins Deutsche übertragen von Salcia Landmann. Deutscher Taschenbuch Verlag, Bd. 486, München 1968

Jünger, Ernst, Strahlungen. Klett Verlag, Stuttgart 1949
– Essays. Klett Verlag, Stuttgart 1960
– Sgraffiti. Klett Verlag, Stuttgart 1960

Juul, Ole, Das tosende Paradies. Ein heiterer Roman. Droste Verlag, Düsseldorf o. J.

K

Kästner, Erich, Werke. Atrium Verlag AG, Zürich o. J.

Kasack, Hermann, Mosaiksteine. Suhrkamp Verlag, Frankfurt am Main 1956

Kaschnitz, Marie Luise, Wohin denn ich? Claassen Verlag, Hamburg - Düsseldorf 1963

Kasper, Hans, Expedition nach innen. Aktuelle Aphorismen III. Econ Verlag, Düsseldorf 1965
– Revolutionäre sind Reaktionäre. Sätze zur Situation. Econ Verlag, Düsseldorf 1969
– Abel, gib acht! Econ Verlag, Düsseldorf 1962
– Nachrichten und Notizen. Henry Goverts Verlag, Stuttgart 1957

Kassner, Rudolf, Geistige Welten. Eine Auswahl. Ullstein Verlag, Nr. 202, Berlin - Frankfurt am Main - Wien o. J.

Kayssler, Friedrich, Besinnungen. Verlag Paul List, München 1947

Kessel, Martin, Musisches Kriterium. Aphorismen. Akademie der Wissenschaften und Literatur. Abhandlungen der Klasse Literatur. Jahrgang 1952, Nr. 3. Wiesbaden 1952
– Gegengabe. Luchterhand Verlag, Neuwied 1960
– Aphorismen. rororo, Rowohlt Taschenbuchverlag, Reinbek/Hamburg 1948

Kesten, Hermann, Lauter Literaten. Verlag Kurt Desch, München 1963

Kesten, Hermann, Die Abenteuer eines Moralisten.
Verlag Kurt Desch, Neuauflage, München 1969

Kipling, Rudyard, Gesammelte Werke in 3 Bänden. Verlag Paul List, München 1965

Klabund, eigentlich Alfred Henschke, Werke. Verlag Kiepenheuer & Witsch, Köln - Berlin 1961

Klages, Ludwig, Grundlagen der Charakterkunde. H. Bouvier & Co. Verlag, Bonn 1916

Knittel, John, Werke. Wolfgang Krüger Verlag, Stuttgart 1961 ff.

Koestler, Arthur, Der göttliche Funke. Der schöpferische Akt in Kunst und Wissenschaft. Scherz Verlag, Bern - München 1966

Kollath, Werner, Aus- und Einfälle. Aphorismen und Sprüche. Hyperion-Verlag, Freiburg i. Br. 1957

Korn, Karl, Sprache in der verwalteten Welt. Walter Verlag, Olten und Freiburg i. Br. 1959

Kräftner, Hertha, Warum hier? Warum heute? Stiasny Verlag, Graz 1963

Krailsheimer, Hans, Kein Ausweg ist auch einer. Aphorismen. Heimeran Verlag, München 1954

Kraus, Karl, Beim Wort genommen. Werke. Bd. III. Hrsg. von Heinrich Fischer. Kösel Verlag, 2. Aufl., München 1965
Herr Professor Heinrich Fischer ist der alleinige Inhaber der Ur-

heberrechte an sämtlichen Werken von Karl Kraus.

Krutch, Joseph Wood, The Modern Temper. New York 1931

Kudszus, Hans, Jaworte, Neinworte. Aphorismen. Mit einer Einführung von Dieter Hildebrandt. Suhrkamp Bibliothek, 252. Suhrkamp Verlag, Frankfurt am Main 1970

Kuhlmann, Fridel Marie, Nimm, wie's kommt. Frohe Lebensweisheit. Hyperion-Bücherei, Hyperion Verlag, Freiburg i. Br. 1958
– Du hast die Freiheit ... Aphorismen. Hyperion-Bücherei. Hyperion Verlag, Freiburg i. Br. 1968

Kurz, Isolde, Im Zeichen des Steinbocks. Rainer Wunderlich Verlag, Tübingen 1927

L

La Cour, Paul, Fragmente eines Tagebuches. Verlag Bahlsen, Hamburg 1953

Laffitte, Paul, Jeroboam ou la Finance sans méningite, La Sirène. 1901

Lasswell, Harold D., Politics: Who Gets What, When, How. McGraw Hill Book Co., New York 1936

Latzarus, Louis, La Politique. Hachette, Paris o. J.

Laub, Gabriel, Verärgerte Logik. Aphorismen. Aus dem Tschechischen von Friedrich Torberg. Reihe Hanser 21, Carl Hanser Verlag, München 1969

Laub, Gabriel, Enthüllung des nackten Kaisers. Satire in Begriffen. Carl Hanser Verlag, München 1970

Lec, Stanislaw Jerzy, Unfrisierte Gedanken. Hrsg. und aus dem Polnischen übersetzt von Karl Dedecius. Carl Hanser Verlag, München 1959
– Neue unfrisierte Gedanken. Hrsg. und aus dem Polnischen übersetzt von Karl Dedecius. Carl Hanser Verlag, München 1964
– Letzte unfrisierte Gedanken. Hrsg. und aus dem Polnischen übersetzt von Karl Dedecius. Carl Hanser Verlag, München 1968

von Le Fort, Gertrud, Die Ewige Frau. Kösel Verlag, München 1962
– Aphorismen. Ehrenwirth Verlag, München 1962

Leist, Fritz, Existenz im Nichts. Manz Verlag, München 1961

Lembke, Robert, Zynisches Wörterbuch. Mit Zeichnungen von Franziska Bilek. Wilhelm Goldmann Verlag, 3. Aufl., München 1970

Lenin, Wladimir Iljitsch, Aus den Schriften 1895–1923. Hrsg. Hermann Weber. dtv-dokumente, Deutscher Taschenbuch Verlag, München 1967

Levinson, Leonard Louis, The Left Handed Dictionary. Collier Books. The Macmillan Company, New York 1963
Zitiert: Levinson I
– Webster's Unafraid Dictionary. Collier Books, New York. The Macmillan Company, New York 1967
Zitiert: Levinson II

Lewis, Wyndham, Inferior Religion. 1920

Limpach, Erich, Felsen im Strom. Türmer Verlag, München 1962

Lindenberg, Wladimir, Mysterium der Begegnung. Verlag Ernst Reinhardt, München 1959

Lin Yutang, Weisheit des lächelnden Lebens. Deutsche Verlagsanstalt, Stuttgart 1938

Lippmann, Walter, A Preface to Morals. XIII. 1929

Litt, Theodor, Werke. Verlag Quelle & Meyer, Heidelberg 1961

Lohberger, Hans, Zwischenland Seele. Nachdenkliches oder Vordenkliches. Aphorismen. Kommissionsverlag Leykam, Graz 1967
– Aphorismen. Unveröffentlichtes Manuskript. 1970

Lombardi, Franco, Die Geburt der modernen Welt. Verlag Kiepenheuer & Witsch, Köln - Berlin 1961
– Der Mensch im Drama der Geschichte. Verlag Josef Knecht, Frankfurt am Main 1951

M

Malaparte, Curzio, Technik des Staatsstreichs. Verlag Stahlberg, Stuttgart 1968

Mann, Heinrich, Essays. Claassen Verlag, Hamburg - Düsseldorf 1960
– Das Bekenntnis zum Übernationalen. o. J.

Mann, Heinrich, Sieben Jahre. 1929

Mann, Thomas, Neue Studien. S. Fischer Verlag, Frankfurt am Main 1948

Marcel, Gabriel, Gegenwart und Unsterblichkeit. Verlag J. Knecht, Frankfurt am Main 1961

Marcuse, Ludwig, Argumente und Rezepte. Ein Wörterbuch für Zeitgenossen. Szczesny Verlag, München 1967
– Aus den Papieren eines bejahrten Philosophie-Studenten. Szczesny Verlag, München 1964
– Philosophie des Glücks. List Taschenbuch 222, Paul List Verlag, München 1962

Margolius, Hans, Aphorismen zur Ethik. Verlag Lambert Schneider, Heidelberg 1957
– Das Gute im Menschen. 2. erweiterte Aufl., Verlag Wilhelm Ennsthaler, Steyr 1970
– Aphorismen. Unveröffentlichtes Manuskript. 1970

Marney, Carlyle, Structures of Prejudice. Abingdon Press, New York - Nashville 1961

Marquis, Donald, The Sun Dial. o. J.

Masaryk, Thomas, On Thought and Life. Conversations with Carl Capek. Auszüge in: Great Companions. Hrsg. von Robert French Leavens und Mary Agnes Leavens (Bd. 2). Beacon Press, Boston 1946

Mauriac, François, Die Pharisäerin. Steinberg Verlag, Zollikon - Zürich 1946

Maurina, Zenta, Lebensmeisterung. Aphorismen und Einsichten. Hyperion-Bücherei, Hyperion Verlag, Freiburg i. Br. 1966

Maurois, André, Ce que je crois. Editions Bernard Grasset, Paris 1950

Maurras, Charles, La Dentelle du Rempart. Grasset-Fasquelle, Paris 1942

McLuhan, Marshall, Die magischen Kanäle. »Understanding Media«. Econon Verlag, Düsseldorf 1968
– Für und Wider, hrsg. von Gerald Emanuel Stearn. Econ Verlag, Düsseldorf 1969

Mencken, Henry Louis, Prejudices. Copyright 1919, 1920, 1922, 1924, 1926, 1927, 1958 by Alfred A. Knopf, New York

Meyer, Eduard, Kleine Schriften I. Verlag Max Niemayer, Tübingen 1924

Michel, Otto, Weg und Wesen. Aphorismen. Verlag Hermann Meister, Heidelberg 1930
– Reflexe. Neue Aphorismen. Unveröffentlichtes Manuskript. 1970

de Montherlant, Henry, Tagebücher 1933. Verlag Kiepenheuer & Witsch, Köln - Berlin 1961
– Über die Frauen. Verlag Kiepenheuer, Köln - Berlin 1961

Morgenstern, Christian, Aphorismen und Sprüche. Piper Verlag, München 1960

Muschg, Walter, Tragische Literaturgeschichte. Francke Verlag, Bern 1948

Musil, Robert, Der Mann ohne Eigenschaften. Rowohlt Verlag, Reinbek/Hamburg 1968
– Tagebücher, Aphorismen, Essays u. Reden. Rowohlt Verlag, Reinbek/Hamburg 1955

N

Nahr, Helmar, Definitionen. Unveröffentlichtes Manuskript. 1970

Nettlau, Max, Der Anarchismus von Proudhon zu Kropotkin. Berlin 1927. (Zitiert nach: Daniel Guérin, Anarchismus, Begriff und Praxis. edition suhrkamp 240, Suhrkamp Verlag, Frankfurt am Main 1967)

Niederreuther, Thomas, Wer hat schon Mitleid mit einem Krokodil. Aphorismen. Peter Kirchheim Verlag, Gauting 1967

Nowaczyński, Adolf, Polnische Eulenspiegeleien. Übertragen und hrsg. von Karl Dedecius. Luchterhand Verlag, Neuwied am Rhein 1962

O

O'Malley, Austin, Keystons of Thought. Devin-Adair & Co., New York 1928

d'Ors, Eugenio, Au Grand Saint-Christoph. Corrêa o. J.

Ortega y Gasset, José, Aufstand der Massen. Deutsche Verlagsanstalt, Stuttgart 1949

Ortega y Gasset, José, Buch des Betrachters. Deutsche Verlagsanstalt, Stuttgart 1952
– Über die Liebe. Deutsche Verlagsanstalt, Stuttgart 1963
– Signale unserer Zeit. Europ. Buchklub, Lizenzausgabe 1953

P

Packard, Vance, Die Pyramiden-Kletterer. Econ Verlag, Düsseldorf 1965

Pagnol, Marcel, Notes sur le rire. Paris 1938

Panizza, Oskar, Über das Unsichtbare. Hermann Luchterhand Verlag, Neuwied 1962
– Das Liebeskonzil und andere Schriften. Hermann Luchterhand Verlag, Neuwied 1964

Pannwitz, Rudolf, Der Aufbau der Natur. Klett Verlag, Stuttgart 1961

Pavese, Cesare, Das Handwerk des Lebens. Claassen Verlag, Hamburg - Düsseldorf 1956

Picard, Emile, Cité par le Duc de Broglie à l'Academie Française. Paris 1936

Pieper, Josef, Verteidigungsrede für die Philosophie. Kösel Verlag, München 1964
– Das Viergespann. Kösel Verlag, München 1964

Polgar, Alfred, Im Lauf der Zeit. rororo-Taschenbuch 107, Reinbek/Hamburg 1959

Pound, Ezra, ABC des Lebens. Bibliothek Suhrkamp, Nr. 40. Suhrkamp Verlag, Frankfurt am Main 1967 (Originalausgabe: ABC or Reading. New York 1934)

Prochnow, Herbert V. and Herbert V. Prochnow, Jr., Dictionary of Wit, Wisdom, and Satire. Harper & Row, Publishers, New York - Evanston - London 1962
Zitiert: Prochnow I
– The Public Speaker's Treasure Chest. A Compendium of Source Material to Make Your Speech Sparkle. Harper & Row, Publishers, New York - Evanston - London 1964
Zitiert: Prochnow II

Proust, Marcel, Tage der Freuden. Propyläen Verlag, Berlin. Zitiert nach Ullstein Taschenbuch 71, Berlin 1967

R

Radbruch, Gustav, Aphorismen zur Rechtsweisheit. Verlag Vandenhoeck & Ruprecht, Göttingen - Zürich 1963

Rathenau, Ernst. Auf dem Fechtboden des Geistes. Verlag Der Greif, Walter Gericke, Wiesbaden 1953

Reich-Ranicki, Marcel, Literatur der kleinen Schritte – Deutsche Schriftsteller heute. Piper Verlag, München 1967

Reinhardt, Max, Ausgewählte Briefe, Reden, Schriften und Szenen aus Regiebüchern. Verlag Prachner, Wien 1963

Reininger, Robert, Nachgelassene philosophische Aphorismen. Österreichische Akademie der Wissenschaften. Phil.-Hist. Klasse. Sitzungsberichte. Bd. 37. Abh. 5. Böhlau Verlag, Köln - Wien 1961

Reitz, Adolf, Ketzereien. Aphorismen und Essays. Gerhard Hess Verlag, Ulm/Donau 1961

Renner, Paul, Persönliche Mitteilung. 1969

Rey, Etienne, De l'Amour. Grasset-Fasquelle, Paris o. J.

Rilke, Rainer Maria, Sämtl. Werke, Bd. V. Insel Verlag, München 1965

Ringelnatz, Werke. Henssel Verlag, Berlin 1964

Röpke, Wilhelm, Die Lehre von der Wirtschaft. Eugen Rentsch Verlag, 11. Aufl. 1968, Erlenbach/Zürich und Stuttgart

Roginskij/Kamitzkij, Ugolownyj Kodex RSFSR. Moskau 1963 (Übersetzung zitiert nach: Lothar Schmidt, Die Strafzumessung in rechtsvergleichender Darstellung. Zugleich ein Beitrag zur Strafrechtsreform. Duncker & Humblot, Berlin 1961)

Rolfs, Rudolf, schlag nach bei rolfs. Röderberg-Verlag, Frankfurt am Main 1967

Rolland, Romain, Clerambault. Verlag Ruetten & Loening, Bern 1922
– Jean Christophe. Verlag Ruetten & Loening, Bern 1924

Rosegger, Peter, Heimgärtners Tagebuch. Staackmann Verlag, München 1912

Rosegger, Peter, Die Schriften des Waldschulmeisters. Staackmann Verlag, München o. J.

Rosny, Joseph Henri, Pensées errantes. Figuière

Russell, Bertrand, Warum ich kein Christ bin. rororo Taschenbuch 1019/20
– Skepsis. Athenäum Verlag, Frankfurt am Main 1964
– Unpopuläre Betrachtungen. Europa Verlag, Zürich o. J.
– Über den Schaden, den gute Menschen anrichten. Europa Verlag, Zürich o. J.
– Denker des Abendlandes. Belser Verlag, Stuttgart 1962

Rychner, Max, Lavinia oder die Suche nach Worten. Erato-Presse, Darmstadt 1962
– Bedachte und bezeugte Welt. Max Rychner zum 65. Geburtstag. Agora. Marion von Schröder, Darmstadt 1962
– Zeitgenössische Literatur. Manesse Verlag, Zürich 1947

S

Sachs, Maurice, Derrière Cinq Barreau. Editions Gallimard, Paris o. J.

Sagan, Françoise, Werke. Verlag Ullstein, Berlin - Frankfurt am Main - Wien o. J.

de Saint-Exupéry, Antoine, Wind, Sand und Sterne. Verlag Karl Rauch, Düsseldorf 1959
– Die Stadt in der Wüste. Verlag Karl Rauch, Düsseldorf 1959

de Saint-Exupéry, Antoine, Carnets. Verlag Karl Rauch, Düsseldorf 1958

Sandburg, Carl, Ten Definitions of Poetry. New York 1950

Santayana, George, The Life of Reason. 1905

Sartre, Jean-Paul, Nekrassow. Rowohlt Verlag, Reinbek/Hamburg 1966
– Das Sein und das Nichts. Rowohlt Verlag, Reinbek/Hamburg 1962
– Bei geschlossenen Türen. Rowohlt Verlag, Reinbek/Hamburg 1962

Seidel, Heinrich Wolfgang, Aus dem Tagebuch der Gedanken und Träume. Piper Verlag, München 1946

Sethe, Paul, Zit. nach DER SPIEGEL 40/1967, S. 36

Seunig, Waldemar, Frauen, Pferde, Bücher. Einsichten und Ansichten. Aphorismen. Erich Hoffmann Verlag, Heidenheim 1955

Shaw, George Bernard, Lustspiele. Suhrkamp Verlag, Frankfurt am Main 1962
– Der Katechismus des Umstürzlers. edition suhrkamp 75, Suhrkamp Verlag, Frankfurt am Main 1964

Silone, Ignazio, Die Kunst der Diktatur. Kiepenheuer & Witsch, Düsseldorf 1938

Simpson, James B., Contemporary Quotations. Thomas Y. Crowell Company, Publishers, New York. Copyright © 1964 James B. Simpson *Zitiert: Simpson*

Sombart, Werner, Vom Menschen. Versuch einer geisteswissenschaftlichen Anthropologie. Duncker & Humblot, Berlin 1938

Spengler, Oswald, Urfragen. Verlag C. H. Beck, München 1965
– Untergang des Abendlandes. Verlag C. H. Beck, München 1950
– Frühzeit der Weltgeschichte. Verlag C. H. Beck, München 1966
– Gedanken. Verlag C. H. Beck, München 1951
– Jahre der Entscheidung. Verlag C. H. Beck, München

Spitteler, Carl, Gesammelte Werke. Artemis Verlag, Zürich 1958

Spranger, Eduard, Menschenleben und Menschheitsfragen. Piper Verlag, München 1963
– Lebensformen. Verlag Max Niemayer, Tübingen 1925

Suarés, André, Voici l'homme. Editions Albin Michel, Paris o. J.

von Schaukal, Richard, Beiläufig. Verlag Langen-Müller/Herbig, München 1913

Scheler, Max, Vom Umsturz der Werte. Francke Verlag, 4. Aufl., Bern 1955

Schiff, Michael, Von Abs bis Zwiebelmuster. Verlag Moderne Industrie, München 1969

Schleich, Carl Ludwig, Die Weisheit der Freude. Rowohlt Verlag, Reinbek/Hamburg 1920

Schlick, Moritz, Natur und Kultur. Humboldt Verlag, München 1952

Schlosser, Horst Dieter, Persönliche Mitteilung. 1970

Schmidt, Lothar (Hrsg.), Hochverrat ist eine Frage des Datums. Definitionen – Aphorismen – Maximen. 2. Aufl. dtv-Taschenbuch Bd. 370. Deutscher Taschenbuch Verlag, München 1967

Schneider, Reinhold, Innozenz III. Jakob Hegner Verlag, Köln 1960
– Verhüllter Tag. Jakob Hegner Verlag, Köln 1956
– Erfüllte Einsamkeit. Verlag Herder, Freiburg i. Br. 1963

Schnitzler, Arthur, Buch der Sprüche und Bedenken. Phaidon Verlag, Köln 1927

Schohaus, Willi, Seele und Beruf des Lehrers. 3. Aufl., Ansbach 1954

von Scholz, Wilhelm, Irrtum und Wahrheit. Bertelsmann Verlag, Gütersloh 1950

Schumpeter, Joseph A., Kapitalismus, Sozialismus und Demokratie. Francke Verlag, Bern - München 1950

Schweitzer, Albert, Kultur und Ethik. Kulturphilosophie I. C. H. Beck Verlag, München 1953
– Waffen des Lichts. Eugen Salzer Verlag, Heilbronn 1962

Steffen, Rolf, Persönliche Mitteilung. 1970

Stehr, Hermann, Ges. Werke in 12 Bde. Paul List Verlag, Leipzig 1927/36

Steinbuch, Karl, Programm 2000. Deutsche Verlagsanstalt, Stuttgart 1970

Steiner, Paul (Hrsg.), The Stevenson Wit and Wisdom. The Wise and Humorous Words of a Distinguished American. Pyramid Books, New York 1965

Stössl, Otto, Ges. Werke. 1933

Strauß, Ludwig, Dichtungen u. Schriften. Kösel Verlag, München 1963

Struve, Wolfgang, Der andere Zug. Stifterbibliothek, Salzburg - München 1969

T

Tagore, Rabindranath, Verirrte Vögel. Aphorismen. Hyperion-Bücherei, Hyperion Verlag, Freiburg i. Br. 1960

Tauchelt, Gerhard, Die Historie vom dornigen Aufstieg des Lehrer-Standes. Ein Bevier für Meister und Amateure, die der Bildung und Erziehung in Schule und Familie sich befleißigen. Ehrenwirth Verlag, München 1965

Teilhard de Chardin, Pierre, Die Zukunft des Menschen. Walter Verlag, Olten und Freiburg i. Br. 1963

Thieß, Frank, Die Blüten welken, aber der Baum wächst. Verlag Paul Zsolnay, Hamburg - Wien 1950
– Über die Fähigkeit zu lieben. Verlagsanstalt Hermann Klemm, Erich Seemann, Freiburg i. Br. 1958

Tolstoi, Leo, Aphorisms. In: World's Wit and Wisdom. Hrsg. von Norman Lockridge. Biltmore, New York 1954

Torres, Camilo, zitiert nach DER SPIEGEL 52/1969, S. 145

Toulet, Paul-Jean, Les trois impostures. Emile-Paul

Toulet, Paul-Jean, Almanach des trois impostures. Emile-Paul

Toynbee, Arnold J., Der Gang der Weltgeschichte. Europa-Verlag, Zürich 1949

Troll, Thaddäus, Trostbüchlein für Männer. Sanssouci Verlag, Zürich 1970
– Hilfe, die Eltern kommen! Sanssouci Verlag, Zürich 1963

Tschopp, Charles, Neue Aphorismen. Schweizer Spiegel Verlag, Zürich 1947

Tucholsky, Kurt, Gesammelte Werke I–III. Rowohlt Verlag, Reinbek/Hamburg 1967
– Zwischen Gestern und Morgen, rororo-Taschenbuch 50. Reinbek/Hamburg 1965
– Panther, Tiger & Co. rororo-Taschenbuch 131, Reinbek/Hamburg 1965

U

de Unamuno, Miguel, Das tragische Lebensgefühl. Ges. Werke. Hrsg. von O. Bueck. Kiepenheuer & Witsch, Köln o. J.

Urzidil, Johannes, Prager Triptychon. Verlag Langen-Müller/Herbig, München 1960

V

Vaihinger, Hans, Die Philosophie des Als-Ob. 1911

Valentin, Karl, Ges. Werke. Hrsg. von M. Schulte. Piper Verlag, München 1968

Valéry, Paul, Schlimme Gedanken und andere. Insel Verlag, Frankfurt am Main 1963
– Windstriche. Insel Verlag, Frankfurt am Main 1959
– Gedanken. Insel Verlag, Frankfurt am Main 1962
– Die Krise des Geistes. Insel-Bücherei 642

Vanderem, Fernand, Gens de Qualité. Plon, Paris o. J.

Varé, Daniele, Der lachende Diplomat. Zsolnay Verlag, Hamburg - Wien 1958

Veblen, Thorstein, The Nature of Peace. 1919

Véron, Pierre, Le Carnaval du Dictionnaire. Editions Calmann-Lévy, Paris o. J.

W

Waggerl, Karl Heinrich, Kleine Münze. Otto Müller Verlag, 3., veränd. Aufl., Salzburg 1957

Walser, Martin, Erfahrungen und Leseerfahrungen. Suhrkamp Verlag, Frankfurt am Main 1965

Weber, Max, Politik als Beruf. Dunkker & Humblot, Berlin 1919

Wedekind, Frank, Gesammelte Werke. Hrsg. von M. Hahn. Verlag Langen-Müller/Herbig, München 1969

Weil, Simone, Das Unglück und die Gottesliebe. Kösel Verlag, München 1961
– Schwerkraft und Gnade. Kösel Verlag, München 1954
– Die Einwurzelung. Kösel Verlag, München 1956

Weisenborn, Günther, Die Neuberin. Verlag Kurt Desch, München 1964
– Das Glück der Konkubinen. Verlag Kurt Desch, München 1964

von Weizsäcker, Carl Friedrich, Sprache als Information. Beitrag im Jahrbuch »Gestalt und Gedanke«, Folge V., R. Oldenbourg, München 1959

Wells, Carolyn (Frau Hadwin Houghton), The Spelling Lesson

Wells, Herbert George, Werke. 9 Bde. Wien 1926/33

Wenzl, Aloys, Philosophie der Freiheit. 2 Bde. Filser Verlag, Pasing 1947/49

Werfel, Franz, Zwischen oben und unten. Bermann-Fischer Verlag, 1946

Wertheimer, Emanuel, Buch der Weisheit. Aphorismen. Hamburg 1920

Weyrauch, Wolfgang, Jon und die großen Geister. Walter Verlag, Olten und Freiburg i. Br. 1962

White, Elwyn Brooks, World Government and Peace. New York 1938

Whitehead, Alfred North, The Wit and Wisdom of A. N. Whitehead. The Beacon Press, Boston 1947

Wiener, Norbert, Mensch und Menschmaschine. – Kybernetik und Gesellschaft. 3. Aufl., Athenäum Verlag, Frankfurt am Main 1966

Wiesner, Heinrich, Lakonische Zeilen. Mit Zeichnungen von Celestino Piatti. Piper Verlag, München 1965

Wiggins, Richard, Definitions and Aphorisms. Unpublished Manuscript. 1969

Wildgans, Anton, Der geöffnete Schrank. Wacura Verlag, Wien 1957

Wildt, Dieter, Deutschland, deine Preußen. Mehr als ein Schwarzweiß-Porträt. Hoffmann und Campe Verlag, Hamburg 1966

Wilson, Colin, zit. nach Lexikon der modernen Konversation. Ausgabe 1969/70, zusammengestellt von Hans Kurth. Wilhelm Heyne Verlag, München 1969

Wittgenstein, Ludwig, Tractatus logicophilosophicus. Logisch-philosophische Abhandlung. edition suhrkamp 12, Suhrkamp Verlag, Frankfurt am Main 1966
– Zettel. Engl.-dt. Ausgabe. Hrsg. von Rhees, Anscombe und Wright. Basil Blackwell & Mott Ltd., Oxford 1967

Wittig, Joseph, Leben Jesu in Palästina, Schlesien und anderswo. Eugen Salzer Verlag, Heilbronn 1958

Z

Zweig, Stefan, Der verwandelte Komödiant. Dramen. S. Fischer Verlag, Frankfurt am Main 1964

Verzeichnis der Autoren

(Stand vom Januar 1985)

Der Herausgeber dankt den Autoren, die ihm aus unveröffentlichten Manuskripten Definitionen für dieses Buch zur Verfügung gestellt haben. Es handelt sich um die folgenden: Gerhard Faber, Rolf Haller, Dr. phil. Wolfgang Herbst, Hans Lohberger, Dr. phil. Hans Margolius, Otto Michel, Dipl.-Mathematiker Dr. phil. Dr. rer. pol. Helmar Nahr, Paul Renner, Professor Dr. phil. Horst Dieter Schlosser, Rolf Steffen, Richard Wiggins und Karlheinz Wittrich.

A

B

D

G

H

K

L

O

P

Q

R

St

T

U

V

Verzeichnis der Stichwörter

Die in kursiv abgedruckten Stichwörter verweisen auf weitere Definitionen zum gleichen Thema.

A

O

P

Z